管理与组织研究
常用的60个理论

李超平 徐世勇 ◎ 主编

MANAGEMENT
AND
ORGANIZATION THEORIES

图书在版编目(CIP)数据

管理与组织研究常用的60个理论 / 李超平，徐世勇主编. —北京：北京大学出版社，2019.3

ISBN 978-7-301-30251-4

Ⅰ.①管⋯ Ⅱ.①李⋯ ②徐⋯ Ⅲ.①组织管理学–研究 Ⅳ.①C936

中国版本图书馆CIP数据核字(2019)第011119号

书　　　名	管理与组织研究常用的60个理论 GUANLI YU ZUZHI YANJIU CHANGYONG DE 60 GE LILUN
著作责任者	李超平　徐世勇　主编
策 划 编 辑	徐　冰
责 任 编 辑	任京雪　刘　京
标 准 书 号	ISBN 978-7-301-30251-4
出 版 发 行	北京大学出版社
地　　　址	北京市海淀区成府路205号　100871
网　　　址	http://www.pup.cn
微信公众号	北京大学经管书苑（pupembook）
电 子 信 箱	em@pup.cn　QQ：552063295
电　　　话	邮购部010-62752015　发行部010-62750672　编辑部010-62752926
印 刷 者	三河市北燕印装有限公司
经 销 者	新华书店
	720毫米×1020毫米　16开本　32.5印张　532千字 2019年3月第1版　2024年9月第9次印刷
印　　　数	28 001—30 000册
定　　　价	78.00元

未经许可，不得以任何方式复制或抄袭本书之部分或全部内容。
版权所有，侵权必究
举报电话：010-62752024　电子信箱：fd@pup.pku.edu.cn
图书如有印装质量问题，请与出版部联系，电话：010-62756370

学习管理理论的建议（代序）

管理研究已经有 100 年左右的历史。在这期间，学者们提出了很多理论，用来解释产业、组织、团体和个体的行为。2017 年，徐世勇和李超平组织国内学者翻译了《管理与组织研究必读的 40 个理论》。现在，他又组织国内学者编写了《管理与组织研究常用的 60 个理论》。这两本书一起，对西方学者提出的绝大多数管理理论进行了较为全面的介绍。考虑到理论建构是一个复杂而漫长的过程，一本系统介绍管理理论的书，对于从事科学研究的学者来说，无疑是极为宝贵的资源。相信这两本书的出版，会激发中国学者更多地去开展理论启发下的或启发理论的实证研究（theory-inspired or theory-inspiring empirical studies），为理论构建去解释或解决实践问题做出更大的贡献。

学习关于社会现象的理论，与学习关于自然现象的理论不同，必须关注理论提出的时间或时代（when）和空间（where）背景与基本假定（assumption）。毕竟，社会现象及其相关知识是高度情境化的。不管是正式的情境，还是非正式的情境（包括社会和文化规范、经济和政治制度，以及历史和地缘政治）都各不相同 (Tsui, 2007; Tsui et al., 2007)。通过构建理论来解释一个令人困惑的现象，必须对该现象发生的背景与情境有深入的理解。对于组织层次的现象，情境可能包括国家、地域和行业等。对于个体层面的现象，情境包括组织或部门、团队内部的结构与文化因素，以及社会、家庭状况和个体特征。在某一社会背景下发展起来的理论，在另一社会背景下可能有意义，也可能没有意义。情境化是中国管理研究 (Tsui, 2006; Whetten, 2009)、本土学术与理论发展必须考虑的重要因素(Tsui, 2004, 2018; Van de Ven et al., 2018)。大家在阅读本书中的理论时，一定要考虑清楚这些西方理论的情境假定，在中国情境下是否有效、是否有意义。

理论是对两个或两个以上事件，或者两个或两个以上实体之间，难以解释的关系的一种可能性的解释。理解理论的基本假定，并评价假定的真实性或合理性，是理论预测效度的关键。让我用绝大多数管理学者都熟知的委托-代理理论 (Jensen and Meckling, 1976) 来说明我的观点。这一理论有非常清晰的假定。第一个假定是，作为代理人的管理者，与委托人（所有者）的目标并不完全相同；第二个假定是，代理人是自私的，他们的行为会让自己的利益最大化。基于前面两个假定，委托人必须建立激励机制，尽量让代理人的利益与委托人的利益保持一致。股票期权是实现这一目标的有效途径，它让股东价值最大化也符合代理人的利益。但是，如果这两个假定有缺陷或不合理呢？那随后所做的一系列预测就会失效。而且，由于存在循环效应(Risjord, 2014)，即使假定最初不是现实，也有可能成为现实。正如 Ghoshal（2005）解释的那样，出于好心或利他考虑的管理者（代理人）可能会因为委托人的预期而表现得自私。Ghoshal 认为，假定都会自我实现，糟糕的管理理论可能会排挤好的管理实践。因此，符合现实且有效的假定是一个好的或有用的理论最重要的基础。

简单、综合的理论比复杂、具体的理论更为有用。有多个中介变量、调节变量及多因素交互效应的理论，就属于复杂的理论。讽刺的是，这些复杂理论的边界条件限制了它们的预测作用。换句话说，这种理论适用于非常具体的情境。正是由于这些理论适用于非常具体的情境，因此才导致这些理论的发现难以复制。当然，确定理论的边界有助于为理论的使用划清界限。然而，成功地发现多因素交互效应及主效应的消失，并不能对一般的知识做出贡献。这表明，该理论还不足以在各种情况下都具有预测性。有趣的是，未能发现调节效应，只有持久、稳健的主效应，恰恰为该理论的普遍有效性提供了证据。只有有限几个假定或条件的一般理论，更有可能在包括中国在内的各种情境中解释类似现象。大家在阅读本书时，需要去判断哪些理论更为普遍，哪些更为具体且有更多的边界条件。

考虑到社会现象的情境性，我鼓励大家抱着"怀疑"(skeptical)的心态，去使用这60个西方理论中的任何一个。如果该理论的基本假定，在你的研究中无效或没有意义，你在研究中就不应该使用这一理论。如果某一个理论激发了你的兴趣，请认真分析该理论，判断该理论对你要研究的问题是否有价值。这个问题在中国有意义吗？使用与问题不匹配的理论，就像给一个没有病的人开药。你不一定会杀死病人，但你对病人也没有任何帮助。找出在中国情境下，特别值得去研究的重要问题。然后，在本书中找到一个用来解决类似问题的理论。理解该理论中的假定，并进行必要的调整，确保其对中国情境下的问题有意义。在某些情况下，你可能会发现预测与原始理论完全相反，这也是有可能的。

肖知兴与我（Xiao and Tsui, 2007）的论文是西方已有理论的情境化应用的极好示例。结构洞理论(Burt, 1992)预测，在社会网络中，更多的结构洞将给个人的职业成功带来更多的积极回报。这是基于一个假定，即在结构洞理论建立的情境下（高个人主义的美国社会），竞争行为和对有价值信息的控制或战略性使用是可接受的行为。在重视合作和信息共享的中国社会或情境（比如在某些中国企业）下，这一假定可能是无效的。在仔细分析了情境差异后，我们不得不对这一理论进行了修正，假定结构洞与一个人的职业成功之间存在负相关关系，并以中国四家单位为样本，验证了这一新的假定。

西方学者在不同层次、不同的情境中提出了很多理论，来解释令人困惑的现象。本书可以帮助中国学者快速了解西方的这些理论。本书和《管理理论构建论文集》（徐淑英等，2016）一起，应该可以帮助年轻学者了解理论发展的过程，研究学者如何识别或建立逻辑体系来解释有趣的谜题或问题。

对国内管理研究学者来说，本书是非常宝贵的资源。它能帮助国内学者去了解一个理论的结构、潜在的假定与旨在解释的问题。而且，中国学者可以通过批判性地检验假定的有效性和情境的类似性，将这些理论成功地应用于中国情境中。通过这种"怀疑"的方法，国内学者将有更佳的机会去准确地解释中国的现象，并给国内管理实践贡献可信的知识。我鼓励大家去阅读这本有意义的书，负责任地学习和应用这些理论。

（徐淑英）

美国圣母大学杰出特聘教授
美国管理学会（AOM）院士、第67届主席
中国管理研究国际学会（IACMR）创会主席
《组织管理研究》（MOR）创刊主编

参考文献

Burt, R. S. (1992). *Structural Holes: The Social Structure of Competition*. Cambridge, Massachusetts: Harvard University Press.

Ghoshal, S. (2005). Bad management theories are destroying good management practices. *Academy of Management Learning & Education*, 4(1), 75-91.

Jensen, M. C., & Meckling, W. H. (1976). Theory of the firm: Managerial behavior, agency costs and ownership structure. *Journal of Financial Economics*, 3(4), 305-360.

Risjord, M. (2014). *Philosophy of Social Science: A Contemporary Introduction*. New York: Routledge.

Tsui, A. S. (2004). Contributing to global management knowledge: A case for high quality indigenous research. *Asia Pacific Journal of Management*, 21(4), 491-513.

Tsui, A. S. (2006). Contextualization in Chinese management research. *Management and Organization Review*, 2(1), 1-13.

Tsui, A. S. (2007). From homogenization to pluralism: International management research in the academy and beyond. *Academy of Management Journal*, 50(6), 1353-1364.

Tsui, A. (2018). Commentary on 'Opportunities and challenges of engaged indigenous scholarship' (Van de Ven, Meyer, & Jing, 2018). *Management and Organization Review*, 14(3), 463-466.

Tsui, A. S., Nifadkar, S. S., & Ou, A. Y. (2007). Cross-national, cross-cultural organizational behavior research: Advances, gaps, and recommendations. *Journal of Management*, 33(3), 426-478.

Van de Ven, A., Meyer, A., & Jing, R. (2018). Opportunities and challenges of engaged indigenous scholarship. *Management and Organization Review*, 14(3), 449-462.

Whetten, D. A. (2009). An examination of the interface between context and theory applied to the study of Chinese organizations. *Management and Organization Review*, 5(1), 29-56.

Xiao, Z., & Tsui, A. S. (2007). When brokers may not work: The cultural contingency of social capital in Chinese high-tech firms. *Administrative Science Quarterly*, 52(1), 1-31.

徐淑英，任兵，吕力. (2016). 管理理论构建论文集. 北京：北京大学出版社.

前言

改革开放四十年来,我国的经济建设取得了举世瞩目的成就,已经快速发展成为全球第二大经济体。经济的快速发展为我国的管理研究提供了广阔的空间和无穷的动力。国内从事管理研究的学者队伍越来越庞大,所进行的管理研究也越来越严谨和规范,已经有一大批学者在国际顶尖的学术期刊发表了学术论文。华人学者已经成为国际管理研究的一支重要生力军。回顾国内管理研究发展,徐淑英教授等一批学者做出了不可磨灭的贡献。早在1999年,徐淑英教授等就开始在香港科技大学组织"管理研究方法讲习班",邀请学者免费学习科学的管理研究方法。1999年、2000年、2001年和2002年在香港举办的四期培训,为国内培养了一大批能够运用规范研究方法去开展管理研究的学者。其后,徐淑英教授等又于2004年创建了中国管理研究国际学会(International Association for Chinese Management Research,IACMR),为研究中国管理问题的学者搭建了一个重要的学术平台。十几年过去了,中国管理研究国际学会的双年会已经成为管理学界的盛会,学会推出的《组织与管理研究的实证方法》已经成为国内管理研究方法的经典著作,学会举办的工作坊已经成为管理研究领域的品牌活动。

国内管理研究在取得突破性成就的同时,也面临新的挑战,尤其是博硕士们,他们在开展管理研究的过程中仍然存在一些"痛点"。其中最明显的一个痛点就是,对理论了解得不够全面、不够深入,相应导致研究的理论贡献不足。为了帮助国内管理学者,尤其是博士生们快速了解管理理论,我们想到了翻译国外系统介绍管理理论著作的方法。经过多次讨论,我们决定翻译杰弗里·迈尔斯的 Management and Organization Theory。经过49名学者的共同努力,《管理与组织研究必读的40个理论》于2017年10月正式出版。出版之初,我们还因不确定国内管理学者是否会接受该书而忐忑不安,生怕有负众多译者和出版社的厚爱。直到获知半年之内连续两次加印时,我们心中的石头终于落地。截至2018年年底,该书销售已经远超预期,在当当和京东两大网站上购买者的评论数均超过了1 000条,成为管理研究学术领域的一本畅销书。

《管理与组织研究必读的 40 个理论》出版后，不少学者给予了高度的评价，同时一些学者也提出：该书只包括了 40 个理论，还有很多理论没有囊括，能否新编一本管理研究理论的图书，对管理研究中常用的其他理论进行介绍呢？我们经过讨论，也认为编写这样一本书很有必要，且很有意义。于是，我们对 2000—2016 年 Academy of Management Journal 与 Journal of Applied Psychology 发表的文章中的理论进行了统计，发现确实有大量理论在《管理与组织研究必读的 40 个理论》中没有提到。根据统计结果，我们拟定了一个初步的理论清单，并征求了徐淑英教授、陈昭全教授、陈晓萍教授和张震教授等专家的意见，得到了 60 个理论的清单。然后，我们从国内外知名高校邀请了一批学者，共同撰写了对这些理论主要内容的简要介绍，按照理论的英文名称排序，形成了《管理与组织研究常用的 60 个理论》一书。

《管理与组织研究常用的 60 个理论》一书任务繁重，但是 60 多位作者还是在较短的时间内出色地完成了撰写工作。本书应该是第一本由国内管理学者撰写的系统介绍管理研究理论的图书。虽然有很多不够完美的地方，但本书特色非常鲜明：

（1）理论全面。本书介绍了 60 个管理理论，加上《管理与组织研究必读的 40 个理论》中的 40 个理论，共 100 个理论。这 100 个理论基本涵盖了管理研究所需的主要理论，应该能够满足国内学者，尤其是博士生开展管理研究的基本需要。

（2）结构完整。考虑到篇幅限制，我们没有对每个理论进行特别深入的介绍，主要从发展历程、核心内容、对该理论的评价、主要测量量表、经典文献、对管理者的启示等方面进行了介绍，可以帮助读者在最短的时间内了解该理论的关键内容。但也请大家注意，本书对理论的介绍只是为大家提供一个快速了解理论的渠道。如果需要在自己的研究中使用某个理论，请务必阅读该理论的经典文献，做到对该理论有深入透彻的理解，以免走弯路。

（3）形式新颖。每章图文并茂，既有理论提出者的相片，也有该理论的被引次数。同时，为了便于读者进一步了解该理论的来龙去脉，每个理论介绍后还有参考文献二维码，扫码后就可以查阅相关参考文献信息，读者可以按图索骥，进一步学习。

（4）高水平的作者队伍。本书的作者中有近 40 位为国内知名正教授，且几乎全部来自国内的一流院校，如中国人民大学、北京大学、清华大学、北京师范大学、南京大学、上海交通大学、中山大学等。

党的二十大报告指出，中国的问题必须从中国的基本国情出发，由中国人自己来解答。希望本书的出版能够为推动国内管理研究尽一点绵薄之力，也希望通过大家的不懈努力，能提出一些有中国特色的管理理论，为中华民族伟大复兴贡献管理智慧。

我们衷心感谢每一位无私奉献的作者。大家共同去撰写这样一本既不算专著，也不是教材的图书，很可能不算科研成果，稿酬也有限，撰写本书所需要投入的时间与精力却一点也不少。但是，当我们向国内这些知名学者发出邀请时，所有作者都毫不犹豫地接受了，并根据本书的安排与出版社的要求在规定时间内，高质量、出色地完成了撰写工作。他们分别是：

1	情感事件理论	施俊琦，中山大学岭南（大学）学院管理学院
2	积极情绪的拓展–建构理论	谢宝国，武汉理工大学管理学院
3	协同演化理论	刘平青，北京理工大学管理与经济学院
		赵莉，北京理工大学管理与经济学院
4	认知评价理论	李永鑫，河南大学教育科学学院
		王胜男，河南大学教育科学学院
5	认知失调理论	穆桂斌，河北大学心理学系
		杨志刚，河北大学心理学系
6	道德补偿理论	徐世勇，中国人民大学劳动人事学院
		张柏楠，中国人民大学劳动人事学院
7	组织复杂性理论	冯彩玲，鲁东大学商学院
8	组织构型理论	井润田，上海交通大学安泰经济与管理学院
		孙璇，上海交通大学安泰经济与管理学院
9	资源保存理论	马红宇，华中师范大学心理学院
		唐汉瑛，华中师范大学心理学院
		张南，华中师范大学心理学院
		史燕伟，华中师范大学心理学院
		张晶，华中师范大学心理学院
10	解释水平理论	王海珍，兰州大学管理学院
11	权变理论	颜爱民，中南大学商学院
		郭好，中南大学商学院
12	竞合理论	牛雄鹰，对外经济贸易大学国际商学院
		张芮，对外经济贸易大学国际商学院

13	决策双系统理论	严进，浙江大学管理学院
14	自我损耗理论	李爱梅，暨南大学管理学院人力资源研究所 肖晨洁，暨南大学管理学院
15	情绪传染理论	孟慧，华东师范大学心理与认知科学学院 郝垒垒，华东师范大学心理与认知科学学院
16	情绪即社会信息理论	张莉，哈尔滨工业大学管理学院 张振铎，哈尔滨工业大学管理学院
17	伦理型领导理论	郑晓明，清华大学经济管理学院领导力与组织管理系 倪丹，清华大学经济管理学院领导力与组织管理系
18	事件系统理论	于晓宇，上海大学战略研究院、管理学院 刘东，美国佐治亚理工学院施勒商学院 厉杰，上海大学管理学院
19	公平启发理论	朱金强，中央民族大学管理学院
20	情感信息理论	张剑，北京科技大学东凌经济管理学院 张莹，北京科技大学东凌经济管理学院
21	目标定向理论	章凯，中国人民大学商学院 仝嫦哲，中国人民大学商学院
22	内隐领导理论	叶龙，北京交通大学关键岗位人员职业适应性研究中心 王文姣，北京交通大学经济管理学院 王蕊，唐山师范学院经济管理系
23	互动仪式链理论	韩雪亮，河南财经政法大学工商管理学院 汤豆，河南财经政法大学工商管理学院 张静，河南财经政法大学工商管理学院
24	工作要求-资源模型	王永丽，中山大学管理学院 谭玲，中山大学管理学院
25	领导-成员交换理论	韩平，西安交通大学管理学院 冯星宇，西安交通大学管理学院
26	松散耦合理论	蒋建武，深圳大学管理学院
27	中等阶层一致性理论	蔡地，山东大学管理学院 高宇，西安交通大学经济与金融学院

28	少数派影响理论	潘静洲，天津大学管理与经济学部
		钟锐，英属哥伦比亚大学尚德商学院
29	道德许可理论	高中华，首都经济贸易大学工商管理学院
		麻芳菲，首都经济贸易大学工商管理学院
		苑康康，首都经济贸易大学工商管理学院
30	归属需求理论	江新会，云南财经大学商学院
		王颖，南京航空航天大学经济与管理学院
31	新制度理论	贾良定，南京大学管理学院工商管理系
		尤树洋，东北财经大学工商管理学院
32	组织学习理论	张昱城，河北工业大学经济管理学院
		李晶，河北工业大学经济管理学院
		曹杰，河北工业大学经济管理学院
33	个人–环境匹配理论	于桂兰，吉林大学商学院
		梁潇杰，吉林大学商学院
		付博，广州大学工商管理学院
34	种群生态理论	王国锋，电子科技大学经济与管理学院
35	调节定向理论	于海波，北京师范大学政府管理学院
		戴一鸣，北京师范大学政府管理学院
		程龙，国家科技部科技人才中心
36	相对剥夺理论	赵晨，北京邮电大学经济管理学院
37	资源配置理论	雷辉，湖南大学工商管理学院
38	资源依赖理论	刘冰，山东大学管理学院人力资源管理系
		齐蕾，山东大学管理学院人力资源管理系
39	角色调和理论	赵新元，中山大学管理学院
40	自我分类理论	袁庆宏，南开大学商学院人力资源管理系
		牛琬婕，南开大学商学院人力资源管理系
41	自我控制理论	李燕萍，武汉大学经济与管理学院
		洪江鹏，武汉大学经济与管理学院
42	自我验证理论	孙利虎，山西财经大学工商管理学院
43	服务型领导理论	李超平，中国人民大学公共管理学院
		毛凯贤，香港科技大学商学院管理系
44	信号理论	朱飞，中央财经大学商学院
		刘静，中央财经大学商学院

45 社会传染理论	闫佳祺，同济大学经济与管理学院
	贾建锋，东北大学工商管理学院
46 社会契约理论	刘智强，华中科技大学管理学院
	严荣笑，华中科技大学管理学院
47 社会支配倾向理论	郭晓薇，上海对外经贸大学工商管理学院
	吴婷婷，上海对外经贸大学工商管理学院
48 社会信息加工理论	杨付，西南财经大学工商管理学院
	王婷，西南财经大学工商管理学院
49 社会相互依赖理论	刘得格，广州大学工商管理学院
	张亚，广东财经大学信息学院
50 社会学习理论	王震，中央财经大学商学院
	朱曦济，中央财经大学商学院
51 社会表征理论	王宏蕾，东北农业大学经济管理学院
52 现代管家理论	苗仁涛，首都经济贸易大学劳动经济学院
	曹毅，首都经济贸易大学劳动经济学院
53 战略选择理论	李卫宁，华南理工大学工商管理学院
	张妍妍，华南理工大学工商管理学院
54 结构适应理论	许龙，河北经贸大学工商管理学院
	刘宏波，河北工业大学经济管理学院
	高素英，河北工业大学经济管理学院
55 竞赛理论	赵李晶，南京大学商学院
	张正堂，南京大学商学院
56 特质激发理论	刘玉新，对外经济贸易大学国际商学院
	朱楠，对外经济贸易大学国际商学院
57 变革型领导理论	付永刚，大连理工大学经济管理学院
	刘启，大连理工大学经济管理学院
58 不确定管理理论	段锦云，苏州大学心理学系
59 不确定性－认同理论	杨杰，江西财经大学创新与战略人力资源管理研究中心
60 高层梯队理论	张燕，北京大学心理与认知科学学院
	章莹，北京大学心理与认知科学学院

能和这些作者共同去撰写本书是我们的荣幸，万千感动化为一声感谢，谢谢你们。希望过十年或二十年，再回首时，撰写本书能成为大家人生中一段有意义

的经历！感谢中国人民大学与国家自然科学基金委（项目批准号：71772171）的支持，让我们能有时间与精力去策划、协调本书的撰写。感谢北京大学出版社的林君秀主任、徐冰副主任与任京雪编辑为本书出版付出的辛勤劳动。感谢我们的领导、同事和家人对我们的工作给予了无私的支持和鼓励。感谢所有关心、帮助与支持过我们的人。

虽然我们与所有的作者都投入了大量的时间与精力，在撰写过程中也力求不出纰漏，但错误与不当之处在所难免。这是国内学者第一次编写系统介绍管理理论的图书，我们知道还有很多地方做得不够，包括理论选取可能会有遗漏，极个别理论并不一定是真正有影响力的理论；每章结构设计也可能不尽合理；部分理论的介绍不一定准确与完整……总之问题可能还有不少，如果您有任何意见或建议，可与我们或者任何作者联系，您可以在每章的脚注中找到每位作者的电子邮件。我们一定在再版时修订与完善。如果您有兴趣参与本书的再版，也欢迎随时与我们联系，谢谢您的帮助与支持！如果您希望了解本书的新动向，欢迎扫描右边的二维码，或直接访问：http://www.obhrm.net/index.php/60theory。

李超平　教授、博导
中国人民大学公共管理学院
人才选拔与评价研究中心主任
lichaoping@ruc.edu.cn

徐世勇　教授、博导
中国人民大学劳动人事学院
人力资源开发与评价中心主任
xusy@ruc.edu.cn

目录

A
1　Affective event theory　　情感事件理论（施俊琦）// 1

B
2　Broaden-and-build theory　　积极情绪的拓展–建构理论（谢宝国）// 11

C
3　Co-evolution theory　　协同演化理论（刘平青、赵莉）// 21
4　Cognitive appraisal theory　　认知评价理论（李永鑫、王胜男）// 29
5　Cognitive dissonance theory　　认知失调理论（穆桂斌、杨志刚）// 39
6　Compensatory ethics theory　　道德补偿理论（徐世勇、张柏楠）// 48
7　Complexity theory and organizations　　组织复杂性理论（冯彩玲）// 57
8　Configural organizational theory　　组织构型理论（井润田、孙璇）// 64
9　Conservation of resource theory　　资源保存理论（马红宇、唐汉瑛、张南、史燕伟、张晶）// 73
10　Construal level theory　　解释水平理论（王海珍）// 83
11　Contingency theory　　权变理论（颜爱民、郭好）// 91
12　Co-opetition theory　　竞合理论（牛雄鹰、张芮）// 100

D
13　Dual system theory　　决策双系统理论（严进）// 107

E
14　Ego depletion theory　　自我损耗理论（李爱梅、肖晨洁）// 117
15　Emotional contagion theory　　情绪传染理论（孟慧、郝垒垒）// 126
16　Emotions as social information theory　　情绪即社会信息理论（张莉、张振铎）// 135
17　Ethical leadership theory　　伦理型领导理论（郑晓明、倪丹）// 143
18　Event system theory　　事件系统理论（于晓宇、刘东、厉杰）// 152

F

19　Fairness heuristic theory　公平启发理论（朱金强）// 160
20　Feelings-as-information theory　情感信息理论（张剑、张莹）// 168

G

21　Goal orientation theory　目标定向理论（章凯、仝嫦哲）// 176

I

22　Implicit leadership theory　内隐领导理论（叶龙、王文姣、王蕊）// 186
23　Interaction ritual chain theory　互动仪式链理论（韩雪亮、汤豆、张静）// 193

J

24　Job demands-resources model　工作要求-资源模型（王永丽、谭玲）// 201

L

25　Leader-member exchange (LMX) theory　领导-成员交换理论（韩平、冯星宇）// 209
26　Loose coupling theory　松散耦合理论（蒋建武）// 218

M

27　Middle-status conformity theory　中等阶层一致性理论（蔡地、高宇）// 225
28　Minority influence theory　少数派影响理论（潘静洲、钟锐）// 233
29　Moral licensing theory　道德许可理论（高中华、麻芳菲、苑康康）// 242

N

30　Need-to-belong theory　归属需求理论（江新会、王颖）// 250
31　Neo-institutional theory　新制度理论（贾良定、尤树洋）// 258

O

32　Organizational learning theory　组织学习理论（张昱城、李晶、曹杰）// 267

P

33　Person-environment fit theory　个人-环境匹配理论（于桂兰、梁潇杰、付博）// 276
34　Population ecology theory　种群生态理论（王国锋）// 284

R

35　Regulatory focus theory　调节定向理论（于海波、戴一鸣、程龙）// 291
36　Relative deprivation theory　相对剥夺理论（赵晨）// 298

37	Resource allocation theory	资源配置理论（雷辉）// 307
38	Resource dependence theory	资源依赖理论（刘冰、齐蕾）// 315
39	Role congruity theory	角色调和理论（赵新元）// 323

S

40	Self-categorization theory	自我分类理论（袁庆宏、牛琬婕）// 329
41	Self-control theory	自我控制理论（李燕萍、洪江鹏）// 338
42	Self-verification theory	自我验证理论（孙利虎）// 349
43	Servant leadership	服务型领导理论（李超平、毛凯贤）// 355
44	Signaling theory	信号理论（朱飞、刘静）// 364
45	Social contagion theory	社会传染理论（闫佳祺、贾建锋）// 372
46	Social contract theory	社会契约理论（刘智强、严荣笑）// 379
47	Social dominance orientation theory	社会支配倾向理论（郭晓薇、吴婷婷）// 387
48	Social information processing theory	社会信息加工理论（杨付、王婷）// 396
49	Social interdependence theory	社会相互依赖理论（刘得格、张亚）// 402
50	Social learning theory	社会学习理论（王震、朱曦济）// 411
51	Social representation theory	社会表征理论（王宏蕾）// 422
52	Stewardship theory	现代管家理论（苗仁涛、曹毅）// 430
53	Strategic choice theory	战略选择理论（李卫宁、张妍妍）// 439
54	Structural adaptation theory	结构适应理论（许龙、刘宏波、高素英）// 446

T

55	Tournament theory	竞赛理论（赵李晶、张正堂）// 453
56	Trait activation theory	特质激发理论（刘玉新、朱楠）// 460
57	Transformational leadership theory	变革型领导理论（付永刚、刘启）// 468

U

58	Uncertainty management theory	不确定管理理论（段锦云）// 477
59	Uncertainty-identity theory	不确定性-认同理论（杨杰）// 485
60	Upper echelons theory	高层梯队理论（张燕、章莹）// 493

情感事件理论

施俊琦[1]

20世纪末,组织环境中的情感(affect)研究日益兴起,逐渐成为学术界关注的热点。情感伴随、影响并塑造着员工,贯穿了员工的整个工作过程,无时无刻不在影响着员工的工作绩效。霍华德·M.韦斯(Howard M. Weiss)(见图1)和罗素·克朗潘泽诺(Russell Cropanzano)(见图2)于

图1 霍华德·M.韦斯　　图2 罗素·克朗潘泽诺

1996年提出了一个探讨组织成员在工作中经历的情感事件(affective events)、产生的情感反应(affective reactions)与其态度及行为关系的理论,即情感事件理论(affective events theory, AET)。通过学习情感事件理论,我们可以识别导致人们产生情感反应的各种因素,以及理解这些情感反应是如何影响员工态度和行为的。自2000年以来,情感事件理论的精确被引次数近5 000次。从2008年起,情感事件理论每年有超过200次的精确被引次数(见图3),并且越来越受到广

---

[1] 施俊琦,中山大学岭南(大学)学院管理学教授、博士生导师,国家自然科学基金委杰出青年基金获得者,珠江学者特聘教授,教育部长江学者青年学者。主要研究领域:组织行为学,包括情绪劳动、职业压力、职业枯竭、领导力及职业兴趣等。电子邮件:shijq3@mail.sysu.edu.cn。

大学者的关注，是心理学和组织行为学领域引用较多的理论之一。

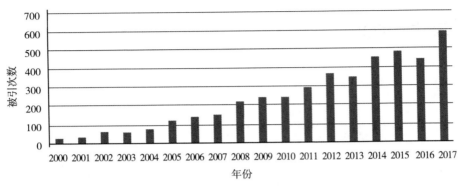

图3 情感事件理论的精确被引次数

资料来源：根据Google Scholar数据整理而成，搜索时采用精确匹配。

情感事件理论的核心内容

尽管情感事件理论描述的是组织成员在工作场所中因工作事件的发生而产生的情感反应，以及所引起的个体的态度和行为等一系列结果变化的逻辑链条，但其理论基础则来源于工作满意度的相关研究。因此，我们先简要介绍工作满意度的相关理论。

一、情感事件理论的理论基础：工作满意度的三种理论取向

工作满意度可分为三种理论取向，分别为：认知判断取向（cognitive judgment approach），社会影响取向（social influences approach）和特质取向（dispositional approach）（Arvey *et al.*, 1991）。

1. 认知判断取向

到目前为止，在工作满意度的研究中，认知判断取向仍是占据主导地位的理论取向。具有该取向的理论认为（见图4）：工作环境有一系列的特征（工作特征、薪酬水平、晋升机会、人际关系等），员工对这些特征进行认知评价，将其与预先设立的某种标准进行比较（价值、需求等），并在此基础上形成工作满意度（Weiss and Cropanzano, 1996）。因此，工作满意度具有多维度的结构，这种多维度结构由工作环境的特征决定（Rentsch and Steel, 1992; Herzberg *et al.*, 1975）。

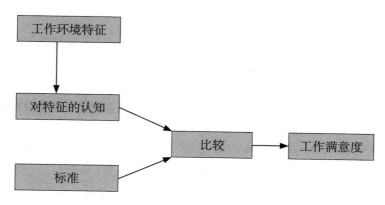

图 4 工作满意度的认知判断取向示意图

资料来源：Weiss and Cropanzano (1996)。

2. 社会影响取向

20 世纪 70 年代中后期，学者开始从社会影响取向角度研究工作满意度。认知判断取向认为，工作态度取决于对环境特征的认知与标准进行的比较，社会影响取向在保留这一认知过程的基础上，增加了社会信息这一影响因素（Zalesny and Ford, 1990）（见图 5）。社会影响取向认为，社会信息以两种方式影响着人们对工作的判断：一是直接影响员工的工作态度（Adler *et al.*, 1985），二是通过影响员工对环境特征的认知（Weiss and Shaw, 1979）或者比较标准（Weiss, 1977）间接影响其工作态度。

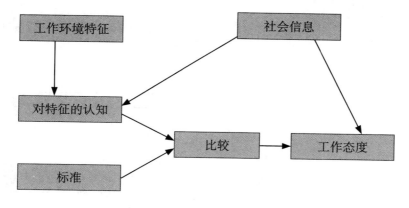

图 5 工作态度的社会影响取向示意图

资料来源：Weiss and Cropanzano (1996)。

3. 特质取向

认知判断取向和社会影响取向都强调态度形成过程中工作环境的作用，而忽视了人们个性方面的影响。特质取向观点认为：在某种程度上，工作满意度反映了人们倾向于体验到生活中的积极方面还是消极方面，并且这种倾向性与工作的具体特征无关。情感特质影响人们在工作中的情绪状态，而这些情绪状态又会影响包括工作满意度在内的工作态度（George, 1989; Weiss *et al.*, 1993）。

关于特质和工作满意度的研究着重关注两种人格特质，即积极情感特质（positive affectivity）和消极情感特质（negative affectivity）。这两种人格特质可以预测人们的一般情感倾向：积极情感特质高的人活泼好动，善于交际，并经常处于积极情绪状态；消极情感特质高的人容易抑郁，不开心，并倾向于关注事物的消极方面。研究发现，无论从事何种工作，积极情感特质高的人其工作满意度高于积极情感特质低的人（Levin and Stokes, 1989; Cropanzano *et al.*, 1993; Watson and Stack, 1993）。

二、情感事件理论的具体内容

情感事件理论在研究工作满意度的基础上提出了员工的情绪直接受到工作事件的影响。图6详细描述了情感事件理论的宏观结构，其涉及的变量包括情感反应、工作环境特征、工作事件、特质、工作态度、判断-驱动行为和情感-驱动行为。

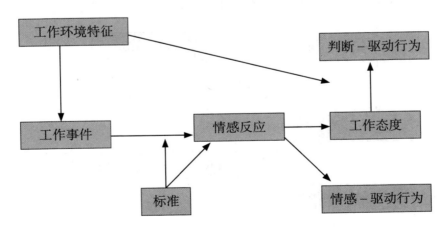

图6　情感事件理论宏观结构示意图

资料来源：Weiss and Cropanzano（1996）。

1. 情感反应

情感事件理论指出，由工作事件引发的情感存在多维结构，并强调研究与之对应的心理体验的重要性。情感事件理论探讨了事件的情感反应结构，该理论认为，情感反应主要包括两个成分：心境（mood）和情绪（emotion）。心境是指强度较低但持续时间较长的情感，它是一种微弱、平静而持久的情感，具有弥散性，不是个体关于某一特定事物的具体感觉，而是以同样的态度体验对待一切事物（Tellegen, 1985; Frijda, 1993），如绵绵柔情、闷闷不乐等。心境的产生无明确诱因，如一位员工最近心境较好，既可能是受具体工作事件的影响，也可能与具体工作事件无关，仅仅是因为天气好而心境不错。情绪是指强度较高但持续时间较短的情感，如兴高采烈、欢欣鼓舞等。与心境相比，情绪与具体的工作事件相关更高，如员工在会议上被领导批评，进而产生强烈的气愤、挫败等情绪反应。

情感事件理论同时也关注工作环境中员工情感反应的产生原因，分析了情感反应的产生机制，即认知评价是情感产生的必要前提。对工作事件的认知评价决定了情感反应，而不是事件本身直接引起情感反应，对事件的认知评价先于情感反应的产生（Weiss and Cropanzano, 1996）。对工作事件的认知评价可分为初评（primary appraisal）和次评（secondary appraisal）两个过程。初评是指确认发生的工作事件与自己是否有利害关系，以及这种关系的严重程度。次评则对事件有了更多意义的分析，如评价个体是否有足够的资源来处理这一事件。情感反应产生于次评的过程。特别值得指出的是，并不是所有的工作事件都能诱发情感反应（Clore, 1994）。如一些温和事件，它们与个体自身的目标、价值并不相关，对这类事件的评价可能只是停留在了初评阶段，往往并不引起次评，也就不会诱发情感反应。

2. 工作环境特征与工作事件

传统研究取向关注工作环境特征对满意度的影响，而情感事件理论则将工作中发生的事件作为情感反应的直接原因（Weiss and Cropanzano, 1996）。情感事件理论并非忽视工作环境特征的作用，而只是认为这些特征或多或少是通过工作事件来影响情感体验的（Weiss and Cropanzano, 1996）。

工作环境特征和工作事件的主要区别在于它们的持续时间、发生频率以及可预测性不同。值得注意的是，工作环境特征与工作事件是可以相互转变的。当某项工作事件发生的频率变高并且可预测时，这项工作事件就成了工作环境特征。例如，公司某月因业绩剧增而偶然性地给员工发奖金，这可以看成一个工作事件。

情感事件理论指出，工作中存在的工作环境特征可以是工作的自主性、晋升的机会、福利待遇和领导风格等，这样的工作环境特征对工作满意度及其他工作态度的影响存在两条路径：一是非情感路径，即个体通过将工作环境特征与标准进行比较，形成对工作的评价；二是情感路径，即工作环境特征通过影响特定的工作事件（如与同事发生冲突），进而引发各种情感反应，最终影响工作态度（Weiss and Cropanzano, 1996）。

情感事件理论又进一步将工作事件分为两类：一类是麻烦（hassles）或负面事件，另一类是令人振奋的事件（uplifts）。前者妨碍工作目标的实现并与消极情感相关，后者促进工作目标的实现并与积极情感相关（Weiss and Cropanzano, 1996）。

3. 特质

情感事件理论保留了满意度特质取向理论的一些观点，认为特质是影响情感反应和工作满意度的因素之一。一方面，特质可以调节工作事件与情感反应之间的关系。如积极情感特质高的人对积极的情绪刺激（工作事件）更为敏感，因此可能会产生更多的积极情感反应，而消极情感特质高的人则相反。另一方面，特质本身与工作满意度等工作态度也密切相关，它会直接影响员工对工作事件的认知评价，进而影响他们的工作满意度（Weiss and Cropanzano, 1996）。

4. 情感-驱动行为与判断-驱动行为

为了更好地理解情感和工作行为之间的关系，情感事件理论将工作行为分为情感-驱动行为（affect-driven behaviors）和判断-驱动行为（judgment-driven behaviors）（Weiss and Cropanzano, 1996）。

情感-驱动行为是指直接受情感影响的工作行为，例如，受心境直接影响的助人行为和负面情感体验直接引起的应对反应（Lazarus, 1991a, 1991b）。情感-驱动行为会对工作绩效产生影响，并且这种影响并不涉及情感和满意度之间的关系。因此，情感-驱动行为表达的是直接的情感-绩效关系，而并不涉及满意度-绩效关系。另外，由于情感随时间不断变化，情感-驱动行为的持续时间也相对较短且不断变化（Weiss and Cropanzano, 1996）。

判断-驱动行为是指受工作满意度影响的工作行为，一般产生于对工作进行整体性判断之后，是深思熟虑的结果。判断-驱动行为涉及满意度-绩效关系，相对于情感-驱动行为而言，判断-驱动行为持续时间较长，且变化相对较小（Weiss and Cropanzano, 1996）。

三、情感事件理论的实证研究

基于情感事件理论,众多学者进行了大量的实证研究。Judge et al.(2006)对64名全职员工开展了为期3周的每日调研,收集了被试的情绪、人际公平、工作满意度和异常行为等数据。发现员工的敌对情绪对人际公平、工作满意度和工作场所异常行为等结果变量有显著影响。Rodell and Judge(2009)基于情感事件理论开展了针对不同种类压力源引发的员工不同情绪并进一步影响员工组织公民行为和反生产行为的研究。研究结果表明,员工的不同种类的压力源会促使员工产生关怀、气愤、焦虑等不同的情绪,而这些不同的情绪则可能造成员工产生组织公民行为或反生产行为等不同的结果。研究者通过对不同情感作用机制的探讨,解释了组织环境中员工不同行为的前因,对管理者有非常重要的启示。此外,Amabile et al.(2005)还探讨了情绪和创造力之间的关系。他们运用了定性和定量结合的研究方法揭示了积极的情绪能够促进员工创造力的提升,同时创造力也会促使积极情绪的产生。Hareli and Rafaeli(2008)提出了组织情绪循环模型(emotion cycle),即个人的情绪可能会影响他人的情绪、思想和行为;而他人的反应也会对他们与情绪原始表达者的互动产生影响,并且影响这些情绪原始表达者未来的情绪和行为。人们可以通过对他人情绪的模仿、回应,并从中提取相应的信息,进一步扩大情绪的影响范畴,从而可能对工作场所内旁观情绪传递的第三者产生相应的影响。Reich and Hershcovis(2015)的研究也验证了工作场所中的虐待行为常常给旁观者带来消极的情绪影响。

组织中也常常发生各种各样的冲突,引起员工情绪和行为的变化。Todorova et al.(2014)认为,组织成员对工作场所中的任务冲突常常会有不同的表达方式。较为温和的任务冲突表达了更愿意与他人交流想法并倾听,而较为强烈的任务冲突则表达了更关注自身的处境而不愿意听到不同的观点。更愿意倾听和获得信息则有助于提升员工的积极情绪,进而也会对员工的工作满意度产生影响。Butts et al.(2015)的一项非常有趣的研究探索了电子通信所引发的员工不同情绪进而影响到工作-非工作冲突。由于电子信息技术的发展以及电脑、手机等智能设备的普及,组织员工经常不得不在非工作条件下与他人进行与工作相关的电子通信。这一工作事件促使在不同情形下可能产生不同的情绪,进而也影响到员工工作-非工作冲突。对情感事件理论的实证研究还拓展到了领导和员工的关系中。有研究者表明,领导的情感特质会影响其自身行为,进而影响员工的情感。Lanaj et al.(2016)调查了55名MBA的学生,他们在组织中都担任各种领导职能。经过四周的数据调查研究并进行分析后得出，变革型领导行为能够增加他人的积极情绪，降低消极情绪。此外，领导的人格特质（外向型和神经质）还调节了员工的心理需求满足对积极情绪和消极情绪的影响。当领导外向型程度较高时，日常心理需求的满足对积极情绪的影响就会减弱；而当领导神经质程度较高时，日常心理需求的满足可能带来的他人消极情绪这一影响则会更强。这一研究提醒管理者不仅要关注员工情绪的调节，同时也要注意到领导者自身行为和情绪特质对员工的影响。

对该理论的评价

众多的研究表明，情感事件理论对研究在组织环境内部个体情感反应的影响作用机制发挥了重要作用。情感事件理论认为，人们的情感在一定程度上由工作环境的各种特征所决定。稳定的工作环境特征导致积极或者消极工作事件的发生，而对这些工作事件的体验会引发个体的情感反应（这个过程受到个体特质的影响），情感反应又进一步影响个体的态度与行为（Weiss and Cropanzano, 1996）。情感反应通过两种方式影响员工的行为：一是直接影响员工的行为，二是通过影响员工的工作态度（如工作满意度、组织承诺）间接影响其行为。该理论进一步区分了两类不同性质的行为：一类是直接由情感反应驱动的行为，即情感-驱动行为；另一类是间接由情感反应驱动的行为，即情感反应先影响员工的工作态度，再进一步由这种态度驱动行为，称为判断-驱动行为，又称态度-驱动行为。情感事件理论通过"事件—情感—态度—行为"这一完整链条，系统地揭示了工作场所中员工的情感作用机制。不同于其他情感方面的研究，情感事件理论强调工作事件对情绪的直接作用，因此在研究过程中，应当注意关注工作事件本身及其所带来的后续影响。

但是，情感事件理论也存在短板，首先，其只关注组织内部的事件所产生的众多影响机制，并未关注组织外部的事件所带来的影响。有研究者表明，组织内部个体不仅受到内部事件的影响，还受到组织外部经济法律政治事件、组织间活动等事件的影响（James and Ashkanasy, 2005）。尽管有学者已经意识到这一欠缺，但目前仍存在大量的研究空白。其次，情感事件理论只关注个体层面的情感作用机制，忽略了群体层面的情感影响。美国社会心理学家Mackie et al. (2004) 提出了群际情绪（intergroup emotion），指当个体认同某一社会群体，群体成为自我心理的一部分时，个体对内外群体的情绪体验。这主要表现在当个体认同某一群体时，人们在将自身所在群体与其他外群体进行比较时，更愿意从自我内群体的角度去评价外界事物的心理倾向（Mackie et al., 2004）。这一视角对研究不同组织之间的活动有极大的帮助，但目前在组织研究中，群体层面的情感研究还较为欠缺。

经典文献

Amabile, T. M., Barsade, S. G., Mueller, J. S., & Staw, B. M.(2005). Affect and creativity at work. *Administrative Science Quarterly*, 50(3), 367–403.

Butts, M. M., Becker, W. J., & Boswell, W. R.(2015). Hot buttons and time sinks: The effects of electronic communication during nonwork time on emotions and work-nonwork conflict. *Academy of Management Journal*, 58(3), 763–788.

Lanaj, K., Johnson, R. E., & Lee, S. M.(2016). Benefits of transformational behaviors for leaders: A daily investigation of leader behaviors and need fulfillment. *Journal of Applied Psychology*, 101(2), 237–251.

Pirola-Merlo, A., Härtel, C., Mann, L., & Hirst, G.(2002). How leaders influence the impact of affective events on team climate and performance in R&D teams. *Leadership Quarterly*, 13(5), 561–581.

Reich, T. C., & Hershcovis, M. S.(2015). Observing workplace incivility. *Journal of Applied Psychology,* 100(1), 203.

Todorova, G., Bear, J. B., & Weingart, L. R.(2014). Can conflict be energizing? A study of task conflict, positive emotions, and job satisfaction. *Journal of Applied Psychology*, 99(3), 451–467.

Weiss, H. M.(2002). Deconstructing job satisfaction: Separating evaluations, beliefs and affective experiences. *Human Resource Management Review*, 12, 173–194.

Weiss, H. M., & Cropanzano, R.(1996). Affective events theory: A theoretical discussion of the structure, causes and consequences of affective experiences at work. *Research in Organizational Behavior*, 18, 1–74.

对管理者的启示

情感事件理论作为相对较新的理论，关注工作中情感反应的结构、原因和结果，对解释工作环境与组织成员态度、行为间的关系具有独特的作用（Ashkanasy et al., 2002），得到了学者们的大力支持，对指导组织中的管理实践也发挥着非常重要的作用（Miner and Hulin, 2000; Spencer and Rupp, 2009; Wegge et al., 2006; Merlo et al., 2002; Grandey et al., 2002; McCullough et al., 2007; Rothbard and Wilk, 2011; Judge et al., 2009）。对管理实践中的管理者而言，情感事件理论充分重视组织情境中情感的重要性，给管理者传递了明确的信息：

首先，情感事件理论揭示了组织成员的情绪受到组织中工作事件的影响，进而可能引起一系列情绪的变化及行为的产生。作为组织的管理者，应当注重防范消极工作事件的产生，并引导员工在产生消极情绪后合理、温和地表达自己的想法，防止因情绪激烈而产生的更恶劣的影响（Todorova et al., 2014）。例如，管理者可以鼓励员工通过面对面沟通、辩论、倾听等多种方式来化解工作场所冲突，从而降低员工的消极情绪。

其次，在情感事件理论的研究中也证实，领导的情绪和行为可能会影响员工的情绪，并进一步对员工的组织行为产生相应的影响。因此，管理者在注重调控员工情绪和行为的同时也需要管控自己的情绪和行为，以合适的管理者行为和情绪来促进员工产生积极组织行为，进而提升组织整体绩效（Lanaj et al., 2016）。

再次，由于情绪影响的范畴可能不仅局限于事件的参与者，在工作场所中的众多旁观员工对工作事件的所见所闻、所感受到的情绪及对待事件的态度，都会对员工行为产生非常重要的影响。作为组织的管理者，不仅应当聚焦于工作事件亲历者的情绪和行为调节，同时也应当注重事件对其他组织员工所带来的影响，尤其是要警惕工作场所中不道德行为的产生（Reich and Hershcovis, 2015）。

最后，笔者认为，尽管研究领域对组织外部事件及环境对组织内部员工情绪的影响探讨仍然存在欠缺，但在管理实践中，管理者需要考虑组织外部发生的各类问题所产生的影响。随着信息时代的逐步推进，信息的获取变得异常快速和便捷，管理者须随时保持高度警惕感，对外部事件的积极和消极影响有快速的接受和处理能力，并以合适的方式引导员工进行情绪调节和外部事件应对，从而促进组织绩效的整体提升。

本章参考文献

2

积极情绪的拓展-建构理论 *

谢宝国[1]

芭芭拉·弗雷德里克森(Barbara Fredrickson)(见图1)最早提出并发展了积极情绪的拓展-建构理论(broaden-and-build theory of positive emotions)。她于1998年、2001年分别在《普通心理学回顾》(*Review of General Psychology*)、《美国心理学家》(*American Psychologist*)上发表了积极情绪的拓展-建构理论的奠基性文章,分别是《积极情绪有什么好处?》(What good are positive emofions?)、《积极情绪在积极心理学中的角色:积极情绪的拓展-建构理论》(The role of postive emotions in positve psychology: The broaden-and-build theory of positive emotions)。

图1 芭芭拉·弗雷德里克森

随着积极心理学以及积极组织学术研究(positive organizational scholarship)的兴起,积极情绪的拓展-建构理论也越来越受到理论界和实践界的重视,该理论的被引次数不断攀升(见图2),现已经成为解释积极情绪如何给个人和组织带来积极作用的基础理论。

---

* 基金项目:国家社会科学基金项目(15BGL151)。
[1] 谢宝国,武汉理工大学管理学院副教授、硕士生导师。主要研究领域:职业行为与组织管理。电子邮件:xiebaoguo@whut.edu.cn。基金项目:国家社会科学基金项目(15BGL151)。

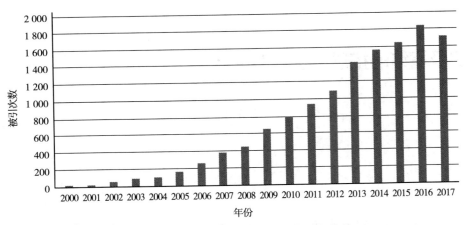

图 2　积极情绪的拓展 - 建构理论的被引次数

资料来源：根据 Google Scholar 数据整理而成，搜索时采用精确匹配。

积极情绪的拓展 - 建构理论的核心内容

情绪与情感有着某种联系，但又有所区别。情绪作为一种强烈的情感，它直接指向人或物，是对客体的心理反应，针对具体的客体。在积极情绪的拓展 - 建构理论被发展出来以前，消极情绪（比如愤怒、害怕、厌恶、罪恶感等）得到了心理学家的大量研究。基本而言，每种基本的消极情绪都对应着特定的行为倾向 (specific action tendency)，例如愤怒诱使攻击，恐惧导致逃避。在生命受到威胁的情况下，消极情绪窄化了个体的瞬间思维 - 行动范围（momentary thought-action repertoire），提升了人们做出快速而坚定行动的能力，从而具有进化学意义。比如，在危险情况下，被消极情绪所唤起的特定行动倾向挽救了我们祖先的生命，增加了个体的生存概率。Fredrickson（1998，2001）认为，特定行为倾向虽然确实能够解释绝大多数消极情绪的表现形式与功能机制，但却不能适用于积极情绪，因为积极情绪似乎并不能为危及生命的环境提供应对，通常也不指向某种特定的行为倾向，积极情绪必定有异于消极情绪的适应意义。因此，Fredrickson（1998，2001）提出了积极情绪的拓展 - 建构理论。该理论的示意图如图 3 所示 (Fredrickson, 2013)。

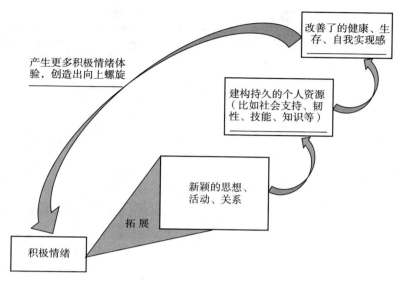

图 3　积极情绪的扩展 - 建构理论的示意图

资料来源：Fredrickson（2013）。

概括而言，积极情绪的拓展 - 建构理论认为，积极情绪能够拓展个体的瞬间思维 - 行动范围，进而建构持久的个人资源（智力资源、生理资源、心理资源和社会资源），从而给个体带来长期的适应性益处。该理论的核心内容有三：第一，十种最具代表性的积极情绪；第二，两个核心假设；第三，两个辅助假设。

一、十种最具代表性的积极情绪

最初，积极情绪的拓展 - 建构理论提出了四种关键的积极情绪，分别为快乐（joy）、兴趣（interest）、满足（contentment）和爱（love）(Fredrickson, 1998)。后来，Fredrickson（2001）增加了自豪（pride）。随着理论的进一步发展，Fredrickson（2013）又增加了五种关键的积极情绪，分别为感激（gratitude）、希望（hope）、逗乐（amusement）、鼓舞（inspiration）和敬佩（awe）。同时，Fredrickson(2013)还特别指出，这十种关键的积极情绪并没有穷尽对个体生存和成长具有适应性益处的所有积极情绪。上述十种关键积极情绪所触发的对当前环境的评估模式、拓展的瞬间思维 - 行动范围，以及建构的持久个人资源如表1所示。

表1 十种最具代表性的积极情绪

情绪种类	对当前环境进行认知评估所呈现的主题	思维－行动倾向	累积的资源	在修订的分化情绪量表（mDES）中所对应的三项核心特征
快乐	安全、熟悉而意料之外的好	玩、卷入	通过试验性学习获得的技能	快乐的(joyful)、高兴的(glad)、开兴的(happy)
感激	得到礼物或好处	创造性地考虑新方式，使自身变得具有亲社会性	展示关怀、忠诚、社会联结的技能	感恩的(grateful)、感激的(appreciative)、感谢的(thankful)
平静或满足	安全、熟悉、不用付出太多努力	尽情享受和整合	新的优先次序、新的自我观	宁静的(serene)、满足的(content)或平静的(peaceful)
兴趣	安全、新奇	探索、学习	知识	有趣的(interested)、警觉的(alert)或好奇的(curious)
希望	担心最糟糕的事情，同时又期望更好	为更好的未来做计划	韧性、乐观	有希望的(hopeful)、乐观的(optimistic)、受鼓励的(encouraged)
自豪	得到社会所重视的成就	做远大的梦	成就动机	骄傲的(proud)、自信的(confident)、自我肯定的(self-assured)
逗乐	轻松而社会性不一致	分享快乐、笑	社会联结	逗乐的(amused)、身心愉悦的(fun-loving)、好笑的(silly)
鼓舞	目睹人类的卓越	向着更高的目标前进	个人成长的动机	受鼓舞的(inspired)、振奋的(uplifted)、欢欣鼓舞的(elevated)
敬佩	遭遇大量美好的东西	吸收和接纳	新的世界观	敬佩(awe)、奇迹(wonder)、惊奇(amazement)
爱	人际联系中，上述任一或所有主题	上述任一或所有具有相互关怀的倾向	上述任一或所有资源，特别是社会联结	爱(love)、亲密(closeness)、信任(trust)

二、两个核心假设

拓展假设(the broaden hypothesis)和建构假设（the build hypothesis）是积极情绪的拓展－建构理论的两个核心假设：（1）拓展假设。该假设认为，相对于消极情绪和中性状态而言，积极情绪能够拓展个体的瞬间思维－行动范围（积极情绪可以拓展个体的注意、认知和行动范围），从而给个体带来即时的益处。具体而言，大量实验研究表明，积极情绪可以让个体的思维模式变得不同寻常、灵活、包容、富有创造性、具有整合性、开放、有效率、具有前瞻性和高水平；积极情绪通过增加个体寻求多样化的倾向以及对更多行为选项保持开放而拓展个体的行动倾向 (Fredrickson, 2013)。(2) 建构假设。该假设认为，被拓展的瞬间思维-行动范围可以帮助个体构建持久的个人资源，从而给个体带来长期的益处。积极情绪的拓展-建构理论将被建构的个人资源分为智力资源（比如问题解决的技能、习得的新知识等）、生理资源（比如身体协调、身体力量、心血管健康等）、心理资源（比如韧性、乐观、认同感、目标定向等）以及社会资源（比如巩固已有的社会联结、建立新的社会联结等）。

三、两个辅助假设

撤销假设 (the undoing hypothesis) 和螺旋上升假设 (the upward spiral hypothesis) 是积极情绪的拓展-建构理论的两个辅助假设：(1) 撤销假设。撤销假设是指积极情绪能够撤销消极情绪的挥之不去效应 (lingering effects)。Fredrickson (1998) 认为，如果消极情绪会窄化个体的瞬间思维-行动范围而积极情绪却能拓展该范围，那么积极情绪应该能够对消极情绪的挥之不去效应起到"解药"的作用。换句话说，积极情绪可以抑制或撤销消极情绪的后续效应。在一项检验撤销效应的研究中，被试被要求在一分钟内准备好"你为什么是一个好朋友"的演讲，并且相信演讲会被录像和被同伴评价。该演讲任务诱发了被试的焦虑情绪，增加了其心率以及血压。在这种与焦虑相关的交感神经唤醒情境下，被试被随机分配看四个电影片段中的一段。其中，前两个电影片段诱发积极情绪（即快乐和满足），第三个电影片段是中性控制刺激，最后一个电影片段诱发消极情绪（即悲伤）。研究者用心血管回到基线水平的快慢来代表个体由焦虑这一消极情绪所诱发的心血管反应的恢复状况。结果显示，相对于控制组，而经历了快乐和满足的被试均显示出了更快的心血管恢复，经历了悲伤的被试则显示出了非常缓慢的心血管恢复 (Fredrickson et al., 2000)。(2) 螺旋上升假设。积极情绪通过拓展个体的瞬间思维-行动范围，建构持久的个人资源，进而给个体带来适应性益处，这会进一步使得个体在未来体验到积极情绪，形成循环。随着该循环的继续，积极情绪又促使个体变得更富有韧性、社会融入、自信等。因此，积极情绪不仅使得个体现在感觉良好，而且增加了其在未来适应良好以及感觉良好的可能性。

对该理论的评价

积极情绪的拓展-建构理论是一个非常严谨的理论，其每个理论假设都建立在非常严谨的实验研究基础之上。为发展和完善该理论，Fredrickson 最初在其服务的密歇根大学成立了"积极情绪与生理心理学实验室"（positive emotions and psychophysiology laboratory, PEPLAB）[1]。随着 Fredrickson 入职北卡罗来纳州大学教堂山分校，该实验室也随之迁入该校。目前，虽然积极情绪的拓展-建构理论的各个假设都已经得到验证，但是该理论仍然还有很大的完善空间：首先，未来研究需要探讨清楚连接拓展效应和建构效应的神经机制（Conway et al., 2012）。如果积极情绪拓展了注意力，让认知变得更灵活，那么其过程是怎样的？与决策制定或行动的关系又是什么？再者，如果积极情绪对认知引发了拓展效应，激发了持续的心智转移，那么新的、长期的资源又是如何被建构的？Conway et al.（2012）还具体指出，重要神经递质系统的激活（比如多巴胺）可能能够解释拓展效应和建构效应是如何发生联系的。其次，Conway et al.（2012）认为，未来研究还需要细致地考察不同的积极情绪是如何以不同的方式拓展个体的瞬间思维-行动范围以及建构个人资源的。对此问题，Fredrickson(2013) 在《积极情绪拓展和建构》（Positive emotions broaden and build）一文中做出了回应，该文详细地解释了十种积极情绪拓展个体瞬间思维-行动范围、建构个人资源的具体方式。但是，目前尚缺乏丰富的实证研究。再次，好的理论除了需要回答为什么(why)、怎样(how)的问题，还需要回答什么时候(when)的问题。因此，积极情绪的拓展-建构理论还需要寻找其理论边界（Vacharkulksemsuk and Fredrickson, 2013）。最后，鉴于具身认知理论（embodied cognition theory）与积极情绪的拓展-建构理论存在一定的交叉，因此未来研究可以吸收具身认知理论的成果，进一步丰富和完善积极情绪的拓展-建构理论（Conway et al., 2012; Vacharkulksemsuk and Fredrickson, 2013）。

关键测量量表

The Modified Differential Emotions Scale（mDES）

Fredrickson, B. L. (2013). Positive emotions broaden and build. In P. Devine & A. Plant (Eds.), *Advances in Experimental Social Psychology* (Vol. 47, pp. 1–54). San Diego, CA: Academic Press.

与积极情感消极情感量表(Positive Affect and Negative Affect Scale, PANAS) 将

---

[1] 该实验室的网址为 www.PositiveEmotions.org。

高激活积极情感排除在外不同(Watson et al., 1988)，mDES 测量了更多的积极情绪。mDES 包括十个测量积极情绪的条目和十个测量消极情绪的条目。研究者既可以将十个积极情绪条目和十个消极情绪条目加总，分别代表积极情绪和消极情绪，也可以只使用 mDES 中的一个条目以考察特定情绪的效应。在反应方式上，研究者可以根据需要进行调整。最典型的做法有：（1）要求个体做最大程度反应，指导语为"What is the most you felt?"（0= 根本没有；1= 一点点；2= 中等；3= 相当大；4= 非常大）。（2）要求个体做频数反应，指导语为"How often did you feel?"（0= 从来没有；1= 不常；2= 有时；3= 经常；4= 总是）。表 2 是用 mDES 测量个体过去 24 小时内所体验到的情绪的例子。

表 2　修订的分化情绪量表（mDES）

指导语：请回想一下在过去 24 小时内你感觉如何？请使用数字 0—4 来描述你所体验到下列情感的最大程度。

根本没有	一点点	中等	相当大	非常大
0	1	2	3	4

____1. 你感到**愉快**、**身心愉悦**或**好笑**的最大程度是多少？
(What is the most **amused, fun-loving, or silly** you felt?)

____2. 你感到**生气**、**愤怒**或**恼怒**的最大程度是多少？
(What is the most **angry, irritated, or annoyed** you felt?)

____3. 你感到**羞愧**、**羞辱**或**蒙羞**的最大程度是多少？
(What is the most **ashamed, humiliated, or disgraced** you felt?)

____4. 你感到**敬佩**、**不可思议**或**惊奇**的最大程度是多少？
(What is the most **awe, wonder, or amazement** you felt?)

____5. 你感到**受侮辱**、**轻视**或**轻蔑**的最大程度是多少？
(What is the most **contemptuous, scornful, or disdainful** you felt?)

____6. 你感到**厌恶**、**憎恶**或**反感**的最大程度是多少？
(What is the most **disgust, distaste, or revulsion** you felt?)

____7. 你感到**尴尬**、**难为情**或**不好意思**的最大程度是多少？
(What is the most **embarrassed, self-conscious, or blushing** you felt?)

____8. 你感到**感恩**、**感激**或**感谢**的最大程度是多少？
(What is the most **grateful, appreciative, or thankful** you felt?)

____9. 你感到**内疚**、**后悔**或**自责**的最大程度是多少？
(What is the most **guilty, repentant, or blameworthy** you felt?)

____10. 你感到**憎恨**、**不信任**或**怀疑**的最大程度是多少？
What is the most **hate, distrust, or suspicion** you felt?)

____11. 你感到**希望**、**乐观**或**受鼓励**的最大程度是多少？
(What is the most **hopeful, optimistic, or encouraged** you felt?)

续表

| 根本没有 | 一点点 | 中等 | 相当大 | 非常大 |
0	1	2	3	4

_____12. 你感到**受鼓舞、振奋或欢欣鼓舞**的最大程度是多少？
(What is the most **inspired, uplifted, or elevated** you felt?)

_____13. 你感到**有趣、警觉或好奇**的最大程度是多少？
(What is the most **interested, alert, or curious** you felt?)

_____14. 你感到**快乐、高兴或开兴**的最大程度是多少？
(What is the most **joyful, glad, or happy** you felt?)

_____15. 你感到**友爱、亲密或信任**的最大程度是多少？
(What is the most **love, closeness, or trust** you felt?)

_____16. 你感到**骄傲、自信或自我肯定**的最大程度是多少？
(What is the most **proud, confident, or self-assured** you felt?)

_____17. 你感到**伤心、垂头丧气或不开心**的最大程度是多少？
(What is the most **sad, downhearted, or unhappy** you felt?)

_____18. 你感到**害怕、恐惧或担心**的最大程度是多少？
(What is the most **scared, fearful, or afraid** you felt?)

_____19. 你感到**宁静、满足或平静**的最大程度是多少？
(What is the most **serene, content, or peaceful** you felt?)

_____20. 你感到**压力、紧张不安或不知所措**的最大程度是多少？
(What is the most **stressed, nervous, or overwhelmed** you felt?)

经典文献

Fredrickson, B. L. (1998). What good are positive emotions? *Review of General Psychology*, 2 (3), 300–319.

Fredrickson, B. L. (2001). The role of positive emotions in positive psychology: The broaden-and-build theory of positive emotions. *American Psychologist*, 56 (3), 218–226.

Fredrickson, B. L. (2003). Positive emotions and upward spirals in organizations. In, In K. S. Cameron, J. E. Dutton, & R. E. Quinn, (Eds.), *Positive Organizational Scholarship: Foundations of a New Discipline* (pp.163–175). San Francisco, CA: Berrett-Koehler Publishers.

Fredrickson, B. L. (2013). Positive emotions broaden and build. In P. Devine & A. Plant (Eds.), *Advances in Experimental Social Psychology* (Vol. 47, pp. 1–54). San Diego,

CA: Academic Press.

Fredrickson, B. L., & Branigan, C. (2005). Positive emotions broaden the scope of attention and thought-action repertoires. *Cognition & Emotion*, 19 (3), 313–332.

Fredrickson, B. L., Cohn, M. A., Coffey, K. A., Pek, J., & Finkel, S. M. (2008). Open hearts build lives: Positive emotions, induced through loving-kindness meditation, build consequential personal resources. *Journal of Personality and Social Psychology*, 95 (5), 1045–1062.

Fredrickson, B. L., & Joiner, T. (2002). Positive emotions trigger upward spirals toward emotional well-being. *Psychological Science*, 13 (2), 172–175.

Fredrickson, B. L., & Losada, M. F. (2005). Positive affect and the complex dynamics of human flourishing. *American Psychologist*, 60 (7), 678–686.

Fredrickson, B. L., Mancuso, R. A., Branigan, C., & Tugade, M. M. (2000). The undoing effect of positive emotions. *Motivation and Emotion*, 24 (4), 237–258.

Fredrickson, B. L., Tugade, M. M., Waugh, C. E., & Larkin, G. R. (2003). What good are positive emotions in crisis? A prospective study of resilience and emotions following the terrorist attacks on the United States on September 11th, 2001. *Journal of Personality and Social Psychology*, 84 (2), 365–376.

对管理者的启示

自从积极情绪的拓展－建构理论被提出来以后，积极情绪被越来越多的研究证实是工作场所中的重要资产。因为积极情绪与很多重要的工作结果变量相关（比如创造力、顾客服务质量、对组织变革的支持等）(Vacharkulksemsuk and Fredrickson, 2013)。因此，积极情绪的拓展－建构理论为组织管理者如何充分利用积极情绪这一重要资产提供了深刻的理论启示。

第一，积极情绪的拓展－建构理论特别强调积极情绪与个体成长之间的关系。通过体验积极情绪，个体可以让自己变得更富有创造性、有见识、有韧性、社会融入及健康。而这些积极结果正是组织管理者所乐见的。而且，积极情绪的拓展－建构理论还指出，通过向上螺旋循环创造出的自我维持系统 (self-sustaining system) 让持续的个体成长得以维持。因此，积极情绪的拓展－建构理论为管理者深刻理解积极情绪对员工和组织的积极意义提供了富有洞见的理论认识。

第二，情绪本身具有传染性，可以在组织成员之间、组织成员与顾客之间进行社会传染。因此，积极情绪不仅对员工个人具有适应性意义，而且随着积极情绪向上螺旋循环的持续，积极情绪可以让组织运行良好，帮助组织兴旺和繁荣。

第三，积极情绪的拓展－建构理论的撤销效应假设为组织管理者如何管理组织中的消极性 (negativity) 提供了理论启示。工作场所中的消极性是无法避免的，而且消极情绪同样具有适应性意义。因此，在组织中维持合理的积极情绪－消极情绪比例可能是必要的。Losada and Heaphy(2004) 的研究显示，组织中高积极情绪－消极情绪之比与高团队绩效相关。目前，虽然尚不清楚对组织而言"太多"积极情绪的临界点在哪里，但是一些学者尝试着对该问题进行了回答。Fredrickson and Losada (2005) 指出，日常生活中，积极情绪－消极情绪之比的临界点应为 3:1，大于该比例可以正向预测个体的总体主观幸福感。Schwartz et al. (2002) 指出，4:1 的临界点与最佳心智状态相关。Losada(1999) 还指出，积极情绪－消极情绪之比在盈利且受尊敬的商业团队中是 5:1。

本章参考文献

3

协同演化理论

刘平青[1] 赵莉[2]

生物学家保罗·艾里奇（Paul Ehrlich）和彼得·瑞文（Peter Raven）（见图1）于1964年在他们合作的题为"Butterflies and plants: A study coevolution"一文中，最早提出了"协同演化"（coevolution）的概念。作为一个生物学术语，协同演化经由Jazen（1980）、Norgaard（1984，1994）、Eisenhardt and Galunic (2000)、Hodgson (2002)、Murmann (2003)、Jouhtio (2006)等学者的发展，20世纪80年代成为生物学领域的一个重要分支（Futuyama and Slatkin, 1983），并通过类比研究的方式，迅速扩展到经济学、组织和管理、地质学、天文学、语言学、计算机建模、精神分析等非生物学领域的研究中，逐步成为分析解释复杂现象的科学研究方法（Lewin and Volberda, 2003），受到了理论界的广泛关注。21世纪初，协同演化的理论体系基本建立，并在社会经济领域取得了丰硕

图1 保罗·艾里奇和彼得·瑞文

---

[1] 刘平青，北京理工大学管理与经济学院教授、博士生导师。主要研究领域：组织与人力资源管理、员工关系与管理沟通、自我成长等。电子邮件：liupingqing@bit.edu.cn。

[2] 赵莉，北京理工大学管理与经济学院博士研究生。主要研究领域：组织与人力资源管理。电子邮件：zhaoliyn@126.com。

的研究成果。在组织和市场环境日益动荡、复杂的今天，协同演化成为系统演化理论的重要研究热点（Abatecola，2014），该理论的被引次数不断攀升，从 2010 年起每年的被引次数均超过了 10 000 次（见图 2）。

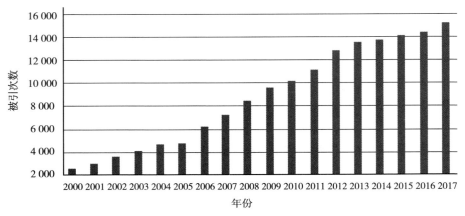

图 2　协同演化理论的被引次数

资料来源：根据 Google Scholar 数据整理而成，搜索时采用非精确匹配。

协同演化理论的核心内容

协同演化理论尚处于发展阶段，没有形成成熟的理论体系，而协同演化本身也没有统一的概念标准，不同学者根据各自的研究目的与需要分别给出了不同的定义。Ehrlich and Raven（1964）通过研究蝴蝶与花草类植物间的关系，发现某种植物往往会吸引或排斥某些特定种类的蝴蝶，物种在一定程度上是持续相互影响并协同演化的，但他们并未对协同演化做出明确的定义。Janzen（1980）尝试提出了协同演化的定义，即生物间的协同演化是两种（或多种）具有密切的生态关系但不交换基因的生物的联合进化。Norgaard（1984）认为，协同演化不仅是"协同"的，更是"演化"的，是"相互影响的各种因素之间的演化关系"，而在社会经济系统中，协同演化主要反映了知识、价值、组织、技术和环境五个子系统的长期反馈关系。Baum and Singh（1994）进一步指出，协同演化是关于组织与环境关系和反馈方式的一种研究。Murmann（2003）通过对协同演化的内涵进行分析，厘清了并行发展与协同演化之间的关系，认为协同演化不同于并行发展，只有在两个演化种群之间拥有能够显著改变对方适应特征的双向因果关系时，两者之间才存在协同演化。Volberda and Lewin（2003）认为，协同演化理论应遵循达尔文主义的一般性分析框架，对复制者和互动者进行详细的规定，并运用"变异""复制"和"选择"的观点来描述协同演化的过程。Jouhtio（2006）对协同演化做了如下定义：即协同演化是发生在两个或多个相互依赖的物种上的持续变化，它们的演化轨迹相互交织、相互适应。这里，物种的相互依赖关系是指共生关系、共栖关系和竞争关系。Breslin（2014）则将协同演化界定为多个层次实体的联合演化，其中，一个实体或层次的变化将影响其他实体或层次的变化。Child et al.（2013）进一步认为，协同演化本质上是多层次的，可将微观和宏观层面的演化集成到协同演化的统一框架中。这些学者提出的协同演化概念框架为后续的研究者们奠定了基础，也有相当多的研究为他们的概念框架提供了支持（Harrington and Chang, 2005; Lorenzoni et al., 2000; Van den Bergh and Gowdy, 2000）。尽管研究的角度和表述不尽相同，但总的来说协同演化的内涵包括以下几个方面：（1）协同演化是一个跨越较长历史时期的演变过程，因此协同演化研究只有针对研究对象的演变历史进行具有较长时间跨度的动态研究才能够得到比较准确的结果；（2）种群之间必须存在明显的联系，且是互为双向或者多向的因果关系，是互为协同演化的；（3）种群之间必须存在相互反馈机制；（4）协同演化应具有较强的"地理接近性"（Winder et al., 2005）。

协同演化隶属于一般系统演化的研究范畴，具备一般系统演化的基本特征。相对于一般的系统演化，协同演化的理论研究追求"更具包容性，共同演化的观点"（Abatecola, 2014），其更加强调互动要素之间的相互适应和影响，从而达到更加有序稳定的系统状态。组织协同演化与生物协同演化的不同之处在于，前者运用于人造意义过程，共同演化知识、学习、需求以及行为主体特征等与行为、战略、策略的互动（Malerba, 2006），新组织形式的出现频率要比生物界新物种高得多。Lewin and Volberda（1999）系统地总结了协同演化的特点，被后来的学者广泛认可，主要体现在以下五个方面：（1）多向因果（multidirectional causalities），"在这样一个复杂的协同演化系统中，区分决定性变量和非决定性变量是没有意义或者不可能的，因为任何一个变量的变化可能是由其他变量的变化内生引起的"。（2）多层嵌套性（multilevelness/embeddedness），协同演化的多层次特征主要表现在协同演化的过程上。协同演化既可以发生在企业内部与企业之间、产业与产业之间，也可以发生在企业与环境之间、行业与环境之间，而这些不同层次上的协同演化既是同时发生的，又是相互交织嵌套在一起的，内部的微观共演秩序往往内嵌于宏观共演所形成的选择压力中（Mckelvey, 1997），不能简单孤立地分析某一个层次而忽略了其他层次。(3) 非线性（nonlinearity），协同演化往往发生在由大量不同层次、不同类型的组织所构成的系统之中，每个层次上的协同演化结果都会传导到其他层次上，在这样的协同演化过程中，组织间会形成复杂的非线性关系；协同演化研究组织与外部环境的相互作用、相互影响，而环境往往是复杂多变的，组织处于动态的演化过程中，不断地适应与进化，因而使得协同演化的过程充满了复杂多变性。(4) 正反馈性（positive feedback），协同演化理论强调经济系统中的正反馈机制，系统内外部的变化能够通过正反馈机制加速系统的发展，通过创新与扩散使系统处于开放的、不断扩展的环境之中。在这种相互作用反馈的观点中，因果关系的单向观点被相互因果关系的递归双向观点所取代。(5) 路径依赖性（path and history dependence），协同演化的正反馈机制决定了协同演化的路径依赖特点，协同演化过程中的适应是路径依赖的，路径依赖描述了系统在正反馈机制和报酬递增规律的共同作用下的演化特点，同时强调历史或时间因素在经济演化过程中不容忽视的重要性（Loasby, 2001）。

　　学者们对协同演化的分析框架、动力机制等方面的理论问题进行了研究，试图建立协同演化理论在组织研究领域的研究框架和分析模式。Lewin and Volberda (1999) 最早提出了适用于组织研究的协同演化理论框架——企业、产业与环境的多层次协同演化分析框架，为协同演化理论在组织研究中的应用奠定了基础。该框架认为，组织的变异、选择和保持不是单独发生的，而是在与环境之间不断的交互作用中进行的，组织结构具有层次性，由具有不同功能的层次组成，且任何一个层次的变化都会对其他层次产生影响，同时也会受到其他层次的影响。Porter (2006) 通过对企业、产业及环境的协同演化研究，提出了组织生态系统协同演化概念模型，该模型更倾向于对协同演化概念本身的解释和分析，将研究的着力点放在理论的思维过程上，认为协同演化主要包括两个层面的内容：在宏观层面，更注重组织与社会环境的协同演化关系，并运用理论模型来解释这一协同演化逻辑；在微观和中观层面，运用以演化理论、复杂理论及社会环境理论为基础的生态位理论，来分析组织个体、组织种群间的协同演化机制。Madhok and Liu (2006) 以跨国企业为视角，构建了跨国企业内部竞争优势与外部环境选择的两层次协同演化理论分析模型。Sofitrab et al. (2015) 用 CA（cellular automata，元胞自动机）模拟框架进行建模，提出了供应网络中互联关系战略的协同演化模型。Almudi and

Fatas-villafranca（2018）将当代资本主义社会的动态特征描述为五个不同子系统的协同演化：个人的亲密领域、市场、国家、公民社会和自然，强调了这些子系统之间的协同演化机制，称之为提升机制。Volberda and Lewin（2003）探讨了企业内和企业间发生协同演化的四种动力机制：幼稚选择（naive selection）、管理选择（managerial selection）、层级更新（hierarchical renewal）、全面更新（holistic renewal）。研究表明，目前协同演化理论没有一个统一的分析框架，根据不同的研究对象和研究范畴可以构建具体的分析模型。但是从逻辑上，组织的协同演化具有明显的层次性，其协同演化过程由不同层次的要素相互推动、相互影响，最终形成一个更加稳定和有序的系统状态。

协同演化理论自被提出以来，引起了学者们的广泛关注，被应用于多个学科领域。协同演化理论广泛地应用于组织理论范畴的研究，旨在提高企业应对环境变化的能力；Norgaard（1984）首先将协同演化概念应用于社会经济领域，并认为社会经济系统的协同演化主要为技术、知识、环境和价值之间的相关关联和相互影响。此后，越来越多的学者将协同演化理论应用于管理学领域，研究企业与环境的相互影响和演化过程。1999 年，《组织科学》（*Organization Science*）第五期发表了十余篇企业协同演化方面的论文。协同演化的应用研究主要集中在：组织与社会环境的协同演化（Lewin *et al.*, 1999; Volberda and Lewin, 2003; Pontikes and Barnett, 2016; Kim and Barney, 2015; Xin and Mossing, 2017）、技术与制度的协同演化（Rosenkopf and Tushman, 1994; Murmann, 2003; Pelikan, 2003; Nygaard, 2008; Trein and Philipp, 2017）、个体与制度的协同演化（Hodgson, 2007; Schmid, 2006）、行为与制度的协同演化（van den Bergh and Stagl, 2003）、企业与产业的协同演化研究（Huygens *et al.*, 2001）以及新组织形式的协同演化（Lewin and Volberda, 1999; Lewin *et al.*, 1999）。

对该理论的评价

协同演化理论突破了单向因果联系对研究者思维方式的禁锢，具有很强的包容性，把诸多相关理论整合起来；同时，协同演化理论改变了以往对组织的理解，综合运用各种理论而无损于理论各自的完整性，显著地提高了组织研究水平（Volberda and Lewin, 2003），也印证了西方学术界传统个体主义方法论的局限性。协同演化理论独特的分析范式和广泛的包容性使其在诸多社会科学领域具有强大的解释力，提供了强有力的新逻辑与独特的分析工具，对组织与环境之间的关系进行了跨时期、多层次的研究，同时也为其他学科拓展了新的研究空间，在一定程度上推动了社会科学研究的进展，其贡献是不言而喻的（郑春勇，2011）。

尽管协同演化理论在理论层面打破了传统的分析范式，实现了较大的突破，为揭示演化过程提供了更全面和新颖的分析视角，但由于其本身具有非线性、多层嵌套等特点，横向和纵向资料搜集难度大，实证研究着实不易（Kallis, 2007），协同演化理论的实证研究要比概念发展缓慢得多（Koza and Lewin, 2001）。因此，协同演化理论的分析范式虽已具雏形，但大多数文献仅停留在理论解释上，实证研究不多，关于协同演化的动态演化过程的研究成果比较少。分析框架尚不是特别成熟，没有一个统一的分析框架，针对协同演化的具体研究还有待进一步开发（Murmann, 2013）；Almudi and Fatasvillafranca（2018）建议为协同演化系统制定规范的标准和评估方法。如何系统地构建协同演化理论的微观、中观和宏观理论，进一步完善协同演化的理论框架，并将其更好地运用到实证分析中，形成更完善和统一程度更高的研究框架，运用科学的分析工具如复杂性理论、非线性理论、协同学理论等进行实证研究，是协同演化理论未来将考虑的研究重点。

主要测量量表

1. Coevolution of Institutions and Behaviour: layers and dimensions：四层次，30 维度

Van den Bergh, C. J. M., & Stagl, S. (2003). Coevolution of economic behaviour and institutions: Towards a theory of institutional change. *Journal of Evolutionary Economics*, 13(3), 289–317.

2. A Coevolutionary Model of Agricultural Development

Norgaard, R. B. (1984). Coevolutionary agricultural development. *Economic Development & Cultural Change*, 32(3), 525–546.

3. CA Model to Capture Complex Patterns of Interconnected Relationship Coevolution Processes among Coopetition, Competition, Cooperation and Defection

Sofitra, M., Takahashi, K., & Morikawa, K. (2015). The coevolution of interconnected relationship strategies in supply networks. *International Journal of Production Research*, 53(22), 6919–6936.

4. Model of How Industries Emerge and Evolve

Grodal, S., Gotsopoulos, A., & Suarez, F. F. (2015). The coevolution of technologies and categories during industry emergence. *Academy of Management Review*, 40(3), 423–445.

5. A Mode of Coevolution

Conrad, J. M., & Salas, G. (1993). Economic strategies for coevolution: Timber and butterflies in mexico. *Land Economics*, 69(4), 404–415.

6. The Theoretical and Empirical Models to Illustrate the Interactions between Government and Market Actors

Pak-Hung Mo.（2018）. Institutions' complementarity and coevolution. *Malaysian Journal of Economic Studies*, 55(1), 133–150.

7. Simulation Model of The Endogenous Knowledge Networks and Knowledge Creation

Tur, E. M., & Azagra-Caro, J. M. (2018). The coevolution of endogenous knowledge networks and knowledge creation. *Journal of Economic Behavior & Organization*, 145, 424–434.

经典文献

Connell, J. H. (1980). Diversity and the coevolution of competitors, or the ghost of competition past. *Oikos*, 35(2), 131–138.

Dybdahl, M. F. (2005). *The Geographic Mosaic of Coevolution*. Chicago: University of Chicago Press.

Ehrlich, P. R., & Raven, P. H. (1964). Butterflies and plants: A study in coevolution. *Evolution*, 18(4), 586–608.

Fairbairn, D. J. (1997). Allometry for sexual size dimorphism:Pattern and process in the coevolution of body size in males and females. *Annual Review of Ecology & Systematics*, 28(28), 659–687.

Hillis, W. D. (1990). Co-evolving parasites improve simulated evolution as an optimization procedure. *Physica D Nonlinear Phenomena*, 42(1), 228–234.

Janzen, D. H. (1980). When is it coevolution? *Evolution; International Journal of Organic Evolution*, 34(3), 611.

Lewin, A. Y., & Volberda, H. W. (1999). Prolegomena on coevolution: A framework for research on strategy and new organizational forms. *Organization Science,* 10(5),

519–534.

Miller, W. H. (1999). The symbolic species: The co-evolution of language and the brain. *American Journal of Human Biology,* 319(7211), 715.

Morrison, P. (1999). The *Symbolic Species*: *The Co-evolution of Language and the Human Brain.* New York: W. W. Norton.

Potter, M. A., & De Jong, K. A. (2000). Cooperative coevolution: An architecture for evolving coadapted subcomponents. *Evolutionary Computation,* 8(1), 1–29.

Thompson, J. N. (1994). *The Coevolutionary Process.* Chicago: University of Chicago Press.

对管理者的启示

协同演化理论是研究组织与环境演化关系的新理论，是企业演化理论的一种新的分析逻辑和模式。协同演化理论既考虑到了环境对组织演化的制约与影响，又考虑到了组织的能动性和改变环境因素的能力，将组织与环境的关系定义为"互相适应、多向因果、多层嵌套的非线性关系"（Lewin and Volberda, 1999）。管理决策者将协同演化理论的思想运用到管理中，不仅要考虑企业的条件和业务环境的情况，还要考虑企业内部相互关联关系的复杂性，结合政策、资源禀赋和市场条件等因素，不断进行组织学习，高效整合各项资源，优化业务流程、变革组织结构和进行知识创新。

本章参考文献

4

认知评价理论

李永鑫[1]　王胜男[2]

理查德·拉扎勒斯（Richard Lazarus）（见图 1）是情绪认知理论的集大成者，他最早提出认知评价的重要性。他在 1966 年、1991 年出版了认知评价理论（cognitive appraisal theory）的经典著作，分别是《心理压力和应付过程》(*Psychological Stress and the Coping Process*) 和《情绪和适应》(*Emotion and Adaptation*)，主张环境的刺激和情绪反应之间存在认知评价，并建立了迄今为止最著名的认知理论框架。随后，经由 Zajonc (1980, 1984, 1998)、Ellsworth (1991, 2013)、Ellsworth and Scherer (2003)、Ellsworth and Smith (1988)、Smith (1989)、Smith and Ellsworth (1985)、Smith and Lazarus (1993)、Leventhal and Scherer (1987)、Scherer (1993, 1997)、Frijda (1989, 1993)、Parrott and Sabini (1989)、Folkman (1991, 1997, 2008, 2013) 和 Roseman (2001) 等学者的发展，认知评价理论展示了其重大的学术价值和社会实际应用价值，逐渐受到理论界和实践界的广泛关注，研究和引用该理论的论文数量逐年攀升，从 2009 年起每年均有超过 100 篇（见图 2），认知评价理论现已成为主流的情绪认知理论之一。

图 1　理查德·拉扎勒斯

1　李永鑫，河南大学教育科学学院教授、博士生导师。主要研究领域：管理心理学与人力资源管理等。电子邮件：liyongxin@henu.edu.cn。

2　王胜男，河南大学教育科学学院博士生。主要研究领域：管理心理学与人力资源管理。电子邮件：nicolesnwang@163.com。

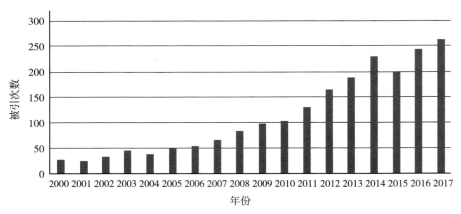

图 2　认知评价理论的被引次数

资料来源：根据 Google Scholar 数据整理而成，搜索时采用精确匹配。

认知评价理论的核心内容

Arnold（1960a, 1960b）在 20 世纪 60 年代初期创建了情绪评价学说，认为知觉和认知是刺激事件与发生情绪反应之间必需的中介物，被称为情绪认知理论的先驱。随着认知心理学的发展，评价理论演变为两大支派：一支是以 Schachter（1964）为代表的认知 – 激活理论，更多地研究生理激活变量和认知的关系；一支则是以 Lazarus（1966）为代表的"纯"认知派，倾向于从环境、认知和行为方面阐述认知对情绪的影响（孟昭兰，2005）。其中，Lazarus 的影响最大，其构建的认知评价理论也被称为 Lazarus 理论。该理论认为，情绪是综合性反应，包括环境的、生理的、认知的和行为的成分，每一种情绪都有其独特的反应模式。同时，Lazarus 还主张，情绪的发展来自环境信息并依赖于短时的或持续的评价。同时，他强调，人与所处具体环境的利害关系的性质，决定了他的具体情绪；同一种环境对不同的人可能产生不同的情绪结果，这是因为情绪对不同的人具有不同的意义，而各类不同的意义是由不同人的认知评价来解释的。Lazarus 在此提出了认知评价理论的主题：情绪是对意义的反应，这个反应是通过认知评价决定和完成的（傅小兰，2016）。

认知评价理论的基本假设为情绪是个体对环境事件知觉到有益或有害的反应。该过程是一个复杂的概念化评价过程（Lazarus, 1991）。如图 3 所示，"有利"的评价可以从概念上分为多种类型的益处，而"有害"的评价可以分为多种类型的不利和威胁。评价的结果是产生了不同类型的情绪。

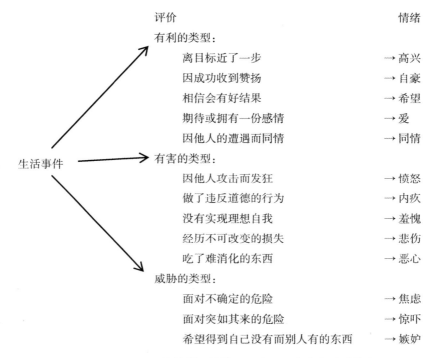

图 3　Lazarus（1991）的情绪评价模型：有利、有害和威胁的类型

评价（appraisal）和应付（coping）是认知评价理论的两个核心概念。评价是指个体不断地搜索环境中所需的信息和可能存在的威胁，并对那些对他们有意义的刺激事件进行多回合的、不间断的评估的过程，分为初评价（primary appraisal）和再评价（secondary appraisal）（见图 4）。初评价有三种类型：无关、有益和紧张。当刺激被评价为与个体利害无关时，评价立即结束；当评价为具有保护意义时，则表征为愉悦、舒畅、安宁等情绪。再评价是初评价的继续，常发生在对威胁和挑战的评价中。这一过程也可以看作个体对自己反应行为的调节和控制，它主要涉及个体能否控制刺激事件，以及对刺激事件控制的程度，也就是一种控制判断。再评价也包括对所采取的应付策略和应付后果的重新评价（reappraisal）。

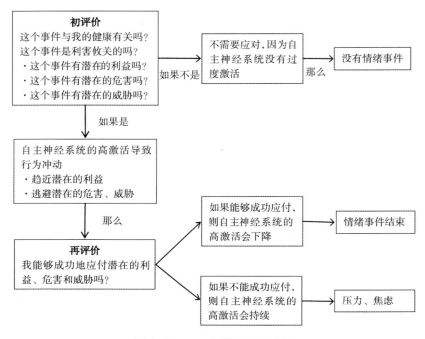

图 4　Lazarus 的情绪评价过程

资料来源：Reeve, J., & Reeve, J.（2001）. *Understanding Motivation and Emotion*. New York: Wiley。

个体采取某种行动或措施应对威胁或挑战的行为即为"应付"，包括降低、回避、忍受和接受这些应激条件，也包括试图对环境进行控制。应付的过程分为两类，一类是问题聚焦型（problem-focused），是由情绪促成的、针对威胁和挑战直接采取的行动，意在通过对环境或刺激事件本身的直接改变来进行压力处理；另一类是情绪聚焦型（emotion-focused），是涉及再评价的没有任何直接行动卷入的认知过程，意在通过改变当前个体与环境或刺激事件的关系来应对压力。在这两个层面上，个体对环境或刺激事件进行积极到消极或消极到积极的再评价。正因如此，我们的情绪才会充满变化，丰富多彩。发生在应付过程中的再评价不是针对刺激事件的控制判断，它是指个体对自己的情绪和行为反应的有效性和适宜性的评价，实际上是一种反馈性行为。在不断地接受新信息的同时，个体通过再评价随时调整自己处理威胁和挑战的步伐（pacing），学习应对类似刺激事件的方法和策略（learning）。但是需要注意的是，再评价不一定每次都会减少压力，有时也可能会使压力增加。

基于评价的概念，Arnold（1960）使用愉悦度作为评价维度解释了喜欢和不喜欢两种基本的情绪，Lazarus（1966）继承并发展了 Arnold 的研究，其评价模型可以解释 15 种情绪。而其他学者又在 Lazarus 研究的基础上提出了复合评价，试图用评价来解释所有的情绪。他们认为，存在某种评价的特殊模型（unique pattern of compound appraisal）可以描述每一种情绪。而且每种复合评价亦包含对每个情境或刺激事件的多元解释，以便于我们预测个体的情绪。为了解释情绪的复杂性，认知评价主义理论家们提出了不同的评价维度。如 Arnold（1960）最早提出了愉悦－不愉悦两个维度；Lazarus（1982）提出了个人相关性和个人应对能力两个维度；Scherer（1997）提出了对事件不可预期性的评价及其与个人内在标准的相容性（compatibility）；Smith and Ellsworth（1985）提出了对事件不确定性、个人对事件所需努力程度及其合理性（legitimacy）的预期度等维度。多数学者就以下评价维度达成共识（见表1），认为不同评价维度的组合可以产生具体情绪，但是在评价维度的具体数量及其在解释情绪时的重要性等方面依然存在分歧。

表 1　认知取向不同理论及评价维度比较

评价理论	评价维度	评价示例
Arnold 的评价理论	愉悦度	事件对自己是有利还是有害？
Schachter 的评价理论	知觉分析与过去经验之间的匹配	发生的事件是否与过去经验匹配或不匹配？
Lazarus 的评价理论	个人相关性	事件是否与自己的幸福相关？事件是自己期待的还是不期待的？
	个人应对能力	我能成功应对这一事件吗？应对这一事件需要付出多少努力？
其他评价理论	期待	我是否期待事件的发生？
	责任归属	是谁导致了事件的发生？自己？他人？还是周围环境？
	合理性	事件的发生合理吗？是应该这样的吗？
	与自我和社会标准的相容性	该事件符合道德标准吗？

资料来源：Reeve, J., & Reeve, J.（2001）. *Understanding Motivation and Emotion*. New York: Wiley。

一直以来，认知评价主义理论家们致力于探索并构建评价引发情绪的所有可能模式（Scherer, 1993, 1997），即当使用某一个或几个评价维度对刺激事件进行评价时，就必然会引发某一种具体情绪。Roseman（1996）尝试绘制了 6 种不同评价维度所引起的17种不同情绪的决策树，然而Oatley and Duncan（1994）却认为，类似的决策树忽视了其他因素（如生理因素）的影响，故而不能准确地解释和预测情绪的产生。另外，不同情绪的评价模式可能因相似而存在交叉变量（如紧张和焦虑），这进一步增加了解释的难度。并且，个体情绪的发展会随其年龄的变化而变化，如个体在儿童期更多地体验到基本情绪，而随着年龄的增长和社会化程度的提高，则可能会体验到越来越多的评价模式特异的情绪（Fischer et al., 1991; Reisenzein and Hofmann, 1993; Scherer, 1997）。

理论研究表明，Lazarus（1991）作为情绪认知理论的集大成者，其建立的认知评价理论是一套完整的、独特的情绪认知理论，与其他情绪认知理论有明显的区别。例如，尽管继承了Arnold（1960）的评价-兴奋理论，Lazarus（1966）的认知评价理论却很少涉及情绪的生理因素。并且，Lazarus（1982，1984）及后续学者十分重视认同社会环境之间的具体互动，从中引出了评价、应激和应付三个概念并进行了深入的分析。此外，认知评价理论认为，情绪是包容在认知之中的，人们不断地通过认知结构进行评价和反应，以获得个体自身良好的状态。Schachter and Singer（1962）的认知激活理论与认知评价理论均强调情绪理论中认知的地位，但是前者并没有说明情绪唤醒和认知是如何整合的，而后者则明确地表明情绪唤醒是通过对情境的再评价并在所产生的活动中得到的，包括应付策略、变式活动和身体反应的反馈结果。与Lindsey and Norman（1977）的信息加工学说既看重大脑信息加工又强调生理激活不同，Lazarus的认知评价理论更看重环境，尤其是文化因素对情绪产生的作用和影响。

Lazarus（1966，1982，1983，1984，1991）建立的认知评价理论的思想体系完整，具有重大的学术价值和社会实践意义。近年来，越来越多的研究表明，认知评价理论能够在组织管理的各个方面发挥重要作用（Payne et al., 1993; Soscia, 2007; Lazarus, 1991; Lazarus and Folkman, 1984; So, 2013; Jin, 2009; Oliver and Brough, 2002; Folkman and Greer, 2000; Gross and John, 2003; Folkman, 2013; Schmitt, 2012; Ding and Tseng; 2015; Watson and Spence, 2007）。例如，在管理决策方面，组织成员对意义事件的评价过程直接影响决策的制定（Payne et al., 1993）；在财务管理方面，运用认知评价理论可以甄别组织成员在消费时的情绪，从而预测其职务消费行为（Soscia, 2007）；在人力资源管理方面，合理选取评价维度，可以有效地调节组织成员的压力感受和处理方式（Lazarus, 1991; Lazarus and Folkman, 1984; So, 2013），影响员工的沟通行为（Jin, 2009），调节员工的工作

幸福感（Oliver and Brough, 2002; Folkman and Greer, 2000; Gross and John, 2003; Folkman, 2013）；在品牌管理方面，认知评价过程深刻地影响着公众对该品牌的认可度和忠诚度（Schmitt, 2012; Ding and Tseng, 2015）；在危机管理方面，及时有效的沟通和处理可以有效地降低危机事件给人们带来的负向情绪感受（Jin, 2009, 2010; Jin and Cameron, 2007）；在市场营销方面，运用认知评价理论可以鉴别消费过程中产生的情绪，预测消费行为，妥善处理消费纠纷（Watson and Spence, 2007）。

对该理论的评价

Lazarus 纠正了传统心理学和哲学把情绪和理智看作绝对对立和互相排斥的观念。首先，Lazarus 的认知评价理论认为，评价决定了个体感受到的情绪，因此，认知先于情绪出现，情绪是认知评价的功能或结果，情绪是由认知决定的。以往的传统观念普遍认为，情绪是原始的、不可控的、似动物的心理现象，而认知和理智才是人类所特有的高级精神力量。认知评价理论把情绪的产生与认知紧密地联系在一起，是改变这一传统观念的重要支柱。个体的每一种情绪均包括生理的、行为的和认知的三种成分，它们相互影响、互为因果。其次，Lazarus 强调了社会文化对情绪产生的重要作用。他认为，由于社会文化背景的不同，个人的情绪感受和反应也有所不同。这为后续的跨文化研究提供了新的理论支撑。此外，Lazarus 看重个人经验在情绪产生中的作用，强调个人所持有的先前观点、经验是左右情绪体验的主要因素。Lazarus 的认知评价理论，把现象的研究同认知理论和情绪生理学的研究结合起来考虑，既承认情绪的生理因素，又承认情绪受社会文化情境、个体经验和人格特征的制约，而这一切又伴随着个体对事物的认知和评价发生，这种观点全面而完整，有巨大的学术价值。但是，该理论也暴露出了严重的理论缺陷。Lazarus 把情绪排斥在心理学理论体系之外，认为"情绪概念在心理学中起重要的作用……它不是基本的理论构成物"是错误的。另外，该理论忽略了情绪对认知和行动的意义及作用，这也使其社会实践意义大打折扣。

关键测量量表

1. Cognitive Appraisal Scale：18 题
Skinner, N., & Brewer, N. (2002). The dynamics of threat and challenge appraisals prior to

stressful achievement events. *Journal of Personality and Social Psychology*, 83(3), 678.

2. Cognitive Appraisal Scale：42题

Folkman, S., & Lazarus, R. S. (1985). If it changes it must be a process: Study of emotion and coping during three stages of a college examination. *Journal of Personality and Social Psychology*, 48(1), 150.

3. Cognitive Appraisal Measure：19题

Frijda, N. H., Kuipers, P., & Ter Schure, E. (1989). Relations among emotion, appraisal, and emotional action readiness. *Journal of Personality and Social Psychology*, 57(2), 212.

4. Cognitive Appraisal Scale: Primary cognitive appraisal scale (3个维度); Secondary cognitive appraisal (2个维度)

Gomes, A. R.(2008). Escala de Avaliação Cognitiva. *Relatório técnico não publicado*. Braga: Instituto de Educação e Psicologia, Universidade do Minho.

5. Cognitive Appraisal Scale：58题

Yanchus, N. J.(2006). Development and validation of a self-report cognitive appraisal scale. Doctoral dissertation, The University of Georgia.

6. The Primary and Secondary Appraisal Scale：6个维度，16题

Gaab, J.(2009). PASA–Primary appraisal secondary appraisal. *Verhaltenstherapie*, 19(2), 114–115.

7. Cognitive Appraisal Questionnaire：8题

Botha, E., & Wissing, M. P.(2005). Cognitive Appraisal Questionnaire. Unpublished Manuscript, North-West University-Potchefstroom Campus, Potchefstroom.

经典文献

Barsade, S., Brief, A. P., Spataro, S. E., & Greenberg, J.(2003). The affective revolution in organizational behavior: The emergence of a paradigm. *Organizational Behavior: A Management Challenge*, 1, 3–50.

Elfenbein, H. A.(2007). 7 Emotion in organizations: A review and theoretical integration. *The Academy of Management Annals*, 1(1), 315–386.

Eysenck, M.(2014). *Anxiety and Cognition: A Unified Theory*. Hove: Psychology Press.

Folkman, S., Lazarus, R. S., Dunkel-Schetter, C., DeLongis, A., & Gruen, R. J.(1986). Dynamics of a stressful encounter: Cognitive appraisal, coping, and encounter outcomes. *Journal of Personality and Social Psychology*, 50(5), 992.

Folkman, S.(2013). Stress: Appraisal and coping. In M. D. Gellman (Ed.), *Encyclopedia of Behavioral Medicine* (pp. 1913–1915). New York: Springer.

Frijda, N. H., Kuipers, P., & Ter Schure, E.(1989). Relations among emotion, appraisal, and emotional action readiness. *Journal of Personality and Social Psychology*, 57(2), 212.

Gratch, J., & Marsella, S.(2004). A domain-independent framework for modeling emotion. *Cognitive Systems Research*, 5(4), 269–306.

Lazarus, R. S.(1982). Thoughts on the relations between emotion and cognition. *American Psychologist*, 37(9), 1019.

Lazarus, R. S.(1984). On the primacy of cognition. Online: http: //psycnet.apa.org/record/1984–30606–001

Lazarus, R. S., & Smith, C. A.(1988). Knowledge and appraisal in the cognition-emotion relationship. *Cognition & Emotion*, 2(4), 281–300.

Lazarus, R. S.(2006). Emotions and interpersonal relationships: Toward a person centered conceptualization of emotions and coping. *Journal of Personality*, 74(1), 9–46.

Smith, C. A., & Ellsworth, P. C.(1985). Patterns of cognitive appraisal in emotion. *Journal of Personality and Social Psychology*, 48(4), 813.

对管理者的启示

根据认知评价理论，环境、个体认知和行为共同决定了人的具体情绪的产生以及每一个具体情绪所带来的结果。情绪产生于人们对环境和刺激事件的评价，其引发的行为亦塑造着环境。当人们对环境的评价为"有利"，或对威胁和挑战有足够的应付能力及手段时，才会有正性情绪的产生。管理者应实时关注和收集员工的情绪动态，对可能引起员工情绪波动的事件进行及时掌控；平时多与员工进行交流，保证组织内部各级沟通渠道的畅通，以确保信息可以进行有效的传达和及时的反馈，尽可能地避免误会和谣言等不准确信息给员工造成的波动，以免影响团队士气。同时，管理者应尽可能地创造更多可以促进员工进行积极情绪体验的事件，帮助员工缓解工作压力，这样不仅有利于提升员工的幸福感和工作满意度，提升其工作绩效，而且更有利于组织团队建设，营造良好的工作氛围，增加组织收益。当具有威胁性或挑战性的事件发生时，管理者要有责任感、有担当，因为对于员工而言，管理者对危机事件的处理方式和过程往往比事件本身具有更大的意义。所以，管理者应第一时间站出来处理危机，将危机事件带来的负面影响降到最低。

对于薪酬管理和人员晋升等方面，管理者要制定客观的标准，确保薪酬管理办法公正可行，员工晋升渠道开放透明。一年中，应有意让员工通过客观标准来进行自评和他评，同时确保员工以正确的方式和恰当的人进行比较。如果和业绩突出者进行向上比较，则管理者要及时疏导员工可能产生的负性情绪（如因自我否定而产生的沮丧等），鼓励并引导其实施符合组织期望的行为。如果和业绩较差者进行向下比较，则管理者应帮助员工将注意力集中在业绩较好的人身上，以便激励他们学习并应用高业绩员工使用的工作方法和流程。此外，管理者要正向强化业绩突出的员工，结合每位员工的特点，采取恰当的激励手段对其进行奖励，注意要避免因奖励不当引起员工的误解和不满。而面对业绩不良的员工，则要查找存在的问题并妥善解决。

本章参考文献

5

认知失调理论

穆桂斌[1]　杨志刚[2]

利昂·费斯廷格（Leon Festinger）（见图1）最早提出了认知失调的概念，并在1957年出版的《认知失调理论》(*A Theory of Cognitive Dissonance*)一书中，正式提出了认知失调理论（cognitive dissonance theory）。在社会心理学领域中，费斯廷格的认知失调理论属于认知取向的理论范畴，是认知一致性理论中的一种，其思想基础源于格式塔心理学。该理论一经提出，就引起了众多心理学家的浓厚兴趣，并促进了大量的研究。经由Cooper（1999, 2007）、Aronson（1968, 1992, 1999）、Pallak and Pittman（1972）、Zanna and Cooper（1974）、Waterman and Katkin（1967）、Elliot Devine（1994）、Stone and Cooper（2001）、Dickerson *et al.*（1992）等众多学者的发展，该理论得到了理论界的广泛关注，从2008年起每年的被引次数均超过了10 000次（见图2），现已成为西方社会心理学研究领域最具影响力的理论之一。

图1　利昂·费斯廷格

---

[1]　穆桂斌，河北大学心理学系教授。主要研究领域：组织行为与人力资源管理。电子邮件：guibinmu@163.com。

[2]　杨志刚，河北大学心理学系副教授。主要研究领域：基础心理学。电子邮件：synrhine@163.com。

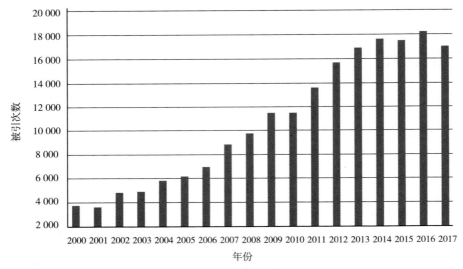

图 2　认知失调理论的被引次数

资料来源：根据 Google Scholar 数据整理而成，搜索时采用非精确匹配。

认知失调理论的核心内容

乔治·奥威尔（George Orwell）在其反乌托邦名著《1984》中留下了一个令人绝望的结尾，在经历了一次残酷的审讯后，主人公温斯顿·史密斯完全改变了其对老大哥的态度，在被枪决的一瞬间，他认识到，"他战胜了自己，他热爱老大哥"。换言之，他在付出生命的代价时，仍完全背叛了自己最初的信念。

这一切是如何发生的？人在什么情况下会改变自己的态度？当我们的态度和行为不一致时，我们会如何进行调整？是改变行为使其与态度相一致，还是改变态度使其顺应行为？心理学家费斯廷格1957年提出的认知失调理论，希望对这些问题做出解释。

认知失调是广义认知一致性理论的一种形式。认知一致性理论认为，人们总是在努力寻求认知上的连贯和意义。当人们发现，自己的一些信念或价值观之间不一致时，就会努力让它们一致起来。换言之，认知的不一致是个体做出改变的一个核心驱力。费斯廷格把这种不一致称为认知失调（cognitive dissonance），它是个体同时持有两种或更多不一致信念、想法或价值观时所体验到的一种心理不适的感觉。尤其是，当一个人做出某种行为与他的个人信念、价值观相冲突，或是他发现一些新的信息与其既有的信念、理想和价值观相冲突时，他就会体验到认知失调。费斯廷格认为，人类有一种努力克服不协调，达到内在和谐的趋向。他可能会改变自己的行为使其与态度一致，从而做到言行合一。但这样做可能需要付出巨大的努力。特别是，如果与其信念不一致的行为已经发生，则个体不太可能做出改变，他可能会改变自己的态度以使自己的行为合理化。

认知失调理论能够对很多态度改变现象做出解释。比如前面所举的《1984》中史密斯的例子。为何在临死前他会发自内心地认为自己"热爱老大哥"——那个他原本无比厌恶和痛恨的独裁者？一个合理的解释或许是，监禁中的严刑逼供让他屈服了，这种因恐惧而屈服、背叛自己信念的行为让他非常羞愧，恐惧不足以证明其屈服的合理性。相较之下，如果他认为自己并非因软弱而背叛，而只是原来对老大哥的态度是错误的，现在纠正过来，这种认知会更为协调，也更少不适。

费斯廷格与其同事梅里·卡尔史密斯（Merrill Carlsmith）曾做过一个非常经典的实验来证明其观点（Festinger and Carlsmith, 1959）。在实验中，被试首先要完成一些简单的操作任务，比如，把一打线轴（spool）从托盘中取出放到桌子上，然后再摆回托盘。这样的任务重复做30分钟。之后，再要求他们去转动一块木板上的48个方栓（square peg），同样重复30分钟。可以想见，被试会觉得这些任务非常无聊，但这正是实验者想要的，真正的实验才刚开始。在被试完成上述任务后，被分成三组，控制组先做短暂休息，另外两组被试则被要求协助主试继续完成后面的实验。他们被告知，实验的目的是考察预期对被试反应的影响，因实验助手暂时过不来，因此请他们充当助手，并告诉后面的被试"这个实验的任务非常有趣"。实验者会为他们的协助（即向新来的被试撒谎）提供报酬。其中，一组被试得到1美元；而另外一组被试得到20美元。之后，三组被试均被要求就任务本身的有趣程度及他们是否愿意再次参加该实验进行评价。根据常理推测，20美元组的被试得到了更多的报酬，他们应该觉得实验更有趣，也更愿意再次参加实验。事实是否如此呢？实验结果见表1：

表 1　不同实验条件下被试对访谈问题回答的平均值

问题	控制组	1美元组	20美元组
任务是否有趣?	−0.45	1.35	−0.05
是否愿意再参加类似实验?	−0.62	1.20	−0.25

显然，无论是任务有趣程度还是是否再参加类似实验的意愿，1美元组被试的评分都要比20美元组被试更高。这是为什么呢？按照费斯廷格的解释，所有的被试在完成实验任务后都会觉得任务无聊，但实验组的被试被要求向新来的被试撒谎说实验很有趣，他们自身态度和行为的不一致产生了失调。在两组实验组被试当中，接受20美元报酬的被试对说谎行为可以进行合理的解释，也就是说，他们纯是因为得到报酬才说谎的。但接受1美元报酬的被试无法用外在的诱因解释其行为，因而他们会倾向于认为，可能实验本身确实是有点意思的。

后续的研究者通过对认知失调理论的深入研究，发现很多因素都可以影响失调是否发生或失调量的大小。其中一个因素是行为选择的感受，只有行为是在个体自由选择的情况下，与态度不一致的行为才会导致失调。Linder et al.（1967）的研究证明了这一点。他们让参加研究的学生写一篇与自己本来的观点不一致的文章。这些学生被分为两组，对其中一组被试而言，他们没有选择，必须得写。但对另一组被试，主试告诉他们可以写也可以不写，有更大的自主权。并且对两组被试，都有一半的人得到2.5美元，而另外一半人得到0.5美元。结果发现，知觉到的选择权会调节失调感的产生。在被试可自由选择的情况下，与态度不一致的行为得到的报酬越少，他们就越倾向于发生态度改变，即出现了典型的失调效应。但在被试没有选择的情况下，报酬越多，态度改变就越大。与此类似，Aronson and Carlsmith（1963）发现，个体的态度改变会受到外在威胁水平的调节。他们在实验中给孩子展示一堆玩具，但是不让他们玩他们最想玩的那种。这些孩子被分为两组，被告知如果偷玩不准玩的玩具就会受到轻微或严重的惩罚。然后，主试离开房间，让他们单独与玩具在一起。之后，主试让这些孩子对玩具的喜欢程度进行评价，包括那些不准玩的玩具。结果发现，那些受到严重威胁的孩子并未改变对不准玩的玩具的喜欢程度，而那些受到轻微威胁的孩子则明显降低了对不准玩的玩具的喜欢程度。为何轻微的威胁会影响孩子对玩具的喜欢程度呢？根据认知失调理论的解释，这些孩子只受到了轻微的威胁，但他们却在这些威胁下表现得很顺从，他们没有办法解释自己的顺从，从而可能会想，或许这些玩具本身可能确实没那么好玩，而不是自己太听话。而那些受到严重威胁的孩子则不必改变自己的态度。他们确实很喜欢那些玩具，但如果偷玩的话会受到严重的处罚。

除了对选择自主性的知觉，对行为后果的预期也会影响认知失调的发生。如果被试事先就预期到自己行为所带来的后果，则他就更倾向于采取与行为相一致的态度。Goethals et al. (1979) 的研究支持了这一点。他们请普林斯顿大学的学生发表演说，支持将大一新生班级的人数扩大一倍（这是一种令人讨厌的做法），同时对其言论进行录音。被试被分为三组，其中一组被试明确知道自己的讲话录音会被提交给招生委员会；第二组被试知道自己的讲话录音会被提交给某个机构，但不清楚到底是什么机构；第三组被试则不知道自己的讲话录音会有任何后续操作。三组被试在讲话后，主试向全体被试宣布，他们的讲话录音都会被提交给招生委员会。结果表明，第一组和第二组——他们能够预见自己的行为会带来某些后果——的被试都会改变自己对招生问题的态度，从而与其言论相一致。但第三组被试的态度没有明显改变。这是因为，他们在事前没有被告知自己的言论会起到何种作用，因而，当主试"自作主张"地要把他们的讲话录音提交给招生委员会时，他们觉得自己无须为此前的违心言论负责，因而不会产生失调感。

此外，还有研究者考察了个体努力的作用。人们越是付出巨大的努力（或代价）去做一件带来消极后果的事，就越有可能发生认知失调。Aronson and Mills (1959) 的一项研究验证了这种观点。他们让一些女性加入一个群体。其中一组被试要经历一个非常令人难堪的"仪式"才能加入，而另一组被试不需要经过特别难堪的过程。群体活动本身其实非常无趣，那么哪一组女性会对群体有更积极的评价呢？结果表明，那些经历严格考验才能加入的女性对群体评价更积极。认知失调理论对此的解释是，那些经历更严格考验才能加入群体的女性只有认为这个群体还不错，才能解释她们当初的巨大付出，从而减少其认知失调。而那些本身就没有付出巨大努力的女性，则没有必要改变自己的态度以证明自己最初选择的合理性。

对该理论的评价

自 20 世纪 50 年代以来，认知失调理论的出现改变了人们对心理过程的思考 (Harmon-Jones, 2007)，人们对社会和世界的看法、对同伴的评价以及对自己及他人行为的观察，第一次可以投射到一个共同的屏幕上来研讨（Cooper, 2007）。在发展过程中，认知失调理论又整合引入了诸如自我知觉理论（Bem, 1965）、印象管理理论（Tedeschietal et al., 1971）、归因理论（Weiner, 1980）等其他解释（George and Yaoyuneyong, 2010），并被许多理论，诸如 Kunda（1990）动机认知理论、Steele（1988）自我肯定理论、Tesser（1990）自我评价维护理论、Higgins（1989）自我差异理论等所涉及（Cooper, 2007）。同时，认知失调理论也在生物学研究中得到了证实，有证据表明，认知失调与左前额活动有关。认知失调会激活大脑中的前扣带皮层，然后激活左背外侧前额叶皮层，从而减少认知失调活动（Harmon-Jones, 2004）。到目前为止，认知失调理论已经被应用到广泛的社会情境中，并产生了大量的实验设计，成功解释了人们在很多领域的态度改变现象。可以说，它是社会心理学、普通心理学和跨学科领域最具影响力的理论之一（Vaidis, 2014）。

认知失调理论在不断发展的过程中也面临很多挑战，引起过许多批评，围绕该理论的文献中多项未详尽的地方也表明，仍有许多领域未被深入研究（Cooper, 2007）。例如，大量学者认为，认知失调与动机有关（Kunda, 1990; Harmon-Jones, 2007; Cooper, 2007; Harmon-Jones et al., 2011），但仍没有明确的机制可以对此做出准确的描述。另外，Cooper（2007）提出，如果说认知失调是后天习得的，它是如何学习的？以及认知失调有多普遍？在认知失调理论提出后，大部分学者集中兴趣于认知失调的唤起，对认知失调减少的研究却很少。另外，研究者大多为被试提供了如何在实验中减少认知失调的策略，却很少告诉人们如何在日常生活中减少认知失调（McGrath, 2017）。最后，人们承认认知失调的普遍性，却少有人注意认知失调的文化与个体差异。

关键测量量表

1. The Dissonance Scale：3 维度，81 题

Hausknecht, D. R., Sweeney, J. C., Soutar, G. N., & Johnson L. W.(1998). "After I had made the decision, I⋯." Toward a scale to measure cognitive dissonance. *Journal of Consumer Satisfaction Dissatisfaction & Complaining Behavior*, 11, 306–307.

2. The Dissonance Scale：4 维度，22 题

Sweeney, J. C., Hausknecht, D., & Soutar, G. N.(2000). Cognitive dissonance after purchase: A multidimensional scale. *Psychology and Marketing*, 17, 369–385.

经典启动实验

1. 诱导服从范式：认知、行为之间的矛盾引发认知失调，即诱导被试做出与之前认知矛盾的行为，不能合理解释自己行为的被试易出现认知失调。如 Festinger（1959）的经典实验。

Festinger, L., & Carlsmith, J, M.(1959). Cognitive consequences of forced compliance. *Journal of Abnormal and Social Psychlolgy*, 58, 203–210.

2. 自由选择范式：相似被选物引发的认知失调。如 Brehm（1956）的实验，要求被试对一系列物品进行评定，并在提供的两个物品中选择其一据为己有，随后提供两个物品的优缺点信息，令被试对物品再次评定。吸引力程度相似的物品更易引发认知失调，被试会出现对所选物品的评价提高或后悔等行为。

Brehm, J.(1956). Postdecision changes in the desirability of alternatives. *Journal of Abnormal and Social Psychology*, 52, 384–389.

3. 努力辩护范式：付出和预想结果不一致时出现的认知失调，付出越多越容易体验到更大程度的认知失调，从而会增加对结果的满意度以缓解认知失调。如 Aronson and Mill（1959）的实验，要求被试做出尴尬的行为以获得进入团体的资格，随后发现该团体非常无趣。做出的行为尴尬程度越大，被试对团体的认同程度越高。

Aronson, E., & Mills, J. (1959). The effect of severity of initiation on liking for a group. *Journal of Abnormal and Social Psychology*, 59, 177–181.

经典文献

Bem, D. J. (1967). Self-perception: An alternative interpretation of cognitive dissonance phenomena. *Psychological Review*, 74(3), 183.

Brewer, M. B., & Gardner, W. (1996). Who is this "We"? Levels of collective identity and self representations. *Journal of Personality and Social Psychology*, 71(1), 83.

Cooper, J. (2007). *Cognitive Dissonance: Fifty Years of a Classic Theory*. Thousand

Oaks, CA: Sage.

Elliot, A. J., & Devine, P. G. (1994). On the motivational nature of cognitive dissonance: Dissonance as psychological discomfort. *Journal of Personality and Social Psychology*, 67(3), 382.

Harmon-Jones, E., & Harmon-Jones, C. (2007). Cognitive dissonance theory after 50 years of development. *Zeitschrift für Sozialpsychologie*, 38(1), 7–16.

Linder, D. E., Cooper, J., & Jones, E. E. (1967). Decision freedom as a determinant of the role of incentive magnitude in attitude change. *Journal of Personality and Social Psychology*, 6(3), 245.

Markus, H. R., & Kitayama, S. (1991). Culture and the self: Implications for cognition, emotion, and motivation. *Psychological Review*, 98(2), 224.

Matz, D. C., & Wood, W. (2005). Cognitive dissonance in groups: The consequences of disagreement. *Journal of Personality and Social Psychology*, 88(1), 22.

Miller, J. G. (1984). Culture and the development of everyday social explanation. *Journal of Personality and Social Psychology*, 46(5), 961.

Stone, J., & Cooper, J. (2001). A self-standards model of cognitive dissonance. *Journal of Experimental Social Psychology*, 37(3), 228–243.

| 对管理者的启示 |

管理者产生的认知失调会对组织内部产生影响。这种失调不仅对管理者自身的发展不利，还会造成组织内部群体绩效的降低。管理者可以通过改变个体的行为、改变已有的认知或态度，或者做出合理化解释等途径来缓解自身的失调感；管理者还可以通过增加对最初决策的组织承诺来促使失调的减少（Staw and Ross, 1978）。认知失调理论是预测组织承诺升级的一个关键理论，用来解释当决策者面对先前选择的负面信息时认知失调是如何发展的（Davison et al., 2012）。另外，管理者还可以尝试通过自我肯定来缓解认知失调。自我肯定是指思考与失调领域无关的其他重要的自我价值，或从事与这些重要的自我价值有关的活动，即通过所谓的自我整体性来缓解认知失调感。Judge et al.（1997）看重对自我的核心评价（core self evaluations），并将其定义为个体对

自身能力和价值所持有的最基本的评价,并指出管理者应给予自我价值以充分的肯定、提高自我效能感,这对缓解认知失调也具有积极意义。

同样,员工也会产生认知失调。比如,当员工的付出与所得不一致时,或者当组织的规范和员工自身的态度不符,管理方施加的压力、威胁又远超过员工的承受能力,员工做出表面上的服从时,均会产生失调。管理者既可以通过向员工态度方向调整信息等来缓解员工的失谐感;又可以邀请员工参与组织的规则制定工作,鼓励员工表达自身的意见,调节表面行为与真实情绪之间的关系,从而降低员工的失调感;还可采用高额奖赏的途径,提供有足够诱惑力的奖励,从而降低员工的失调感。

本章参考文献

6

道德补偿理论

徐世勇[1]　张柏楠[2]

图1　钟晨波

钟晨波（Chen-Bo Zhong）（见图1）等最早系统地提出了道德补偿理论（compensatory ethics theory）（Zhong et al., 2010）。这一理论的提出在很大程度上延续了 Sachdeva et al.（2009）以及 Zhong and Liljenquist（2006）的实验发现。Sachdeva et al.（2009）发现，当启动被试的负性特征或不道德行为之后，被试会较为明显地表现出从事某种利他行为（捐献）的倾向。Zhong and Liljenquist（2006）用实验的方法验证了所谓的"麦克白"效应，即当被试的道德纯洁遭到损害与威胁时，被试会产生显著且较为强烈的动机使用清洁产品（肥皂、消毒剂）清洁自己的身体，这种物理上的清洁能够安抚被试因经历不道德行为而产生的难过情绪。

道德补偿理论提出后，Jordan et al.（2011）以及 Brañas-Garza et al.（2013）进一步用实验的方法验证了这一理论的核心思想。Gino and Margolis（2011）、Mulder and Aquino（2013）、Zhang et al.（2014）、Reckers and Samuelson（2016）等分别从人们的道德自我约束角度以及人格特征角度研究了道德补偿理论

---

[1] 徐世勇，中国人民大学劳动人事学院教授、博士生导师，劳动人事学院人力资源开发与评价中心主任。主要研究领域：领导力与员工绩效行为、员工招募与选拔、职业心理健康、管理理论、国际人力资源管理。电子邮件：xusy@ruc.edu.cn。

[2] 张柏楠，中国人民大学劳动人事学院人力资源管理系博士研究生。主要研究领域：领导力与员工绩效行为、道德选择与判断、主动性行为等。电子邮件：zbn2017@ruc.edu.cn。

的边界条件。Gino et al.（2015）以及 Ding et al.（2016）分别验证了负罪感在不道德行为与后续引发的补偿行为之间的中介机制。

道德补偿理论的提出以及后续对这一理论边界条件及中介机制的研究将人们的道德行为选择与判断引入了一个动态连续的视角，这一理论强调人们的道德决策并不是孤立与一成不变的，而是受到前一次道德行为选择的影响。道德补偿理论目前仍处于不断发展与丰富的过程中，是一个比较流行的道德决策理论。自 2011 年以来，道德补偿理论的被引次数如图 2 所示。

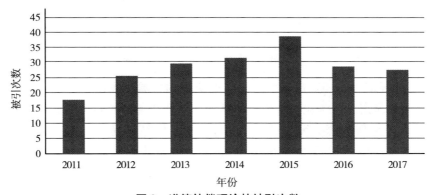

图 2　道德补偿理论的被引次数

资料来源：根据 Google Scholar 数据整理而成，搜索时采用精确匹配。

道德补偿理论的核心内容

道德补偿理论是从动态的角度来研究人们的道德决策行为的。其基本观点是：人们的道德决策都是比较短视的，其先前的行为会影响其后续的行为。当人们先前做了不道德的行为后，就会在后续的行为中做出更加道德的行为。相反，当人们先前做了道德的行为后，就会在后续的行为中做出更加不道德的行为。

当个体先前做出了不道德的行为后，个体就会感觉自己的道德形象受损，来自提高自我道德形象的压力就会增大，从而为了弥补先前不道德行为对自身道德水平的损害，个体在后续行为中就会做出更加道德的行为，直到道德形象达到一个令自己满意的状态。相反，当个体先前做出了道德行为后，他们会对自身的道德水平感到特别满意，就会在后续的行为中做出更加不道德的行为。

这一动态改变自身道德水平的过程称为道德补偿过程。道德补偿理论的模型如图 3 所示。

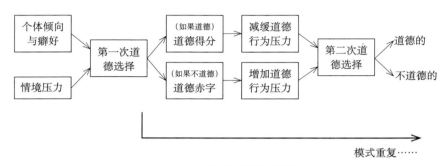

图 3　道德补偿理论模型

Zhong et al.（2010）在一个持续道德决策的实验中发现，个体倾向与情境压力会共同作用于行为主体，影响个体第一次做出与道德行为有关的选择。被试在进行一系列道德决策的过程中，每次决策的结果受上一次决策判断的影响，且每次决策的道德水平是不一样的，具体分为两种情况。在人们进行道德决策时，初始的道德行为会增加人们的"道德得分"（moral credits），较高的道德得分会使决策者意识到自我道德形象超出了"适宜水平"（Sachdeva et al., 2009），从而通过在后续决策过程中选择不道德行为来放松自己的道德标准。然而，人们在初始做出了不道德行为后，道德得分下降形成"道德赤字"（moral deficit），人们会通过从事道德行为重新赢得自己的道德得分，进而提升先前因从事了不道德行为而造成的自我道德形象下降，这种情况称为道德补偿（moral compensation）。道德得分与道德赤字决定了道德补偿机制的运行，该动态平衡的方式可用来解释持续的道德决策过程。

在这种道德补偿机制中，维护和平衡自我道德水平决定了道德决策者道德得分的多少，进而影响决策者在道德与不道德行为之间的选择。Zhong et al.（2010）的研究发现，当安排被试在初始阶段做出积极行为时，被试会在接下来做出具备更少伦理性的决策。他们认为，这种前后相反的道德行为选择是因为初始状态的积极行为激发了被试较高的自我道德形象，他们在后续行为中即使缺乏道德准则，先前所感知的积极道德形象也会使他们认为这种选择是安全的。同样的道理，当被试在初始状态选择了相对不道德的行为时，他们的道德得分会损耗，进而危害他们的自我道德形象。为了保持恰当的自我道德形象，被试会在下一个道德行为选择过程中表现得更加符合伦理，并更倾向于选择补偿性的、更加符合道德伦理标准的行为方案。

在对实验结果分析的基础上，Zhong et al.（2010）还认为，人们的决策过程是短视的，他们仅仅将自己刚刚发生的上一个决策结果作为本次决策的判断依据，而不去考虑之前更加久远的道德决策结果。

另外，Zhong et al.（2010）还指出了道德补偿理论的边界条件——个体的道德成熟度（morally mature）。道德成熟度是指个体在多大程度上将道德视为自我认同（self-identity）的核心。人们的道德成熟度会影响人们道德决策的稳定性，道德成熟度高的人更加在意自己的道德形象，他们会坚持道德标准，抵制不道德行为。相反，道德成熟度低的人却对自己的不道德行为漠不关心，他们即使先前做出了不道德行为，也不会在后续的道德行为选择中产生补偿性意向，他们往往我行我素，会做出更加不道德的行为。Zhong et al. 的研究认为，大多数人都处在这两种极端情况之间，既有维护道德形象的动机但同时也会追求个人利益。这种非极端的中间状态，为道德补偿模型中道德行为选择的动态平衡过程提供了一个丰富的研究背景。

Mulder and Aquino（2013）检验了道德认同（moral identity）对道德补偿机制的影响。道德认同是人们能够与自己"想成为一个有道德的人的理想"保持一致的渴望程度。拥有高度的道德认同感的人能够时时将自己的行为与自我道德标准相对比，他们能够及时地调整不道德的行为进而维持高水平的自我道德形象。通过实验分析，Mulder and Aquino（2013）发现，高道德认同感的人在做了不诚实的事情后能够在随后的行为中表现得更加道德，从而补偿先前的不道德行为。与之相比，低道德认同感的人更少地选择道德补偿行为，在做了不诚实的事情后，这些人会选择维持原有的道德标准而未改善。在这一结论的基础上，Mulder and Aquino 认为，高道德认同感的人与低道德认同感的人相比，能够有效地避免道德滑坡的危险（slippery slope），从而避免"小错变大错"的风险。

Reckers and Samuelson（2016）在会计领域实证检验了滑坡谬误（slippery slope）和道德补偿两个相对立的理论。他们的研究表明，道德补偿机制的产生是有条件的，它主要取决于个体所处的环境和特质。具体来说，当个体具备低恐惧情绪、高内控性、低道德推脱水平及高自恋水平时，个体会表现出较高的道德补偿行为；反之，个体会具有更高的道德滑坡及道德维持倾向。Reckers and Samuelson 认为，当个体做了非道德行为后，低恐惧情绪可以使个体拥有针对二次

"犯错"的抵御能力；高内控性的个体更容易对自己的不道德行为负责，从而在后续的选择中积极改进；低道德推脱水平的个体会对自己的不道德行为产生内疚感并善于改正错误，因此会产生更高的道德补偿倾向；高自恋水平的个体更加关注自我道德形象，当自我道德形象损害时，他们会通过补偿行为积极修复自我道德形象。Reckers and Samuelson（2016）的研究认为，道德滑坡与道德补偿机制可以同时存在，哪种机制产生作用与个体特质以及环境因素密切相关。

Ding et al.（2016）研究了内疚感对道德补偿机制的中介作用以及道德认同对这种内疚感的影响。Ding et al. 认为，内疚能够使个体产生调整道德失衡的压力，个体会产生道德补偿倾向并通过表现出道德行为来减轻这种压力，因此，Ding et al. 提出，先前的不道德行为会使个体产生内疚感，进而激发个体通过从事利他行为而消除这种内疚感的补偿性行为。此外，道德认同感高的人在面对道德失衡时，更容易产生压力并感到内疚，因此 Ding et al. 提出，道德认同正向调节先前不道德行为对内疚感的正向关系。该研究的假设均以中国的被试进行检验，所有假设均成立。因此，Ding et al. 认为，道德补偿机制是一种跨文化的现象。

当前，道德补偿理论仍处于不断发展及完善的过程中，通过对这一理论边界条件与作用机制的不断探索，后续将会有更多的研究去丰富人们对这一机制的认识。

对该理论的评价

随着组织面临的环境日趋复杂，组织中问题解决的过程日趋复杂化与动态化。以往那种"好人只做好事，坏人只做坏事"的简单道德判断不足以帮助研究者及管理者辨别组织中道德行为的发生机理。古晓花等（2014）认为，将时间因素与道德决策过程充分结合是道德补偿机制的一大特点，这一机制强调道德决策是围绕个体道德感上下波动的一种平衡行为，从而使个体的道德决策过程在一个时间序列上产生动态的前后不一致现象。因此，古晓花等认为，这一机制完善和拓展了道德调节的研究，也在一定程度上为其他动态连续决策过程提供了理论基础。

然而，道德补偿理论在发展过程中也遇到了很多挑战。Young et al.（2012）的实验研究发现，当个体的道德行为是出于实现自己内心深处积极自我概念的动机而不是顾及外界评价时（如对爱人提供帮助），对他们给予积极道德行为的刺激后，反而会强化他们随后的积极利他行为。因此，这些研究者认为，道德补偿机制仅仅是人们维护"在别人眼中的形象"的结果,这一机制无法解释人们一贯的、自发的、内心深处的道德决策。Hayley and Zinkiewicz(2013)重复了道德补偿与道德证书机制的实验过程,然而实验结果与预想完全相反,他们的实验结果发现,初始的非道德行为回忆启动降低了随后的亲社会行为倾向,而初始的道德行为回忆启动增强了随后的亲社会行为倾向。以此实验结果为依据,Hayley and Zinkiewicz(2013)认为,道德一致性机制与道德补偿/执照机制很难通过实验过程加以区分。虽然鲜有研究能够提供有力的证据否定道德补偿机制的合理性,但这些研究者仍然建议应进一步优化实验设计与过程的合理性,因为以当前的实验方法去发现道德补偿或道德一致性机制存在操作上的困难。Joosten *et al.*(2014)通过实验方法发现道德一致性机制与道德补偿机制不仅不矛盾且可以互补。其实验发现,对于那些有较强道德责任心且重视自我名誉的人,初始的道德行为回忆启动会激发他们更高的道德行为倾向,而不是随后的道德滑坡行为。当道德责任心强的人被非道德行为回忆启动时,他们的认知资源遭到剥夺,为了挽救损失,这些人会通过后续的补偿性道德行为来修复受损的名誉感。虽然 Mulder and Aquino(2013)的研究也证明道德认同感高的人更易产生道德补偿行为,但 Joosten *et al.* 的研究说明,道德责任心强的人不仅可以通过道德补偿机制来被动地修复受损的自我道德形象,同时他们也可以通过道德一致性机制来主动地强化自我道德形象。

上述研究表明,通过实验方法发现的道德补偿机制在其他研究者的重复性实验中得到了相反的更符合道德一致性机制的结果,一些研究者甚至对道德补偿理论产生了质疑。古晓花等(2014)也认为,与西方社会相比,东方社会"好面子"的文化习惯可能不容易产生补偿性行为。因此,进一步改善研究方法去区分道德补偿与道德一致性机制之间的差别,以及开展更多的跨文化比较研究是促进道德补偿理论进一步成熟的重要途径。

关键测量量表

1. Primed by Recalling Past Deeds

Jordan, J., Mullen, E., & Murnighan, J.(2011). Striving for the moral self: The effects of recalling past moral actions on future moral behavior. *Personality & Social Psychology Bulletin*, 37, 701-13. doi:10.1177/0146167211400208.

Mulder, L. B., & Aquino, K.(2013). The role of moral identity in the aftermath of dishonesty. *Organizational Behavior & Human Decision Processes*, 121(2), 219–230.

Zhong, C. B., & Liljenquist, K.(2006). Washing away your sins: Threatened morality and physical cleansing. *Science,* 313(5792), 1451–1452.

2. Primed by Imagining Proper Behavior under Experimental Situation

Zhong, C. B., Ku, G., Lount, R. B., & Murnighan, J. K.(2010). Compensatory ethics. *Journal of Business Ethics,* 92(3), 323–339.

3. Tendency of Volunteering Behavior

Ding, W., Xie, R., Sun, B., Li, W., Wang, D., & Rui, Z.(2016). Why does the "sinner" act prosocially? The mediating role of guilt and the moderating role of moral identity in motivating moral cleansing. *Frontiers in Psychology*, 7(1317).

Gino, F., Kouchaki, M., & Galinsky, A. D.(2015). The moral virtue of authenticity: How inauthenticity produces feelings of immorality and impurity. *Psychology Science,* 26(7), 983–996.

4. Prosaical Behavior Performed Actually

Gino, F., & Margolis, J. D.(2011). Bringing ethics into focus: How regulatory focus and risk preferences influence (Un)ethical behavior. *Organizational Behavior & Human Decision Processes,* 115(2), 145–156.

5. Intentionally Performing Moral Deed

Jordan, J., Mullen, E., and Murnighan, J. K.(2011). Striving for the moral self: The effects of recalling past moral actions on future moral behavior. *Personality & Social Psychology Bulletin*, 37, 701–713.

经典文献

Ding, W., Xie, R., Sun, B., Li, W., Wang, D., & Rui, Z.(2016). Why does the "sinner" act prosocially? The mediating role of guilt and the moderating role of moral identity in motivating moral cleansing. *Frontiers in Psychology*, 7(1317).

Gino, F., & Margolis, J. D.(2011). Bringing ethics into focus: How regulatory focus and risk preferences influence (Un)ethical behavior. *Organizational Behavior & Human*

Decision Processes, 115(2), 145–156.

Joosten, A., Dijke, M. V., Hiel, A. V., & Cremer, D. D.(2014). Feel good, do-good!? On consistency and compensation in moral self-regulation. *Journal of Business Ethics*, 123(1), 71–84.

Jordan, J., & Mullen, E., & Murnighan, J.(2011). Striving for the moral self: The effects of recalling past moral actions on future moral behavior. *Personality & Social Psychology Bulletin*, 37, 701–13. doi: 10.1177/0146167211400208.

Mulder, L. B., & Aquino, K.(2013). The role of moral identity in the aftermath of dishonesty. *Organizational Behavior & Human Decision Processes*, 121(2), 219–230.

Reckers, P., & Samuelson, M.(2016). Toward resolving the debate surrounding slippery slope versus licensing behavior: The importance of individual differences in accounting ethical decision making. *Advances in Accounting*, 34, 1–16.

Sachdeva, S., Iliev, R., & Medin, D. L.(2009). Sinning saints and saintly sinners: The paradox of moral self-regulation. *Psychololgy Science*, 20(4), 523–528.

Zhong, C. B., & Liljenquist, K.(2006). Washing away your sins: Threatened morality and physical cleansing. *Science*, 313(5792), 1451–1452.

Zhong, C. B., Ku, G., Lount, R. B., & Murnighan, J. K.(2010). Compensatory ethics. *Journal of Business Ethics*, 92(3), 323–339.

对管理者的启示

道德补偿理论的提出为组织有效管理员工行为提供了一个新的视角。道德补偿理论强调人的道德选择不是一成不变的，过去的不道德行为会使人们感到自我道德形象受到损害，从而激发他们随后从事道德行为或利他行为来弥补自己的过错。这一机制告诉管理者，不能仅仅从组织成员某一次的行为就武断地判断他的道德水平，做过错事的员工反而有更强的动机积极表现弥补过错。正如 Zhong et al.（2010）所建议的那样，管理者对员工道德水平质疑的过程，往往会激发员工去做更多的道德行为。道德补偿理论的相关研究也告诉管理者，当员工犯错时，应及时建立一种以改善与提高为导向的道德规范机制（Gino and Margolis,

2011),从而诱导员工能够正视自己的缺点与不足,通过践行积极行为来弥补自己的过错。

然而,道德补偿机制发挥作用是有条件的,组织应该建立较高的伦理道德标准和激励监督机制,通过各种人力资源手段强化成员的道德认同感。同时,组织应该尽量降低成员"首次犯错"的概率,将不道德行为控制在发生以前。这就要求管理者同时建立防错性的道德规范机制,强化组织成员的"底线意识",从根本上预防那些道德补偿意识,降低成员犯错的概率。

在组织日常运作中,认清人们知错就改的心理机制是非常重要的,而建立什么样的机制让组织成员少犯错甚至不犯错更是管理者关心的问题,这也许会成为道德补偿理论下一步发展的一个方向,这一理论在未来的进一步发展能够帮助管理者制定更加有效的分析方法去应对组织中的各种不道德行为。

本章参考文献

7

组织复杂性理论*

冯彩玲[1]

随着20世纪80年代复杂性科学的兴起，学者们开始将复杂性引入组织管理领域，探讨其对组织管理理论与实践的影响。组织复杂性理论（complexity theory and organizations）的代表人物是美国的詹姆斯·F. 穆尔（James F. Moore）（见图1），他在《竞争的衰亡——商业生态系统时代的领导和战略》（1996年）一书中提出了复杂性理论。该理论的核心逻辑是复杂性，反映了企业战略在动态非线性的复杂环境下，要以创建一个商业生态系统为重点，注重嵌入于系统的不同参与者和过程的动态张力及其相互关系。《组织科学》（Organization Science）早在1999年就开辟了组织复杂性研究专栏，《领导季刊》（The Leadership Quartely）、《商业研究》（Journal of Business Research）也于2007年分别出版复杂性专辑。后经由Damanpour（1996）、Byrne（1998）、Anderson（1999）、Lewin（1999）、Rescher（1998）、Mason（2007）等学者的发展，组织复杂性理论逐渐受到了理论界与实践界的广泛关注，该理论的被引次数不断攀升，从2007年起每年的被引次数均超过

图1 詹姆斯·F. 穆尔

---

* 基金项目：国家自然科学基金项目（71402067），教育部人文社会科学青年项目（19YJCZH029），山东省自然基金面上项目（ZR2019MG002）资助。

1 冯彩玲，管理学博士，教授，鲁东大学人力资源创新与人才发展研究院院长。主要研究领域：人力资源管理与组织行为、领导力与组织变革等。电子邮件：china_clf@126.com。

了 1 000 次，现已成为主流的管理理论之一（见图 2）。

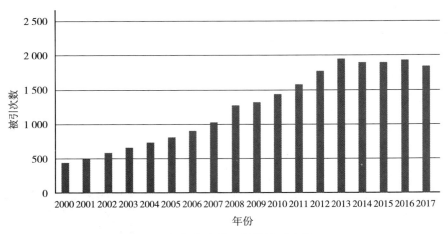

图 2　组织复杂性理论的被引次数

资料来源：根据 Google Scholar 数据整理而成，搜索时采用精确匹配。

| 组织复杂性理论的核心内容 |

Damanpour(1996) 在《组织复杂性和创新：发展和检验多重权变模型》(*Organizational Complexity and Innovation: Developing and Testing Multiple Contingency Models*) 一书中指出，组织复杂性 (organizational complexity) 是组织的不同元素、不同层次之间的相互作用使组织整体表现出来的多样性、动态性、变异性、不可预见性等复杂特征。组织复杂性来源于组织内外部的多样性，不同组织之间的相互关联性，目标、价值、边界以及因果关系等的模糊性，以及情景的快速变化性。外部环境的复杂多变是组织复杂性形成的外因；而组织内部各种因素（组织结构、组织规模、组织文化、组织决策、战略、变革、领导力等）相互作用成为复杂性形成的内因（吕鸿江等，2008）。组织复杂性具有自组织性、自适应性、自相似性、自组织临界态、动态性、不可预测性、突现性、新生性、多层级性等特征（罗珉和周思伟，2011）。

组织复杂性的界定大致经历了两次重大转变。第一次是从组织客体复杂性研究向组织主体复杂性研究的转变，从基于机械论视角仅关注组织结构和层级复杂特征发展到基于行为论视角关注组织成员复杂行为及其相互关系导致的整体复杂特征，这两种视角都是从复杂性产生的客观根源来分析客观的组织复杂性，都属于组织复杂性研究的本体论视角。第二次则是从本体论视角向认识论视角的转变，即从研究组织复杂性产生根源的客观视角转向研究组织决策者所认知的组织复杂性的主观视角（吕鸿江和刘洪，2011）。因此，当前研究主要从结构视角、行为视角和认知视角界定组织复杂性。结构复杂性强调组织复杂性代表着组织结构的错综复杂与多样性，通过分析结构单元的数量及单元间的相互作用关系来衡量组织复杂性，是一种组织层面的复杂性。一般地，结构复杂性既可以用组织中垂直分布的职位层级数、组织中水平分布的职位数及与个人职位相关联的技术深度和广度四个维度来衡量组织内活动的数量和组织中子系统的数量（吕鸿江和刘洪，2009）；也可以用组织中结构单元之间链接的数量和管理水平及员工组织沟通和岗位关系的数量衡量结构单元关系的复杂性（Rybakov，2001）。行为复杂性源于行为学派，强调组织复杂性是组织内部各行为主体受环境影响相互作用而表现出来的复杂特征，关注自组织等复杂行为模式赋予组织系统的整体复杂性（Anderson，1999），是组织成员层次的细微变化聚集产生的复杂组织系统（Lissack and Letiche，2002）。认知复杂性侧重于描述组织的战略复杂性和目标复杂性，表明认知的困难性、不可预见性、不确定性和变化性（Lissack and Letiche，2002）。认知复杂性主要从目标复杂性和战略复杂性两个方面来衡量（Ashmos *et al*.，1996）。

组织复杂性的结构和测量研究主要集中于以下三个方面：组织结构复杂性测量、组织行为复杂性测量和组织认知复杂性测量。第一，组织结构复杂性测量。目前关于组织结构复杂性的测量仍未达成共识（Damanpour，1996）。Damanpour(1996)将组织结构复杂性分为水平（不同部门或职能）和垂直（不同职业角色）两个维度。Daft (2001) 则用水平（部门数量）、垂直（组织层级数量）和空间（地理分布）三个维度来衡量。目前最具代表性的组织结构复杂性测量工具是 NK 模型，N 代表组织单元数，K 代表组织单元之间相互关系的数量（Moldoveanu，2004）。第二，组织行为复杂性测量。一般地，行为学派主要通过外显行为、多主体行为以及环境复杂性三种方式测量组织复杂性。如 Moldoveanu (2004) 提出了基于生产行为算法理论的复杂性分类方法，分为简单生产行为（P 类）、困难生产行为（NP 类）和模糊行为（U 类，如组织中的道德或心理行为），并基于这三类行为提出了不同的复杂性测量算法函数。多主体仿真法被广泛用来测量多主体行为复杂性，如自组织、突现等（Berry，2002）。关于环境不确定性对组织行为复杂性的影响，目前一些研究根据环境复杂性来测量组织复杂性的近似指标 (Rybakov，2001)，还有研究通过开发环境不确定性量表测量组织复杂性（吕鸿江和刘洪，2009）。第三，组织认知复杂性测量。目前观点主要主张运用计算机仿真技术，通过模拟组织信息活动的复杂程度和计算困难程度来测量组织复杂性(Goodwin and Ziegler, 1998)。此外，还有学者通过测量组织目标复杂性和战略复杂性来测量组织的认知复杂性(Ashmos et al., 1996)。除了分别测量结构、行为和认知复杂性，还有学者将上述三种视角综合起来进行测量，如 Tang(2006) 在中国情境下编制了企业组织复杂性量表，分为三个维度：结构复杂性（13 题项）、目标复杂性（12 题项）和战略复杂性（11 题项）。经检验，该问卷内部一致性系数均在 0.77 以上。

关于组织复杂性和组织绩效的关系，当前研究结果呈现出"双刃"效应。组织复杂性对组织绩效的积极效应表现在：(1) 组织结构复杂性会促进组织成员及部门间的信息交换，丰富沟通渠道 (Ashmos et al., 2000)。(2) 组织行为复杂性有利于丰富组织交流与沟通的模式（吕鸿江等，2009）。(3) 组织认知复杂性不仅通过整合多元战略提升绩效，还促使组织追求多元目标而降低风险 (Neill and Rose, 2006)。组织复杂性对组织绩效的消极效应主要来源于传统机械学派，强调以下几种弊端：(1) 组织结构复杂性可能使得领导决策所需的信息经常被拖延，以致耽误决策。组织信息传递延迟，还会引起组织部门间发生冲突，产生作弊行为，甚至会破坏组织间协作，使组织不得不浪费大量精力投入内部的情感沟通及权力重组 (Rybakov, 2001)。(2) 组织行为复杂性会引发员工病休、离职以及 CEO 继任等问题（Naveen, 2006；吕鸿江等，2009）。(3) 组织认知复杂性会分散组织注意力，从而导致组织不能集中精力将每个特定的战略活动做到最好，导致组织活动失败 (Porter, 1980)。实证研究也表明，组织复杂性与组织绩效之间是一种曲线关系，即组织绩效先随组织复杂性的增加而增加，后随结构复杂性的增加而下降。结构复杂性与组织绩效之间存在倒 U 形曲线关系，战略复杂性与组织绩效之间存在 U 形曲线关系，目标复杂性与组织绩效之间存在倒 U 形曲线关系（吕鸿江和刘洪，2009）。在过高或过低的组织复杂性之间有可能存在最优组织复杂性状态。处于这一状态的组织，就有可能实现最优的管理效率和最佳的组织绩效（吕鸿江等，2008）。

如何有效管理组织复杂性，不仅是管理实践者必须面对的现实问题，也是当今组织管理研究领域的热点问题。组织外部的组织复杂性有助于组织适应市场环境的复杂性要求；而组织内部的组织复杂性会阻碍信息沟通、知识扩散等。组织复杂性管理要注意以下核心问题：组织复杂性带来的成本问题、组织复杂性控制的有效性问题、组织复杂性增强带来的市场影响力下降问题、企业战略与市场策略对组织复杂性要求的差异、组织复杂性对竞争优势与组织学习能力的影响具有两面性、组织内外部复杂性的匹配问题等（刘洪，2008）。如何在组织内外部建立平衡的复杂性（创造或简化）？如何发挥组织复杂性与环境复杂性的匹配效应？对复杂性的适应创造并控制利用有利于让适宜的组织复杂性成为组织竞争优势的重要来源。

对该理论的评价

随着组织理论研究的深入，对组织复杂性的划分也将日趋丰富。从早期基于理性组织观所关注的元素及元素之间相互关系的复杂性，如结构复杂性等，到后来认识到组织中人的重要性的人际关系组织观所关注的人与元素之间的复杂性，如认知复杂性等，再到将系统理论引入组织研究的系统组织观所关注的人与人相互作用关系的复杂性，如行为复杂性等。对组织复杂性的认识随各个时期理论研究的不同具有不同的特色（吕鸿江等，2008）。

在研究方法方面，传统的组织研究大多是通过构建概念模型或因果关系模型从理论或经验上给出研究假设，定义变量获取数据，并借助统计分析软件，最后归纳或演绎出结论。而组织复杂性研究则多通过对现实事物的模型化抽象，借助计算机平台模拟分析各变量（如自变量、情境变量、控制变量等）对组织复杂性的影响。组织复杂性研究宜采用多元方法。再者，由于组织管理本身充满着复杂性，组织复杂性研究始终没有形成统一的研究范式，虽然国内外学者已探讨组织复杂性理论，但相关研究成果仍较少，更缺乏实证研究。而且，中国正处于社会经济转型变革期，受政治、经济、文化等因素影响，组织的复杂性问题也可能与西方国家不同，需要切合实际，提出指导性的理论、方法与测量工具，以丰富组织复杂性理论。

关键测量量表

1. Organizational Complexity Scale：3维度，36题（其中结构复杂性13个题项、目标复杂性12个题项、战略复杂性11个题项）

Tang, Z.(2006). Organizational complexity: Assumption, utility, and cost. Tudcaloosa:

The University of Alabama.

2. 组织复杂性的主体间测量，计算机模拟工具

Mihnea, M.(2004). An intersubjective measure of organizational complexity: A new approach to the study of complexity in organizations. *Emergence: Complexity and Organization*, 6(3), 9-26.

| 经典文献 |

Anderson, P. (1999). Complexity theory and organization science. *Organization Science*, 10(3), 216–232.

Byrne, D. (1998). *Complexity Theory and the Social Sciences*. London: Routledge, 206.

Cunha, E., Pina, M., Cunha, D., & Vieira, J. (2006). Towards a complexity theory of strategy. *Management Decision*, 7, 839–850.

Damanpour, F. (1996). Organizational complexity and innovation: Developing and testing multiple contingency models. *Management Science*, 42, 693-716.

Haynes, P. (2008). Complexity theory and evaluation in public management. *Public Management Review*, 3, 401–419.

Houchin, K., & MacLean, D. (2005). Complexity theory and strategic change: An empirically informed critique. *British Journal of Management*, 2, 149–166.

Lewin, A. Y. (1999). Application of complexity theory to organization science. *Organizarion Science*, 3, 215.

Lewin, A. Y. (1999). Prolegomena on coevolution: A framework for research on strategy and new organizational forms. *Organization Science*, 10(5), 519–534.

Mason, R. B. (2007). The external environments effect on management and strategy: A complexity theory approach. *Management Decision*, 1, 10–28.

Mason, R. B. (2008). Management actions, attitudes to change and perceptions of the external environment: A complexity theory approach. *Journal of General Management*, 1, 37–53.

Rescher, N. (1998). *Complexity: A Philosophical Overview*. New Brunswick: Transaction Publishers, 21.

Teisman, G. R., & Klijn, E. H. (2008). Complexity theory and public management. *Public Management Review*, 10(3), 287–297.

| 对管理者的启示 |

　　面对组织多变性、变异性、动态性、不可预知性等复杂特征，管理者应该怎样应对？Anderson(1999)指出，"对管理者而言，复杂性管理的重点是将复杂性视为组织存在的既定条件，探求适应复杂性的理论与方法"。组织复杂性理论的实证研究为管理者提供了应对策略，即可以从结构、行为、认知等角度做整体规划，并且不同的组织复杂性应该有不同的策略规划，以达到与最优绩效相匹配的组织复杂性状态。

　　随着环境复杂性的日益加剧，实践者们发现环境复杂性是外生的，它不以个别组织的意志为转移，而组织复杂性是由组织内外部非线性相互作用关系内生决定的。因此，对于管理者而言，复杂性管理的重点是将环境复杂性视为组织生存和发展的必要条件，不断探索适应环境复杂性的理论和方法。组织要想使其自身的复杂性与环境复杂性相匹配，就必须基于自组织、自学习、非线性正负反馈等机制改变自身的复杂性以努力适应环境复杂性。首先，复杂性与规模及变化具有强相关性，因此规模的合理调控和稳定对复杂性的管理具有重要意义；其次，网络的层次数量对复杂性也有一定影响，在规模既定的情况下，如何设计组织结构的层次对复杂性管理有一定启示。转型经济环境下，企业在关注发展动态适应、自主学习及自主创新等机制的同时，应特别关注自发变革和柔性协作机制，这两者往往是当前企业所忽视或无法接受的，但它们在利用组织复杂性为组织创造效能的过程中同样发挥着重要推动作用。

　　组织复杂性研究有助于分析组织成员的行为、组织结构、组织内部流程以及组织与环境之间的关系，同时还有助于考察组织内部的知识传播、信息交流与沟通。处于复杂环境下的组织要意识到自身发展的复杂性阶段，不仅要通过增加或减少复杂性方法促进组织发展，还要根据自身复杂性特征确定适宜自身发展的最优组织形式，如混序组织、复杂适应组织等组织模式，并逐步探索其实现途径。通过挖掘不同组织复杂性产生的根源，可以对不同复杂性采取不同的管理策略。

本章参考文献

8

组织构型理论*

井润田[1]　孙璇[2]

图1　丹尼·米勒

组织构型（configural organization）的概念最早是由丹尼·米勒（Danny Miller）（见图1）及其合作者提出并引入组织管理研究领域的。他们在1982年、1986年和1987年分别发表了三篇文章——《演化与变革：组织结构变化的量子观》(Evolution and revolution: A quantum view of structural change in organizations)、《战略和结构的构型：走向综合》(Configurations of strategy and structure: Towards a synthesis)和《构型的起源》(The genesis of configuration)，对组织构型这一概念进行了详尽而系统的阐述。米勒作为管理领域著作被引次数全球排名前五的学者，于2015年获得了由美国管理学会授予的"杰出管理研究贡献奖"(Distinguished Scholarly Contributions to Management Award)。自提出以来，组织构型理论（configural organization theory）受到了众多组织和战略管理领域学者的关注，其中，Meyer et al. (1993)、Doty et al. (1993)、Dess et al. (1993, 1997)、Ketchen et al. (1993, 1997)、Siggelkow (2002)、Fiss (2007)和Short

---

*　基金项目：国家自然科学基金重点项目（71432005）。
1　井润田，上海交通大学安泰经济与管理学院教授、博士生导师。主要研究领域：组织变革、领导行为、本土管理理论。电子邮件：rtjing@sjtu.edu.cn。
2　孙璇，上海交通大学安泰经济与管理学院博士研究生。主要研究领域：组织变革、组织复杂性、组织成长理论等。电子邮件：sunxuancynthia@163.com。

et al.（2007，2008）对该理论的发展均做出了重大贡献。组织构型研究在 20 世纪 90 年代逐渐趋于成熟，被引次数也持续攀升（见图 2）。

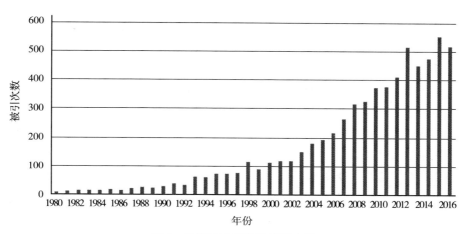

图 2　组织构型理论的被引次数

资料来源：根据 Google Scholar 数据整理而成，搜索时采用精确匹配。

组织构型理论的核心内容

组织构型理论发展至今，在理论和实证研究方面均已取得相当丰富而有意义的成果，以下将以命题的形式阐述其代表性观点。

命题一：构型思想是对传统权变观点的发展。

权变观点认为，组织绩效是其外部环境和内部结构安排之间匹配作用的结果（Ven *et al.*，2013）。在权变观点的指导下，研究者致力于找寻并测量一组有限的组织结构与情境变量之间的关系，构型思想则是将这些分立的概念综合而成典型的模式，并将其根植于丰富的多变量描述中（Meyer *et al.*，1993）。权变观点基于还原主义（reductionism）探究模式，试图通过对组织的各组成部分分别研究以了解整体的性质。因此，研究者实际上将组织视为松散耦合的集合体，一旦克服了外部环境的约束，相互独立的各部分均会逐步做出调整（Meyer *et al.*，1993）。相比较而言，构型思想则代表了一种整体立场（holism），研究者致力于探究组织的各组成部分作为一个整体时如何在相互作用中产生秩序，组织系统被视为处于双向因果循环中紧密耦合的集合体（Meyer et al., 1993）。传统的权变观点在相对简单和稳定的环境中得到了验证，但是在复杂多变环境下得到的实证支持十分有限；此外，权变观点将匹配（fit）的概念作为一种静态平衡操作，并不能反映匹配度随着组织环境的演变而变化的动态观点（Ven et al., 2013）。构型思想则基于对战略、结构、领导和环境等属性相互作用的假设前提，揭示出组织运行机制的复杂性、整体性和系统性。大部分情况下，单一的主导性属性将成为构建、组织和生成构型的基础，并且主导属性会随组织所处生命周期的转换而变化（Miller, 1987）。

命题二：构型研究中的因果关系通常表现为非线性的双向关系。

一般而言，在双变量研究中，外部权变因素和内部系统属性之间被视为涉及单向因果的线性关系，遵循"时间的单向性原则，即原因必须先于结果，或者至少不能在结果之后"（Elster, 1983, p.27）。研究者在运用计量经济学方法分析每个权变因素的影响时，忽视了复杂的相互作用形式和非线性关系。而在构型研究中，非线性关系被充分认识，在某一构型中表现为因果相关的变量在另一构型中可能是不相关甚至是反向相关的，并且这种因果关系通常是多个变量间相互作用和影响的结果（Meyer et al., 1993）。Miller and Friesen（1984）认为，每个构型均可看作一个系统，系统中的每个属性都能够作为整体中不可或缺的部分来影响其他属性，此外，在某一时刻作为驱动者的属性，随着时间的推移，可能会被其他属性所驱动。然而，早期研究者倾向于"发现一种普遍的线性关系——不论组织的性质如何，这种关系都是成立的"，实际上组织战略、结构、环境和绩效等属性之间的关系太过复杂和多元化，传统的研究方法并不能完全发现这些关系，构型思想在很大程度上克服了这一局限。

命题三：组织构型具有动态稳定性。

Miller（1987）认为，组织构型具有相当强的时间稳定性，只有通过重大变革才能使构型发生转变，而这种变革可能是由战略、结构、领导和环境四种主导属性中任何一项所引发的。组织构型是相对稳定的，但这种稳定并非静态平衡，而是由构型内部的变化和从某一构型向另一构型的转变所构成的动态稳定，整体表现为一种间断平衡过程（punctuated equilibrium）。构型的演化动力来源于打破组织内外部平衡、引发变化的力量和维持现状、抵抗变化的力量之间的对比，当引发变化的力量明显强于抵抗变化的力量时，构型会发生巨大变革，但大多数情况下，组织惯性力量会占据优势从而呈现出稳定性（Dess et al., 1993）。由于假定组织变革发生在从一个相对稳定的状态到另一个相对稳定状态的迅速转换中，构型研究者通常在实证中设计纵向研究，而理论描述则强调时间依赖性和历史依赖性。与此相对的是，横断面设计在权变研究中占据主导地位，表明研究者隐含着系统处于或至少正在向平衡状态移动的假设，并且这一过程是渐进、稳定和连续的（Meyer et al., 1993）。

命题四：构型方法主要分为概念性类型学（typology）和实证性分类学（taxonomy）两类。

采用构型方法进行组织研究的学者可以分为两类：分类学家（taxonomist）和类型学家（typologist）（Meyer et al., 1993）。McKelvey（1982）将概念性类型学定义为在既有研究基础上以理论为导向、以概念为驱动的先验式分类方法，其本质是基于先验理论将组织归入不同类别。其中，较为典型的有：Burns and Stalker（1961）对"有机"型（organic）和"机械"型（mechanistic）两种组织的分类，在结构、程序和环境属性方面均表现出较大差异；Miles and Snow（1978）根据产品-市场战略的不同将组织设计分为四种理想类型，分别是探索型（prospector）、分析型（analyzer）、防御型（defender）和反应型（reactor）；Mintzberg（1979，1983）基于一系列组织内部设计和情境因素，包括组织协调机制、集中化类型和程度、组织规模和生命周期及环境和技术因素，总结出五种组织形态，分别是简单结构、机械式官僚结构、专业式官僚结构、事业部制结构和灵活型结构。实证性分类学是以事实为基础、以经验为驱动的后验式分类方法，通过识别组织元素之间的相似性和差异性，可以为许多组织现象的解释、预测和理解提供基础。学者们对经验数据中的自然集群进行识别，例如，一些战略集群（strategic groups）的研究采用数值分类法、各种聚类算法和假设检验技术来确定特定行业中不同的战略构型（Miller, 1996）。尽管概念性类型学可能起源于研究者的概念直觉，但具备两个基本属性：从多个属性合成构型和基于经验分类。同样，虽然实证性分类学通过将定量分析技术应用于数据而构建，但也是以理论为基础。因此，这两种分类观点不应被看作相互对立，而是有同等价值的、互补的表示组织构型的方法（Meyer et al., 1993）。

命题五：组织构型对组织绩效具有一定的解释能力。

对组织构型结果变量的研究一直受到领域内众多学者的关注，围绕构型对组织绩效解释能力的检验成为一个主要的、争议颇多的研究方向。部分实证研究对二者关系的存在性提出了挑战，Thomas and Venkatraman（1988）得出的结论为构型研究结果总体上只是不同群体的绩效差异的微弱证据，Barney and Hoskisson

(1990) 更是建议放弃构型研究而是关注企业特定特征对绩效的影响。Ketchen et al. (1997) 对已有的 40 项组织构型 - 组织绩效关系的初始研究进行了定量的元分析，结果表明组织间绩效差异的 8% 可归因于构型身份，即组织构型能够部分解释绩效。此外，他们发现了三个潜在的调节变量，分别是对构型的广义定义、单一行业样本和纵向研究，这些变量均会增强组织构型对绩效的解释能力。Ketchen et al. (1993, p.1279) 总结道，研究中一般有两种定义组织构型的方法，即归纳法和演绎法，前者"由组织和行业之间一定程度的集聚来表示，也被称为战略集群，同一行业内的企业可以根据某些关键特征进行分类"；后者运用先验理论说明构型的性质，不依赖于特定的行业情境，因而适用性也更广泛。从具体的研究结果来看，Vorhies and Morgan (2003) 利用构型理论，评估了营销活动特性与战略类型之间的匹配程度，发现其与营销绩效具有显著的联系，即匹配程度越高，绩效状况越具有竞争优势。Short et al. (2007) 同时对公司、行业和战略集群层面进行了考察，发现三者对绩效的贡献均较大，故组织绩效主要与企业自身特性有关，也会受到企业在战略集群和行业中的定位的影响。除了直接影响，许多研究揭示了构型因素对组织绩效的间接影响，Kang et al. (2007) 开发了两种类型的组织学习概念，发现促进学习的组织会更好地参与竞争，并随着时间的推移表现出更高的绩效水平。Ferguson et al. (2000) 考虑了战略集群成员与声誉之间的联系，认为战略集群之间拥有不同的声誉水平，具有较高声誉水平的战略集群在某些方面有较好的绩效。

命题六：组织构型理论包含等效性（equifinality）假设。

组织构型理论确定了多种最为匹配和有效的组织理想类型（ideal type），因此隐含着等效性假设（Doty et al., 1993）。等效性最初被定义为开放系统的一般属性——可以从不同的初始条件和方式达到稳定的状态，即稳态（homeostasis）（Bertalanffy, 1968）。Katz and Kahn (1978, p.30) 将其解释为"一个系统可以通过不同的初始条件和不同的路径达到相同的最终状态"。为了建立关于等效性解释的理论模式，Doty et al. (1993) 将构型思想中四种对等效性假设的解释与匹配的系统方法（systems approach）相结合，得到了四种构型匹配模型，分别是理想类型匹配（ideal types fit）、权变理想类型匹配（contingent ideal types fit）、权变混合类型匹配（contingent hybrid types fit）和混合类型匹配（hybrid types fit）。Gresov and Drazin (1997, p.407) 运用功能对等理论（functional equivalence）对等效性的产生过程进行了新的解释，认为"权变对组织的要求和组织满足这些要求的能力之间存在功能对应关系"导致等效性的出现，并提出了等效性的三种形式：次优、权衡和构型等效性。等效性的逻辑可能与某些构型研究的目的相矛盾，如上文所引用的关于组织构型-组织绩效关系的研究，其目的是探究集群间绩效的差异，Gresov and Drazin 的理论提出了几种可能存在等效性的情景，为将这些差异调和成更广泛的概念模型提供了可行的方法（Short et al., 2008）。

对该理论的评价

组织构型理论在战略管理、组织理论、人力资源管理、组织行为、组织伦理、企业社会绩效、创业企业和国际商务研究等众多管理研究领域中展现着日益重大的价值，尤其是对跨层次或多层次的研究大有助益（Short et al., 2008）。组织构型理论建立在组织分析的历史根源以及过去的权变研究基础之上，并在一定程度上克服了早期权变研究的缺陷，将有助于巩固权变理论已取得的成果。构型思想代表了一种全局观（holistic stance），即社会实体的各个部分均应从整体中获取其意义，而不能被孤立地理解，因此非常适合转型和适应期的研究，在这种情境下很难只用一个或几个简单的因素来解释现象，必须引入系统化、全局性视角（Meyer et al., 1993）。构型研究相对于其他研究方法的独特性主要体现在如何实现组织研究的三个目标上，即描述、解释和预测。首先，构型研究对组织的描述是通过识别在重要维度上相似的企业群组，而不是关注企业层面的维度，如规模和生命周期；其次，"构型观的一个核心假设是通过识别不同的、内部一致的组织集合，可以更好地理解组织现象"（Ketchen et al., 1993, p.1278），使得构型研究能够对组织的成功或失败提供基本解释；最后，构型研究能够对哪一类型企业在特定情况下会成功进行预测（Short et al., 2008）。然而，组织构型理论也受到了一些学者的批评，Thomas and Venkatraman（1988）认为，构型研究缺乏战略集群和绩效之间联系的证据；Barney and Hoskisson（1990）指出，战略集群研究缺乏理论和实证上的严谨性。同时，构型研究也面临许多挑战，如现有研究方法的局限性、量表和测量方法的不一致，以及缺少对不同行业间组织构型的比较等（Short et al., 2008）。Ven de Ven et al.（2013）认为，从构型角度来看，组织设计被视为一个双重优化问题：组织系统如何最大限度地满足环境需求和构型设计之间的外部匹配，以及内在战略、结构、系统、风格和文化等要素之间的内部匹配。然而，同时达到组织内外部匹配是一个难以实现的目标，尤其是在存在多个相互冲突的环境需求的情况下，此时从理论上推断的类型学和原型（archetype）并不适用。

研究者和管理实践者时常都不明确所研究的组织系统中存在哪种替代性构型设计，也无法确定不同情境下各种构型的相对绩效。因此，组织复杂性理论（complexity theory）逐渐得到发展，以期运用实证和建模的方法发现新的构型设计，从而弥补组织构型理论的缺陷。

关键测量量表

1. Measurement of Organizational Archetypes：5 维度，14 题

Miller, D., & Friesen, P. H.（1977）. Strategy-making in context: Ten empirical archetypes. *Journal of Management Studies,* 14(3), 253–280.

2. Measurement of Environment, Structure, and Strategy-making Configuration: 3 维度，24 题

Miller, D. &, Friesen, P. H.(1980). Momentum and revolution in organizational adaptation. *Academy of Management Journal*, 23(4), 591–614.

3. Measurement of Ideal Configurations: 5 维度，15 题（in Study 1）；4 维度，10 题（in Study 2）

Doty, D. H., Glick, W. H., & Huber, G. P.(1993). Fit, equifinality, and organizational effectiveness: A test of two configurational theories. *Academy of Management Journal*, 36, 1196–250.

4. HR Configurations Scale：6 维度，34 题

Youndt, M. A., & Snell, S. A.(2004). Human resource configurations, intellectual capital, and organizational performance. *Journal of Managerial Issues,* 16(3), 337–360.

5. Measurement of Marketing Configuration-performance：10 维度，32 题

Vorhies, D. W., & Morgan, N. A.(2003). A configuration theory assessment of marketing organization fit with business strategy and its relationship with marketing performance. *Journal of Marketing*, 67(1), 100–115.

经典文献

Dess, G. G., Newport, S., & Rasheed, A. M.(1993). Configuration research in strategic management: Key issues and suggestions. *Journal of Management*, 19(4), 775–795.

Doty, D. H., Glick, W. H., & Huber, G. P.(1993). Fit, equifinality, and organizational effectiveness: A test of two configurational theories. *Academy of Management Journal*, 36(6), 1196–1250.

Fiss, P. C.(2007). A set-theoretic approach to organizational configurations. *Academy of Management Review*, 32(4), 1180–1198.

Ketchen, D. J., Combs, J. G., Russell, C. J., Shook, C., Dean, M. A., Runge, J., & Beckstein, B. A.(1997). Organizational configurations and performance: A meta-analysis. *Academy of Management Journal*, 40(1), 223–240.

Ketchen, D. J., Thomas, J. B., & Snow, C. C.(1993). Organizational configurations and performance: A comparison of theoretical approaches. *Academy of Management Journal*, 36(6), 1278–1313.

Meyer, A. D., Tsui, A. S., & Hinings, C. R.(1993). Configurational approaches to organizational analysis. *Academy of Management Journal*, 36(6), 1175–1195.

Miller, D.(1996). Configurations revisited. *Strategic Management Journal*, 17(7), 505–512.

Short, J. C., Payne, G. T., & Ketchen Jr, D. J.(2008). Research on organizational configurations: Past accomplishments and future challenges. *Journal of management*, 34(6), 1053–1079.

Siggelkow, N.(2002). Evolution toward fit. *Administrative Science Quarterly*, 47(1), 125–159.

Ven, A. H. V. D., & Hinings, M. G. C. R.(2013). Returning to the frontier of contingency theory of organizational and institutional designs. *Academy of Management Annals*, 7(1), 393–440.

对管理者的启示

一个组织独特竞争优势的核心并不在于拥有特定的资源或技能,因为这些通常可以被他人模仿或购得,而在于拥有能够确保企业各方面互补的协调和整合机制。组织内部各要素之间相互关联作用、协调一致形成构型,成为比组织战略的任何单一方面更突出的竞争优势来源（Miller, 1996）。管理者应树立全局观，注重不同构型要素之间的匹配和互补作用，相互协调各项活动而不能有所偏废，这样才能在市场竞争中占据更有利的位置。然而过度构型也会造成一定的危害——组织会变得过于简单和单一，失去其适应能力，无法与复杂的环境相匹配，同时组织内部权力高度集中，缺乏反思和质疑，从而难以认识和应对变革需求（Miller, 1990, 1993），给组织生存带来巨大威胁。因此管理者应选择适当程度的构型，既要避免过低导致的组织松散和混乱，也应防止过高导致的集中和僵化。这里，对"适当"的定义主要取决于组织所处的环境，一般而言，环境越多变，不确定性越大，组织要素就越松散（Miller, 1996）。最后，组织构型所具有的动态稳定性意味着企业应该具备必要的创新能力，能够迅速适应外部环境的变化，但是管理者也需认识到创新本身并不是目的，一旦创新的速度超过其回报和企业的承受能力，将会适得其反；换言之，管理者应对过度保守和过度创新的风险予以同等重视，避免陷入其中任何一种困境中（Miller and Friesen, 1984）。

本章参考文献

9

资源保存理论*

马红宇[1]　唐汉瑛[2]　张南[3]　史燕伟[4]　张晶[5]

斯蒂芬·霍布福尔（Stevan Hobfoll）（见图 1）最早系统地提出了资源保存理论（conservation of resources theory, COR）。他 1989 年在《美国心理学家》（American Psychologist）上发表了 COR 理论的奠基性文章——《资源保存：定义压力的新尝试》（Conservation of resources: A new attempt at conceptualizing stress）。2001 年，距离 COR 理论提出逾十年之际，霍布福尔在《应用心理学》（Applied Psychology）上发表了《压力过程中文化、社区和嵌入自我的影响：资源保存理论的发展》（The influence of culture, community, and the nested-self in the stress

图 1　斯蒂芬·霍布福尔

---

*　基金项目：国家自然科学基金项目（31200795）。
1　马红宇，华中师范大学心理学院教授、博士生导师。主要研究领域：工作生活平衡与压力管理、基于胜任特征模型的人才测评与管理、领导力与组织文化、网络行为与心理健康。电子邮件：mahy@mail.ccnu.edu.cn。
2　唐汉瑛，华中师范大学心理学院讲师、硕士生导师。主要研究领域：工作-生活平衡、工作恢复、领导力、胜任特征建模与应用。电子邮件：thy@mail.ccnu.edu.cn。
3　张南，华中师范大学心理学院博士生。主要研究领域：职业健康与压力管理、网络行为与心理健康。电子邮件：zhangnanzn1990@163.com。
4　史燕伟，华中师范大学心理学院博士生。主要研究领域：职业健康与压力管理、工作家庭平衡与领导力。电子邮件：624459615@qq.com。
5　张晶，华中师范大学心理学院博士生。主要研究领域：职业健康与压力管理、网络行为与心理健康。电子邮件：zhangjingvip98@163.com。

process：Advancing conservation of resources theory）一文，对 COR 理论的有关内容进行了深化和拓展。并且，在该期刊的同一期里，包括压力研究的代表性学者理查德·拉扎勒斯（Richard Lazarus）在内的多名学者通过多篇文章从不同角度对 COR 理论进行了争鸣，推动了该理论的进一步完善。2014 年，乔纳森·哈尔贝莱本（Jonathon Halbesleben）等人又专门围绕 COR 理论中"资源"的角色进行了新的阐述。在此基础上，Hobfoll et al.（2018）在《组织心理学和组织行为学年度评论》(Annual Review of Organizational Psychology and Organizational Behavior) 上联合撰文对 COR 理论在组织研究中的应用进行了梳理和展望。在过去近三十年间，经过霍布福尔等人对 COR 理论基本观点的不断发展和完善，以及其他众多学者在各自领域对该理论适用性的不断检验和验证，COR 理论现已成为组织心理学和组织行为学领域引用最为广泛的理论之一。自 2000 年至今，该理论的年均被引次数逐年增加，至 2017 年达 1 200 次（见图 2）。

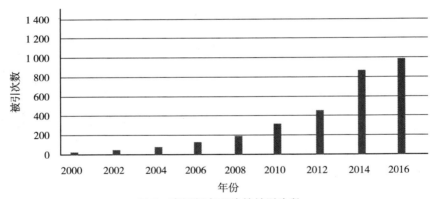

图 2　资源保存理论的被引次数

资料来源：根据 Google Scholar 数据整理而成，搜索时采用精确匹配。

资源保存理论的核心内容

COR 理论最初作为一种压力理论出现，试图为人们理解"压力是什么"这一问题提供新视角（Hobfoll, 1989, 2001a）。该理论认为，个体具有保存、保护和获取资源的倾向，因此，无论是潜在的资源损失威胁，还是实际的资源损失都会引发个体的紧张和压力（Hobfoll, 1989; Hobfoll et al., 2018）。具体来讲，个体在以下三种情境下都会产生压力反应：（1）现有资源面临损失威胁时；（2）现有资源出现实际损失时；（3）已付出努力而资源却并未实际增加时（Hobfoll, 1989）。简而言之，无论是在感知层面还是在客观层面，现有资源的损失和新资源获取的失败均会引发个体的压力反应。在此基础上，COR 理论进一步指出，在压力情境下，个体会使用现有资源去获取新资源以减少资源的净损失；同时，个体也会积极建构和维护其当前的资源储备以应对未来可能出现的资源损失情境（Hobfoll, 1989; Hobfoll et al., 2018）。可见，COR 理论的所有观点都与资源的保存、保护和获取有关，因此，只有真正理解了资源的内涵，才可能真正理解 COR 理论。

一、资源保存理论中资源的内涵

按照 Hobfoll（1989）的最初定义，资源是指个体认为对其有价值的事物或者可以帮助其获得有价值事物的途径。Hobfoll（1989）还区分了四种不同类型的资源，分别是物质资源（object resources）、条件资源（conditions resources）、个体特征资源（personal characteristics resources）和能量资源（energies resources）。物质资源如汽车、房产和开展工作所需的工具等，其价值源自它们固有的物理属性或所蕴含的个体身份地位信息（通常取决于事物的稀缺性和人们的获取成本）；条件资源如婚姻、职位和资历等，其价值源自它们对个体未来工作和生活的积极意义；个体特征资源如高智商、自我效能感和乐观等，是指个体自身具有的有助于其抵抗压力的各种技能和特质；能量资源如时间、金钱和知识等，其价值在于它们能够帮助个体获取所需的其他资源。

在 Hobfoll（1989）有关资源的上述定义的基础上，Halbesleben et al.（2014）抛开资源的具体类型，转而从个体保存和获取资源的动机出发，对资源进行了新的界定。他们将资源定义为"个体感知到有助于其实现目标的事物"。该定义强调的是个体对特定事物是否有助于其实现目标的主观感知和评估，而不在意它们是否切实帮助实现了目标。因此，一些被人们所公认具有价值的资源，对处于某一特定情境中的个体可能并没有价值。Halbesleben et al.（2014）进一步区分了个体评判资源价值的两种方式。一种是普适性路径（nomothetic approaches），强调的是特定事物之所以被视作资源是因为它们在个体所处文化环境下具有普适价值。例如，健康的身体、美满的家庭、幸福的生活和生命意义感等，它们为全人类所共同珍视，因此在全社会中均被视作有价值的资源。另一种是特异性路径（idiographic approaches），强调的是特定资源的价值取决于它们相对于个体当前需要（或目标）的匹配程度。有些事物虽然被大多数人认为是有价值的资源，但是如果它们和个体当前情境下的具体需要并不匹配（即无助于其实现目标），那么从特异性路径来看，这些事物于个体而言则没有价值。

二、资源保存理论的基本观点

Halbesleben et al.（2014）从个体保存和获取资源的动机视角对资源的内涵进行了重新界定，并在此基础上将 COR 理论的基本观点归纳为两项原则（principle）和四条推论（corollary）。之后，Hobfoll et al.（2018）对 COR 理论又进行了修订，最终将 COR 理论的基本观点明确为一个基本假设（basic tenet）、五项原则和三条推论，如表 1 所示。

表 1 COR 理论的基本观点

理论观点	内容
基本假设	个体具有努力获取、保持、培育和保护其所珍视的资源的倾向
原则	损失优先 *（primacy of loss） 资源投资 *（resource investment） 获得悖论（gain paradox） 资源绝境（resource desperation） 资源车队和通道（resource caravans and resource caravan passageways）
推论	初始资源效应 *（initial resource effect） 资源损失螺旋 *（resource loss spirals） 资源获得螺旋 *（resource gain spirals）

注：标 * 的内容表示其同时也是 Halbesleben et al.（2014）总结的两项原则四条推论中的内容。

基本假设。COR 理论认为，个体具有努力获取、保持、培育和保护其所珍视的资源的倾向。这是 COR 理论的核心，强调的是一种进化视角的需要，即人们努力获取、保持、培育和保护其资源的动机来源于作为物种的人类适应环境、维持生存的基本需要（Halbesleben et al., 2014; Hobfoll, 1989; Hobfoll et al., 2018）。Hobfoll et al.（2018）认为，这一基本假设也是解释人类心理和行为演变的核心之一。和其他社会性动物一样，人类也必须争取并维持个体优势和良好的社会关系；所不同的是，人类可以通过创造复杂的工具来确保个体的生存，且拥有复杂的语言系统用于人际沟通，这些都有助于人类个体的生存和社会关系的维系。因此，人们一方面会利用其拥有的关键资源应对当前环境中的压力情境，另一方面也会通过对其现有资源储备的积极建构和保护（通常通过进行资源投资获取新资源的方式）来应对未来可能的压力情境。

原则1：损失优先。即对个体来讲，资源损失的影响远比资源获得更为重要，其影响更快，持续时间也更长。在已有研究中，该原则主要用于对个体在压力情境下的心理和行为反应的解释（Halbesleben and Buckley, 2004; Hobfoll, 2001b）。当个体在工作中经历资源损失时，更可能出现紧张和压力反应，包括工作倦怠（Shirom, 1989）、抑郁（Bolger et al., 1989）和其他身心结果（DeVente et al., 2003; Melamed et al., 2006）。此外，该原则还包含动机的成分，由于资源损失会伴随着紧张和压力反应，因此个体会努力采取行动以避免资源损失的发生（Halbesleben, 2010; Halbesleben and Bowler, 2007; Halbesleben and Wheeler, 2011）。

原则2：资源投资。即个体必须不断地通过资源投资来保护现有资源免受损失，更快地从资源损失中实现恢复，以及获取新的资源。该原则主要用于与压力应对相关的研究，进行资源投资以避免未来可能的资源损失被视作一种重要的压力应对方式（Ito and Brotheridge, 2003; Vinokur and Schul, 2002）。一些实证研究检验了组织中的个体在资源损失情境下的投资行为。例如，Halbesleben and Bowler (2007) 发现，在情绪耗竭时，员工的角色内绩效会下降，但是指向主管和同事的组织公民行为却会增加。这是因为，此时人际指向的组织公民行为对员工具有很强的工具性价值，员工期望通过它们从主管和同事那里快速获得资源回报（通过社会交换的互惠机制实现），进而帮助他们避免现有资源的进一步损失。

原则3：获得悖论。即在资源损失情境下，资源的补充和增加会显得尤为重要，对个体也更有价值。此时，为那些资源已经较少的个体注入新的资源对他们实现资源补充和更好地抵御资源损失更加重要（Hobfoll et al., 2018）。该原则背后的含义有点类似于我们常说的"雪中送炭"，即越是资源已经很少的个体，资源的注入和增加对其缓解紧张和压力越重要。

原则4：资源绝境。即面临资源耗尽的绝境时，个体自我保护的防御机制将会触发，会表现出一些具有攻击性和非理性的行为。防御机制的启动可以为个体重新部署应对方式、等待他人支援或等待压力源消失而提供缓冲时间。此时，具有攻击性和非理性的行为也可能促使压力源发生变化或引发新的应对策略，进而发挥一定的积极作用（Halbesleben et al., 2014; Hobfoll and Shirom, 2001; Hobfoll et al., 2018）。

原则5：资源车队和通道。这是 Hobfoll et al.（2018）最新补充的一项原则。

即无论是个体还是组织,其所拥有的资源都并非独立存在,而是像路上一起行进的"车队"一样相互联系和影响(Hobfoll, 2011)。例如,对个体来讲,自尊、乐观和自我效能感等就是具有内在联系且相互作用的资源,它们的形成和获得往往源自相同的成长条件和环境。并且,资源总是存在于特定的生态环境中(类似于车队的"通道"),环境条件既可以对存在于其中的资源起到培育和滋养作用,也可以发挥限制和阻碍作用。这意味着,个体所在的组织或更广泛的文化环境在其资源的塑造和维系中扮演着重要角色。

推论1:初始资源效应。即个体的资源储备与其未来遭受资源损失的可能性和抵御资源损失的韧性密切相关。具体来讲,拥有较多初始资源的个体遭受资源损失的可能性更低,获取新资源的能力也更强;反之,拥有较少初始资源的个体则更容易遭受资源损失,且获取新资源的能力也相对更弱。已有不少实证研究证实了该推论的有效性(Mäkikangas *et al.*, 2011; Whitman *et al.*, 2014)。

推论2:资源损失螺旋。即最初的资源损失会引发资源的进一步损失,且资源损失螺旋的发展会更加迅猛,消极影响也会更加强烈。这是因为,一方面,正经历资源损失的个体更难以进行有效的资源投资活动,以至于阻止资源损失的难度更大;另一方面,受前面介绍的"损失优先"原则影响,加之资源损失会引发紧张和压力反应,因此在压力螺旋的循环中,个体(和组织)能够用于阻止资源损失的资源也更少。Demerouti *et al.* (2004)在其实证研究中对该推论的有效性进行了检验和验证。

推论3:资源获得螺旋。即最初的资源获得有益于资源的进一步获得,只是这样一种资源获得螺旋的发展相对比较缓慢。这是因为,处于资源获得过程中的个体(和组织)在资源投资方面更具优势,不过,相较于资源损失,资源获得在力量和速度上均更弱一些,因此资源获得螺旋的发展也相对比较缓慢。目前,已有不少研究对该推论的有效性进行了验证(如 Hakanen *et al.*, 2011; Halbesleben and Wheeler, 2015)。

三、资源保存理论的新发展

目前,COR 理论的绝大多数观点已经比较成熟,并且也在不同领域的实证研究中得到了较好的检验和验证。通过对近年来 COR 理论相关研究的梳理,我们认为以下三个方面可以反映近些年来 COR 理论的新发展:

其一,不同资源间的交互作用及环境因素的影响。早期的 COR 理论在探讨个体的资源保存和获取过程时较少关注不同资源间的交互作用。Hobfoll（2012）明确地指出了不同资源并非独立存在，而是像行进中的"车队"一样相互联系和影响；并且，作为车队的通道的环境因素也发挥着重要影响。例如，工作-家庭领域的很多研究发现，组织仅为员工提供工作-家庭平衡支持政策效果将非常有限，还必须积极营造鼓励和支持员工使用这些政策资源的环境（Goh *et al.*, 2015; Mandeville *et al.*, 2016, Rofcanin *et al.*, 2016）。Halbesleben *et al.*（2014）也呼吁对多种资源间的交互作用以及环境因素的影响给予更多关注。Hobfoll *et al.*（2018）更是将"资源车队和通道"明确补充为 COR 理论的五项原则之一。

其二，资源随时间的动态变化过程。COR 理论是一个动态性（dynamic）理论，资源的波动性直接决定了"变化"乃是 COR 理论的本质属性（Halbesleben *et al.*, 2014）。COR 理论的每一项原则和推论几乎都蕴含着动态性特征，已有研究已经开始关注对资源损失螺旋和资源获得螺旋的探讨。Halbesleben *et al.*（2014）专门围绕时间因素在 COR 理论中的角色进行了大篇幅的讨论。另有学者也在关注和探讨资源如何随时间变化的规律（Shipp and Cole, 2015; Airila *et al.*, 2014）。

其三，团队或组织中资源的人际流动。近年来，基于交叉模型（the crossover model）的研究的大量涌现为理解和探索 COR 理论框架下资源的人际流动提供了新的视角和可行途径（Hobfoll *et al.*, 2018）。交叉效应（crossover effect）描述的是个体的紧张和压力水平对同处某一社会环境下的其他人的紧张和压力水平产生的影响（Bolger *et al.*, 1989），本质上是一种心理状态和体验的人际传递。研究表明，诸如自尊、自我效能感和工作投入等心理资源均可以在同一群体或组织内的个体间（如同事之间、配偶之间、上下级之间等）进行传递，表现出交叉效应（Neff *et al.*, 2012; Neff *et al.*, 2013; Gutermann *et al.*, 2017）。

对该理论的评价

COR 理论虽然是作为一种压力理论被提出的，但是其应用范围却非常广泛，对解释个体日常工作和生活中的诸多心理行为过程均具有重要的参考价值。COR 理论自提出以后，很快就被心理学、组织行为学等领域的众多研究者广泛引用。COR 理论的突出优势在于其同时探讨了个体在面临压力情境和未面临压力情境时的心理和行为反应，而其他压力理论探讨的仅是压力情境出现之后个体的反应（Hobfoll, 1989）。因此，COR理论不仅为人们理解压力反应的过程提供了新视角，而且为压力反应的预防和应对也提供了简明、易懂和可以直接检验的依据。2000—2012年间，其被引次数增长趋势明显，年被引次数由20多次迅速增长至近800次；直到刚刚过去的2017年，其被引次数也仍然超过了1 200次（见图2）。这些数据直观地反映了COR理论的应用程度。正如Hobfoll *et al.* (2018) 所说，尽管在COR理论刚提出时，其观点曾受到过大量质疑，但是近30年过去，COR理论经受住了来自不同领域的众多实证研究的检验。

此外，当前及未来COR理论研究仍面临一些挑战：首先是关于COR理论中核心的"资源"的定义和测量。尽管Halbesleben *et al.* (2014) 已对Hobfoll（1989）有关资源的原始定义进行了发展和完善，但是在"究竟应该怎样更好地定义资源"上仍然有大量工作要做（Russell *et al.*, 2017）。并且，已有研究中对资源的测量方式很不统一，很多研究设计也并不能很好地体现COR理论的动态性特点（Halbesleben *et al.*, 2014）。其次是COR理论中对资源随时间动态变化规律的阐述也还非常有限（Halbesleben *et al.*, 2014; Hobfoll *et al.*, 2018）。Hobfoll（2001b）在回应其他研究者对COR理论的质疑时曾表示：COR理论不可避免地会经历由盛转衰的过程，而它的价值则取决于这一过程将持续的时长。

主要测量量表

1. Conservation of Resources Evaluation：未区分维度，74条目

Hobfoll, S. E., Lilly, R. S., & Jackson, A. P. (1991). Conservation of social resources and the self. In H. O. F. Veiel, & U. Baumann (Eds.), *The Meaning and Measurement of Social Support: Taking Stock of 20 Years of Research* (pp. 125–141). Washington, DC: Hemisphere.

2. The Perceived Resources Scale：未区分维度，6条目

Hochwarter, W. A., Perrewé, P. L., Meurs, J. A., & Kacmar, C. (2007). The interactive effects of work-induced guilt and ability to manage resources on job and life satisfaction. *Journal of Occupational Health Psychology*, 12(2), 125–135.

经典文献

Grandey, A. A., & Cropanzano, R. (1999). The conservation of resources model applied to work-family conflict and strain. *Journal of Vocational Behavior*, 54(2), 350–370.

Halbesleben, J. R. B., Neveu, J. -P., Paustian-Underdahl, S. C., & Westman, M. (2014). Getting to the "COR": Understanding the role of resources in conservation of resources theory. *Journal of Management*, 40(5), 1334–1364.

Hobfoll, S. E. (1989). Conservation of resources: A new attempt at conceptualizing stress. *American Psychologist*, 44(3), 513–524.

Hobfoll, S. E. (2001b). The Influence of culture, community, and the nested-self in the stress process advancing conservation of resources theory. *Applied Psychology*, 50(3), 337–421.

Hobfoll, S. E. (2011). Conservation of resource caravans and engaged settings. *Journal of Occupational and Organizational Psychology*, 84(1), 116–122.

Hobfoll, S. E., & Shirom, A. (2001). Conservation of resources theory: Applications to stress and management in the workplace. In R. T. Golembiewski(Ed.), *Handbook of Organizational Behavior*(pp. 57–80). New York, NY, US: Marcel Dekker.

Hobfoll, S. E., Halbesleben, J., Neveu, J. P., & Westman, M. (2018). Conservation of resources in the organizational context: The reality of resources and their consequences. *Annual Review of Organizational Psychology and Organizational Behavior*, 5(1), 103–128.

对管理者的启示

与其他压力理论不同，COR 理论同时阐述了个体在面临压力情境和未面临压力情境时的心理和行为反应，可以为个体在压力情境中的有效应对和压力情境出现前的积极预防提供理论指导。对管理者来讲，至少可以通过以下三种方式帮助员工应对现实和潜在的工作压力挑战：一是创建和维护积极健康的工作环境，从源头上减少可能导致员工资源受损的压力情境出现的可能性；二是在员工身处压力情境时及时给予其有效的资源支持，以帮助其避免资源进一步受损；三是在平时鼓励和支持员工参加所需要的技能培训，为应对未来可能出现的压力情境提前储备可资利用的资源。

新近的COR理论研究表明，个体所处的生态环境对其资源储备的发展变化也有重要影响。因此，对于组织管理者来说，应该积极创建和维护有益于员工资源培育和壮大的良好工作环境。例如，组织通过创建支持员工工作－生活平衡的工作环境，不仅可以帮助员工有效地应对日常的工作－生活冲突，还可以帮助他们更好地进行面向未来的资源投资（如通过参加恢复、休闲活动获取新资源）。

此外，COR理论研究也发现，资源可以在同一环境下的不同个体之间进行流动（即资源的交叉效应）。而在组织中，相对于资源相对较少的普通员工来说，拥有和掌握较多资源的管理者显然可以成为非常重要的资源流出方。管理者通过更具针对性和有效性的支持方式，可以很好地发挥资源流动在帮助员工应对工作压力过程中的积极作用。同时，组织也可以积极创建互帮互助的组织文化，促进资源在组织成员间的积极流动。

本章参考文献

10 解释水平理论

王海珍[1]

解释水平理论（construal level theory）发源于时间解释理论（temporal construal theory）（Liberman and Trope, 1998），最早用来解释人们如何评价和计划未来。之后大量研究将时间距离拓展到了其他心理距离，不断证明了各种心理距离对解释水平的影响，以及解释水平对认知与行为的影响。随着时间距离向其他心理距离的拓展，从2000年开始，雅科夫·特罗普（Yaacov Trope）（见图1）和居拉·利伯曼（Nira Liberman）在其公开发表的研究中使用了解释水平理论来代替时间解释理论，以赋予该理论更广阔的应用空间。解释水平理论首先在心理学、消费者行为学等领域发扬光大，之后也渐渐应用到组织管理研究之中。解释水平理论对如组织伦理与公平、创新与变革、领导行为等不少组织管理现象提供了系统、严谨的解释框架（Reyt et al., 2015），因而在组织管理领域有广阔的应用前景。1998年至今，解释水平理论的被引次数如图2所示。

图1 雅科夫·特罗普

---

[1] 王海珍，兰州大学管理学院副教授、硕士生导师。主要研究领域：领导行为、正念、女性员工职业发展。电子邮件：wanghzh@lzu.edu.cn。

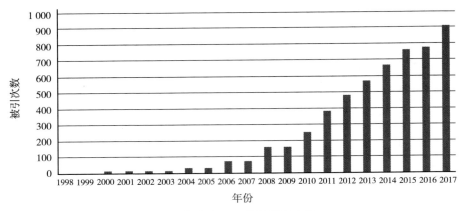

图 2　解释水平理论的被引次数

资料来源：根据 Google Scholar 数据整理而成，搜索时采用精确匹配；2004 年及以前为"temporal construal theory"的被引次数，2004 年以后为"contrual level theory"的被引次数。

解释水平理论的核心内容

解释水平理论认为，人们对某一事物的反应取决于对该事物心理表征的抽象程度也就是解释水平。而解释水平又取决于人们与该事务之间心理距离的远近。

一、什么是解释水平

解释水平是指人们编码和解码（retrieve）信息的方式（Wiesenfeld et al., 2017），用来反映心理表征的抽象/具体程度。心理表征可以简单表述为：人们假想出来的代表外部现实的认知符号。这些认知符号可能很抽象，也可能很具体，是解释水平从抽象（高）到具体（低）的连续体。例如，对于"做报告"这种活动，抽象的心理表征是把"做报告"看作"向听众传递信息"，而具体的心理表征则把"做报告"看作"边翻 PPT 边讲话"。可以看出抽象的心理表征关注事物核心的、一般的特点，忽略了如 PPT、讲话等外围信息，"只见森林而不见树木"。解释水平理论将这种抽象的心理表征命名为高水平的解释，高解释水平之下，人们注重整体目标（overarching goals）、道德规范及价值等。相应地，具体的心理表征关注事物外围的、具体的信息，但忽略了事物核心的、一般性的特征，可谓"只见树木而不见森林"。解释水平理论将这种具体的心理表征称为低水平的解释。低解释水平之下，人们注重短期目标，决策时关注评估决策的难易或可行性。

二、心理距离与解释水平

心理距离是指关于事物离自己、此时、此地距离远近的主观感受（Trope and Liberman, 2010）。不同的参照点对应不同形式的心理距离，如时间距离、空间距离、社交距离和发生的概率。时间距离以此时为参照点，指对事物发生时间远近的知觉；空间距离以此地为参照点，指对事物发生空间远近的知觉；社交距离以自己为参照点，指对他人与自己差异大小的知觉；发生的概率以现实为参照点，指对事件发生可能性的知觉。解释水平理论的核心观点在于解释水平和心理距离的联系（Trope and Liberman, 2010），认为心理距离启动了高水平的解释，而高水平的解释又拉远了人们与事物的心理距离。

1. 心理距离影响解释水平

解释水平理论认为，个体对事物的解释水平随心理距离而变化，继而影响个体对事物的判断、预测、评估等认知活动（Liberman and Trope, 2008）。解释水平模型最早关注人们如何评价和处理时间距离。Trope and Liberman（2003）发现久远的事务人们会进行抽象的心理表征，这是因为时间久远的事物，其具体细节已经无迹可寻，即使有迹可循也不见得可信。而事物的本质特征不会随时间发生变化，因此对于时间久远的事物，人们只能关注其抽象的本质特征，即进行高水平的解释。其后，不断有研究发现，空间、社交、发生的概率等心理距离也会启动个体高解释水平的心理表征。例如，在空间距离方面，当在电脑上完成任务时，身体越向后倾即与电脑距离越远，参与者对任务的心理表征越抽象（Thomas and Tsai, 2012）；在社交距离方面，权力导致与他人的距离感触发了更高的解释水平（Guinote et al., 2002）。

2. 解释水平影响心理距离

不仅心理距离影响解释水平，解释水平也会影响人们对与事物之间心理距离的感受（Trop and liberman, 2010; Liberman and Förster, 2009）。当解释水平较高时，时空久远的事物显得更清晰、更易得，如同登高就可以望远。这样一来，高解释水平可以扩展心理视野，人们得以关注较为长远的目标。解释水平较低时，人们会收缩自己的心理视野，关注当下的、具体的需求。因此可以说高解释水平让人们目光长远，低解释水平让人们目光短浅。

3. 解释水平与心理距离/激励的契合

Berson and Halevy（2014）以及 Berson et al.（2015）提出了解释水平契合的概念，认为解释水平与职位差距的契合对领导-下属人际互动具有影响，即高解释水平之下，员工与领导的职位差距越大，越能产生积极的领导-下属人际互动。除此之外，解释水平与激励手段相匹配会提升激励。由于解释水平越高，人们越看重集体或长期的利益，关注行为的价值，因此，对高解释水平员工提供集体奖励或长期回报，对低解释水平员工提供个人奖励或短期回报，激励作用更强。

三、解释水平理论在组织管理研究中的运用

Wiesenfeld et al.（2017）总结了组织行为中运用解释水平理论的研究，发现主要集中在伦理与公平、创新与变革、领导行为等几个方面。除此之外，他们也总结了与心理距离有关的组织场景。

1. 解释水平与伦理和公平

应用解释水平理论可以解释并预测人们何时更关注伦理道德。Eyal et al.（2009）认为，由于道德准则较为抽象，因而高解释水平的个体更关注道德准则，对道德僭越行为有着更强烈的消极反应，而对道德美德行为有着更强烈的积极反应（Eyal el al., 2009）。解释水平越高的领导，越关注什么是应该做的，因此越容易惩戒下属的道德僭越行为（van Houwelingen et al., 2015）。

以上研究认为，解释水平越高，人们对道德准则越敏感，但也有与此矛盾的发现。Gong and Medin（2012）发现，抽象表述（高解释水平）僭越行为时人们对道德僭越行为的评判没有那么严苛，意味着高解释水平降低了人们的道德敏感。

解释水平除会影响人们的道德判断，还会影响人们的道德行为。现有的组织管理研究在"人们先前道德行为如何影响后续道德行为倾向"这一问题上存在矛盾的观点。认知失调理论和自我觉知理论认为先前道德行为会导致后续的道德行为；而道德证书（license）理论则持相反观点，认为先前道德行为赋予了人们实施不道德行为的资格。解释水平理论整合了这些矛盾的观点，认为当用高解释水平来表征先前的道德行为时，人们之后会持续地表现出道德行为（Ledgerwood et al., 2010），这是因为抽象的表征凸显了核心价值观，而人们倾向于做出符合自己核心价值观的行为（Fishbach et al., 2006）。

2. 解释水平与创新和变革

人们必须跳出当前的条条框框，才能产生新的想法。高解释水平能够帮助人们跳出当下时空等的限制，从而促进创新。基于此，一些研究发现，心理距离会增加创造力，或是促进探索性学习（Reyt and Wiesenfeld, 2015）。解释水平还影响了学习源的选择。Kalkstein et al.（2016）发现，当一个问题被抽象表征时，人们倾向于选择遥远的学习源；而当需要明确、具体的信息时，人们倾向于选择更近

一些的学习源。Packer et al.（2013）发现，解释水平与变革相关，因此高解释水平使得员工更有可能去建言或表达异议。

3. 解释水平与领导行为

在战略领导领域，领导认知研究中很重要的一个议题是领导如何看待环境中的威胁和机会。Barreto and Patient（2013）根据解释水平理论认为，领导在公司的职位影响到了他们与外部冲击之间的心理距离，继而影响了他们对外部冲击的解释水平。在微观领导领域，Berson and Halevy（2014）等提出了解释水平契合的概念。当领导和下属的职位差距较大时，抽象的沟通（如愿景型领导）更能激发积极互动，带来更高的工作满意度、组织承诺和社会连接（bonding）；而当领导和下属的职位差距较小时，具体的沟通（如给下属反馈和评估）更有用。

4. 组织内的心理距离

组织内哪些场景会让员工体验到与心理距离有关呢？Wiesenfeld et al.（2017）将之总结为权力、虚拟组织和远程工作。在虚拟组织工作会体验到和他人的心理距离，因而虚拟团队成员会更加抽象地表征自己和他人（Wilson et al., 2013）。Reyt and Wiesenfeld（2015）认为，在非工作时间用移动设备工作需要人们将与家庭距离较远的工作角色整合到家庭生活中，这种角色整合帮助形成抽象的心理表征。另一个与距离有关的因素是权力，权力通过社交距离影响解释水平。权力感会把自己和他人区隔开（Smith and Trope, 2006），形成社交距离。一个关于权力的有趣的发现是，言语抽象的人看起来更有权力（Smith et al., 2008），因为人们觉得抽象的语言常被用来评判他人，而评判他人显然是有权力的人所能做的事（Wakslak et al., 2014）。

对该理论的评价

解释水平理论十分契合组织行为的研究（Wiesenfeld et al., 2017）。首先，解释水平理论明确假定解释水平是对情境的有效适应，例如，高解释水平就是为了适应事物具体信息不可得的情境。而组织行为嵌入在各种各样的情境中，解释水平的适应性和功能性可以应用到组织行为情境的研究中去（Wiesenfeld et al., 2017）。其次，社交距离是心理距离的表现形式之一。而组织内的行为不可避免地具有社交属性，因此解释水平理论在解释与预测组织内的社交行为上大有用武之地（Wiesenfeld et al., 2017）。

尽管解释水平理论在心理学、消费者行为、组织管理等领域均显示出了强大的解释力，具有广阔的应用前景，然而解释水平理论也面临一些挑战。首先，现有的研究中没有明确界定并区分解释水平、解释水平的表现和解释水平的前因变量，导致三者经常混淆，同样的问题也存在于心理距离、心理距离的具体表现形式（如时间、空间、社会、可能性）之间（李雁晨等，2009）。清晰地界定出解释水平与其他概念的边界，有利于厘清解释水平的形成与作用机理。其次，解释水平理论的应用边界尚不清楚。边界不清让解释水平理论看起来像是万能理论，但这也许是理论的内在机理、边界条件都不够清晰的原因。

主要实验操纵及测量量表

大量研究采用实验操纵来启动解释水平，只有少量研究采用量表测量解释水平。在试验中，不同研究使用不同心理距离启动解释水平，因而出现了多种多样的实验启动或操纵解释水平的办法。这里总结了解释水平几种常见的实验操纵方式与一套测量量表。

一、实验操纵

1. 时间距离：被试想象在一年后（远期、高解释水平）或是在明天（近期、低解释水平）完成一项脑力劳动的任务

Förster, J., Friedman, R. S., & Liberman, N. (2004). Temporal construal effects on abstract and concrete thinking: Consequences for insight and creative cognition. *Journal of Personality and Social Psychology*, 87(2), 177–189.

2. 空间距离：将事物描述为空间距离很近（纽约市郊，距离此处3英里）或很远（在洛杉矶市郊，距离此处3 000英里）

Fujita, K., Henderson, M., Eng, J., Trope, Y., & Liberman, N. (2006). Spatial distance and mental construal of social events. *Psychological Science*, 17(4), 278–282.

3. 事物的全局或局部：被试观看全景地图（高解释水平）或局部地图（低解释水平）

Liberman, N., Förster, J., & Judd, C. M. (2009). Distancing from experienced self: How global-versus-local perception affects estimation of psychological distance. *Journal of Personality and Social Psychology*, 97(2), 203–216.

4. 事物的可行程度或渴望程度：被试描述如何（可行、低解释水平）或解释为什么（渴望、高解释水平）进行健康保健

Freitas, A. L., Gollwitzer, P., & Tropem, Y. (2004). The influence of abstract and concrete mindsets on anticipating and guiding others' self-regulatory efforts. *Journal of Experimental Social Psychology*, 40(6), 739–752.

二、测量量表

Reyt and Wiesenfeld（2015）开发了一套工作场所解释水平的测量量表。共包含 18 个题目，每个题目代表一类工作中的活动。每个题目之后分别给出了高、低解释水平的描述作为锚点，被试在这两个锚点之间回答其如何看待某个活动。

工作中的解释水平：单维，18 题

Reyt, J. N., & Wiesenfeld, B. M. (2015). Seeing the forest for the trees: Exploratory learning, mobile technology, and knowledge workers' role integration behaviors. *Academy of Management Journal*, 58(3), 739–62.

经典文献

Fujita, K., Henderson, M. D., Eng, J., Trope, Y., & Liberman, N. (2006). Spatial distance and mental construal of social events. *Psychological Science*, 17(4), 278–282.

Liberman, N., & Trope, Y. (1998). The role of feasibility and desirability considerations in near and distant future decisions: A test of temporal construal theory. *Journal of Personality and Social Psychology*, 75(1), 5–18.

Liberman, N., & Trope, Y. (2008). The psychology of transcending the here and now. *Science*, 322(5905), 1201–1205.

Liberman, N., Sagristano, M. D., & Trope, Y. (2002). The effect of temporal distance on level of mental construal. *Journal of Experimental Social Psychology*, 38(6), 523–534.

Trope, Y., & Liberman, N. (2000). Temporal construal and time-dependent changes in preference. *Journal of Personality and Social Psychology*, 79(6), 876–889.

Trope, Y., & Liberman, N. (2003). Temporal construal. *Psychological Review*, 110(3), 403–421.

Trope, Y., Liberman, N., & Wakslak, C. (2007). Construal levels and psychological distance: Effects on representation, prediction, evaluation, and behavior. *Journal of Consumer Psychology*, 17(2), 83–95.

Trope, Y., & Liberman, N. (2010). Construal-level theory of psychological distance. *Psychological Review*, 117(2), 440–463.

Wakslak, C. J., Trope, Y., Liberman, N., & Alony, R. (2006). Seeing the forest when entry is unlikely: Probability and the mental representation of events. *Journal of Experimental Psychology: General*, 135(4), 641–653.

Wiesenfeld, B. M., Reyt, J. N., Brockner, J., & Trope, Y. (2017). Construal level theory in organizational research. *Annual Review of Organizational Psychology and Organizational Behavior*, 4, 367–400.

| 对管理者的启示 |

解释水平理论提供了一套全新的视角来理解组织内的行为。考虑到解释水平与心理距离的相关性，管理者可以相对容易地影响和塑造员工对某些事物、现象的解释水平。这无疑给管理者提供了一个"术"的选项。例如，管理者可以通过拉开各种心理距离提高员工的解释水平来维持员工一贯的道德行为（Ledgerwood *et al.*, 2010），引导员工关注组织的长期目标，以及提升员工的创新能力（Polman and Emich, 2011）。在与基层员工沟通时，高层领导应该强调组织愿景，而基层领导则应该对员工进行更加具体的指导与反馈（Berson and Halevy, 2014）。

除此之外，领导者还应注意，组织形式与工作特征等组织实践可能会借由影响心理距离而塑造员工的认知（解释水平）。例如，在虚拟组织中工作的员工思维更加抽象，灵活的工作时间安排和远程办公也可能促使员工形成抽象思维。总之，在借助解释水平理论知晓组织实践对员工认知的影响后，可以帮助领导者更准确地预测和管理员工的行为。

本章参考文献

11

权变理论

颜爱民[1] 郭好[2]

在 20 世纪五六十年代，学者们对试图寻找组织设计和组织管理的最佳方式的古典管理理论提出了挑战，美国学者 Dill（1958）、March and Simon（1958）、Chandler（1962）、Lawrence and Lorsch（1967, 1969）、Thompson（1967），英国学者 Burns and Stalker（1961）与 Woodward（1958, 1965）等发现，任何单一的、一成不变的管理方式都不可能适用于所有的组织，所谓最佳的组织结构是随着某些因素（如战略、规模、技术、环境等）而变化的，这就是组织权变理论（contingency theory）构建的重要的研究基础（Van de Ven et al., 2013）。该时期，管理学的各种理论涌现，形成了以六大主要学派为代表的管理理论丛林时代（Koontz, 1961）。弗雷德·卢桑斯（Fred Luthans）（见图 1）在前人研究的基础上，1973 年发表了《权变管理理论：走出丛林之路》（The contingency theory of management: An path out of the jungle）一文，认为"偏向管理过程的学派将行为与定量方法分开，偏向系统思维的学派似乎可以将行为与定量方法统一在一起，但这两类管理理论都无法带领管理走出丛林，管理权变理论的总体目标是将定量、行为和系统方法

图 1　弗雷德·卢桑斯

1　颜爱民，中南大学商学院教授、博士生导师。主要研究领域：人力资源管理、组织行为与组织文化等。电子邮件：e-trust@263.net。
2　郭好，中南大学商学院博士研究生。主要研究领域：高绩效工作系统、企业社会责任、薪酬与激励等。电子邮件：161601046@csu.edu.cn。

与相应的情境因素相匹配,它可以带领管理理论走出丛林"(Luthans, 1973)。Luthans et al. (1976)进一步系统和深化了权变管理思想,构建了权变管理的理论框架,阐明了环境变量(environmental variables)与管理变量(managerial variables)之间的权变机理,标志着权变理论的正式形成。自此,20世纪80年代以后,权变理论得到了丰富和发展(Drazin and Van de Ven, 1985; Lawrence, 1993; Donaldson, 1996, 1999, 2001, 2010)。权变理论的运用范围也从最初的组织结构扩展到领导方式(Fiedler, 1967; Fiedler and Chemers, 1974; Fiedler and Garcia, 1987; Hersey and Blanchard, 1974; House, 1971; House and Dessler, 1974; Vroom and Yetton, 1973)、会计(Hofstede, 1967; Hayes, 1977)、计划(Mccaskey, 1974; Lindsay and Rue, 1980)等诸多管理领域,但是组织权变理论研究始终是研究的核心所在。

权变理论自20世纪60年代被提出以来,很快受到了学术界的广泛关注,权变理论的被引次数稳中有序地攀升,直至21世纪初被引次数突破了1 000次,在随后的十余年间,成为管理理论的追捧热点,2012年以来被引次数均在3 000余次(见图2)。

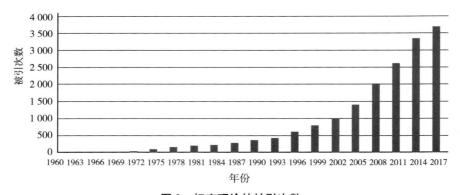

图2 权变理论的被引次数

资料来源:根据Google N-gram数据整理而成,搜索时采用精确匹配。

权变理论的核心内容

一、理论内核的形成

Lawrence and Lorsch (1967)是最具影响力的挑战古典管理理论所谓"唯一最

佳管理方式"存在的学者,他们实证研究了同一产业环境下的六个企业,发现每个组织的子系统(研发、生产、销售等)的正式结构和组织成员的目标取向、时间取向、人际取向等各不相同,这些差异与各个子系统面对的特定环境相关;证明了环境的不确定性水平与组织系统的分化程度及整合程度正向相关。Lawrence and Lorsch 的研究明确地揭示了组织结构等内在系统对外部环境确实存在调适和匹配作用。Lawrence and Lorsch(1969,1970)进一步指出,如果组织想要更有效率,那么组织的内部运作必须符合组织的任务、技术、外部环境以及成员的要求,而不是寻求在全部条件下组织的最佳方式的"灵丹妙药",组织权变理论的诸多核心观点已蕴含其中。Kast and Rozenzweig(1972)深刻地揭示了权变理论的核心思想,"权变观点强调组织的多元形式,了解组织在不同条件与特定情况下如何运作,从而制定最适合特定情况的组织设计与管理系统"。Luthans *et al.*（1976）深入地阐述了环境变量与管理变量之间的权变关系,构建了包括环境变量、管理变量及其权变关系在内的概念框架模型(见图3),该图并不表明环境变量与管理变量之间构成明确的因果关系,即环境并不能导致某种新的管理方法(技术)出现,而是表达环境变量与管理变量之间的"如果－那么"函数关系,意指如果一定的环境条件存在,那么就能找到一种与此种环境相适应,比其他管理方法(技术)更能有效达到目标的管理方法(技术)。

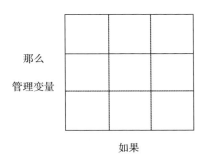

图 3　权变概念框架

二、SARFIT 模型

权变理论在 20 世纪七八十年代的研究主要集中于单一层次的组织分析,采用的是简化和渐进的分析方法,按照静态平衡的思想研究组织管理变量与环境变量之间的匹配关系,权变理论的诸多丰富概念被剥夺,研究的局限招来了许多批评（Schoonhoven, 1981; Drazin and Van de Ven, 1985; Levinthal, 1997; King et al., 2009）。面对这种情况，被誉为权变理论守卫者的莱克斯·唐纳森（Lex Donaldson）于1987年对美国、法国、日本、英国与联邦德国五个国家进行了实证研究，发现组织战略变化会引发组织结构与权变因素的失配（misfit），这种失配会降低组织绩效，低组织绩效会驱动组织结构的调整以提高与权变因素的匹配度，重新提升组织绩效，这揭示了组织结构与权变因素之间动态平衡的内在机制，即所谓的结构适应重获匹配（structural adjustment to regain fit, SARFIT）模型（Donaldson, 1987）。

  Donaldson（2001）对SARFIT模型进行了完善，增加了"其他原因"（other cause），将模型中A所表征的英文由"adjustment"替换成了"adaptation"，强化了其自适应意蕴（见图4），并进一步厘清了权变理论的三个核心要素：第一，权变因素与组织结构之间存在关联；第二，权变因素变化会导致组织结构的变化；第三，组织结构变量与权变因素的匹配会带来高绩效，而失配则会导致绩效降低，匹配–绩效的关系是权变理论范式的核心。Ezzamel and Hilton（1980）、Hill and Pickering（1986）的研究都有效地支持了SARFIT模型，他们发现，企业较长时间的失配状态会导致业绩下降，往往是组织绩效被降至某一低水平，组织的管理层才会采取必要的组织变革措施。这种实证结果符合Simon（1976）的有限理性理论，因为管理者的有限理性导致他们并不是追求理想的最大化，而是追求满意水平。当组织绩效低于满意水平时，管理决策就会参与其中，形成SARFIT模型的"出现问题—改变组织—提高匹配—提升绩效—达到满意"的循环。

三、权变理论的应用与发展

  Donaldson（1996, 1999, 2001, 2010）一直致力于挖掘权变理论的丰富贡献和发展前景，他坚信组织理论的进步是通过坚持现有的框架而无须寻找新的框架。通过配置性（configuration）、互补性（complementarity）、复杂性（complexity）视角的深度探索，不仅可以保持权变理论概念的丰富性优势，而且可以避免被诟病的静态化、简单化等缺陷（Van de Ven et al., 2013）。

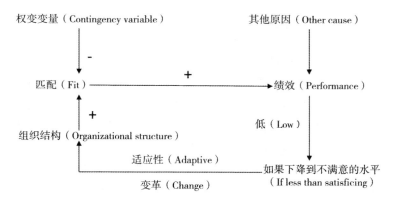

图4 结构适应重获匹配（SARFIT）模型

1. 配置性视角

组织内部与组织之间的工作单位是在多重的而且经常发生冲突的权变因素所组成的情境下运行的（Van de Ven et al., 2013），组织设计也是由多个、部分相互冲突的维度所构成的（March and Simon, 1958），因此，实现内外部的组织匹配是一个困难的目标，常常迫使决策者在实现内外部匹配的相对程度上进行权衡（Miller, 1993）。配置性视角正是基于解决上述问题形成的权变理论的拓展应用，它将组织视为一系列的相互关联的子系统构成的连贯整体，包括策略、结构、文化等子系统，他们组合成组织工作系统（Meyer et al., 1993），从分析的角度来看，配置意味着权变因素、组织设计因素和绩效因素的多维组合（Van de Ven et al., 2013），组织的高效运行一方面要实现组织设计因素的内部匹配，另一方面要实现组织设计模式与外部环境（情境）的匹配（Ketchen et al., 1997; Siggelkow, 2001）。在配置性视角下，组织设计的过程是追求多重目标的过程，其中，有些目标还会互相冲突（March and Simon, 1958），在这种内外多元目标交织的复杂情形下，组织变革或设计的满意度目标可能具有多重结果，即不同的组织方式有可能达到同样的效果，形成等效性（equifinality），因此很少有可能只存在一种组织设计与特定的环境情境完美匹配，配置视角往往在给定的环境情境下，追求几种可行的、同样有效的组织变革或设计方案（Drazin and Van de Ven, 1985; Gresov and Drazin, 1997; Meyer et al., 1993）。Doty et al.（1993）实证验证了 Mintzberg（1983）和 Miles and Snow（1978）替代配置之间存在等效性的假设。

2. 互补性视角

互补性视角有助于丰富权变理论的概念，认为组织配置（organizational configuration）的核心要素是那些高度相互依赖并且作为一个整体与绩效产生积极互动的要素（Van de Ven et al., 2013）。Miligrom and Roberts（1995，p181）将互补性概念界定为"多做一件事情能够增加做另一件事情的收益"。Siggelkow（2001）通过比较研究某时尚服饰制造商在20世纪八九十年代使用两套不同的工作设计系统（work design system）后发现，如果单纯地改变系统中的某个要素，却忽略与其他要素之间的良好交互作用，则会对企业的绩效产生负面影响，只有系统中的所有要素实现互补，继而每个要素的选择都会增加其他要素选择的边际收益，才能对企业的绩效产生正向影响（Miligrom and Roberts, 1995，p191）。据此，组织变革过程不是通过单个要素的改变来提高匹配性和绩效的，而必须进行系统的配置改变，如引入一个全新的系统，或者调整单一系统要素后，根据互补性原则对其他关联要素进行必要的调整，达到整体优化，以提高匹配性和绩效水平（Whittington and Pettigrew, 2003）。互补性视角也体现在组织变革过程中不同组织层次的系统调整与优化上，Burton et al.（2004）与Hakonsson et al.（2008，2012）针对丹麦中型企业的实证研究证明了个体领导风格、组织战略与企业绩效之间存在匹配关系，Vaccaro et al.（2012）类似的研究发现，高层管理者的领导力显著影响组织创新，对组织规模起调节作用。

3. 复杂性视角

复杂性视角被视为互补性视角的一般化，因为除了关注互补关系，复杂性视角还考察了正面和负面的相互依赖关系（Van de Ven et al., 2013）。大多数组织面临多重的、经常相互冲突的环境要求、结构安排与绩效目标（Lewin and Minton, 1986; Thompson, 1967），环境和组织的复杂性与多维性是影响匹配的关键属性（Burton et al., 2002）。在复杂性理论情境下开发的组织设计和优化技术可以将各种情境因素、组织设计配置的影响及其相互作用进行分开测试（Siggelkow and Rivkin, 2005），用于组织设计与优化的复杂自适应系统（complex adaptive system, CAS）数学模型使权变理论得以量化应用。

Kauffman（1987，1993）基于CAS理论，将源于生物进化学的适应度景观（fitness landscape）概念形式化为NK（C）模型，随后被Levinthal（1997）、Siggelkow and Rivkin（2001）应用于组织自适应性研究与设计。适应度景观是一种将组织的适应度与各种组织配置联系起来的抽象表征，主要提供组织适应性模型。NK (C) 模型侧重于探究各种组织设计如何在适应度景观所模拟的组织适应环境下与环境特征进行相互作用，因此被认为与权变理论的中心特征密切相关 (Van de Ven et al., 2013)。Siggelkow（2001）将福特汽车公司少品种低灵活批量的生产系统与日本丰田公司多品种高灵活精益的生产系统进行对比，通过适应度景观方法以三维立体的方式形象地展示了生产技术环境变化及与之相匹配的生产系统类型状况。Siggelkow and Rivkin（2005）拓展了 NK（C）模型，发现不同的环境适用不同的组织设计，简单而动荡的环境需要分散的设计，同时需要具有支持性的领导能力和主动的例外管理，组织设计的目标是追求快速改进（speedy improvement）；稳定而复杂的环境要求设计能够促进组织搜索多样化（diverse search），例如具有丰富信息流和有效激励的科层组织；动荡而复杂的环境最具挑战性，要求在快速改进和搜索多样化之间实现平衡。还有学者使用前沿分析（frontier analysis）(Sinha and Van de Ven, 2005; Van de Ven et al., 2011)、条件均值和方差的联合估计（joint estimation of conditional mean and variance）(Fleming and Sorenson, 2001; Lenox et al., 2010)、实证数据分布的尾部分析（tail analysis of the distribution）(Dooley and Van de Ven, 1999; Wagner and Leydesdorff, 2005) 等实证方法促进了权变理论的发展。

对该理论的评价

权变理论是肩负着带领管理理论走出丛林的重任而诞生的 (Luthans, 1973)，Koontz（1980）将其视为给管理者带来重大冲击的管理思想与实践观点之一，并将权变学派列入新十一大管理学派之一。长期以来，人们在管理活动中总是自觉或不自觉地运用着权变方法，但是从理论化的角度对其进行系统的研究则始于权变理论的提出，概念的理论化提高了运用权变方法的自觉性和科学性。权变理论开宗明义地反对不论具体情境而"寻求最好的管理方法"，将焦点放在分析具体情境上，根据客观情境，采用适当、合理的管理方法以有效地达到目标，在情境变量和开发出来的管理解决方案之间寻找一种积极互动关系，在"万能论"与"经验论"之间寻求一条中间道路。

就像大多数科学探索领域一样，权变理论的研究随着时间的推移也出现了很多问题。第一，Khandwalla（1977）指出，权变理论注重结果或内容上的问题,而不是过程,其往往注重结构和战略或者领导风格在某一特定环境的使用,但不强调组织或者领导者在动态过程中的有效性。第二,Baligh et al.(1996)发现,有很多文章都在分析权变因素,如战略、规模、技术和环境之间的关系,但是缺乏整合性的研究与考量。第三,组织设计的研究强调了组织结构、策略和系统的特征,但往往忽略了工作是如何完成的,Barley and Kunda(2001)呼吁将工作重新带回到组织研究中。

经典文献

Donaldson, L.(1987). Strategy and structural adjustment to regain fit and performance: In defence of contingency theory. *Journal of Management Studies*, 24(1), 1–24.

Donaldson, L.(2001). *The Contingency Theory of Organizations*. Thousand Oaks, California: Sage Publications.

Lawrence, P. R., & Lorsch, J. W.(1967). Differentiation and integration in complex organizations. *Administrative Science Quarterly*, 12(1), 1–47.

Lawrence, P. R., & Lorsch, J. W.(1967). *Organization* and *Environment*. Harvard Business School, Division of Research (Vol.2, pp.314–343).

Luthans, F.(1973). The contingency theory of management: A path out of the jungle. *Business Horizons*, 16(3), 67–72.

Luthans, F., Schonberger, R., & Morey, R.(1976). *Introduction to Management: A Contingency Approach*. New York: McGraw-Hill.

Van de Ven, A. H, Ganco, M., & Hinings, C. R.(2013). Returning to the frontier of contingency theory of organizational and institutional designs. *The Academy of Management Annals*, 7(1), 393–440.

对管理者的启示

如今,大多数组织已经深刻地认识到没有一个一成不变的管理方法可以适用于所有类型的组织。权变理论在强调外部环境客观地不以人的意志为转移的前提下,也认识到社会环境的最基本的根本动因是人的能动性。Thompson(1967)和

Pfeffer and Salancik（1978）提出，应对环境依赖性的主动与被动策略，相较于改变组织内部设计以适应环境的被动策略，组织可以运用主动策略能动地改变其行业和制度环境，以更好地实现其目标和运营，如创建行业技术标准（Garud *et al.*, 2002），以互补资源获取公司和剥离非核心业务（Kaul, 2012），推动改变行业竞争力的新技术和新产品（Toh and Kim, 2013; Wang, 2012）。因此，权变管理者不应该是环境机械的顺从者和适应者，而应该是在尊重环境客观规律前提下有利的环境创造者。权变管理者要针对具体的环境，灵活、创造性地运用权变管理方法，发挥他们的主观能动性，提高他们对环境的认识和判断能力，制定有效的达到企业目标的管理战略、对策和方法，从而提高管理实践的绩效。

本章参考文献

12
竞合理论[*]

牛雄鹰[1]　张芮[2]

图1　莫顿·多伊奇

　　竞合理论（co-opetition theory）又被称作合作竞争理论，通常用来解释企业或组织之间纷繁复杂的竞争与合作行为。1949年，莫顿·多伊奇（Morton Deutsch）（见图1）提出了合作竞争理论，奠定了后来合作学习研究的实务基础。1996年，拜瑞·布兰登勃格（Barry Brandenburger）和亚当·内勒巴夫（Adam Nalebuff）合著出版《合作竞争》（*Co-opetition*）一书，创造出"co-opetition"一词，使得企业间的竞合关系逐渐开始作为一个独立的研究领域引起学者们的关注。后经由 Bengtsson and Kock（1999，2000）、Luo（2005，2007）、Luo *et al.*（2006）等学者的发展，竞合理论的内容日渐丰富，越来越得到学术界的重视，被引次数波动上升（见图2），正逐步成为战略管理领域的主流理论之一。

---

[*] 基金项目：国家自然科学基金项目（71640037）。
[1] 牛雄鹰，对外经济贸易大学国际商学院教授、博士生导师。主要研究领域：国际人力资源管理、国际企业管理、变革及国际环境下的组织行为等。电子邮件：niuxy@uibe.edu.cn。
[2] 张芮，对外经济贸易大学国际商学院博士研究生。主要研究领域：国际人力资源管理、外派适应、中小企业国际化等。电子邮件：201610320793@uibe.edu.cn。

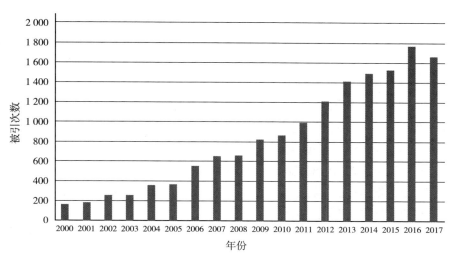

图 2　竞合理论的被引次数

资料来源：根据 Google Scholar 数据整理而成，搜集时采用精确匹配。

竞合理论的核心内容

莫顿·多伊奇在库尔特·勒温（Kurt Lewin）群体动力学理论的基础上，从目标结构角度提出了合作竞争理论，认为不同方向的依赖决定了个体间不同的互动方式：正向的依赖（合作）导致正向的互动；负向的依赖（竞争）导致负向的互动；无依赖（个体努力）则没有互动产生。他界定了三种目标结构：（1）个体性（individualistic）结构，在这种结构中，个体指向目标的动力与他人的目标达成无关；（2）竞争性（competitive）结构，在这种结构中，个体指向目标的努力会阻碍他人的目标达成；（3）协作性（cooperative）结构，在这种结构中，个体指向目标的努力有利于他人的目标达成。

后来，企业管理领域的学者将这一理论运用到了企业管理背景下；在战略管理领域，竞合的基本含义是指企业（或组织）之间在同一时期同时进行竞争与合作（Lado *et al.*, 1997; Bengtsson and Kock, 2000）。

刘衡等（2009）对竞合理论的相关研究进行了总结，他们认为，已有竞合理论的相关研究主要回答了四个方面的问题：（1）竞合的内涵和过程；（2）竞合关系的前因变量；（3）竞合关系的结果变量；（4）竞合关系的类型。

Brandenburger and Nalebuff（1996）通过建立博弈模型，分析竞合关系的形成因素，认为价值创造活动本质上是合作的过程，而价值获取或分配活动本质上是竞争的过程，即企业之间在开拓或占领市场时通常会相互合作，而在分配市场份额或收益时则会相互竞争。Bengtsson and Kock（1999）研究了竞合的互动和演化过程，结果表明，企业间关系是随着时间的推移而不断演化的，有可能在这个时点上的关系以竞争为主，下一个时点上达到竞合平衡，而在之后的时点上又以合作为主。另外，Bengtsson and Kock（2000）分析了芬兰和瑞典的企业案例，结果显示，企业之间通常在接近消费者的价值链环节上开展竞争，而在远离消费者的价值链环节上进行合作；企业根据自己的优势和劣势，在自己比较薄弱的业务领域进行合作，而在自己强势的业务领域开展竞争。

同时，Bengtsson and Kock（2000）认为，企业在合作中的地位和依赖性是组织间竞合关系的关键影响因素，竞争对手间能否形成良性的竞合关系主要取决于双方的合作动机、相互依赖程度、文化契合度、是否明确双方责任及冲突解决机制，以及有效的整合和沟通机制等内容。同时，竞争对手间的竞合关系管理是有难度的，一般而言，企业很难控制员工同时接受与对手竞争和合作所需的不同思维模式，因此需要协调统筹一部分部门负责竞争，另一部分部门负责合作。Walley（2007）在文献综述的基础上指出，企业竞合的倾向受到内部和外部两个方面因素的共同影响，外部因素包括行业密集度、组织规模、资源充裕度、行业管制程度和行业国际化程度，内部因素包括资源所有权、专用性资产投资、权利不对等性和自我保护意识。总的来看，影响组织间竞合关系的关键变量包括实力不对等、环境恶化、客户争夺、利益冲突、相互依赖性、资源互补性、环境压力和关系质量等。

竞合的结果变量研究主要关注的是组织间的竞合产出及结果。Garcia et al.（2002）针对73家欧盟生物技术企业的实证研究重点考察了企业间竞合活动的结果，研究发现，竞合活动会提升企业的创新能力，有助于新产品线的开发，并促进技术多样化。Levy et al.（2003）运用博弈论模型对英国多家中小企业进行案例分析的结果显示，企业间的竞合活动就有利于双方的知识获取，也会导致知识泄露，通过合作获取的知识也可以用于竞争当中，而知识共享的效率和效果则受到企业信息系统的影响；同时，他们还发现，由于企业间的相互合作可以获取各自所需的互补性资源，而竞争可以加快企业开展创新活动，因此企业间的竞合活动有利于改善企业的绩效。Zineldin（2004）的研究结果显示，企业与其竞合伙伴间的良好互动关系能够使双方企业增加规模经济、节约成本、提高研发水平、接近新市场并创造更多顾客附加值，但也会使企业丧失部分自主性和灵活性，分散管理者注意力，提升经营风险。

竞合理论的研究对象多种多样，主要包括企业及其主要竞争对手间的竞合（Brandenburger and Nalebuff, 1996; Bengtsson and Kock, 1999, 2000; Bengtsson and Kock, 2000; Zineldin, 2004）、跨国公司内部子公司间的竞合（Luo, 2005）、渠道内上下游企业间的竞合（Bagozzi, 1995）、一家企业中不同部门间的竞合（Kang and Ridgway, 1996）。这些研究选取了不同领域内的二元主体进行研究，研究结果均证实了竞争与合作同时存在于不同主体间的互动关系之中。

关于竞合关系的分类，相关研究大多采用 2×2 矩阵的形式。例如，Luo（2005）关于跨国公司内部子公司间的竞合关系研究，将研究对象根据其在竞合关系中所处的地位分为高合作高竞争型的网络领导者、高合作低竞争型的热情奉献者、低合作高竞争型的挑衅要求者和低合作低竞争型的沉默实施者。2007 年，Luo 在一项研究中，又把企业及其主要竞争对手间的竞合关系分为高合作高竞争适应型、高合作低竞争伙伴型、低合作高竞争争夺型和低合作低竞争孤僻型（Luo, 2007）。Luo（2004）把企业间的竞合关系分为多竞争对手竞争市场网络型、多竞争对手竞争市场关联型、少竞争对手竞争市场分散型和少竞争对手竞争市场聚集型。

对该理论的评价

竞合理论已成为研究企业战略管理问题的热门理论之一，运用非零博弈的思想，强调企业与其主要竞争对手间的关系是一种动态合作竞争关系，指出合作与竞争两种行为是同时存在于企业经营活动之中的，避免仅从合作或竞争角度孤立地看待问题，这是对经典竞争战略管理理论的完善和补充，使得竞合理论成为组织间关系研究的一个重要前沿领域。

目前有关竞合的研究大多采取文献回顾和理论推导的方式，缺乏成熟且受到广泛认可的量表对所建模型进行严谨的实证检验，因此相关实证研究受到了制约。竞合与合作、竞争、冲突、相互依赖等经典组织间关系变量的关系还有待进一步的探讨，需要将竞合理论和传统组织间关系理论进行整合，并结合以往的资源依赖、交易成本等理论的相关研究结论，从而更加有利于深入理解组织间复杂多变的互动关系。

同时，当前已有研究缺乏深度研究和分析竞合参与主体之间的互动作用机制及其与环境之间的相互作用和影响，使得理论研究滞后于实践操作。例如，针对竞合对企业绩效的影响，大多数研究认为，两者之间存在正向影响关系，但在企业实践中，两者之间并不总是存在正向关系，还依赖于关键调节变量（如组织公平感）及中介变量（如组织间的知识获取）的作用，从而对企业绩效产生间接影响。因此，未来研究应更加深入地挖掘竞合关系中的调节或中介因素，以丰富现有理论框架。

关键测量量表

目前，西方学者仍将研究竞合的重点放在概念内涵的界定及模型开发方面，关于量表的开发及相关实证研究为数较少，且尚未有经过多次实证检验、被广泛接受的量表。不过，仍有部分研究尝试对竞合概念进行了度量。

1. Cross-functional Coopetition Scale：3 维度，23 题

Luo, X., Slotegraaf, R. J., & Pan, X.(2006). Cross-functional "coopetition": The simultaneous role of cooperation and competition within firms. *Social Science Electronic Publishing*, 70(2), 67–80.

2. Coopetition Scale：5 维度

Garcia, C. Q., & Velasco, C. A. B.(2002). Co-opetition and performance: Evidence from European biotechnology industry. II Annual Conference of EURAM on：Innovate Research in Management.

3. 联盟企业竞合强度指标体系：2 维度，7 题

李健，金占明.(2008).战略联盟内部企业竞合关系研究.科学学与科学技术管理，29 (6)，129–134.

不同学者根据各自的研究需要从不同层面选取了不同的指标来测量组织间的竞争和合作程度，构建了相关的竞合关系量表，但是总的来看，目前还没有统一或得到广泛认可的竞合测量指标和量表。

经典文献

Brandenburger, A. M., & Nalebuff, B. J. (1996). *Co-opetition*. NewYork: Doubleday Currency.

Bengtsson, M., & Kock, S. (1999). Cooperation and competition in relationships between competitors in business networks. *Journal of Business & Industrial Marketing*, 14(3), 178–194.

Bengtsson, M., & Kock, S. (2000). "Coopetition" in business networks—to cooperate and compete simultaneously. *Industrial Marketing Management*, 29(5), 411–426.

Gnyawali, D. R., He, J., & Madhavan, R. (2006). Impact of co-opetition on firm competitive behavior: An empirical examination. *Journal of Management Official Journal of the Southern Management Association*, 32(4), 507–530.

Lado, A. A., Boyd, N. G., & Hanlon, S. C. (1997). Competition, cooperation, and the search for economic rents: A syncretic model. *Academy of Management Review*, 22(1), 110–141.

Luo, Y. (2005). Toward coopetition within a multinational enterprise: A perspective from foreign subsidiaries. *Journal of World Business*, 40(1), 71–90.

Luo, Y. (2007). A coopetition perspective of global competition. *Journal of World Business*, 42(2), 129–144.

Luo, X., Slotegraaf, R. J., & Pan, X. (2006). Cross-functional "coopetition": The simultaneous role of cooperation and competition within firms. *Social Science Electronic Publishing*, 70(2), 67–80.

Padula, G., & Dagnino, G. B. (2007). Untangling the rise of coopetition: The intrusion of competition in a cooperative game structure. *International Studies of Management & Organization*, 37(2), 32–52.

Zineldin, M. (2004). Co-opetition: The organization of the future. *Transactions of the Chinese Society for Agricultural Machinery*, 22(7), 780–790.

对管理者的启示

企业在市场上生存必然会面临竞争与合作的博弈，竞合理论提出的是一种合作竞争的新理念，它强调竞争与合作同时进行，克服了传统企业战略过分强调竞争的弊端，为企业战略管理理论研究注入了新思想；利用非零博弈的理论和方法制定企业合作竞争战略，强调战略制定的互动性和系统性，为企业战略管理理论研究提供了新的分析工具。竞合理论的核心逻辑是共赢性，管理者要从传统的企业间非赢即输、针锋相对的关系，改变为更具合作性、共谋更大利益的战略合作伙伴关系。身处多元化的竞合时代，企业必须在竞争的基础上学会合作，更多地考虑如何处理好竞争与合作的关系，为企业发展营造良好的内外部环境。在商业交往中，企业应树立优势互补、和解协作的观念和思想。肯尼斯·普瑞斯（Kenneth Preiss）在《以合作求竞争》（*Cooperate to Compete*）一书中指出，合作竞争是以合作求竞争，它让企业走出孤立的小圈子，走入相互影响的联合王国，获得竞争优势。新型企业没有明确的界线划分，通过建立联系，实现互利、创造价值。合作竞争能够改变企业的外部关系，也将改变企业的内部关系和工作流程。合作竞争是把竞争战略与合作战略相结合，使企业获得成功的游戏规则，通过合作将蛋糕做大，通过竞争将其分割，而不是你赢他输或相互挫败的战略。

但同时，管理者也要正视竞合战略可能给企业带来的风险和挑战，合理协调和处理竞合关系中潜在的冲突性、知识外溢的可能性及管理的复杂性，根据实际情况有效地管理和平衡竞合关系。

本章参考文献

13

决策双系统理论[*]

严进[1]

双系统模型 (dual system) 的观点最早起源于威廉·詹姆士（William James）（见图 1），他最早提出人有两种不同的思考模式：联想思维与逻辑推理。现代心理学从不同的心理学分支出发，提出了多个双系统模型。约那森·埃文斯（Jonathan Evans）在 1975 年就提出了启发式过程（heuristic process）与分析加工过程（analytic process）的阶段性区别；理查德·裴迪（Richard Petty）与约翰·卡乔帕（John Cacioppo）在 1983 年提出了精细加工可能性模型（elaboration likelihood model），区别了决策判断的中心路径（central route）与旁侧路径（peripheral route）的差异；凯斯·斯坦诺维奇（Keith Stanovich）与理查德·韦斯特（Richard West）在 2000 年首次用通用性名称命名了双系统——系统 1 与系统 2；丹尼尔·卡尼曼（Daniel Kahneman）在 2011 年则借用了系统 1 与系统 2 的名称，并在他的著作里把这两个系统形象地称为快系统与慢系统。双系统模型被广泛地引用到决策心理学、社会心理学、消费心理学等相关心理学分支的应用研究中。

图 1　威廉·詹姆士

根据 Web of Science 的检索情况统计，决策双系统模型受到了大家的普遍关注。特别是进入 21 世纪以来，决策双系统模型每年的被引次数持

---

[*] 基金项目：国家自然科学基金项目（71572175）。
[1] 严进，浙江大学管理学院副教授。主要研究领域：组织行为学、行为决策、伦理决策、社会规范。电子邮件：yanjin@zju.edu.cn。

续攀升，到 2017 年，其在心理学、管理学与社会学领域的杂志、文章引用已经超过 1 200 次（见图 2），现已成为最受关注的心理学理论之一。

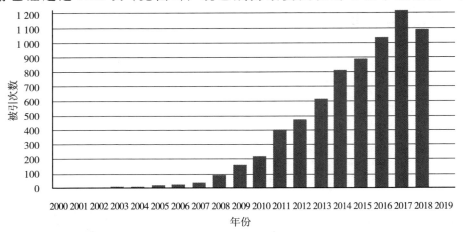

图 2　决策双系统模型的被引次数

注：检索结果为 Psychology, Management, Sociology 三个学科相关子学科范围内期刊论文的引用次数，不包含会议等其他材料的引用。

资料来源：根据 Web of Science 数据整理而成，搜索时采用精确匹配。

决策双系统理论的核心内容

近来，决策双系统模型受到了重点关注，特别是诺贝尔经济学奖获得者丹尼尔·卡尼曼的著作《思考，快与慢》（*Thinking, Fast and Slow*）在 2011 年出版以后，对人类思考决策快 / 慢双系统的讨论引起了跨学界研究者的关注。在双系统模型的发展过程中，不同分支领域的研究者都做出了各自的贡献（Evans, 1984; Petty et al., 1983; Stanovich and West, 2000）。总体上来说，多数研究者把人类的信息加工过程分为两个不同的系统：（1）直觉的启发式系统（heuristic system），也就是"快系统"。这个系统处理问题依赖于直觉，处理问题速度快，自动化地给出解决方案，信息加工时提取部分信息，容易产生各种决策偏差。（2）理性的分析加工系统（analytic system），也就是"慢系统"。这个系统处理问题是有意识地努力的结果，依赖于系统性信息加工，启用算法规则处理问题，加工速度慢，可以回避各种决策偏差的影响，但是需要耗费更多的心理资源，需要决策者做出更多的努力。双系统模型的影响并不局限于心理学领域，更多地在社会学、行为经济学、社会心理学、跨文化研究等领域受到关注。

双系统模型的观点最早起源于威廉·詹姆士（Sloman, 1996），他认为，人有两种不同的思考模式——联想思维与逻辑推理。他相信联想思维是人们对自己经验与知识的提取，而逻辑推理帮助人们处理没有遇到过的问题，克服障碍，解决问题。在现代心理学的发展中，研究者们提出了多个不同的双系统模型，比如在社会心理学领域，Petty and Cacippo (1984) 的精细加工可能性模型，Chaiken (1980) 的启发式系统模型，都用于解释人们态度的改变过程。态度改变的双系统模型认为，说服过程依赖于两个不同的系统——系统加工与表面判断，说服的规则也类似于系统加工与直觉启发。在认知心理学领域，研究者们也用不同的名称命名决策中的双系统，比如启发式系统与分析式系统、直觉系统与推理系统等。下面，我们对这些不同的双系统模型做简要介绍。

Evans (1984) 提出，人类的判断决策存在两个不同的加工过程——启发式过程与分析加工过程。在启发式过程中，人们会选择性地提取与当前决策问题有关联的信息，然后，进入下一步的分析加工过程。而在分析加工过程中，人们会基于启发式过程提取的信息做出决策判断，此时的判断是基于逻辑与规则的。

Petty and Cacippo (1984) 提出了他们对双系统模型的另外一个命名——精细加工可能性模型。这个模型被广泛地应用于社会心理学、消费行为学等领域的说服、态度改变的研究。他们认为，在说服与态度改变的过程中，人们的信息处理过程可以分为两条路径——中心路径与旁侧路径。中心路径加工需要人们专注自身的注意力，深度地加工决策信息，基于逻辑形成判断依据，整合信息形成态度倾向；旁侧路径判断并不需要人们深度思考，只是根据表面联系、关联度不高的信息，直觉性地形成态度倾向，影响判断。人们采取哪条路径来形成态度，取决于他们个人的信息处理能力、对决策事项的卷入程度、个人与决策事项的关联性等。

Stanovich and West (2000) 提出了双系统模型的通用术语——系统 1 与系统 2。卡尼曼在他的著作《思考，快与慢》中也采用了他们的术语，并把这两个系统定义为启发式系统与分析加工系统。系统 1 的加工是无意识并且快速的，不怎么费脑力，完全处于自主控制状态，也无法有意识地关闭；系统 2 的加工需要注意力与认知努力（如复杂运算）、专注思考、逻辑思维等，决策判断质量更高，而且能够有效地整合多方面的信息材料。在面对决策问题时，系统 1 会快速启动，并且处理绝大多数任务；如果系统 1 没有办法解决，那么系统 2 就会接手处理问题，通过运算式的分析加工，给出更加复杂的决策判断。

Strack and Deutsch（2004）基于社会心理学理论提出了另外一个双系统模型。在他们的模型中，人的大脑存在两个独立的系统——反思加工系统（reflective system）与冲动加工系统（impulsive system）。反思加工系统通过处理信息、综合运用自身知识来形成决策；相比之下，冲动加工系统运用头脑中现有的固定图式（schema）处理问题，几乎不需要思考，基本是按照惯例、已有习惯来形成决策。

综合以上多个双系统模型，Kahneman（2011）采用了 Stanovich and West（2000）的术语——系统 1 与系统 2：来描述双系统模型，他也形象地把这两个系统称为快系统与慢系统。系统 1 的启动是无意识的，不需要集中注意力，是快速的自动加工系统；系统 2 的启动是有意识的，需要集中注意力，相对比较慢，决策的质量和准确性也要高很多。

一、方向相反的问题情景

双系统模型认为，启发式系统与分析加工系统同时对人们的决策选择、行为方向产生影响，然而，它们的判断方向并不一定一致，当两个系统的作用方向相矛盾时，占优势的系统就会主导决策选择。Kahneman（2011）认为，这两者的竞争中，往往启发式系统会获得优势，人们的行为在绝大多数情景中，也会被启发式系统所主导。Sloman（2002）把两个系统作用方向相矛盾的情景称为 S 标准（S criterion）情景。

在典型的 S 标准情景问题中，人们可以明显地体验到双系统之间的矛盾。下面是 Kahneman（2011）设计的一个著名的 S 情景问题：

琳达 31 岁，单身、率直、很聪明，主修哲学。当她还是学生的时候，就非常关心歧视和社会公平问题，她曾参加过反核示威游行。

在下面 8 种对琳达的描述中，根据可能性的大小进行排列：

a. 琳达是一位小学老师。
b. 琳达在一家书店工作并且练习瑜伽。
c. 琳达是一位积极的女权主义运动者。
d. 琳达是一位精神治疗方面的社会工作者。
e. 琳达是妇女选民联盟的一名成员。
f. 琳达是一位银行出纳员。

g. 琳达是一位保险推销员。

h. 琳达是一位积极参与女权主义运动的银行出纳员。

在这个"琳达问题"的排序中，大多数人会把 h 选项排在 f 选项前面，而忽略了"积极参与女权主义运动的银行出纳员"是"银行出纳员"的一个子集。在这个问题的判断中，"琳达 31 岁，单身、率直、很聪明，主修哲学。当她还是学生的时候，就非常关心歧视和社会公平问题，她曾参加过反核示威游行"这样一段描述加深了琳达热衷社会问题的印象，启发式系统判断 h 选项与琳达的印象更加接近，因而可能性更高；分析加工系统根据客观的概率事实进行加工推断，集合概率规则的判断，f 选项的可能性要比 h 选项高很多。在大多数人的判断中，如果不加以仔细思考，不启动系统 2，那么系统 1 占到优势，做出非理性判断的可能性是很高的。

另外一个人们可以体验到双系统矛盾的任务是史楚普（Stroop）效应（扫码看图片）。当要求熟悉简体字的中国人试图在很短的时间内（比如 1 分钟）发声依次念出图中文字的颜色（而不是文字），或者图中的文字（而不是颜色）时，人们明显地可以感受到两项任务的难度差异。

人们基本上都可以准确无误地完成这两项任务，但读颜色任务明显比读文字任务的难度更高一些。这是因为读音与文字的联系更加紧密，而读音与颜色的联系更加远一些。在图中，文字与颜色是不一致的。当你被要求读出文字的颜色（而不是文字本身）时，系统 1 会自动地启动与文字联系紧密的读音，形成对颜色读音的干扰。也就是说，在熟悉文字的人群中，系统 1 已经形成了文字与读音的紧密联系，人们看到文字就会"脱口而出"地启动对应的读音；当系统 2 的要求是读出颜色的读音时，系统 1 就

史楚普效应

会形成干扰。所以，在完成史楚普任务时，人们可以明显地感受到系统 1 与系统 2 之间的斗争，造成完成任务过程中的压力，使得完成任务的速度降低。

二、跨期选择与双系统

与 S 标准情景问题相类似，人们在跨期选择的场景中，同样存在两个系统之间的矛盾冲突。人们的判断也会因时间场景、自我控制状态不一致，导致两个系统分别在不同时期占到优势，进而产生相互矛盾的选择行为。卡耐基梅隆大学教授 Read et al.（1999）设计了一个人们选择影片的情景，如下所示：

问题 1：如果你在今天晚上计划看一部电影，你会选择以下哪一部？
A.《四个婚礼一个葬礼》　　　　　　B.《辛德勒的名单》
问题 2：如果你在下周四晚上计划看一部电影，你会选择以下哪一部？
A.《四个婚礼一个葬礼》　　　　　　B.《辛德勒的名单》

测试前，被试分别对两部影片进行了评价，普遍认为影片 B 比 A 更加富有教育意义，对自己更有价值。但有意思的是，在问题 1 中，66% 的被试选择了今晚看一部轻松娱乐的影片 A；而在问题 2 中，这个比率下降到 37%，人们更加理性地做出了对自己效用更高的选择。不同时间场景分别使得双系统中的一个系统占到了优势，主导了决策选择。

与 S 标准情景问题类似，要做出理性的选择，人们必须集中注意力，启动系统 2。良好的自我控制、集中注意力是能够做出高质量的、理性决策选择的关键。远期时间场景能够让人们更清楚地看到远期效果，更好地实现自我控制。Mischel et al.（1989）做了著名的棉花糖实验来检测自我控制对孩子智力、职业成功因素的影响。结果发现，一个孩子如果在童年时期能够克制冲动，把注意力从诱人的短期奖励上移开，那么他们在成年时期的智力表现也会更好，职业也会更加成功，总体来说，系统 2 所表现出来的高质量决策更加明显。Metcalfe and Mischel（1999）因此也用"热系统"来描述快速、冲动的系统 1；用"冷系统"来描述费力、理性的系统 2。在随后 McClure et al.（2004）的脑电研究中，也证明了系统 1 的加工与大脑的旁侧区域活动关联明显，而系统 2 的加工更加取决于大脑前额叶的活跃程度。

自我控制与集中注意力是大脑工作的形式，这个观点得到了研究的普遍认同，这两者同时也是启动系统 2 处理问题的关键。Baumeister et al.（1998）的一系列实验研究表明，刻意地掌控自身意志努力、集中努力自我控制一段时间，会导致下一个时间阶段自我控制能力的下降，这种现象被称为自我损耗（ego depletion）。启动系统 2 需要有自我控制能力，自我损耗有明显的实时性，自我损耗严重时，人们容易受到系统 1 的影响，采用直觉启发式的决策模式。Baumeister and Gailliot（2007）的研究认为，葡萄糖是影响人们自我控制能力的关键因素。大脑神经系统消耗的葡萄糖含量比身体其他任何器官消耗的都要多。在启动系统 2 加工，进行复杂的认识推理或者忙于自我控制活动时，人们的血糖水平就会下降；另外，人们的自我损耗水平也可以通过注射葡萄糖而缓解。因而，人们的血糖水平会对能够及时启动系统 2 处理决策问题起到关键的影响作用。

对该理论的评价

一、是否存在多种双系统模型解释？

对双系统模型的一个重要质疑聚焦于对这两个系统的模糊界定。不同研究者提出系统模型的出发点不一样，他们使用了不同的术语去界定这两个系统。已有文献对双系统有不同的术语界定：启发式/分析式，内隐/外显，依据联想/依据规则，冲动式/反思式，自主的/受控的，无意识的/有意识的。这些不同的术语来自不同文献，虽然用词的含义上有着密切的联系，但显然，它们之间有着明显的区别。文献中能够明显加以区分的特点是其中一个系统是有意识的、受控的、反思式的、依据规则的，而另外一个系统是无意识的、自主的、冲动式的、依据联想的。这种归纳式的定义导致读者们不容易清晰地了解双系统模型的内涵，混淆模糊对双系统模型的认识。

二、双系统存在的证据是否足够充分？

在研究界，对人们头脑中是否真正存在双系统的质疑一直没有间断，很多研究者提出了不同的观点。Moshman（2000）提出，直觉启发式的决策通道有无意识、内隐性质的，也有外显性质的；分析加工的决策通道有外显性质的，也有无意识、内隐性质的。两个系统的划分并不能以决策者是否有意识地处理为区别标准，他主张区别内隐启发式、外显启发式、内隐分析加工、外显分析加工4个决策通道。Moshman（2000）认为，这样4个决策通道的加工过程能够更加准确地描述决策者的信息加工过程。

与Moshman（2000）提出的多个通道相反，Kruglanski and Gigerenzer（2011）认为，单个通道就足以解释人们决策方式的规律，现有的数据结果也可以用单通道模型来解释；双系统模型并没有增加对数据的有效解释。Kruglanski and Gigerenzer（2011）提出，用依据规则的加工（rule-based processing）就可以解释直觉启发式系统与分析加工系统的区别。单通道模型认为，人们决策过程中对规则的依赖程度可以解释双系统模型，从理论的简洁性原则出发，其实并不需要用双系统来描述人们的决策加工过程。对于这些质疑，Evans（2013）反驳，实际上分析加工系统（系统2）并不是完全依据规则的加工，规则本身是有抽象程度的，一些抽象的规则并不能通过计算加工。因而，双系统模型有重要的解释价值。

三、分析加工系统的决策质量是否一定比直觉的启发式系统更好？

双系统模型基本认为，启发式系统反应速度快，不需要耗费注意力资源；而分析加工系统的优势在于理性，基于规则、信息做出判断，决策质量更高，也更加准确。当两个系统的判断方向不一致（S 标准情景）时，分析加工系统比启发式系统的准确性更高。但是，不同领域的研究却对此提出了质疑。比如，Dijksterhuis et al.（2006）提出的无意识思维理论（unconscious thought theory, UTT）认为，有意识的加工系统需要耗费注意力资源，加工速度、容量都受到限制，在对复杂的、超出加工能力的问题进行决策时，没有容量限制的无意识系统会有更好的决策质量。他们在《科学》（Science）杂志上发表的研究报告指出，在复杂的多属性权衡的决策任务中（汽车购买等重要决策），无意识的决策模式比经过深思熟虑的、有意识的决策模式质量更高，人们事后的满意感也更高；而对于简单的决策任务（比如购买牙膏），情况则恰恰相反，有意识的决策模式比无意识的决策质量更高，人们事后也会更加满意。有关管理者内隐知识、综合能力的研究同样也认为，在动态有时间限制的决策情景中，管理者的直觉判断会优于有规则的计算思考，尽管他们无法清晰地说明自己判断的依据，很多场合中他们的直觉判断还是有着很高的决策质量的。

关键测量量表与操作

1. Need for Cognition Scale: 1 维度，18 题

Cacioppo, J. T., & Petty, R. E.(1982). The need for cognition. *Journal of Personality and Social Psychology*, 42, 116–131.

2. Cognitive Reflection Test: 1 维度，3 题

Frederick, S.(2005). Cognitive reflection and decision making. *Journal of Economic Perspectives*, 19(4), 25–42.

3. Stroop Effect

MacLeod, C. M.(1991). Half a century of research on the Stroop effect: An integrative review. *Psychological Bulletin*, 109(2), 163–203.

4. Ego Depletion

Muraven, M., Tice, D. M., & Baumeister, R. F.(1998). Self-control as limited resource: Regulatory depletion patterns. *Journal of Personality and Social Psychology*, 74(3), 774–789.

经典文献

Evans, J. S.(2008). Dual-processing accounts of reasoning, judgment, and social cognition. *Annual Review Psychology*, 59, 255–278.

Evans, J. S., & Stanovich, K. E.(2013). Dual-process theories of higher cognition: Advancing the debate. *Perspective on Psychological Science*, 8(3), 223–241.

Frederick, S.(2005). Cognitive reflection and decision making. *Journal of Economic Perspectives*, 19(4), 25–42.

Kahneman, D.(2011). *Thinking, Fast and Slow*. New York: Farrar, Straus and Giroux.

Kruglanski, A. W., & Gigerenzer, G.(2011). Intuitive and deliberate judgments are based on common principles. *Psychological Review*, 118(1), 97–109.

McClure, S. M., Laibson, D. I., Loewenstein, G., & Cohen, J. D.(2004). Separate neural systems value immediate and delayed monetary rewards. *Science*, 306, 503–507.

Metcalfe, J., & Mischel, W.(1999). A hot/cool-system analysis of delay of gratification: Dynamics of willpower. *Psychological Review*, 106(1), 3–19.

Petty, R. E., & Cacioppo, J. T.(1984). The effects of involvement on response to argument quantity and quality: Central and peripheral routes to persuasion. *Journal of Personality and Social Psychology*, 46(1), 69–81.

Petty, R. E., & Cacioppo, J. T.(1986). The elaboration likelihood model of persuasion. *Advances in Experimental Social Psychology*, 19(19), 123–205.

Petty, R. E., Cacioppo, J. T., & Schumann, D.(1983). Central and peripheral routes to advertising effectiveness: The moderating role of involvement. *Journal of Consumer Research*, 10, 135–146.

Sloman, S. A.(1996). The empirical case for two systems of reasoning. *Psychological Bulletin*, 119(1), 3–22.

Stanovich, K. E., & West, R. F.(2000). Individual differences in reasoning: Implications for the rationality debate? *Behavioral and Brain Sciences*, 23, 645–726.

Strack, F. & Deutsch, R.(2004). Reflective and impulsive determinants of social behavior. *Personality and Social Psychology Review*, 8(3), 220–247.

对管理者的启示

快速的直觉启发式系统是人与动物都拥有的，而理性的分析加工系统是人类所特有的，是有意识、有计划行为的机制基础。直觉与理性之间的关系也是哲学家们争论不休的问题。在复杂的组织决策情景中，人们应当清醒地认识到，任何管理者的决策都会受制于这两个决策系统模型：快速有偏差的系统1与费劲更准确的系统2。

管理者应当准确地认识到自身决策过程如何受双系统的影响，面对合适的决策问题，主动启动相应的决策系统。面对要有高决策质量的任务情景时，尽管耗费更多资源，需要更多努力，管理者仍然应该启用系统2处理决策问题。能否有效地启动系统2，不仅受制于决策者本身的认知需求、投入程度、资源状态、自我损耗等个体因素，也受制于问题情景、描述方式、决策场景、时间压力等外界因素。管理者在做出问题决策之前就需要根据自身状态安排工作场景、方式、时机，这些事先因素就已经预设了决策质量。

管理者更应该清醒地认识到员工的行为选择如何受双系统的影响。人们大量的决策行为是由直觉启发式系统（系统1）所主导的。系统1的决策受到很多决策偏差的影响，比如框架效应、过度自信等。管理者在沟通战略意图、传递管理政策、落实管理措施时，应该注意到员工的系统1会如何处理信息、构建行为。管理者应该充分尊重员工系统1加工的特点，设置影响员工的方式、方法、沟通场景、时机，这些因素都会对系统1的加工效果产生影响，进一步决定员工的行为方式。

本章参考文献

14

自我损耗理论[*]

李爱梅[1] 肖晨洁[2]

罗伊·F. 鲍迈斯特（Roy F. Baumeister）（见图1）最早提出了自我损耗（ego depletion）的概念。他及其合作者在1998年发表了自我损耗理论的奠基性文章《自我损耗：能动的自我是有限的资源》（Ego depletion: Is the active self a limited resource?）。随后在2007年进一步发表了《自我调节、自我损耗和动机的关系》（Self-regulation, ego depletion, and motivation）和《自我控制的能量模型》（The strength model of self-control）两篇文章，丰富了该理论的内涵。后经由Gailliot et al. (2007)、Barnes (2012)、Hagger et al. (2010)、Inzlicht and Schmeichel (2012)、Mawritz et al. (2017) 等学者的发展，自我损耗理论（ego depletion theory）逐渐受到了理论界和实践界的广泛关注，该理论的被引次数不断攀升，从2013年起每年的被引次数均超过了1 000次（见图2），现已成为主

图1　罗伊·F. 鲍迈斯特

---

[*] 基金项目：国家自然科学基金项目（71571087）；广东省自然科学基金重大项目（2017A030308013）。

1 李爱梅，暨南大学管理学院人力资源研究所副所长、教授、博士生导师。主要研究领域：行为决策和管理心理学。电子邮件：tliaim@jnu.edu.cn。

2 肖晨洁，暨南大学管理学院博士研究生。主要研究领域：睡眠与职业健康、睡眠与组织管理。电子邮件：1853567236@qq.com。

流的解释组织行为的机制理论之一。

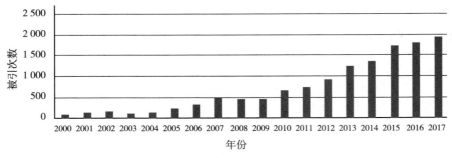

图 2　自我损耗理论的被引次数

资料来源：根据 Google Scholar 数据整理而成，搜索时采用精确匹配。

自我损耗理论的核心内容

自我损耗理论最早是基于对意志力研究的拓展而提出的。关于意志力的研究可以追溯到 1923 年，Freud（1923）指出，个体需要基于意志力来平衡内心与外部压力之间的冲突，但他没有具体地探究个体意志力执行与能量变化之间的关系。作为对意志力研究的发展，Baumeister et al.（1998）将自我损耗界定为"个体由于执行先前意志活动而造成执行后续意志活动的能力和意愿暂时下降的现象"。其后，Hagger et al.（2010）对自我损耗同样做了一种描述性的界定，"自我在采取一些需要投入自我控制资源的行动后，个体进行自我控制的能力会被耗竭，这种自我控制能力耗竭的状态即自我损耗"。这种对自我损耗的描述性界定已成为学界共识并得到沿用。Baumeister et al.（1998）用五个核心观点阐述了自我损耗发生的核心机制：（1）个体执行意志活动（包括控制过程、主动选择、发起行为和克服反应等）需要消耗资源；（2）这种资源是有限的；（3）执行意志活动的成功与否受到这种资源多少的影响，资源越充足，越容易成功执行；（4）执行意志活动的过程是暂时性消耗资源的过程，在适当休息之后，这种资源能够得到恢复；（5）执行不同意志活动所需的资源是同一种，一系列看似不同且无关的活动共享这一种资源，如果在一种意志活动中消耗了资源，那么就会减少在另一种意志活动中的实际可用资源（Baumeister et al., 1998; Baumeister and Vohs, 2007）。

可见，自我损耗为个体自我控制（self-control）和调节等意志活动之所以会失败提供了解释（Baumeister et al., 2007）。自我控制是指个体通过认知、情感和行为等方面的策略，对有害反应倾向的自我抑制和有益反应倾向的自我激发（Hagger et al., 2010; Righeti and Finkenauer, 2011）。从本质上讲，个体执行自我控制和调节的过程，也是自我损耗的过程，且个体某个阶段的自我损耗，会降低下一个阶段的自我控制和调节能力，并导致后续自我控制和调节的失败。研究表明，个体进行任何自我控制活动都有可能消耗自我控制能量或资源，比如控制冲动、控制认知（如注意和思维）、控制情绪和情感、进行行为决策等（Baumeister et al., 2007）。所以在组织管理研究中，经常用自我控制或自我调节量表来测量自我损耗，自我控制程度高或自我调节状态好则代表自我损耗程度低。在组织管理与实践中，各种需要自我控制和自我调节的活动无处不在，如理性决策、抵制诱惑、克服懒惰、情绪劳动、抑制辱虐言行等，这意味着自我损耗的发生也无处不在，因此，自我损耗理论在解释组织管理中自我控制成败的机制时起着重要作用。正如Baumeister所说，研究自我损耗与自我控制是心理学家最有希望为人类幸福做出贡献的地方，它可以让我们在大大小小的方面改变自己和社会。

已有研究常用自我损耗理论来探究组织成员因资源损耗而带来的个体心理和组织行为变化。在个体心理方面，自我损耗在认知上会抑制个体的精细思考能力，使个体在决策时更依赖直觉启发式系统，从而导致冒险行为的增加，同时会提高决策的冲动性，使个体对即时回报更加敏感（Jimura et al., 2013）且更倾向于冲动决策和低未来取向（Faralla et al., 2017; Rawn and Vohs, 2011），即在自我损耗状态下，个体更有可能做出非理性决策行为，这也体现在消费者的过度负债、投资者的冒险行为和短视之中；自我损耗在情绪上更容易激发员工的情绪耗竭和抑郁（Diestel and Schmidt, 2011）使员工对未来预期更为悲观（Fischer et al., 2007）、更加易怒（Finkel et al., 2009），并更难得到他人的信任（Righetti and Finkenauer, 2011）。在组织行为方面，自我损耗会降低组织成员的工作投入（Schmeichel et al., 2003）和工作产出（Muraven and Baumeister, 2000），表现出较少的组织公民行为（DeWall et al., 2007; Trougakos et al., 2015）、促进性和抑制性建言（Lin and Johnson, 2016），并且实施较多的反生产行为（Marcus and Schuler, 2004）、辱虐行为（Lin et al., 2016）、不礼貌行为（Lee et al., 2016）和工作场所偏离行为（Christian and Ellis, 2011）等。

正是由于自我损耗带来的通常是负性后效，因此探索自我损耗的前因是必要的，能够为减轻甚至消除自我损耗负性后效提供一定的干预启示。在个体前因上，一方面，自我损耗受个体意志力变化的影响，如较高的自我控制特质（DeWall et al., 2007; Dvorak and Simons, 2009）和动机水平（DeWall et al., 2011; Joirema et al., 2008; Muraven and Slessareva, 2003; Geeraert and Yzerbyt, 2008）会增强其抵制自我损耗的意志力；另外，拥有宗教信仰（McCullough and Willoughby, 2009; Baumeister et al., 2010; Laird et al., 2011; McCullough and Carter, 2011）或是推理概括能力强（Shamosh and Gray, 2008）的个体对自我损耗的抵制力更强。另一方面，自我损耗受个体能量变化的影响，如组织成员睡眠不足（Muraven and Baumeister, 2000; Schnyer et al., 2009; Lim and Dinges, 2010）会降低其可用的能量，而社会身份压力，如应对歧视（Inzlicht et al., 2006）、忍受偏见（Inzlicht et al., 2006）等则会增加自我调节时所消耗的能量。同样，在组织前因上，一方面，有些积极的组织因素有助于增强个体的意志力水平，能够帮助组织成员减少自我损耗，比如工作自主性（Moller et al., 2006; Muraven, 2010; Muraven et al., 2007）和工作中的物质或精神激励（Muraven and Slessareva, 2003; Boucher and Kofos, 2012; DeWall et al., 2011）等。另一方面，有些组织因素会增加个体的能量消耗，如工作时间长（Tyler and Burns, 2008）、工作压力（Diestel and Schmidt, 2011; Schmidt and Neubach, 2007）、工作进行时的工作干扰（Freeman and Muraven, 2010）、为实现目标的潜在干扰（Masicampo and Baumeister, 2011）、情绪劳动（Diestel and Schmidt, 2011）、职场诱惑（Gino et al., 2011）、他人的挑衅（Finkel, 2009）、遭受辱虐管理（Thau and Mitchell, 2011）等则会增加组织成员执行自我控制时的能量消耗，进而增加自我损耗。

在组织情境中，由于组织成员的自我损耗属于生理变化而较为隐性，因此已有研究一般不直接研究自我损耗对组织成员不良工作行为的影响，而是更多地将其作为中介机制来解释员工和上司的某些表现对另一些表现的影响，主要研究成果有四类：（1）员工因素→员工损耗→员工行为。例如员工的睡眠不足通过增加其自我损耗进而增加其职场不道德行为（Christian and Ellis, 2011; Barnes et al., 2011）、欺骗行为（Welsh et al., 2014）、工作不安全行为（Barnes and Wagner, 2009）、工作时间中的网络闲逛行为（Wagner et al., 2012）、降低日间工作投入行为（Lanaj et al., 2014）等，又如员工职场暗中受害会通过增加其资源损耗进而增加其道德脱离（Lee et al., 2016），再如员工的抑制性建言行为会增加其自我损耗进而导致后续建言行为的减少（Lin and Johnson, 2015）。（2）上司因素→上司损耗→上司行为。例如上司的道德行为会因为增加其精神损耗和道德许可而增加其辱虐管理行为（Lin et al., 2016）。（3）上司因素→员工损耗→员工行为。例如上司的辱虐管理会增加员工的自我损耗进而增加员工的工作紧张感（McAllister et al., 2017）、报复行为和反生产行为（Thau and Mitchell, 2010）。（4）员工因素→上司损耗→上司行为。例如员工的偏差行为也会通过增加上司的自我损耗进而增加上司的辱虐行为（Mawritz et al., 2017）。

值得指出的是，由于自我损耗是一个个体内动态变化的因素，因此在组织管理研究中，日渐采用动态研究的方法来测量个体自我损耗对组织行为的影响。如 Barnes et al. (2015) 通过连续 10 个工作日的追踪研究发现，领导者的夜间睡眠不足会通过自我损耗作用于领导者次日的辱虐管理行为，这些辱虐管理行为会进一步降低下属次日的工作投入；再如 Mawritz et al. (2017) 通过连续 4 个工作日的追踪研究发现，下属偏差能够持续预测上司的自我调节资源受损，上司的自我调节资源受损能够持续预测其对待下属的辱虐管理。可见，自我损耗在组织情境下的动态研究和追踪取样将成为未来研究的趋势。

对该理论的评价

自我损耗理论自 1998 年提出至今，已有 20 年的发展历程。该理论最初是基于意志力的研究而提出的，从资源损耗的角度来解释自我控制和调节等意志活动的能量变化和成败。到目前为止，自我损耗理论已有很大的发展，一方面外延不断扩大，在损耗效应的持续时限上，由暂时的自我损耗延伸到持续的、反复的自我损耗；另一方面内涵不断扩大，在自我损耗的发生领域上，不仅是自我控制领域，复杂的智力活动等领域都会损耗心理能量。同时，在研究走向上，应用化趋势明显，开始将实验室研究的具体结论与其他理论结合应用到具体的组织管理实践中，而在实证研究中，对自我损耗影响因素的探索日渐丰富，成为该理论发展的主要趋势之一。

该理论虽已日趋成熟，但仍存在诸多问题：首先，自我控制资源或能量到底是什么？目前的各种实证研究均通过被试在自我控制任务中的表现，间接地推断自我控制资源或能量的消耗，而没有一种直接测量该资源或能量的方法。虽然 Gailliot et al. (2007, 2009) 认为血糖可能是自我控制能量的一种存在形式，并得到了部分研究的支持，但自我控制能量是否只有血糖这一种存在形式等问题还有待深入的研究。其次，很多变量都能够影响自我损耗的后效，以往研究中，自我损耗的后效可能有未加控制的变量在发挥作用。Hagger et al.（2010）通过元分析指出，心理疲劳、动机和消极情感也能够解释自我损耗效应。因此，自我控制能量的损耗可能同时伴随着消极情绪、心理疲劳以及动机的中介作用。因此，未来的研究应仔细考察发生在自我控制行为之后的能量损耗、心理疲劳、动机以及消极情感之间的相互关系，控制住相关变量，确保能量损耗的主效应。最后，完善自我损耗理论有必要关注自我损耗的长期后效与积极后效。现有的自我损耗效应研究大多关注自我损耗的短期后效，而现代社会中，人们要经常性地应对各种工作与生活压力、抵制各种持续不断的诱惑，可能存在长期性自我损耗；且现有的研究大多关注自我损耗的消极后效，但从相关文献来看，自我损耗也有积极的一面，比如自我损耗个体在进行风险决策时倾向于规避风险，可能会更加理性地节约并合理分配有限的心理资源。

关键测量量表

1. Shirom-Melamed Burnout Measure Scale：2 维度，12 题

Shirom, A., & Melamed, S.(2006). A comparison of the construct validity of two burnout measures in two groups of professionals. *International Journal of Stress Management*, 13, 176–200.

2. State Self Control Capacity Scale：25 题

Twenge, J., Muraven, M., & Tice, D. (2004). Measuring state self-control: Reliability, validity, and correlations with physical and psychological stress. Unpublished manuscript, San Diego State University.

3. Self-regulation Impairment Scale：7 题

Thau, S., & Mitchell, M. S. (2011). Self-gain or self-regulation impairment? Tests of competing explanations of the supervisor abuse and employee deviance relationship through perceptions of distributive justice. *The Journal of Applied Psychology*, 95, 1009–1031.

4. Morning State-depletion Scale：5 题

Lanaj, K., Johnson, R., & Barnes, C. M. (2014). Beginning the workday yet already depleted? Consequences of late-night smart-phone use and sleep. *Organizational Behavior and Human Decision Processes*, 124, 11–23

5. State Self-control Capacity Scale：5 题

Welsh, D. T., Ellis, A. P., Christian, M. S., Mai, K. M. (2014). Building a self-regulatory model of sleep deprivation and deception: The Role of caffeine and social Influence. *Journal of Applied Psychology*, 99(6), 1268–1277.

6. Depletion Scale：5 题

Lin, S. H., Ma. J., & Johnson, R. E. (2016). When ethical leader behavior breaks bad: How ethical leader behavior can turn abusive via ego depletion and moral licensing. *Journal of Applied Psychology*, 101(6), 815–830.

7. Subjective Depletion Feeling Scale：3 题

Trougakos, J. P., Beal, D. J., Cheng, B. H., Hideg, I, & Zweig, D. (2015). Too drained to help: A resource depletion perspective on daily interpersonal citizenship behavior. *Journal of Applied Psychology*, 100(1), 227–236.

8. Resource Depletion Scale：10 题

Lee, K. Y., Kim, E., Bhave, D. P., & Duffy, M. K. (2016). Why victims of undermining at work become perpetrators of undermining: An integrative model. *Journal of Applied Psychology*, 101(6), 915–924.

经典文献

Baumeister, R. F., Bratslavsky, E., Muraven, M., & Tice, D. M. (1998). Ego depletion: Is the active self a limited resource? *Journal of Personality and Social Psychology*, 74, 1252–1265.

Baumeister, R. F., Vohs, K. D., & Tice, D. M. (2007). The strength model of self-control. *Current Directions in Psychological Science*, 16(6), 351–355.

Baumeister, R. F., & Vohs, K. D. (2007). Self-regulation, ego depletion, and motivation. *Social and Personality Psychology Compass*, 1, 115–128.

Christian, M. S., & Ellis, A. P. J. (2011). Examining the effects of sleep deprivation on workplace deviance: A self-regulatory perspective. *Academy of Management*

Journal, 54, 913–934.

Gailliot, M. T., Baumeister, R. F., De Wall, C. N., Maner, J. K., Plant, E. A., Tice, D. M., & Schmeichel, B. J. (2007). Self-control relies on glucose as a limited energy source: Willpower is more than a metaphor. *Journal of Personality and Social Psychology*, 92, 325–336.

Hagger, M. S., Wood, C., Stiff, C., & Chatzisarantis, N. L. (2010). Ego depletion and the strength model of self-control: A meta-analysis. *Psychological Bulletin*, 136, 495–525.

Inzlicht, M., & Schmeichel, B. J. (2012). What is ego depletion? Toward a mechanistic revision of the resource model of self-control. *Perspectives on Psychological Science*, 7, 450–463.

Mawritz, M., Greenbaum, R., & Butts, M. (2017). I just can't control myself: A self-regulation perspective on the abuse of deviant employees. *Academy of Management Journal*, 60(4), 1482–1503.

对管理者的启示

自我损耗能够解释组织管理中的大量负面工作行为，从作息不良到职务犯罪，从冲动决策到人际冲突，从工作懈怠到组织背叛，涉及多种组织中的任务执行和关系维系现象。因此，了解组织成员自我损耗的工作行为后果、为什么会发生自我损耗，以及在什么时候可以减轻自我损耗，有助于减少员工因自我损耗而带来的负面工作行为，对于管理者具有重要的启示。

首先，要避免组织和个体在自我损耗状态下工作。工作倦怠、情绪耗竭和睡眠不足都是自我损耗的典型状态，通常与各类不良的工作行为显著相关。因此，对于情绪劳动要求高的人员，如需要鼓励下属的管理者、服务业员工等，要尽量避免他们在自我损耗状态下工作，鼓励其在能量适当恢复之后再继续工作，以避免可能出现的工作损失。

其次，要激活个体的能量系统，增强其对损耗的抵制力。一方面，个体的能量资源可以通过训练得以激活。管理者应该通过给员工提供各种形式的自我控制训练来增加员工的资源，以增强其自我控制的能量而避免其轻易困扰于损耗的状态，如特定工作行为习惯化、积极心态培育等。另一方面，个体能量损耗的状态是暂时的，可以通过合理休息和补充能量得以恢复。因此管理者以身作则，遵守健康的作息时间、保持充足的睡眠、允许工作小憩、适当补充葡萄糖能量等都是保存和恢复员工有限资源的有效措施。

最后，增强工作动机和保持目标专注，也有助于减少损耗的发生。一方面，工作动机的增强有助于增强员工对工作中自我损耗的抵制力。在自我损耗状态下，受到激励的个体能够提高动机水平，起到资源替代作用，促使个体调动更多的剩余能量完成任务并克服损耗，在后续的自我控制任务中表现得相对更好。因此在管理实践中，适当给予员工充分的工作自主性、合理的授权与物质或精神激励都可以增强员工的工作动机，缓解员工的自我损耗，并提高其工作效率。另一方面，保持目标专注也是保存资源的一种方式。现代职场与工作中充满着各种诱惑与陷阱，员工克服各类职场诱惑需要执行自我控制，消耗有限的自我控制资源。因此管理者引导员工保持目标专注，理性避开职场诱惑，将有限的资源用在刀刃上，有助于抑制分心，避免资源的浪费和无效使用，提高工作绩效。

本章参考文献

15

情绪传染理论

孟慧[1] 郝垒垒[2]

图 1 伊莱恩·哈特菲尔德

研究者对情绪传染（emotional contagion）现象的解释始于 20 世纪初，但直到 20 世纪 90 年代，研究者们才开始系统地阐述和研究情绪传染的概念和理论。其中，美国心理学家伊莱恩·哈特菲尔德（Elaine Hatfield）（见图 1）发表了情绪传染的相关文章，并在 1994 年出版了一本题为《情绪传染》（*Emotional Contagion*）的著作，系统地阐述了情绪传染理论 (emotional contagion theory)。到 21 世纪初，Barsade (2002) 等学者将早期原始性情绪传染的概念扩展到了意识层面，提出了意识性情绪传染的概念。随后，研究者们又将研究内容扩展到了对群体性情绪传染机制的探讨和分析。经由多位学者的发展，情绪传染理论逐渐受到了理论界和实践者的重视和关注。该理论的被引次数不断攀升（见图 2），2017 年，该理论的被引次数已接近 3 000 次，现在已经成为一个解释工作场所中个体情绪互动、群体情绪形成和传递的重要理论。

---

1 孟慧，华东师范大学心理与认知科学学院教授、博士生导师。主要研究领域：工作场所中的人际心理与行为、心理弹性和睡眠健康、人事选拔和领导行为。电子邮件：hmeng@psy.ecnu.edu.cn。
2 郝垒垒，华东师范大学心理与认知科学学院应用心理学系博士生。主要研究领域：睡眠健康、行为决策、工作不安全感。电子邮件：xlxyhll@126.com。

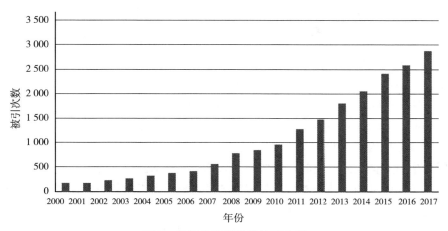

图 2　情绪传染理论的被引次数

资料来源：根据 Google Scholar 数据整理而成，搜索时采用精确匹配。

情绪传染理论的核心内容

早期的学者曾指出，情绪传染是通过原始性交感神经反应直接诱导情感的过程（McDougall, 1923）。而 Schoenewolf（1990）提出，情绪传染也是一个个体或群体通过情绪状态和行为态度的诱导对另一个个体或群体产生影响的过程。同时，美国心理学家伊莱恩·哈特菲尔德及其同事对情绪传染进行了系统性的研究，并将其定义为，"一种自动地模仿和同步于他人的表情、声音、姿势和动作的倾向性，其结果往往使交往双方的情绪产生聚合并统一"，也被称为原始性情绪传染（primitive emotional contagion）（Hatfield *et al.*, 1992; Barger and Grandey, 2006）。随后，研究者沿用了这一概念，大都认可情绪传染是人际间情绪体验无意识的传递过程。情绪传染的相关研究可以从以下四个水平进行探讨：

水平 1：个体内水平（within-persons）：情绪传染的机制及概念区分

Hatfield *et al.*（1993）提出情绪传染概念的同时，也提出了一个理论假设，即模仿 - 反馈机制。模仿（mimicry）是人类天生具有的本能，刚出生几天的婴儿就会出现模仿行为。Hatfield *et al.*（1993）认为，情绪传染始于对情绪信息的觉察并伴随着模仿（语言、动作、表情等）。另一个重要的过程是反馈（feedback），即个体对他人面部表情、声音、姿势和动作的模仿会带来相应的反馈与刺激，进而时刻影响个体的情感体验（Hatfield et al., 1993）。这一机制表明，情绪传染在很大程度上是自动的和潜意识的，并且个体模仿被观察对象的表情会导致双方情绪状态的融合，以及由此产生情绪状态的同步。大量研究证实了"模仿-反馈"机制的存在（Howard and Gengler, 2001; Barger and Grandey, 2006）。此外，"镜像神经系统"（mirror neurons system, MNS）的提出可以很好地解释人类的模仿行为，并为情绪传染效应提供生物学基础（Nummenmaa et al., 2008; Arizmendi, 2011）。当人际间发生情绪体验的传递时，镜像神经系统得以激活。也就是说，通过觉察者的动作模仿与收到的反馈能够激活其镜像神经系统。由于模仿与反馈是情绪传染机制中的重要环节，因此镜像神经系统在情绪传染中具有重要作用。

21 世纪初，原始性情绪传染效应开始被引用到诸多领域。然而，随着研究的深入，有学者发现了一些不支持原始性情绪传染效应的证据。例如，Hennigthurau et al.（2006）发现，员工的微笑对顾客的情绪没有影响，Barger and Grandey（2006）发现，员工的微笑和顾客的情绪之间没有显著的关系，这与原始性情绪传染假设相悖。这些证据促使学者们开始思考情绪传染效应的自主性和无意识性问题。与此同时，有学者开始尝试将早期原始性情绪传染的概念扩展到意识层面。比如，Barsade（2002）对情绪传染效应的无意识和意识性问题进行了分析，提出情绪传染包括两个过程：潜意识的原始传染（subconscious primitive contagion）和有意识的情绪比较（conscious emotional comparisons）。潜意识的原始传染是自主性的，通过模仿和反馈进行传递；而有意识的情绪比较也称意识性情绪传染（conscious emotional contagion），需要更多的认知努力，以对情绪性信息进行判断并做出合适的反应，通常会使用共情和观点采择（perspective-taking）这两种策略。最近，Tee（2015）又将情绪传染分为内隐性情绪传染（implicit emotional contagion）和外显性情绪传染（explicit emotional contagion），前者基于快速、无意识的加工过程，后者基于有意识的加工过程。广义的情绪传染包括以上两类，而狭义的情绪传染专指原始性的、无意识的情绪传染过程。目前，这两类情绪传染都是研究者关注和研究的概念。

水平 2：个体间水平（between-persons）：情绪传染效应的个体差异

这一层次主要介绍情绪传染效应的个体差异。例如，研究者发现，由于性别社会化的影响，女性比男性更善于表达个人情感，也更容易受到情绪传染（Hatfield et al., 1994; Doherty et al., 1995, 1997）；高同情心（high-empathy）的个体表现和识别面部表情都更快，对他人的情绪表达更敏感（SönnbyBorgström et al., 2003）；依存型自我的个体比独立型自我的个体更易受情绪影响（Hatfield et al., 1994）；年长、高组织承诺以及情绪易感性（susceptibility to emotional contagion）的个体与其队友的情绪联结会更强（Totterdell, 2000）。Verbeke（1997）根据个体影响他人及受他人影响的能力和程度把个体分为四类：(1) 魅力型（charismatics），使用情绪影响他人的能力较强，同时也容易被他人的情绪所影响；(2) 同理心型（empathetics），使用情绪影响他人的能力较低，但很容易被他人的情绪所影响；(3) 慷慨型（expansives），能使用情绪影响他人，但对他人的情绪不敏感；(4) 冷漠型（blands），使用情绪影响他人的能力较低且对他人的情绪不敏感。根据这一分类，魅力型和同理心型的个体更容易受到情绪传染。另外，情绪传染效应还存在职业差异，例如，研究发现，医生比船员更易受到情绪传染（Doherty et al., 1995）。

水平3：人际互动水平（interpersonal interactions）：员工－顾客关系、领导－员工关系

这一层次的分析主要涉及个体间情绪的相互作用，大部分的情绪传染研究都涉及这一层面。员工－顾客关系主要涉及消费领域或服务行业的研究。大量研究已经证明，员工到顾客的情绪传染过程是存在的，而这种情绪传递会进一步影响一系列的结果变量。比如，研究者发现，员工与顾客之间积极情绪的传染不仅能提高顾客的满意度，增加其愉快的购物体验和回头率（Hennig-thurau et al., 2006），还能增加其对产品的支持性态度（Howard and Gengler, 2001）。Pugh（2001）研究发现，情绪传染过程是顾客与员工互动交流的基础，他们之间共享的情绪会影响顾客对服务质量的感知。其他研究也得到了类似的结论（Tsai and Huang, 2002; Tan et al., 2004）。在实际情境中，员工也会对顾客表达负性情绪，负性情绪的传递也会影响到顾客的消费行为。此外，基于人际互动的视角，研究还发现，顾客的情绪也会影响员工的情绪，比如，研究者发现，顾客的愤怒情绪能够传递给员工，使其产生负性情绪（Dallimore et al., 2007），这说明存在顾客到员工的情绪传染效应，而员工的负性情绪必然会影响其工作行为及绩效。

研究者还探讨了领导行为中的情绪传染问题，即领导－员工关系中的情绪传染效应。大量研究发现，领导的情绪表现（如悲伤或者高兴）会影响到员工的情绪，继而影响到员工的态度、行为和绩效（Rajah et al., 2011; Johnson, 2008, 2009; Visser et al. 2013; Halverson, 2004）。积极情绪的传递（从领导到员工）还会影响员工对领导的魅力和变革性的感知（Johnson，2008，2009）。Tee（2015）进一步强调，意识性情绪传染充当了领导－员工之间情绪传染效应的重要机制：为了激励员工朝向组织目标努力而向员工表达恰当、基于具体情境（context-appropriate）的情绪和情感。因此，对情绪传染过程的管理是领导有效性的关键指标。此外，还有研究者探讨了领导－员工之间情绪传染效应的调节变量。例如，Johnson（2008）指出，员工的情绪易感性水平越高，领导与员工之间的情绪传染效应就越强。另一项研究则发现，当领导自身的情绪传递性较高且员工的情绪易感性也较高时，变革型领导对员工工作投入的预测作用就越强（Cheng et al.，2012）。也有少数研究探讨了员工情绪对领导情绪的影响（Tee et al.，2013），表明员工到领导的情绪传染效应也是存在的。

此外，人际互动水平的情绪传染效应与涓滴效应（trickle-down effect）类似，但涓滴效应不仅限于情绪的传递，还包括领导与员工之间积极心理资本的传递（Story et al.，2013）、主管与下属之间心理契约违背的传递（Bordia et al.，2010）与公平感知的传递（Wo et al.，2015）等。

水平4：群体和团队水平（groups and teams）：群体情绪的形成和传递

这一层次的分析主要探讨了以下两个问题：一是探讨了个体间的情绪传染过程如何形成和塑造群体情绪。Totterdell（2000）指出，团队情绪的形成依赖于两个条件：（1）团队成员能够对共享事件（shared events）做出类似的反应，感受也类似；（2）团队成员可以影响彼此的情绪，比如情绪收敛（moods converge）。在团队内部的人际交往中，通过人际间的无意识的（原始情绪传染）和有意识的（意识性情绪传染）情绪诱导，随着时间的推移，团队成员的情绪会联系起来，这样他们的情绪就会被同步或相互影响，形成群体或团队情绪。也就是说，人际间的情绪传染过程会导致团队成员的情绪汇聚，即团队成员的情绪对群体水平情绪具有建构性。这一观点也得到了实证研究的支持（Kelly and Barsade，2001；Barsade and Gibson，1998；Barsade，2002）。

二是探讨了团队成员间的情绪如何影响个体、群体的情绪及行为。个体层面，研究者发现，个体消费者的愤怒水平会受到群体消费者愤怒情绪的影响，而且当群体规模（group size）较大，群体成员之间熟悉性（group familiarity）较高时，会强化群体愤怒情绪对个体愤怒情绪的影响（Du et al.，2014）。同时，群体情绪能够调节个体对内、外群体成员的态度和行为（Smith et al.，2007）。群体层面，群体内的情绪传染过程还能影响整体的团队合作（Barsade，2002）。当然，也有研究显示，群体成员之间的情绪传染也会导致负性结果（比如，情绪传染导致群体愤怒进而导致集体罢工）（Bakker et al., 2001; Fast and Tiedens, 2010）。

综上所述，情绪传染效应的研究主要涉及以上四个层次，但不限于这四个层次。Tee（2015）还提出了第五个层次：组织文化和氛围（organizational culture and climate）。然而这一层次的文献相对较少，仅有的研究也支持个体层面的情绪传染过程会塑造群体层面的态度、氛围（Dasborough et al., 2009; Totterdell et al., 2004）。当然还需要借助更为高级的研究方法，如多水平分析（multi-level analysis）和社会网络分析（social network analysis）来进一步探索情绪传染的多层次效应。此外，团队互依性、稳定性、内部权力和地位的差异以及群体文化都会影响情绪传染的强度（Tee, 2015）。

对该理论的评价

情绪传染过程是建立人类互动的基础。情绪传染理论为理解组织情境中人的情感互动过程提供了一个很好的理论解释。情绪传染在组织行为、领导力、市场营销等领域中扮演着重要角色。同时，在组织情境的各个水平（个体间、人际间和群体水平），情绪传染过程对个体情感、态度和行为以及组织绩效的影响都是不容忽视的（Tee, 2015）。

情绪传染理论的研究前景虽然比较广阔，但也面临一些挑战。首先，大部分研究发现，积极情绪的传染能够对个体及组织产生正向影响，消极情绪的传染则相反。但也有研究发现，消极情绪的传染也能够促进分析性绩效（analytical performance）（Visser et al., 2013）。如果积极和消极情绪的影响不是对称的，那么，似乎有理由认为，积极和消极情绪的传染过程也可能是不同的，或者至少是不同的因素导致的（Howard and Gengler, 2001; Schaefer and Palanski, 2014），更深层的过程机制需要继续探讨。其次，情绪传染的时效性也很关键。情绪本身持续时间并不长，那么，多长时间的情绪传递会影响员工的感知、态度和行为（Halverson, 2004; Du et al., 2014）？发送方和接收方的情绪传染是否具有相同的持久性（Howard and Gengler, 2001）？这些问题在未来都需要进一步探索。最后，情绪传染的方向性应该得到关注。现有的大量研究基本上都是单向探讨员工－顾客关系、领导－下属关系的。而事实上，顾客的情绪也会影响员工的情绪，进而导致工作压力和情绪紊乱（Dallimore *et al.*, 2007）；同样，员工的情绪也会影响领导的情绪（Tee *et al.*, 2013）。因此，双向性的研究结果是否一致，仍需进一步探讨。

关键测量量表

1. Emotional Contagion Scale：5 维度，15 题

Doherty, R. W. (1997). The emotional contagion scale: A measure of individual differences. *Journal of Nonverbal Behavior*, 21(2), 131–154.

2. Susceptibility to Emotional Contagion scale：单维，5 题

Siebert, D. C., Siebert, C. F., & Taylor-McLaughlin, A. (2007). Susceptibility to emotional contagion: Its measurement and importance to social work. *Journal of Social Service Research*, 33(3), 47–56.

3. Emotional Contagion at Work Scale：2 维度，29 题

Petitta, L., & Naughton, S. (2015). Mapping the association of emotional contagion to leaders, colleagues, and clients: Implications for leadership. *Organization Management Journal*, 12(3), 178–192.

4. Job Affect Scale：2 维度，20 题

Burke, M. J., Brief, A. P., George, J. M., Roberson, L., & Webster, J. (1989). Measuring affect at work: Confirmatory analysis of competing mood structures with conceptual linkage to cortical regulatory systems. *Journal of Personality and Social Psychology*, 57(6), 1091–1102.

经典文献

Barsade, S. G. (2002). The ripple effect: Emotional contagion and its influence on group behavior. *Administrative Science Quarterly*, 47(4), 644–675.

Barger, P. B., & Grandey, A. A. (2006). Service with a smile and encounter satisfaction: Emotional contagion and appraisal mechanisms. *Academy of Management Journal*, 49(6), 1229–1238.

Hatfield, E., Cacioppo, J. T., & Rapson, R. L. (1993). Emotional contagion. *Current Directions in Psychological Science*, 2(3), 96–99.

Hatfield, E., Cacioppo, J., & Rapson, R. L. (1994). *Emotional Contagion*. New York: Cambridge University Press.

Hennigthurau, T., Groth, M., Paul, M., & Gremler, D. D. (2006). Are all smiles created equal? How emotional contagion and emotional labor affect service relationships. *Journal of Marketing*, 70(3), 58–73.

Neumann, R., & Strack, F. (2000). "Mood contagion": The automatic transfer of mood between persons. *Journal of Personality and Social Psychology*, 79(2), 211–223.

Pugh, S. D. (2001). Service with a smile: Emotional contagion in the service encounter. *Academy of Management Journal*, 44(5), 1018–1027.

Tee, E. Y. J. (2015). The emotional link: Leadership and the role of implicit and explicit emotional contagion processes across multiple organizational levels. *Leadership Quarterly*, 26(4), 654–670.

Vijayalakshmi, V., & Bhattacharyya, S. (2012). Emotional contagion and its relevance to individual behavior and organizational processes: A position paper. *Journal of Business and Psychology*, 27(3), 363–374.

对管理者的启示

首先，情绪传染具有个体差异性。因此，在员工招聘和选拔的过程中，可以增加测试积极情绪表达和情绪智力这一环节（Barger and Grandey, 2006）。对需要经常与顾客打交道的岗位，不要安排消极社交特质和冷漠型的员工。

其次，研究已发现，领导与下属之间存在情绪传染效应。领导的负性情绪表达会对员工情绪、态度和行为产生重要影响。而且，对意识性情绪传染过程的管理是领导有效性的重要表现（Tee, 2015）。因此，领导要培养控制负性情绪的能力（Johnson, 2008），掌握情绪管理的技巧。同时，管理者要给员工创造良好的工作环境，增加其工作满意度，使其表露真诚性微笑而非虚伪地迎合（Hennigthurau et al., 2006）。同时，也要对员工进行培训和有效性训练，制定相应的情绪表达规则（Hochschild, 1983）。

最后，研究发现，顾客情绪会受到服务员及周围群体情绪的感染。因此，在服务行业，服务提供商应该训练员工（尤其是前台服务员）识别和解码顾客负性情绪的能力，从顾客的面部表情、姿势、声音和语言暗示识别其情绪，甚至同时捕捉到多个顾客的负面情绪。此时要安慰顾客，以避免他们的负性情绪向其他顾客传播。对于群体性的负性评价和抱怨，管理者要找到核心人物予以劝说和说服（Du *et al.*, 2014）。

本章参考文献

16

情绪即社会信息理论 *

张莉[1]　张振铎[2]

格本·A.范·克里夫（Gerben A. Van Kleef）（见图1）最早提出了情绪即社会信息理论（emotion as social information theory）。他及合作者在2009年、2010年、2011年发表了情绪即社会信息理论的三篇奠基性文章，分别是《情绪如何调节社交生活》（How emotions social life）、《人际互动视角下情绪对社会决策的影响》（An interpersonal approach to emotion in social decision making）以及《情绪即影响》（Emotion is for influence）。经由Van Kleef et al.(2010)、Heerdind et al.(2015)、Van Dongen et al.(2016)、Wang et al.(2017)与Cheshin et al.(2018)等学者

图1　格本·A.范·克里夫

的发展，情绪即社会信息理论逐渐受到了理论界与实践界的广泛关注。该理论的被引次数也在不断攀升，自2010年起每年的被引次数均超过了500次（见图2），现已成为主流的情绪决策理论之一。

---

* 基金项目：国家自然科学基金面上项目（71772052）。
1 张莉，哈尔滨工业大学管理学院教授、博士生导师、副院长，加拿大圭尔夫大学组织心理学博士后。主要研究领域：组织行为与人力资源管理、领导力。电子邮件：zhanglihit@hit.edu.cn。
2 张振铎，哈尔滨工业大学管理学院博士研究生。主要研究领域：工作情绪、员工帮助行为与职业成长。电子邮件：ZhangZhenduo12@mails.ucas.ac.cn。

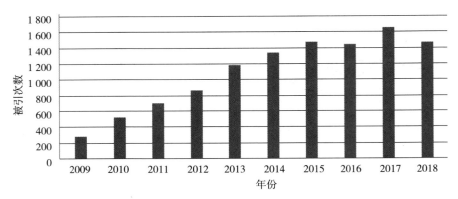

图 2　情绪即社会信息理论的被引次数

资料来源：根据 Google Scholar 数据整理而成，搜索时采用精确匹配。

情绪即社会信息理论的核心内容

Van Kleef（2009）在达尔文功能性情绪理论的基础之上，提出了关于情绪的社会功能的思考（2009），并指出情绪是人际交往中社会影响的主要来源（Van Kleef, 2010）。传统的社会影响研究主题主要包括：劝说（persuasion）、妥协（compliance with requests）、服从（obedience to authorities）和认同（conformity in groups）（Cialdini and Goldstein, 2004; Cialdini and Trost, 1998; Olson and Zanna, 1993; Alexander and Wood, 2000）。Van Kleef et al.（2010）在传统社会影响研究的基础上提出，社会影响是个体在他人的影响下认知、态度、情绪与行为的变化，并指出情绪在社会影响的过程中扮演着信息的角色（Van Kleef, 2009, 2010, 2017）。

情绪即社会信息模型根植于情绪的社会功能论（Fischer and Manstead, 2008; Frijda and Mesquita, 1994; Keltner and Haidt, 1999; Parkinson, 1996）。情绪的社会功能论指出，个体能够从自我的情绪表达中获得信息，也同样能够传递信息给他人并影响他人的认知、态度与行为。情绪即社会信息模型扩展了情绪的社会功能论，区分了情绪发挥社会影响功能的两条途径：情绪反应路径与认知推断路径，并引入社会情境变量与个体信息加工深度变量作为调节变量，分析个体对他人情绪信息感知程度的边界条件。

情绪发挥社会功能的一条路径为情感反应，情绪表达能够唤醒观察者内在的情感反应，进而影响观察者的行为。情感反应路径通常受到情绪传染

(emotional contagion) 的影响 (Hsee *et al.*, 1992), 当个体面对他人的非语言情绪表达时, 倾向于采用同样的方式模仿并产生与他人一致的情绪状态 (Hess and Blairy, 2001; Neumann and Strack, 2000; Wild *et al.*, 2001)。这种基于模仿的情绪传染机制称为情绪传染启动 (Hsee *et al.*, 1992)。Hatfield *et al.* (1992) 提出, 模仿并不是情绪传染的唯一途径, 个体通过观察与换位思考同样能够完成情绪传染的过程 (Van Der Schalk *et al.*, 2011; Parkinson and Simons, 2009)。当个体受到他人的情绪传染时, 被诱发的情绪会通过情绪注入 (affect infusion) 影响个体的决策与判断 (Forgas, 1995)。首先, 个体会将当前的情绪状态归因于周围的环境, 并以此为启发式决策的依据 (Schwarz and Clore, 1983; Rothman *et al.*, 1993)。例如, 如果个体感受到他人的喜悦情绪并诱发内在的积极情绪, 他/她通常会将周围的环境定义为友善, 并激发个体的合作行为。其次, 个体被诱发的情绪状态会唤醒相关的体验与记忆, 并影响个体的计划与执行行为 (Bower, 1981; Forgas and Bower, 1987; Isen *et al.*, 1987; Isen and Simmonds, 1978; Singer and Salovey, 1988)。如果个体捕捉到他人的愤怒情绪, 他/她可能会选择性地关注他人的消极方面, 并减少个体的合作行为。最后, 当个体被诱发内在的情绪后, 保持积极情绪与释放消极情绪的倾向均会影响个体的社会行为 (Carlson *et al.*, 1988)。这一行为倾向会促使个体在体验消极情绪时倾向于从事积极行为, 如帮助他人, 来诱发积极情绪以避免消极情绪 (Schaller and Cialdini, 1988)。而当个体在体验积极情绪时, 会更倾向于做出能够继续保持积极情绪的决策 (Wegener and Petty, 1994)。

情绪发挥社会功能的另外一条路径为认知推断, 情绪作为对特定情境的评价 (Frijda, 1986; Lazarus, 1991), 会向他人传递个体对特定情境的评价信息。不同的情绪在不同的情境中包含着相同的基本信息 (Van Kleef, 2009)。例如, 依据评价理论 (Frijda *et al.*, 1989; Roseman, 1984; Scherer *et al.*, 2001; Smith, 1993), 当任务目标实现或者表达积极的期许时, 愉悦 (happiness) 会被唤醒; 当遭遇挫折或者责备他人时, 愤怒 (anger) 会被唤醒; 当亲人去世或者遭遇无法克服的困难时, 悲伤 (sadness) 会被唤醒; 当出现越轨或者不道德行为时, 内疚 (guilt) 会被唤醒 (Van Kleef *et al.*, 2010)。情绪表达向个体提供了丰富的信息 (Hareli and Hess, 2010; Keltner and Haidt, 1999), 如情绪表达者的内在状态 (Ekman, 1993)、社交意图 (Fridlund, 1994) 以及期许与目标 (Hess *et al.*, 2000; Knutson, 1996)。因此, 个体可通过观察他人的情绪表达获取相关信息并进行相关决策 (Van Kleef, 2014)。例如, 下属可从上司的愤怒情绪中推断出上司对任务进度与完成情况的不满意,并以此调整自身行为（Van Kleef et al., 2017）；而当上司表达出愉悦时，下属可从上司的愉悦情绪中推断出上司对当前任务完成情况的满意，并采取相应的行为使上司保持当前的情绪状态（Visser et al., 2013）。当个体面对他人的悲伤情绪时，通常会推断他人当前处于无助的状态，并采取帮助行为（Visser et al., 2013）。总而言之，激活认知推断路径是情绪发挥社会功能的第二种作用机制。

情绪能够向他人传递社会信息，但是个体如何解读此类信息以及解读的深度则依赖于其处理信息的动机与过程特征。解读的过程越全面，个体越倾向于从他人的情绪中获取信息（Van Kleef, 2009）。个体的求知动机（epistemic motivation）是人格特征的一部分。例如，高认知需要、低认知闭合需要、低个体结构需要与高经验开放性的个体有着更高水平的求知动机，此类个体在对他人情绪做出反应时更倾向于选择认知推断路径（Webster et al., 1996）。需要注意的是，求知动机是随着情境的变化而变化的，当任务吸引力高、个体卷入程度高，或者个体需要对任务结果负责时，个体的求知动机会增强。个体的求知动机会随着噪音、疲劳与时间压力的增加而削弱（Webster et al., 1996）。这些变量会通过影响个体的求知动机来影响个体对情感反应路径与认知推断路径的选择，进而影响个体对他人情绪信息的反应。考虑信息处理过程对个体情绪反应行为的影响在组织中有着重要的意义。例如，一个倾向于表达愤怒情绪的领导在低压力与强调员工责任感的组织中能够更显著地提升组织绩效，因为在此类组织中员工的求知动机更强，更倾向于选择认知推断路径对领导情绪做出反应；相反，在高压力特别是高时间压力的组织中，领导愉悦情绪的表达更能提升组织绩效，因为此时员工的求知动机较弱，更倾向于选择情感反应路径，领导的愉悦情绪能够诱发下属的积极情绪，提升员工的工作投入与工作激情。

社会情境特别是个体对情绪合理性的感知同样能够影响个体对情感反应路径与认知推断路径的选择（Van Kleef et al., 2012）。当他人的情绪表达与个体对他人情绪的预期存在误差时，个体对他人情绪表达感知的不合理性就会被唤醒（Shields, 2005; Van Kleef and Côté, 2007），个体的负面情绪就会因为这种不合理性而被激活（Bucy, 2000）。因此，当他人的情绪表达被认为不合理时，个体对他人情绪做出反应时更倾向于选择情感反应路径而非认知推断路径。组织文化是影响感知情绪表达合理性的一个重要因素。例如，在奉行个人主义文化的组织中，表达愤怒的情绪更容易被视为合理的与可接受的。然而在奉行集体主义文化的组织中，表达愤怒的情绪则通常被视为不合理，因为愤怒的情绪表达不利于组织的和谐（Kitayama et al., 2006）。在不同的组织中，对情绪表达有不同的规则要求。例如，有的组织提倡微笑服务（Grandey et al., 2005），而有的组织则没有类似规定。情绪表达的强度与真实性是影响感知情绪表达合理性的另一个重要因素（Van Kleef et al., 2012）。例如，依据 Geddes and Callister（2007）提出的愤怒的双阈限模型，过强的愤怒情绪表达会被视为不合理，并会引发负面的反应（Stickney and Geddes, 2011）。当情绪表达的真实性不足时，也会被视为不合理（Yip and Côté, 2013）。因此，当谈判者感知到对手愤怒情绪的表达是策略的一部分，只是为了赚取更多的利益时，其通常会选择情感反应路径对对手的愤怒情绪做出反应，造成谈判双方的竞争加剧。情绪表达感知的合理性同样受到组织对和谐的重视程度的影响。在一个重视和谐的组织中，积极情绪的表达是受到鼓励的，消极情绪的表达则是被视为不合理的（Lindebaum and Fielden, 2011）。组织对和谐的重视程度受到组织成员宜人性的影响（McCrae and Costa, 1987）。

情绪即社会信息模型框架如图 3 所示。

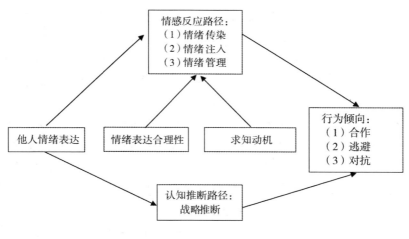

图 3　情绪即社会信息模型

对该理论的评价

已有研究证明了情绪的对称性理论在社会与组织人际互动过程中的应用过于简略。情绪即社会信息模型从情感反应路径与认知推断路径出发，解读个体对他人情绪表达的反应过程与结果，对情绪在人际互动过程中的性质有了更深刻与广泛的理解。其中，情感反应路径能够有效地解释情绪表达在人际互动过程中的对称性，而认知推断路径则能够有效地解释情绪表达在人际互动过程中的非对称性。

尽管已有研究部分探讨了高兴和愤怒之外其他情绪的非对称性，但是对其他情绪的非对称性的关注度仍然较低，情绪即社会信息模型为分析其他情绪的非对称性发生的条件提供了一个完整的研究框架。例如，只有少数研究在谈判情境中关注了高兴、愤怒之外的情绪，Lelieveld et al.（2012）发现，失望情绪的表达能够诱发对手的退让行为，而 Van Kleef et al.（2006）发现，内疚情绪的表达能够引发对手对该情绪的利用（exploitation）行为。在情绪即社会信息模型框架下，失望情绪的表达诱发对手的退让可从认知推断路径的角度出发，对失望表达的非对称性进行解释。内疚情绪的表达诱发对手更加激进的谈判反应可从情感反应路径的角度出发，对内疚表达的对称性进行解释。

除了单一情绪的非对称性分析，情绪即社会信息模型同样为不同情绪间的非对称性分析提供了视角。已有研究表明，消极情绪信息比积极情绪信息对大脑的影响更为显著（Ito et al., 1998; Baumeister et al., 2001）。因为负面情绪偏差，负面情绪表达对他人的影响比积极情绪表达更为显著。情绪即社会信息模型为分析相关不同类型情绪在人际互动过程中发挥的效应提供了完整的研究视角。例如 Van Kleef et al.（2004）在谈判情境下发现，相对于愉悦与中立情绪，愤怒情绪的表达对搭档的行为有着更为直接与显著的影响。

情绪即社会信息模型为解释领导情绪表达对下属与团队绩效的影响提供了有力的理论支撑。Sy et al.（2005）在研究中发现，领导积极情绪的表达能够提升合作意向，但是会降低下属的工作努力程度。Visser et al.（2013）发现，领导愉悦情绪的表达能够通过情感反应路径提升下属的创造性，而领导悲伤情绪的表达能够通过认知推断路径提升下属的分析能力。

情绪即社会信息模型为分析人际互动过程中的情绪效应提供了完整的分析框架，但当前对情绪即社会信息模型的应用仍主要集中在实验研究中，没有完整的测量工具可供问卷调查使用。所以，为进一步推广该模型的使用，学者可开发相关的测量工具，增加该模型的泛用性。

关键测量量表

1. Affective Reaction Measure：1 维度，6 题

Van Kleef, G. A., Homan, A. C., Beersma, B., Van Knippenberg, D., Van Knippenberg, B.,

& Damen, F. (2009). Searing sentiment or cold calculation? The effects of leader emotional displays on team performance depend on follower epistemic motivation. *Academy of Management Journal*, 52(3), 562–580.

2. Inferential Process Measure：1 维度，5 题

Van Kleef, G. A., Homan, A. C., Beersma, B., Van Knippenberg, D., Van Knippenberg, B., & Damen, F. (2009). Searing sentiment or cold calculation? The effects of leader emotional displays on team performance depend on follower epistemic motivation. *Academy of Management Journal*, 52(3), 562–580.

| 经典文献 |

Homan, A. C., Van Kleef, G. A., & Sanchez-Burks, J. (2016). Team members' emotional displays as indicators of team functioning. *Cognition and Emotion*, 30(1), 134–149.

Koning, L. F., & Van Kleef, G. A. (2015). How leaders' emotional displays shape followers' organizational citizenship behavior. *The Leadership Quarterly*, 26(4), 489–501.

Van Kleef, G. A. (2009). How emotions regulate social life: The emotions as social information(EASI) model. *Current Directions in Psychological Science*, 18(3), 184–188.

Van Kleef, G. A. (2014). Understanding the positive and negative effects of emotional expressions in organizations: EASI does it. *Human Relations*, 67(9), 1145–1164.

Van Kleef, G. A., & Côté, S. (2017). Emotional dynamics in conflict and negotiation: Individual, dyadic, and group processes. *Annual Review of Organizational Psychology and Organizational Behavior*, (5), 437–464.

Van Kleef, G. A., De Dreu, C. K., & Manstead, A. S. (2010). An interpersonal approach to emotion in social decision making: The emotions as social information model. In L. Berkowitz, M. P. Zanna, & J. M. Olson（Eds.）, *Advances in Experimental Social Psychology*(Vol. 42, pp. 45–96). Salt Lake City: Academic Press.

Van Kleef, G. A., Homan, A. C., & Cheshin, A. (2012). Emotional influence at work: Take it EASI. *Organizational Psychology Review*, 2(4), 311–339.

Van Kleef, G. A., Van Doorn, E. A., Heerdink, M. W., & Koning, L. F. (2011). Emotion is for influence. *European Review of Social Psychology*, 22(1), 114–163.

Wang, Z., Singh, S. N., Li, Y. J., Mishra, S., Ambrose, M., & Biernat, M. (2017). Effects of employees' positive affective displays on customer loyalty intentions: An emotions-as-social-information perspective. *Academy of Management Journal*, 60(1), 109–129.

对管理者的启示

情绪即社会信息模型为管理者提供了指导，以提升情绪表达在人际互动过程中的影响效应水平。在个体层面，无论是个体选择竞争还是合作策略，情绪的表达都能够对他人产生影响。个体情绪的表达对他人反应决策的速度以及他人反应决策的类型（合作或拒绝）都会产生重要影响。如愤怒情绪的表达会增强个体的竞争性，愉悦情绪的表达会增强个体的宜人性，内疚情绪的表达会向他人传递退让信息。因此，管理者应在实际的管理活动中管理自身的情绪表达，以提升情绪表达的有益性。

在团队层面，团队的情感氛围能够有效地影响团队成员的合作意向（Barsade, 2002; Sy *et al.*, 2005）。管理者应利用自身的情绪表达提升团队的合作意向，降低团队的竞争意向（Homan *et al.*, 2016）。管理者应有效地利用情绪的信号去评估与管理团队的任务进程，如当团队工作进度与任务质量满足要求时，则表达正面情绪以进一步提升团队的合作水平；而当团队工作进度与任务质量不满足要求时，则可针对任务本身表达愤怒情绪，以提升团队的工作效率（Van Kleef *et al.*, 2017）。

但是管理者应注意，尽管情绪即社会信息模型为领导者进行情绪表达管理提供了一定的指导，但是该模型仍主要应用于学术研究，对管理实践的指导效应仍然存在一定的限制。管理者在实际应用时，应根据团队成员的组成特征与实际的管理问题先对该模型做出相应的调整，再进行应用。

本章参考文献

17
伦理型领导理论*

郑晓明[1]　倪丹[2]

乔治·恩德勒（Georges Enderle）（见图1）于1987在《管理伦理型领导的一些思考》（Some perspectives of managerial ethical leadership）一文中最早提出了伦理型领导（ethical leadership）的概念，并指出伦理是领导力的一个重要维度。根据Enderle（1987）的观点，领导者应具备以下三个基本伦理任务：(1) 感知、解释和创建现实；(2) 对影响他人的决策负责；(3) 对企业目标的实施负责。经由Treviño et al.（2000, 2003）、Brown et al.（2005, 2006）、Riggio（2010）、Mayer（2008, 2009）、Walumbwa and Schaubroeck（2009）、Walumbwa et al.

图1　乔治·恩德勒

（2011）等学者的发展，伦理型领导理论（ethical leadership theory）越来越被学术界和实践界所关注。从2008年开始，"伦理型领导"每年作为关键词的被引次数始终超过1 000次（见图2），现已成为管理学等相关领域的核心理论之一。

---

* 基金项目：国家自然科学基金面上项目（71771133）。
1　郑晓明，清华大学经济管理学院领导力与组织管理系教授、博士生导师。主要研究领域：积极心理学、领导力、创造力、战略人力资源管理。电子邮件：zhengxm@sem.tsinghua.edu.cn。
2　倪丹，清华大学经济管理学院领导力与组织管理系博士研究生。主要研究领域：正念、女性创业、领导力。电子邮件：nid.15@sem.tsinghua.edu.cn。

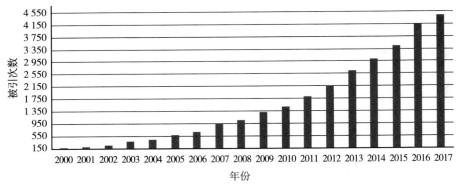

图 2　伦理型领导理论的被引次数

资料来源：根据 Google Scholar 数据整理而成，搜索时采用精确匹配。

伦理型领导理论的核心内容

在先前有关领导者特质与领导有效性研究的基础上，Treviño et al.（2000）首先清晰地指出了伦理型领导包含道德人（ethical person）和道德管理者（ethical manager）两个方面。前者指的是领导者具有诚实、正直等个性特征，做正确之事，以及做出合乎伦理的决策；后者指的是领导者通过可视化的行动为下属树立榜样，并运用奖惩制度进行道德和价值观的传播，进而影响下属的道德/不道德行为（Treviño et al., 2000）。之后，Treviño et al.（2003）对伦理型领导进行了明确的定义，从而为深入理解伦理型领导的内涵和影响提供了基础。他们指出，伦理型领导是通过角色示范和道德管理影响下属行为的领导风格（Treviño et al., 2003）。Brown et al.（2005）根据社会学习理论，对伦理型领导的内涵进行了较为规范和系统的界定，并解释了伦理型的领导者在组织情境中如何担任道德管理者的角色。根据 Brown et al.（2005，p. 120）的观点，伦理型领导指的是领导者通过个人行动和人际关系向下属展示了什么是规范和恰当的行为，并通过双向沟通、强化和决策的方式，将这些行为推广到下属成员当中。后续的研究进一步发展了伦理型领导的定义。例如，Khuntia and Suar（2004）认为，伦理型领导会习惯性地将道德准则融入员工的信念、价值观和行为之中。De Hoogh and Den Hartog（2008）指出，伦理型领导是按照具有社会责任的方式指导下属实现有利于组织、成员、其他利益相关者以及社会目标的过程。尽管到目前为止，学者们对伦理型领导的定义仍存在分歧，但已有的实证研究绝大多数采用了 Brown et al.（2005）的定义。

上述学者所提出的伦理型领导的概念框架为后续研究奠定了基础。Treviño et al.（2003）通过访谈法归纳出了伦理型领导的五个核心成分，分别是：（1）"以人为导向"，关心、尊重、发展和善待他人；（2）"可见的道德行动和特质"，领导者作为角色榜样，践行道德准则；（3）"设定道德标准和责任"，通过合理的奖惩机制引导下属的行为；（4）"广泛的道德意识"，维护组织和群体的利益；（5）"决策过程"，保证公平与公开。Northouse（2001）提出，伦理型领导由尊重他人、服务他人、关心公平、表现真诚和构建社群五个方面组成。Khuntia and Suar（2004）通过问卷调查发现，伦理型领导包含授权、动机与性格这两个重要的维度。Resick et al.（2006）发现，伦理型领导涵盖了正直、利他主义、集体动机和鼓励四个维度。之后，Eisenbeiss（2012）提出了伦理型领导具有人道、公平、责任和可持续性，以及中庸这四个核心的道德导向。然而，由于定义未统一、研究对象和文化等因素，学者们在伦理型领导的维度和结构上还存在较大的分歧（Yukl et al., 2013）。

在伦理型领导理论的发展过程中，已有研究对它与真实型领导、变革型领导和精神型领导等理论间的关系进行了阐述。首先，真实型领导主要强调的是自我意识与真实性，而伦理型领导强调的是领导者对下属的道德管理以及对他人的道德意识。其中，积极心理因素是真实型领导的重要成分，然而，这并非伦理型领导中的核心构成要素。其次，变革型领导强调领导者遵循道德规范，提升下属的道德水平（Burns, 1978），这与伦理型领导有相似之处。但是，变革型领导更侧重于组织愿景与价值观等方面，而伦理型领导除了角色示范，还强调遵循道德标准以及通过道德管理影响下属的行为。同时，伦理型领导包含交易型领导的成分，即通过奖惩制度来管理下属。最后，尽管精神型领导也涉及领导者具备正直、关心他人等品质，但是精神型领导所关注的梦想、期望、愿景和信念并不属于伦理型领导中所强调的内容。相反，伦理型领导强调的是道德管理。同时，伦理型领导是一种具有功利色彩的领导风格，这与强调精神感化与激励的精神型领导存在本质差异。

随着伦理型领导研究的不断发展，学者们已对该构念进行了许多探索性的测量。其中，最具代表性的是 Brown et al.（2005）开发的 10 个题目的伦理型领导量表。考虑到文化差异对"道德"理解的影响，Zhu et al.（2017）所开发的伦理型领导量表则系统性地考察了伦理型领导结构在跨文化背景下的普适性。该研究既基于西方文化背景下 Treviño et al.（2000）对伦理型领导的原始界定，又结合了中国哲学对伦理型领导的解释。具体而言，该量表具有以下几点优势：（1）成功地捕捉了伦理型领导两个更广泛的方面（"道德人"和"道德管理者"），因此量表的内容更加全面。这也表明了在这两种文化背景之下，伦理型领导都展示出了"道德人"和"道德管理者"这两个重要的维度。（2）将道德认知（moral cognition）作为"道德人"方面的一个子维度，这将帮助我们了解伦理型领导作为道德人的认知要素。（3）明确强调并测量了伦理型领导在群体和追随者中建立道德氛围的作用，而这恰恰与最初的概念——发展道德氛围是伦理型领导的一个重要角色（Treviño et al., 2000）相一致。

目前，学者们主要从个体因素和情境因素两方面探讨了伦理型领导的前因，但是有关的文献仍然相对匮乏。一方面，部分研究考察了领导者个性特征对伦理型领导的预测作用。例如，De Hoogh and Den Hartog（2008）的研究发现，领导者对社会责任感的关注会正向影响伦理型领导。Wright and Quick（2011）考察了领导者品质与伦理型领导间的关系，指出道德自律、道德附属及道德自主权会促进伦理型领导的发展。另一方面，有学者从情境视角探索了伦理型领导的影响因素。例如，Tumasjan et al.（2011）认为，高社会权力距离会导致对道德不端行为的评估更加苛刻，由此降低人们对伦理型领导的评估。Stenmark and Mumford（2011）检验了一系列影响领导者道德决策制定过程的情境因素，包括决策制定的自主权、决策所面临的道德问题类型、绩效压力、人际冲突等。

迄今为止，大量的实证研究展示了伦理型领导的重要作用。首先，伦理型领导对员工的工作态度有积极的影响。研究发现，伦理型领导能够正向预测员工的工作投入（Toor and Ofori, 2009; Khuntia and Suar, 2004）、情感承诺（Khuntia and Suar, 2004; Demirtas and Akdogan, 2015; Den Hartog and De Hoogh, 2009）、规范承诺（Den Hartog and De Hoogh, 2009）、组织承诺（Neubert et al., 2009）、员工对管理层和同事的信任（Den Hartog and De Hoogh, 2009）、员工对领导者的满意度（Toor and Ofori, 2009）、工作满意度（Neubert et al., 2009），而减少员工的离职意愿（Demirtas and Akdogan, 2015）。其次，学者们一般运用社会学习理论和社会交换理论来阐述伦理型领导对下属行为表现和绩效的影响。在个体层面上，研究发现，伦理型领导可以提升员工的工作绩效（Brown et al., 2005; Piccolo et al., 2010; Walumbwa, et al., 2011; Piccolo et al., 2010）、组织公民行为（Kacmar et al., 2011; Mayer et al., 2009; Avey et al., 2011; Piccolo et al., 2010; 王永跃等, 2014; 王震等,

2012)、创造力（Ng and Feldman, 2015; 宋文豪等，2014）及建言行为（Walumbwa and Schaubroeck, 2009）。同时，伦理型领导减少了员工的不道德行为（Khuntia and Suar, 2004）和偏差行为（Avey et al., 2011）。在团队或组织层面上，伦理型领导可以增加团队创造力（彭正龙等，2015）、团队有效性（De Hoogh and Den Hartog, 2008）以及组织层面的组织公民行为（Shin, 2012）。例如，De Hoogh and Den Hartog（2008）发现，伦理型领导提升了高管团队的合作水平与决策有效性，并使组织成员对组织未来发展持有更乐观的态度。

为了解释伦理型领导的作用机制，学者们基于相关的理论检验了一些重要的中介变量。在个体层面上，工作意义在伦理型领导与员工的努力之间起到了中介作用（Piccolo et al., 2010）。Walumbwa and Schaubroeck（2009）发现，伦理型领导能够增加员工的建言行为，而员工的心理安全感起到了中介作用。Walumbwa et al.（2011）发现，伦理型领导与员工绩效之间呈正相关关系。在控制程序公平后，自我效能感、领域－成员交换关系、组织认同完全中介了伦理型领导与员工绩效之间的关系。在团队或组织层面上，组织中的伦理氛围中介了伦理型领导与员工的工作满意度和组织承诺之间的关系（Neubert et al., 2009）。Mayer et al.（2009）还发现，高层与主管的伦理型领导对群体越轨行为有负向影响，而对群体组织公民行为有正向影响。此外，伦理型领导对员工产生了滴入式的影响（trickle-down model），即主管的伦理型领导在高层的伦理型领导和群体层面的行为之间起到了中介作用。

调节变量方面，在个体层面上员工年龄调节了伦理型领导的正直、角色清晰、对稳定性的关注与员工个人任务主动性（employee individual task initiative）之间的关系，但对伦理型领导的他人导向与员工个人任务主动性之间的关系没有显著的调节作用（Khalid and Bano, 2015）；员工的心理授权调节了伦理型领导和员工的组织公民行为和角色行为之间的关系（Kim and Lee, 2014）；员工是否持有内隐理论，即是否认为一个人的道德品质是固定的，调节了伦理型领导与员工工作绩效和建言之间的关系（Zhu et al., 2015）。领导－成员交换关系调节了伦理型领导与员工的承诺和行为之间的关系（Neubert et al., 2013）。在团队或组织层面上，领导角色示范强度（leader role modeling strength）调节了伦理型领导与单位层面的组织公民行为和个人层面的工作满意度之间的关系（Ogunfowora, 2014）；Brown and Treviño（2006）构建了一个伦理型领导的理论模型。他们从个人和情境两个方面指出了伦理型领导的前因变量。其中，个人因素包括宜人性、责任心、神经质及马基雅维利主义、道德推理和控制源。情境因素包括角色示范和道德情境。此外，道德强度增强了道德情境和伦理型领导之间的关系；自我监控调节了道德情境对伦理型领导的影响，即相较于低自我监控的人，高自我监控的人更会被情境支持所影响而增加道德领导行为；权力抑制（power inhibition）增强了权力需求与伦理型领导之间的关系；道德利用（moral utilization）增强了道德推理对伦理型领导的影响。最后，他们提出，伦理型领导会增加员工的道德决策、亲社会行为、满意度、动机和承诺，而减少员工的反生产行为。

对该理论的评价

伦理型领导建立在人们对组织伦理价值的正确理解以及较为成熟的伦理价值观念的基础之上，组织中的领导者以一定的道德管理方式，树立模范榜样，从而综合影响下属。与传统的领导力研究不同，伦理型领导理论主要强调的是领导者通过树立合乎伦理规范的角色示范，促成其与下属之间的双向沟通的重要意义（Brown et al., 2005）。换句话说，伦理型领导关注了领导者自身在组织中对下属道德/不道德行为的主动影响。

尽管现有的研究阐述了伦理型领导的内涵，并探讨了伦理型领导的结果及其作用机制，但是仍存在一定的缺陷。首先，伦理型领导的概念界定存在不一致、模糊等问题，这从某种程度上阻碍了我们对伦理型领导及其与相关变量间关系的理解（Eisenbeiss, 2012）。未来研究需对组织情境下的"伦理"进行更为细致的界定，从而更加全面地展示出伦理型领导的含义。其次，从已有的研究来看，学术界尚未发展出一个被广泛认可的测量工具。目前，学者们在量表内容与结构（1维度或多维度）上仍然存在较大的争议（孙健敏和陆欣欣，2017），这阻碍了我们对伦理型领导内涵的把握。未来学者可以根据具体的研究问题谨慎地选择合适的测量工具。更重要的是，学者应加强对伦理型领导的概念和构成的深入探究，从而开发和完善伦理型领导多维度的测量工具。再次，已有研究主要侧重于伦理型领导的后效，而对伦理型领导的前因变量关注不够。仅有的少数研究主要考察了领导者个人因素对塑造和提升伦理型领导的影响，而在一定程度上忽视了很多其他重要的情境因素（如组织氛围、高层支持等）对伦理型领导的重要影响。最后，伦理型领导的作用机制有待进一步完善。大多数学者基于社会学习理论或社会交换理论，解释了伦理型领导对员工产生影响的作用机制。然而，未来学者值得考虑一些新的视角，进而更加充分地解释伦理型领导的潜在机制（Brown and Treviño, 2006）。

关键测量量表

1. Ethical Leadership Scale：1 维度，10 题

Brown, M. E., Treviño, L. K., & Harrison, D. A.(2005). Ethical leadership: A social learning perspective for construct development and testing. *Organizational Behavior and Human Decision Processes*, 97(2), 117–134.

2. Ethical Leadership Scale：4 维度，15 题

Resick, C. J., Hanges, P. J., Dickson, M. W., & Mitchelson, J. K.(2006). A cross-cultural examination of the endorsement of ethical leadership. *Journal of Business Ethics*, 63(4), 345–359.

3. Ethical Leadership Scale：3 维度，17 题

De Hoogh, A. H. B., & Den Hartog, D. N.(2008). Ethical and despotic leadership, relationships with leader's social responsibility, top management team effectiveness and subordinates' optimism: A multi-method study. *Leadership Quarterly*, 19(3), 297–311.

4. Ethical Leadership at Work Questionnaire: 7 维度，38 题

Kalshoven, K., Den Hartog, D. N., & De Hoogh, A. H. B.(2011). Ethical leadership at work questionnaire(ELW): Development and validation of a multidimensional measure. *Leadership Quarterly*, 22(1), 51–69.

5. Khuntia and Suar's Ethical Leadership Scale: 2 维度，22 题

Khuntia, R., & Suar, D.(2004). A scale to assess ethical leadership of indian private and public sector managers. *Journal of Business Ethics*, 49(1), 13–26.

6. Leadership Virtues Questionnaire：4 维度，19 题

Riggio, R. E., Zhu, W. C., Reina, C., & Maroosis, J. A.(2010). Virtue-based measurement of ethical leadership: The leadership virtues questionnaire. *Consulting Psychology Journal: Practice and Research*, 62(4), 235–250.

7. Ethical Leadership Questionnaire：4 维度，15 题

Yukl, G., Mahsud, R., Hassan, S., & Prussia, G. E.(2013). An improved measure of ethical leadership. *Journal of Leadership & Organizational Studies*, 20(1), 38–48.

8. Ethical Leadership Measure：4 维度，16 题

Zhu, W., Zheng, X., He, H., Wang, G., & Zhang, X.(2017). Ethical leadership with both "moral person" and "moral manager" aspects: Scale development and cross-cultural validation. *Journal of Business Ethics*, (2), 1–19.

9. Chinese Ethical Leadership Questionnaire：3 维度，24 题

孟慧，宋继文，艾亦非，陈晓茹．(2014)．中国道德领导的结构与测量初探．管理学报，11(8), 1101–1108.

经典文献

Brown, M. E., & Treviño, L. K.(2006). Ethical leadership: A review and future directions. *Leadership Quarterly*, 17(6), 595–616.

Brown, M. E., Treviño, L. K., & Harrison, D.(2005). Ethical leadership: A social learning perspective for construct development and testing. *Organizational Behavior and Human Decision Processes*, 97(2), 117–134.

Kanungo, R., & Mendonca, M.(1996). *Ethical Dimensions of Leadership*. Thousand Oaks, CA: Sage.

Toor, S. U. R., & Ofori, G.(2009). Ethical leadership: Examining the relationships with full range leadership model, employee outcomes, and organizational culture. *Journal of Business Ethics*, 90(4), 533–547.

Treviño, L. K., Brown, M., & Hartman, L. P.(2003). A qualitative investigation of perceived executive ethical leadership: Perceptions from inside and outside the executive suite. *Human Relations*, 56(1), 5–37.

Treviño, L. K., Hartman, L. P., & Brown, M.(2000). Moral person and moral manager: How executives develop a reputation for ethical leadership. *California Management Review*, 42(4), 128–142.

对管理者的启示

伦理型领导之所以在当前的理论研究与管理实践中受到高度重视，是因为它对于组织实现持续、健康发展而言至关重要。由于近年来企业丑闻频发，引发了人们高度关注领导者和企业的社会责任。由此，伦理型领导逐渐得到了大家的广

泛关注（Brown and Mitchell, 2010）。

对伦理型领导前因变量的深入探析，有助于企业在日常管理中通过合理的领导人才选拔，培养伦理型领导，推动组织的良性发展。组织在招募过程中，应该明确表明本组织对伦理道德的重视。同时，组织可以寻找候选者所具有的伦理型领导的各种潜在证据。由此，组织更可能知悉候选者的道德意图，确定他们潜在的伦理型领导的潜力。

有关的领导力培训可能有助于培养伦理型领导。由于道德领袖是有吸引力的榜样，他们可以影响员工的道德行为。因此，组织中的领导者应被鼓励接受相关的培训项目，让他们了解伦理型领导角色的重要性，以及应该如何成为员工的道德楷模。例如，考虑到不同行业和工种的差异较大，组织可以通过使用与特定行业、工种中可能出现的道德问题有关的小片段，提高领导者的道德意识（Brown and Treviño, 2006）。总之，有效的培训项目可以让领导者以合适的方式处理复杂的道德问题，并以身作则从而引导下属成员做出道德行为。

积极树立组织中的道德榜样。伦理型领导在很大程度上依赖于社会学习过程。因此，一方面，组织可以确保领导者在工作中具有最接近的道德榜样，从而帮助他们培养伦理型领导。另一方面，领导者自身应有意识地在组织中寻找合适的道德榜样，以不断提升道德意识和道德管理的技巧。此外，通过训练干预的方式，领导者也可以学习道德榜样。例如，用案例研究来强调组织中的伦理型领导，将道德榜样的知识传授给更广泛的领导者。这些案例研究强调了积极的道德榜样，可以提供给大家关于"该做什么"及"如何做"等方面的信息（Brown and Treviño, 2006）。

本章参考文献

18

事件系统理论[*]

于晓宇[1] 刘东[2] 厉杰[3]

图1 弗雷德里克·摩格森　　图2 特伦斯·米切尔　　图3 刘东

传统的管理学研究多采用变异导向（variance-oriented）视角，将实体（如个体、团队、组织等）的内部特征转化为"变量"（variable）进而研究个体、团队

---

[*] 基金项目：国家自然科学基金项目 (71772117; 71472119; 71702095)。

欢迎登录百度云盘下载更多事件系统理论的学习材料。地址：http://pan.baidu.com/s/1bpcVNY3；密码：4cms。感谢刘东老师的分享。

[1] 于晓宇，上海大学战略研究院副院长、管理学院教授、博士生导师。主要研究领域：创业、创新、战略。电子邮件：yuxiaoyu@vip.126.com。

[2] 刘东，美国佐治亚理工学院施勒商学院（终身）副教授。主要研究领域：创造力、事件系统理论等。电子邮件：dong.liu@scheller.gatech.edu。

[3] 厉杰，上海大学管理学院副教授、硕士生导师。主要研究领域：社会创业、事件系统理论。电子邮件：mgmtli@shu.edu.cn。

或组织的内在特征变量如何影响结果变量。然而，传统的视角过于关注实体内部特征的内涵与关系，忽视了实体所经历的事件对实体的影响（Morgeson et al., 2015）。事实上，实体所处的情境中的事件（event）已被认为是区别于实体内部特征的一个新的、有价值的研究视角（Johns, 2017, 2018）。

为了填补这一研究空白，弗雷德里克·摩格森（Frederick Morgeson）（见图1）、特伦斯·米切尔（Terence Mitchell）（见图2）和刘东（Dong Liu）（见图3）三位学者于2015年在《事件系统理论：事件导向的组织科学方法》（Event system theory: An event-oriented approach to the organizational sciences）一文中首次提出了事件系统理论(event system theory)，将变异导向视角与过程导向（process-oriented）视角相结合，为研究实体所经历的事件及其所产生的后续结果提供了新的思路。事件系统理论着力于将事件融入组织管理研究中，以动态视角考察事件如何对实体产生影响，能够对与事件相关的组织现象提供更全面和真实的描述。受该理论的启发，学者们开始使用该理论分析、解决管理实践问题，为事件系统理论的发展做出了重要贡献。例如，刘东和刘军（2017）分析了事件系统理论在管理科研与实践中的应用，Harney and Raby（2017）将事件系统理论拓展到人力资源管理实践中，等等。

事件系统理论的核心内容

近年来，事件研究已经开始兴起，主要是被考虑成实证设计（empirical design）的一种。例如，学者们采用DID方法（difference in differences; Abadie, 2005），以某事件为研究背景，去比较该事件出现前后，某变量的数值变动（如受到事件冲击的公司的股票价格波动）（Faccio and Parsley, 2009; Sun et al., 2015）。然而，这些研究只是单纯地把事件考虑成出现或者不出现，而没有像事件系统理论那样，去深入探究事件的强度（strength）、时间（time）、空间（space）属性如何对相关实体产生影响。

事件系统理论首先界定了什么是事件。事件是情境中那些分离的、鲜明的、由多个实体间构成的相互作用（如员工接到猎头公司的挖人电话，多个公司合并成立新商业实体，创业团队收到了天使投资者的资助，创业公司进入清算、破产程序）。事件具有时空属性，存在于特定的时间与空间之中（如中国管理研究国际学会第八届双年会是个事件，其于2018年6月13日至17日发生于武汉）。因为事件由多个实体构成，对于事件中的任一实体，事件都是其外在情境。那么，什么不是事件呢？实体的内部特征（如人的性格与情绪、团队的人口特征、企业的组织文化）不是事件，实体内部特征的变化（如人的情绪变化、性格改变）也不是事件。区别于实体所经历的事件（仅存在于特定的时空之中），实体的内部特征随着时间的流逝、空间的变化，也许会在强度上发生变化，但它总是存在于实体之中，而不会彻底消失。

《孙膑兵法·月战》指出，"天时、地利、人和，三者不得，虽胜有殃"。与《孙膑兵法》相互衬托，事件系统理论的精髓就是，成大事者，必得天时、地利、人和。天时、地利、人和就是事件系统理论中所论述的事件时间（事件时机、时长等因素）、空间（事件起源、纵向与横向扩散范围、实体与事件的距离等因素）、强度（新颖性、颠覆性、关键性）属性（Morgeson et al., 2015; 刘东和刘军，2017）。事件强度属性体现在人和方面：即事件有多大的可能性去吸引相关实体（如人）的注意力，调动其资源与投入，对其产生显著影响。由于事件具备很强的时空属性，事件强度、时间、空间构成了一个探究事件内在属性的三维系统。

在实施事件研究的过程中，如想衡量事件的冲击力，应充分考虑事件的时间、空间、强度三个主要因素（如图4所示）。事件系统理论模型首先解释了事件强度对实体的主效应（main effects）：即事件的强度越大（越新颖、颠覆、关键），越能吸引实体的资源与注意力，越能调动实体，对其产生影响（如改变或影响实体的行为、内部特征，激发新的事件）。而事件的时间与空间因素会对事件强度与结果变量之间的关系起调节作用，即当事件强度一定时，那些越能满足实体发展需求（事件时机）、持续时间越久（事件时长）、由企业更高层起源（事件起源）、发散范围越大（事件扩散）的事件，越能对距离事件近的实体（事件距离）施加影响。

事件系统理论已经被各个层面的实证研究所支持。在中微观层面，Zellmer-Bruhn（2003）证明了中断性事件（interruptive events）有益于知识传递，进而促进新的程序与规则的建立。在一项关于团队中所发生的事件的研究中，Morgeson（2005）发现，在一些特定的事件情境下，例如当事件具备很强的颠覆性时，团队领导可以通过主动干预来提高团队的表现。Morgeson and DeRue（2006）发现，颠覆性事件的关键性与时长决定了此类事件能够在多大程度干扰团队的正常运作。在宏观层面，Tilcsik and Marquis（2013）依据自然灾害事件所造成的财产损失数额，把自然灾害事件区分为高、中、低三类具有不同强度的事件，发现高强度的自然灾害事件使公司不愿做慈善捐赠，中等强度的自然灾害事件对公司捐赠表现没有影响，而低强度的自然灾害事件对公司捐赠有正面促进作用。

事件系统理论能很好地应用到各个研究领域，具有较为广阔的研究前景，研究者可以依照图4所展示的事件作用模式，把事件系统理论作为理论基础，构建各种事件实证模型。以下，我们概述几个典型的事件研究建模思路。

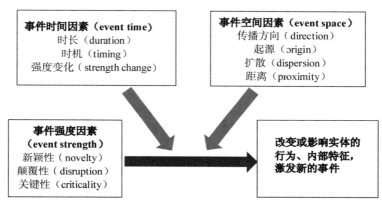

图4 事件系统理论模型

资料来源：刘东和刘军（2017）。

第一，事件属性（强度、时间、空间）的主效应及其与实体内部特征的交互作用（interactive or moderation effects）。研究者可以参照 Morgeson（2005）、Morgeson and DeRue（2006）、Dai et al.（2013）、Tilcsik and Marquis（2013），考察事件强度、时间、空间三属性之中的一个或多个属性，进而把事件量化成连续变量来构建模型，检验事件对结果变量的直接影响。事件系统理论强调，在事件研究中，我们可以考虑实体的内在特征与经历的事件的交互作用（即综合理论建构范式，integrative theory-building approach）。例如，未来可以考察创业者经历的创业失败或成功事件如何与创业者的内在性格一起交互影响其随后的创业决策。

第二，事件强度三维度（新颖性、颠覆性、关键性）的主效应与交互作用。研究者可以先明确所要研究的事件。之后，进一步探查该类事件的三个不同强度属性是否与不同的结果变量存在关系，或对同一个结果变量有不同影响（亦可研究事件强度三维度的交互作用）。例如，在研究创业投资事件时，研究者可以构建创业投资事件新颖性、颠覆性、关键性三个变量，考察它们对创业者随后决策的不同影响或者交互作用。

第三，事件强度与事件时间或空间相关因素的交互作用。当研究团队内部关系冲突事件对团队成员创造力的影响时，可以探究二者的关系是否受到冲突事件的空间起源以及时机的调节。起源于团队高层的冲突事件也许会对团队成员的创造力影响更大。当团队处于研发的不同阶段时，团队内部关系冲突事件对团队成员创造力的影响强弱甚至方向会有所不同。

第四，多个事件的主效应与交互作用。实体有时会同时受到多个事件的影响，例如，员工离职创业决策也许同时受到公司层面、家庭层面、个人层面所发生的多个事件的影响，研究者可以首先识别与离职创业决策相关的事件（如与公司领导的直接冲突事件），接着在事件强度、时间、空间的某些属性上，把事件作为连续变量引入模型。在模型中，研究者可以探查多个事件如何通过不同的中介机制对结果变量产生影响，以及多个变量之间如何相互促进或抑制对结果变量的影响。

第五，事件系统理论还可以被应用于事件案例研究。事件系统理论为事件案例研究提供了扎实、系统的分析框架。研究者可以从事件强度、空间、时间等角度，搜集质性数据，深入考察事件属性的哪些因素会对实体产生影响？产生了什么影响？以及是通过什么过程机制对相关实体产生影响的？什么因素使得某事件变得新颖、颠覆、关键？对以上问题的研究，可以帮助企业、团队、个人更好地发现有重大影响力的事件、评估事件、应对事件，甚至通过主动创造事件，来进行企业变革，实现企业发展的目标。

对该理论的评价

加里·约翰（Gary Johns）在获得 2016 年美国管理学会评论十年奖（Academy of Management Review Decade Award）后，系统地回顾、反思了 Johns（2006）发表以来的情境研究文章（Johns, 2017）。他在文中指出，前人对情境研究的一个重要不足就是没有在理论构建中充分考虑实体所处的情境中的事件所发挥的重要作用（Johns, 2017）。而情境中的事件已被认为是区别于实体（如个人、团队、组织）内部特征的一个新研究视角（Dinh et al., 2014）。Johns（2017）特别指出，事件系统理论是研究事件的有效理论视角，称赞该理论如"瑞士军刀"般，深刻、全面地揭示了事件的重要属性及其如何对实体施加影响的机理与过程。

作为组织研究领域中新兴的理论，事件系统理论已获得了各领域研究者的应用和支持。研究者用组织所经历的事件对该理论进行了验证，体现了事件系统理论具有较强的实践性和生命力，未来在组织管理中有极大的想象力和应用空间（如Crawford et al., 2018; Morgeson and DeRue, 2006; Tilcsik and Marquis, 2013）。如前所述，事件系统理论能够很好地应用到各个研究领域，但也面临一些挑战。例如，组织在运营的过程中会面对各种各样的事件，而很多事件常被视为日常发生事件（routine）、"小事"，然而正是这些日常发生的事件的集聚、积累、整合，最终将对组织造成巨大的影响。正如"千里之堤，溃于蚁穴"所隐喻，如何将这类看似不起眼的事件（即新颖性、颠覆性、重要性一般的事件）的演变过程纳入理论框架中，是未来事件研究的一大挑战，也是一个重要的研究机遇。

关键测量量表

1. Event Novelty:1 维度，4 题

Morgeson, F. P. (2005). The external leadership of self-managing teams: Intervening in the context of novel and disruptive events. *Journal of Applied Psychology,* 90(3), 497–508.

2. Event Disruption:1 维度，4 题

Morgeson, F. P. (2005). The external leadership of self-managing teams: Intervening in the context of novel and disruptive events. *Journal of Applied Psychology*, 90(3), 497–508.

3. Event Criticality:1 维度，3 题

Morgeson, F. P., & DeRue, D. S. (2006). Event criticality, urgency, and duration: Understanding how events disrupt teams and influence team leader intervention. *Leadership Quarterly*, 17(3), 271–287.

经典文献

Liu, D., Fisher, G., & Chen, G. (2018). CEO attributes and firm performance: A sequential mediation process model. *Academy of Management Annals*, 12(2), 789–816.

刘东，刘军. (2017). 事件系统理论原理及其在管理科研与实践中的应用分析. 管理学季刊, 2 (2), 64–80.

Morgeson, F. P. (2005). The external leadership of self-managing teams: Intervening in the context of novel and disruptive events. *Journal of Applied Psychology,* 90(3), 497–508.

Morgeson, F. P., & DeRue, D. S. (2006). Event criticality, urgency, and duration: Understanding how events disrupt teams and influence team leader intervention. *Leadership Quarterly,* 17(3), 271–287.

Morgeson, F. P., Mitchell, T. R., & Liu, D. (2015). Event system theory: An event-oriented approach to the organizational sciences. *Academy of Management Review*, 40(4), 515–537.

Tilcsik, A., & Marquis, C. (2013). Punctuated generosity how mega-events and natural disasters affect corporate philanthropy in US communities. *Administrative Science Quarterly*, 58(1), 111–148.

Zellmer-Bruhn, M. E. (2003). Interruptive events and team knowledge acquisition. *Management Science*, 49, 514–528.

对管理者的启示

当前时代的一个主要特征就是环境的不确定性极大，因此常被称为 VUCA 时代[1] (Bennett and Lemoine, 2014)。在 VUCA 时代，各类事件，尤其是意外事件层出不穷，给管理者带来了极大的挑战和困惑。事件系统理论探讨了实体是如何受到事件的影响而变化和发展的，因此给管理者如何主动创造事件、如何应对突发事件并从中受益，提供了宝贵的思路。

首先，组织应觉察到目前发生事件的时间、空间、强度属性，并优先利用组织资源应对那些对组织更加重要、影响更大的事件。随着行业边界逐渐模糊，事件波及的方向和强度都难以预判，很多事件看似平常，甚至"事不关己"，但最终可能对组织造成巨大的影响。抱着"各人自扫门前雪，休管他人瓦上霜"的心态，

---

[1] VUCA 即易变性（volatility）、不确定性（uncertainty）、复杂性（complexity）和模糊性（ambiguity）的缩写。

组织往往"躺枪"。事件系统理论为组织评估事件的重要性提供了有效的分析框架。应用事件系统理论，管理者可以在纷繁复杂的各种事件信息中，剥离出决定事件时间、空间、强度因素的核心信息，抓住事件的本质。在应对突发事件的过程中，可以采取控制事件强度、减弱事件在时间和空间上扩散的措施，以减轻事件的冲击力，并从各类事件中获益、成长。

其次，根据事件系统理论，事件可以被分为两类，一类为主动型事件，另一类为被动型事件。主动型事件强调管理者可以主动创造事件，以此来改变组织目前所处的情境与未来的发展方向。当面临组织发展停滞、员工思想跟不上组织发展时，管理者可以从事件系统理论中获得启发，"没事找事"，主动设计、创造事件以获得实施组织变革的契机；或者主动放大事件的强度，使事件对组织惯性形成更有力、有利的冲击。

被动型事件在很大程度上可能为危机事件，管理者首先需要通过事件系统理论，探查组织目前所面临事件对组织而言在多大程度上是高影响力事件。通过对这些事件的空间、时间、强度因素的分析，管理者可以更有针对性地应对被动型事件，帮助组织成功地度过运营中所遇到的困境，转危为"机"，从不确定性中受益，并增强组织的"反脆弱性"，使组织"经一事，长一智"，变得更为强韧。

本章参考文献

19 公平启发理论

朱金强[1]

图1 艾兰·林德

公平启发理论（fairness heuristic theory）最早由艾兰·林德（Allan Lind）（见图1）于1993年提出。经由Van den Bos et al. (1997, 1998, 2001)、Van den Bos and Lind (2002, 2004)、Kray and Thompson (2001) 等学者的发展，该理论的被引次数不断攀升，从2009年起每年的被引次数均超过5000次，现已成为主流的公平理论之一（见图2）。

对公平的关注，仿佛就像人的本能一样会自然而然地发生。很多人都会有类似的体验：当遇到不公正的事情时，无论是作为当事人还是旁观者，都会情不自禁地义愤填膺起来。这种道德情感的产生并不依赖于我们是否受到过严格的道德伦理教育，无论是凡夫俗子还是道德楷模，公平仿佛就一直存在于每个人的心里。

公平如此普遍、无处不在，因此自Adams (1965) 提出不公平感会影响人们的工作态度和绩效的观点以来，公平就引起了大量学者的持续广泛关注。学者们对公平的讨论已经持续几十年。在这几十年的有关公平的研究中，学者们主要关注两个问题：第一，我们为什么（why）会关注公平？第二，我们如何（how）能够判断自己是否受到了公平对待？关于第一个问题，学者们提出了控制模型、群体价值模型、关系模型来回答。关于第二个问题，学者们提出了公平启发理论来回答。

---

[1] 朱金强，中央民族大学管理学院讲师。主要研究领域：包容型领导、领导双元性、亲社会违规行为、反生产力行为、阴阳观。电子邮件：zhujinqiang@muc.edu.cn。

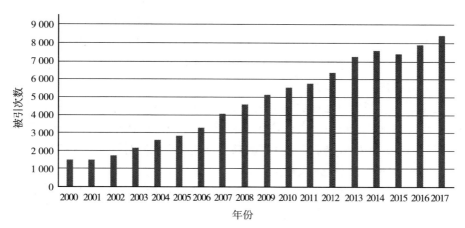

图 2　公平启发理论的被引次数

资料来源：根据 Google Scholar 数据整理而成，搜索时采用非精确匹配。

公平启发理论的核心内容

公平启发理论主要用来回答"公平感是如何产生的？"以及"公平感会对后续行为产生什么样的影响？"的问题。它描述了人们在某个给定的情境下是如何构建自己的公平信念的（Kees et al., 2001; Lind, 2001）。公平启发理论的核心内容可以概括为两个阶段三个效应（Lind, 2001）。两个阶段是指公平判断的形成和使用两个阶段。三个效应是指主因效应（primacy effect）、替代效应（substitutability effect）以及其他效应。

公平判断的形成阶段。许多决策理论都表明：人们在日常生活和工作中进行的决策并非都是理性的、科学的，相反，是启发式的，这样可以减轻认知负担，更符合人们的生活实际。因此，启发式决策是人们日常生活中常用的决策方式。根据这种观点，Lind et al.（2001）认为，公平判断也有这种倾向，人们会利用自己接触到的公平信息，启发式地帮助人们进行公平判断，减少认知复杂度，提高判断效率。尤其是当人们处于信息缺乏或模糊不清的状态时，人们更有可能利用他们从情境中已获得的与公平有关的信息来解释他们所处情境的整体公平感知（Lind, 2001）。也就是说，当个体处在不确定或不安全体验的情境下时，个体通常会基于公平启发式来做出判断。

公平启发理论认为，当一个人处于某个群体中时，总会存在一些有利或者不利的因素影响他在该群体中的地位，甚至会有被驱逐出该群体的潜在风险，这种情况被称为"基本社会困境"（fundamental social dilemma）。为了解决这一难题，相较于处理群体外关系而言，个体在处理与群体内成员的关系时，更倾向于采用公平这个指标来判断自己在群体中是否是安全的，是否没有被群体内的其他人排挤或利用。在这种情况下，人们往往不会详细地观察他们所处的环境来寻找与公平相关的信息，而是依赖于手头的经验信息迅速建构他们对组织的整体公平印象，以便对其所处环境做出整体判断。

人们形成公平判断时，并不会像学者们那样从理性上分析自己到底面临的是结果公平、程序公平，还是互动公平，而是通过某些不充分线索的启发（或者说是认知捷径）迅速形成一个整体的公平印象。比如，当你第一天去一家单位上班，恰好遇到自己的同事在抱怨上司对他有多么不公正，这个信息会让你迅速形成"该上司对员工不公平"的整体感知。

公平判断的使用阶段。当整体公平感形成后，人们就会把整体公平感当作一种启发信息来指导和解释随后遇到的相关公平信息，即一旦做出整体公平判断后，这个判断本身还会对其他公平判断产生影响。比如，如果认为程序公平，然后产生了整体公平判断，这时个体认为结果也是公平的，或者人际互动也是公平的。

更重要的是，这种整体公平感会影响人们随后的态度、情感和行为。一旦被公平地对待，人们就会放下包袱，全身心地为组织的利益最大化而努力工作。如果个人利益和组织利益发生冲突，个体会不惜牺牲个人利益，以保护组织利益。这样公平感就作为一种启发物，与信任、合作、对权威和规则的接受、自尊、亲社会行为、组织公民行为等联系在一起。相反，如果他们认为没有被公平地对待，要么被剥削，要么失去自尊，要么被组织排除在外，他们就会更加注重个人利益，按照个人短期利益的回报情况精打细算，对个人有利的事情就做，对组织有利但对个人无利的事情就不做了。这样，个人主义居于主导。这时个体就会对组织产生不信任、拒绝合作、不服从权威以及做出反社会行为等。

比如上面那个例子，由于你曾经听到过同事抱怨某个上司对他不公平，那么你也会认为该上司对你的绩效评价结果是不公平、不客观的。同时，这种整体公平感也用来调整人们的情感卷入。当你对某个上司形成了"对人不公"的整体印象之后，自然就会对其产生厌恶、愤怒、疏远等情绪反应。最终你可能会对该上司甚至是所在的组织产生不信任、不服从该上司的领导以及做出反生产力工作行为等。

主因效应。主因效应是指一个人更易接受早期的公平信息并给予较高的权重，也就是说，在一个新的情境下，与公平有关的信息，哪个先得到，哪个就对整体的公平判断产生最大的影响，而后来得到的信息的作用要小很多。Bos et al.（1997）的实证研究支持了这一观点。他们的研究表明：程序公平的信息和分配公平的信息，哪个让被试先得到，哪个就对公平判断产生最大的影响，而另一个只有较少的影响。由于最初的公平判断在很大程度上取决于最先得到的信息，而这些信息是不完整的，是通过人们的推论形成的，故称为启发式理论。

替代效应。公平启发理论认为，个体在收集公平信息形成整体公平判断时，信息来源有可能是结果信息、程序信息和与领导互动的信息，分别对应结果公平、程序公平与互动公平。这些不同种类的公平信息在形成整体公平判断时可以相互替代，如果某类公平信息不存在，则人们在做出公平判断时会使用另外一种公平信息来进行弥补。也就是说可以使用与结果公平、程序公平和互动公平相关的信息作为启发来进行整体公平判断，公平启发模型的提出者将其称为替代效应。Bos et al.（1997）的研究结果显示，在缺乏结果公平的判断时，程序公平的判断会弥补这个空缺，形成对结果公平的替代判断。当然，如果有结果公平方面的信息，程序公平信息对分配公平判断的作用就会比较小。

其他效应。Lind（2001）认为，公平感主要影响与组织有关的态度和行为（如组织认同、组织公民行为、领导信任等），而那些与组织关联不大或无关的态度和行为（如纯个体绩效），则不是那么容易受到公平感的影响。此外，按照 Lind（2001）的理论，整体的公平判断一旦形成，就会有一定的惯性，要维持一段时间，除非有一些新的事件出现，这些事件要么与自己过去的经历所形成的期待差异很大，要么是新兴的事物，如组织的兼并、重组，新战略的实施等，否则人们不会轻易改变已经形成的判断。但是一旦出现上述情况，人们可能会重新返回到公平判断的形成阶段。

对该理论的评价

过去的研究，过多地强调了公平要素的差异性，相对地忽视了这些要素之间的联系。Lind（2001）的公平启发理论，则敏锐地抓住了以往研究的不足，以实证研究为基础，提出了旨在将各种公平要素联系起来的公平启发理论，这种理论无疑给组织公平的研究注入了活力（龙立荣，2004）。

但是该理论还存在如下几个方面的问题，需要进一步完善：

首先，在公平判断的形成过程中，如果存在矛盾的信息，如何解决？是分别起作用，还是进行加权或者平衡。如果是分别起作用，则是否像Masterson et al.（2000）的研究结果那样，程序公正是通过社会交换机制对组织产生影响，而互动公正则是通过领导和下属交换机制对员工产生影响？如果是通过加权起作用，则这种加权或者平衡的过程是怎样进行的？目前的研究似乎没有很好地回答这个问题。与之相关，整体的公平判断不都是公平或者不公平的两极判断，而是可能出现一些中间状态，在这些情况下，如何指导后来的行为？

其次，在过去有关公平启发理论的研究中，主要集中在程序公平和结果公平对整个公平判断的影响方面，而对互动公平研究较少。此外，互动公平在整个公平判断中有什么作用，也需要进一步研究。

再次，人们在形成和使用启发式进行公平判断时需要多少信息量，以及公平形成后，更多的公平信息是否会进一步强化人们的公平感。公平启发理论没有对这一问题进行探讨。

最后，公平启发理论还存在一些没有被实证的内容。如公平启发理论预测公平对待会激发集体的自我概念，促使人们从个体身份转移到群体身份；不公平对待会激发个体的自我概念，促使个体的行为朝向直接的自我利益，但对此预测缺乏实证支持。

关键测量量表

1. Organization Jusitce：4个维度，20题

Colquitt, J. A. (2001). On the dimensionality of organizational justice: A construct validation of a measure. *Journal of Applied Psychology*, 86(3), 386–400.

2. Organization Jusitce：3个维度，20题

Niehoff, B. P., & Moorman, R. H. (1993). Justice as a mediator of the relationship between methods of monitoring and organizational citizenship behavior. *Academy of Management Journal*, 36(3), 527–556.

3. Justice Perceptions：3个维度，16题

Qin, X., Ren, R., Zhang, Z. X., & Johnson, R. E. (2015). Fairness heuristics and substitutability effects: Inferring the fairness of outcomes, procedures, and interpersonal treatment when employees lack clear information. *Journal of Applied Psychology*, 100(3), 749–767.

4. Justice：3 个维度，9 题

Kim, T. Y., & Leung, K. (2015). Forming and reacting to overall fairness: A cross-cultural comparison. *Organizational Behavior & Human Decision Processes*, 104(1), 83–95.

5. Overall Justice：1 维度，6 题

Ambrose, M. L., & Schminke, M. (2009). The role of overall justice judgments in organizational justice research: A test of mediation. *Journal of Applied Psychology*, 94(2), 491–500.

6. Overall Justice：1 维度，3 题

Jones, D. A., & Martens, M. L. (2010). The mediating role of overall fairness and the moderating role of trust certainty in justice-criteria relationships: The formation and use of fairness heuristics in the workplace. *Journal of Organizational Behavior*, 30(8), 1025–1051.

7. Overall Justice：1 维度，3 题

Kim, T. -Y., & Edward, J. R. (2004). The effects of cognitive appraisal on justice judgments: How and why do Asians differ from United States Americans? Paper presented at the *The Society for Industrial and Organizational Psychology Conference* in Los Angels.

经典文献

Bos, V. D. K., Vermunt, R., & Wilke, H. A. M. (1997). Procedural and distributive justice: What is fair depends more on what comes first than on what comes next. *Journal of Personality & Social Psychology*, 72(1), 95–104.

Bos, V. D. K., Lind, E. A., Vermunt, R., & Wilke, H. A. M. (1997). How do I judge my outcome when I do not know the outcome of others? The psychology of the fair process effect. *Journal of Personality & Social Psychology*, 72(5), 1034–1046.

Bos, V. D. K., Wilke, H. A. M., & Lind, E. A. (1998). When do we need procedural fairness? The role of trust in authority. *Journal of Personality & Social Psychology*, 75(6), 1449–1458.

Bos, V. D. K., Lind, E. A., & Wilke, H. A. M. (2001). The psychology of procedural and distributive justice viewed from the perspective of fairness heuristic theory. *Justice in the Workplace: From Theory to Practice*, 2, 49–66.

Bos, V. D. K., & Lind, E. A. (2004). Fairness heuristic theory is an empirical framework: A reply to Arnadóttir. *Scandinavian Journal of Psychology*, 45(3), 265–268.

Lind, E. A. (2001). Fairness heuristic theory: Justice judgments as pivotal cognitions in organizational relations. In J. Greenberg & R. Cropanzano(Eds.), *Advances in Organizational Justice*(pp. 56–88). Stanford, CA: Stanford University Press.

Lind, E. A., Kray, L., & Thompson, L. (2001). Primacy effects in justice judgments: Testing predictions from fairness heuristic theory. *Organizational Behavior & Human Decision Processes*, 85(2), 189–210.

Lind, E. A., Kulik, C. T., & Ambrose, M. (1993). Individual and corporate dispute resolution: Using procedural fairness as a decision heuristic. *Administrative Science Quarterly*, 38(2), 224–251.

对管理者的启示

公平启发理论在实践中有广泛的应用。首先，控制主因效应，学会形成良好的第一印象，对于管理者或组织而言都是比较重要的。在现实生活中，由于人们先接触到的往往是程序公平信息，后得到的是分配公平信息，所以程序公平对员工的影响更大。管理者的决策过程应公开化，应遵循无偏见的程序。但是也不能忽略其他公平信息，公平启发理论的替代效应告诉我们如果缺乏程序公平信息，人们会通过其他公平信息（如分配公平信息、互动公平信息）来形成程序公平的判断。因此要求管理者不仅要关注程序公平，同时也要兼顾分配公平和互动公平。

其次，启发式最有可能建立在圈子形成的初期阶段或者个体处于信息模棱两可的时期，因此管理者提高员工公平感的政策或行动必须在交往的早期阶段执行。例如，当新员工偶尔听到关于某管理者对人对事公平与否的议论时，其很有可能在这些信息的基础上建立公平启发式，也因此左右了他如何定位与该管理者之间的关系。即早期的公平印象将强烈地影响随后的关系。因此,管理者在其任期的早期阶段以及对新员工,可以通过塑造其公平对待下属的形象,来让员工对其形成较高的公平感知,进而增加对其的信任,这有利于员工对管理者的评价。

最后,公平启发理论认为,当出现新的事件或重大事件时会使人们从公平的使用阶段重新返回到形成阶段。Greenberg and Lind(2000)的研究表明,在组织重建期间,解雇员工的行为对员工的公平体验有很大影响,员工希望提前得到是否被解雇的通知。在解雇员工之前与解雇时,员工所形成的公平判断能有效地预测员工是否诉讼所在公司。因此,对于管理者来说,还要注意组织发生的重大事件对员工的影响,以预防不公平感的重新形成。

本章参考文献

20

情感信息理论[*]

张剑[1]　张莹[2]

图1　诺伯特·施瓦茨

情感信息理论（feelings-as-information theory）是由诺伯特·施瓦茨（Norbert Schwarz）（见图1）和杰拉尔德·L. 克洛尔（Gerald L. Clore）在1983年提出的心境信息理论（mood-as-information theory）发展而来的。这一理论最初是为了说明快乐和悲伤的心境如何影响评价性判断而建立的，后来提出者发现，心境信息理论的原则同样适用于其他类型的情感，因此将模型扩展到了心境以外的感受。施瓦茨教授及其同事一直致力于该理论的研究。情感信息理论如今已发展成为一个全面描述情感和思维相互作用的模型，被引次数逐年攀升（见图2），成为情感研究领域中的重要理论之一。

---

[*] 基金项目：国家自然科学基金项目（71771022）；教育部人文社科基金项目（15YJA630099）。
[1] 张剑，北京科技大学东凌经济管理学院教授、博士生导师。主要研究领域：组织行为学、人力资源管理、工作场所中的情绪与动机、企业员工的创造性、消费者行为等。电子邮件：zhangj67@manage.ustb.edu.cn。
[2] 张莹，北京科技大学东凌经济管理学院博士研究生。主要研究领域：组织行为学、人力资源管理、自我决定理论及应用、员工情感及动机、创造力相关研究。电子邮件：471821877@qq.com。

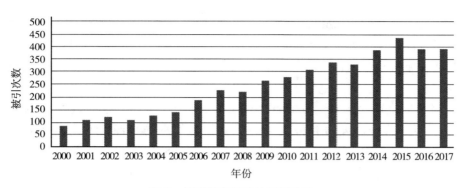

图 2　情感信息理论的被引次数

资料来源：根据 Google Scholar 数据整理而成，搜索时采用精确匹配。

情感信息理论的核心内容

一、核心观点

情感信息理论将人的各种主观感受［包括心境（moods）、情绪（emotions）、元认知感受（metacognitive experiences）和肢体感觉（bodily sensations）］概念化，探讨这些感受在人类判断中所起的作用。该理论假设人们倾向于将自身感受作为影响后续判断的信息来源，不同的感受提供不同类型的信息。

相关研究始于 Schwarz and Clore（1983）的两个实验，分别验证了不同心境对个体判断产生的影响，以及归因操作（即当心境被归因于不相关的来源时，心境效应被削弱）对个体心境和判断产生的影响。在实验一中，首先要求被试回忆并生动地描述一件快乐或悲伤的事情，以此诱发其相应的心境；随后将被试带入一个空旷的小房间进行归因操作（通过实施干预，这个房间分别使被试感受到"抑郁"或"兴高采烈"）；然后再次要求被试描述一件快乐或悲伤的事情来诱发他们的心境，以此将归因操作与心境诱导相结合（Schwarz and Clore, 2003）。实验一以对生活满意度的判断为因变量。结果表明，首先，相较于悲伤的心境，快乐心境下的被试会报告更高的生活满意度。其次，悲伤的心境更容易受到心境诱导的影响，当被试受到诱导将他们目前的心境感受归因于房间产生的影响时，回忆引发的悲伤心境所产生的负面影响就被消除，因为悲伤的心境需要更多的解释。在实验二中，利用阳光和阴雨天气作为心境诱导（Schwarz and Clore, 1983），结果表明，被试在阳光明媚时比阴雨天时报告的生活满意度更高。然而，当实验者假装从外地打电话来询问被试居住地的天气时（归因操作），恶劣天气的负面影响就消除了。而这种削弱效应在阳光明媚的天气条件下没有发生，这再次表明悲伤的心境比快乐的心境需要更多的解释。

综合以上两个实验，Schwarz and Clore 提出了关于情感信息模型的几个核心观点：第一，人们会将自身的感受作为信息的来源，不同类型的感受会提供不同类型的信息。具体而言，Frijda（1988）提出，情绪源于个体对某种目标持续、内隐的评估，具有可识别的指向（即关于什么而产生的情绪），会急剧地上升，且持续时间有限。情绪的存在是为了传递某种信号，例如，愤怒是对由另一个个体引起的损失或缺乏奖励的回应；当无法找到归属对象时，这一损失就会导致悲伤。因此，愤怒和悲伤都告诉我们有关损失的信息，但致使两种情绪产生的原因是不同的，导致的判断也不相同（Keltner et al., 1993）。与情绪不同，心境往往缺乏清晰的指向，可能会逐渐出现，持续很长时间，而且通常强度较低（Morris, 1989）。因此，心境比情绪更加分散，主要传达缺乏明确指向的普通价态信息。例如，我们会对某件事情感到"愤怒"（情绪），也会因此感到"郁闷"（心境）。认知感受主要提供个人知识状态的信息，如惊喜、无聊或熟悉感（Ortony et al., 1990）。认知感受对判断所起到的作用主要取决于认知活动的难易程度。由于多种因素，认知感受可能是容易的或困难的，容易的认知感受过程往往较为愉快（Winkielman and Cacioppo, 2001），这种情感反应本身可以作为判断的基础（Winkielman et al., 2003）。肢体感觉主要告诉我们关于生物体的物理状态，包括饥饿，疼痛和生理唤醒等。肢体感觉提供的信息与情绪和认知感受的影响相似。例如，皱眉（颧骨收缩）表达了努力的感觉，这与困难的认知感受对判断所起到的影响作用相似（Sanna et al., 2002; Stepper and Strack, 1993）。

第二，特定情感产生的影响取决于个体对当前判断目标的感知信息价值。由判断目标（Bodenhausen, 1993）引发的某种情感，会为个体提供如何对判断目标做出回应的有效信息。例如，看到小丽会引发小明的积极情感，这会使小明在对小丽进行判断时考虑到这种积极情感。然而，当把这种情感归因于其他来源时，就会提供（潜在的）误导性信息。例如，当小明将他对小丽的积极情感归因于天气（偶然的来源）而不是小丽本身时，这种积极情感对于小明对小丽随后所做出判断的信息价值就会大打折扣。相反，当人们感知到的其他来源的情感与对判断目标的感知相反时，例如天气不好，但对小丽的感觉良好，这时对目标对象的感知信息价值就会增加。此外，变化的情感比稳定状态的情感更具信息性。

第三，当情感被用作信息来源时，其作用规则与其他任何信息的作用规则相同。首先，只有当情感的信息价值没有受到质疑时，情感才可以作为信息的来源（Schwarz and Clore, 1983）。其次，情感的影响会随着他们对目标判断的感知关联度的增加而增加。例如，当人们为自己而非他人做出决定时，情感的影响会更大。再次，当其他相关投入（专业知识、技能等）越容易获得时，情感的影响越小。例如，当人们在某个判断领域中具有较高的专业知识时（Ottati and Isbell, 1996; Sedikides, 1995），他们就不太可能依靠自己的情感。从次，与任何其他容易获得的信息情况一样，在处理能力低或动机水平低的条件下（Greifeneder and Bless, 2007; Siemer and Reisenzein, 1998），情感的影响更为明显。最后，情感与其他信息一样，它们的具体含义取决于所面临的问题。

第四，情感会影响人们的信息处理风格。当情感传递的是"有问题"的信号时，个体会表现出一种分析性的、自下而上的信息处理风格；当情感传递出"良性"的信号时，个体则会表现出一种总体性的、自上而下的信息处理风格。

二、情感对判断和处理风格的影响

Schwarz 和 Clore 等分别从心境、情绪和元认知体验三方面讨论了情感对个体判断和处理风格的影响（Clore et al., 1994; Schwarz and Clore, 2007）。

1. 情感对判断的影响

心境。大部分的研究都表明，相较于悲伤的心境，快乐的心境所传达的信息通常导致更积极的判断。但是，在一些特定的情况下，心境也会导致与心境不一致的判断。首先，削弱效应会导致与心境不一致的判断。例如，小明正在评估应聘者小丽，并且意识到之前的某些事情导致他现在有消极的情绪。但是这种消极的情绪可能只有一部分是由之前的事情导致的，而另一部分则是由他对小丽的评价造成的。如果小明完全贬低这种消极的情绪，则可能会对候选人小丽产生不客观的评价。其次，当存在极端的标准时，心境诱发的事件可以在对相关目标进行评估时引起对比效应。例如，在先前的实验中，Schwarz et al.（1987）发现，相较于在不愉快的房间被诱发消极的情绪，当被试在愉快的房间被诱发积极的情绪时，会报告更高的生活满意度。但是，当他们重复试验，以住房满意度为因变量时，结果发现，当被试在不愉快的房间被诱发消极的情绪时，也会报告较高的住房满意度。可能是因为即使是一般的宿舍房间，与令人不愉快的房间相比也很奢侈。最后，与当前心境相比，判断的目标可以带来情感上的期待。例如，Martin et al.（1997）观察到，实验中快乐心境的被试对悲伤的故事进行评价时，其喜欢程度不如悲伤心境的被试，这可能是因为快乐心境的存在，使得悲伤的故事达不到使目标对象感到悲伤的目的，导致他们断定这是一个无聊的悲伤故事。

情绪。特定情绪反映个体对特定事件或特定对象的评价（Ellsworth and Scherer, 2003; Ortony et al., 1990），其信息价值与普遍心境的信息价值不同。情绪反映评估来源的情况（Keltner et al., 1993），经历一种情绪意味着已经有了一套特定的评估标准。例如，对某人感到"愤怒"明确告诉我们"他做错了"。因此，情绪提供的是实际信息，而非仅仅传播消极情绪。

元认知体验。强调人类的判断并不总是基于可获得的陈述性信息，主观的可获得的经历也可以作为一种独特的信息来源（Schwarz, 1998）。例如，根据判断–驱动模型，当我们能够回想出自己越多的自信行为时，我们越是认为自己是自信的。然而，要回想出很多自信的例子并不是件容易的事情。因此，只有当回忆比较容易时，判断才会与回忆内容所传达的含义一致；当回忆比较困难时，判断就会与回忆内容所传达的含义相反。因此，与普通假设相反，当人们回忆出较少的而非很多的自信行为例子后，会认为自己更加自信（Schwarz et al., 1991）。同样地，当元认知体验的信息价值被错误的归因操作破坏时，主观经历的这种影响就会被消除。例如，当人们意识到回忆很困难只是因为他们的分心（归因）时，为了形成对自己自信行为的判断，他们会努力回忆更多的例子，此时，当人们回忆出较多的而非很少的自信行为例子后，会认为自己更加自信（Schwarz et al., 1991）。

2. 情感对处理风格的影响

Schwarz（1990）提出了两个命题来解释心境诱导对处理风格差异的影响机制。第一，情感会告知我们当前情况的性质。一般说来，积极情感表明当前状况是"良性的"，消极情感表明当前状况是"有问题的"。第二，我们通过调整思维过程来满足情感所传递的处理心理状况的需求。由此导致在快乐和悲伤的情感下出现不同的处理策略。传达"良性"状况的快乐情感表明需要较少的继续努力，进而形成自上而下的处理风格，这种风格更依赖于一般知识结构，并且伴随着较少的注意力集中和较高的娱乐性。传达"有问题的"状况的悲伤情感会促使个体采用一种分析性的、自下而上的处理风格，并且关注于细节以及伴有较少的娱乐性（Bless and Schwarz, 1999; Clore et al., 2001）。

对该理论的评价

情感信息理论解决了在判断和处理事件过程中情感所扮演的角色问题，提出情感（包括心境、情绪和元认知体验）可以作为信息来源为事件或者目标的判断与处理提供依据。情感对判断的影响可以追溯到回答"我对此有什么感觉？"的启发式问题上，对处理风格的影响则可以追溯到情感所提供的关于当前所处状况是"问题性"还是"良性"的特征上。最重要的是，情感作为信息来源的应用并不局限于任何特定的领域，而是渗透到了人们的日常生活中，从个人的生活质量（Schwarz and Clore, 1983）到消费的商品（Isen et al., 1978），再到日常风险（Johnson and Tversky, 1983）情境中都有所体现。例如，股票投资的风险很高，但当人们处于积极的心境时，依然会做出一个更加乐观的评估。Hirshleifer and Shumway（2003）的研究观察到，26个国家的天气对其股票市场的回报会产生影响，当一个国家主要的证券交易所所在城市阳光明媚时，该股票市场更有可能出现上涨行情。由此而言，情感是我们思考生活的重要组成部分，其影响力表现于人类活动的各个领域。

关键测量量表

1. Positive and Negative Affective Schedule：2个维度，20种情感

Watson, D., Clark, L. A., & Tellegen, A. (1988). Development and validation of brief measures of positive and negative affect: The PNANS scales. *Journal of Personality*, (60), 441–476.

2. Positive and Negative Affect Schedule - Expanded Form：11种情感类型，60种具体情感。

Watson, D., & Clark, L. A. (1999). The PANAS-X: Manual for the positive and negative affect schedule-expanded form. Retrieved from http://ir.uiowa.edu/psychology_pubs/11

经典文献

Clore, G. L., Schwarz, N., & Conway, M. (1994) Affective causes and consequences of social information processing. In R. S. Wyer, & T. K. Srull(Eds.), *Handbook of*

Social Cognition(Vol. 1, 2nd Edition, pp. 323–418). Hillsdale, NJ: Erlbaum.

Schwarz, N. (1998). Accessible content and accessibility experiences: The interplay of declarative and experiential information in judgment. *Personality and Social Psychology Review*, 2, 87–99.

Schwarz, N. (2012). Feelings-as-information theory. In P. Van Lange, A. Kruglanski, & E. T. Higgins (Eds.), *Handbook of Theories of Social Psychology*(pp. 289–308). Thousand Oaks, CA: Sage.

Schwarz, N., & Clore, G. L. (1983). Mood, misattribution, and judgments of well-being: Informative and directive functions of affective states. *Journal of Personality and Social Psychology*, 45(3), 513.

Schwarz, N., & Clore, G. L. (2003). Mood as information: 20 years later. *Psychological Inquiry*, 14(3–4), 296–303.

Schwarz, N. and Clore, G. L. (2007). Feelings and phenomenal experiences. In A. Kruglanski, & E. T. Higgins(Eds.), *Social Psychology*: *Handbook of Basic Principles*(2nd Edition, pp. 385–407). New York: Guilford.

Schwarz, N., Strack, F., Kommer, D., & Wagner, D. (1987) Soccer, rooms and the quality of your life: Mood effects on judgments of satisfaction with life in general and with specific life-domains. *European Journal of Social Psychology*, 17, 69–79.

对管理者的启示

情感信息理论在管理领域的应用主要是为解释情感与员工工作行为的关系提供独特的视角。例如，在关于情感与员工创造性绩效的关系研究中，情感信息理论帮助解释了积极情感阻碍创造性绩效及消极情感促进创造性绩效的情况。当个体投入一项创造性任务时，一般会依据自身的情感状态对当前任务进行评价，从而确定后续的努力程度。Schwarz（1990）认为，积极的和消极的情感都具有信号功能，在个体面临创造性任务时会引发不同的处理策略。具体来说，积极情感发出的信号是"满意的""放松的"，表示一种幸福的状态，唤起了一种轻松、有趣的任务方式，进而为个体提供了任务目标进展良好的信号，往往暗示不需要付出更多的努力；而消极情感发出的信号是"有问题的""有疑问的"，唤起了一种危险或困扰的任务方式，推动人们寻求解决问题的方法，往往暗示个体需要投入更多的努力来达成这项任务。因此，产生消极情感体验的个体往往会对环境进行细致的评价（Schwarz et al., 1991），进而使用系统的、细致的、关注细节的处理风格，将注意力聚集于当前任务，在系统性或分析性的问题解决任务中表现更好。综上，情感信息理论意味着相较于积极情感，消极情感更能促进个体的创造力。

值得注意的是，情感信息理论只是众多情感理论中的一种，它无法解释积极情感促进、消极情感阻碍员工创造力的情况，因此不能对情感与创造力的关系进行全面整合。另外，该理论对其他工作场所中行为的应用研究还比较缺乏。对情感和创造力的关系研究还有很多不同的理论和观点，管理者应该把握情感信息理论的核心，结合员工自身特点以及环境因素，对员工进行有效的管理。

本章参考文献

21

目标定向理论 *

章凯[1] 仝嫦哲[2]

图1 卡罗尔·德韦克

卡罗尔·德韦克（Carol Dweck）（见图1）最早提出了目标定向（goal orientation）的概念，这一概念起源于德韦克及其合作者基于对学生群体成就动机研究所提出的成就目标理论（achievement goal theory）。他们在1988年发表了成就目标理论的奠基性文章，分别是《动机和人格的社会认知途径》（A social-cognitive approach to motivation and personality, Dweck and Leggett, 1988）、《目标：动机和成就的一种途径》（Goals: An approach to motivation and achievement, Elliott and Dweck, 1988），奠定了成就目标理论的基础，目标定向理论（goal orientation theory）也由此而来。后经 Elliot and Harackiewicz (1996)、Grant and Dweck (2003)、DeShon and Gillespie (2005)、Cury *et al.* (2006) 等学者的发展，目标定向理论作为心理学、教育学以及管理学的重要理论，受到了非常广泛的关注，该理论的被引次数不断上升，从2011年起每年的引用次数超过了5 000次（见图2）。

---

* 基金项目：中国人民大学科学研究基金重大基础研究计划项目（11XNL002）。
1 章凯，中国人民大学商学院教授、博士生导师。主要研究领域：组织行为学、领导力、企业文化、动机与人格等。电子邮件：zhangkai@rmbs.ruc.edu.cn。
2 仝嫦哲，中国人民大学商学院组织与人力资源系博士研究生。主要研究领域：领导力、目标与动机理论、创造力等。电子邮件：tongcz1993@ruc.edu.cn。

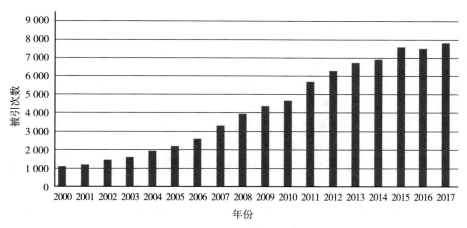

图 2　目标定向理论的被引次数

资料来源：根据 Google Scholar 数据整理而成，搜索时采用精确匹配。

目标定向理论的核心内容

目标定向的概念起源于 Dweck（1975, 1986）及其合作者（Dweck and Elliott, 1983; Dweck and Leggett, 1988）对学生成就动机的研究。目标定向理论主要来源于成就目标理论，成就目标理论是以社会认知理论为基础的动机理论。Dweck 及其合作者（Dweck and Elliott, 1983; Dweck and Leggett, 1988）最初对儿童学生群体的成就动机进行了研究，发现人们对成就的理解与认知因素有关，一类人倾向于把能力的提高作为成功的标准，他们在行为中表现出"掌握定向"（mastery-oriented）的反应模式；而另一类人则倾向于以参照群体来评价自己的成功，当他们的工作绩效较低时就会怀疑自己的能力并做出一些非适应性行为，在行动中就会表现出"无助"（helpless）的反应模式。

根据这一研究发现，Dweck and Leggett（1988）提出了两种目标——学习目标（learning goal）和成绩目标（performance goal）。学习目标占优势的个体把注意力集中在对任务的把握和理解上，注重发展自己的能力；而成绩目标占优势的个体有向他人展示自己才智和能力的意愿，但会极力回避那些可能失败或会表现出自己低能的情境。后来又有学者对成绩目标做了进一步划分（Elliot and Church, 2004; Elliot and Harackiewicz, 1996），分为成绩趋近目标（performance approach goal)与成绩回避目标(performance avoidance goal)。当追求成绩趋近目标时,个体常希望在从事任务时展现自身能力;而当追求成绩回避目标时,个体往往会避免在从事的任务中暴露自己的不足(Elliot and Harackiewicz, 1996; Pintrich et al., 2003)。也有研究者主张把学习目标定向也区分为趋近和回避两个成分,这就形成了四种类型的成就目标(Cury et al. 2006; Elliot and Thrash, 2001)。成就目标理论中,不同类型的成就目标对应不同的目标定向,即学习目标定向(learning goal orientation)和成绩目标定向(performance goal orientation)等。Nicholls et al. (1985) 基于社会参照的视角,将目标定向分为任务卷入定向(task involvement)和自我卷入定向(ego involvement),后来开发了三维度量表,包含任务定向(task orientation)、自我与社会定向(ego and social orientation)和工作逃避(work avoidance)三种目标定向。Vandewalle(1997)界定了工作情境下目标定向的三维度,包括学习目标定向(learning goal orientation)、证实目标定向(proving goal orientation)和回避目标定向(avoiding goal orientation)。

在目标定向理论中,Dweck (1986) 引入了智力的内隐理论(implicit theory of intelligence),用于解释为什么不同的个体有不同的目标定向,即目标定向的起源。智力的内隐理论表示,不同的个体对能力的本质有不同的内隐观念(implicit conception about the nature of ability)(Nicholls, 1984; Sternberg et al., 1981; Wellman, 1985; Yussen and Kane, 1985)。一些个体相信智力增长理论(an incremental theory of intelligence),他们认为,智力是一种可塑的、可增长的以及可控制的能力,因此他们会追求学习目标来提高自己的能力;一些个体相信智力实体理论(an entity theory of intelligence),他们认为,智力是一种稳定且不可控制的特质,因此他们更可能追求成绩目标来确保他人对自己智力的积极评价而避免消极评价。因为个体不可能同时采用这两种智力内隐观念,因此,学习目标定向和成绩目标定向就被假定为以一个连续体相反的两极而存在(Dweck, 1986)。但这种一维结构假设很快就受到了质疑,Dweck(1989)后来也认为,个体有可能试图一边提升自身技能,一边又希望在他人面前表现良好。因此,学习目标定向和成绩目标定向并不是非此即彼的关系,它们共同构成了目标定向的结构。

目标定向理论不仅在教育学和心理学领域占有重要地位,近年来在组织管理领域也受到了广泛的关注。然而,目标定向的心理本质在组织管理研究中出现了显著的分歧,而且难以调和(Payne et al., 2007)。目标定向最初被定义为在成就任务中个体行为的一种情境化导向(Dweck, 1986; Nicholls,

1984)。在这里,目标定向定义了人们为什么以及如何实现不同的目标,体现的是对成就行为的一种整体性的目标倾向,并不关注人们所追求的成就目标的具体内容(Anderman and Maehr, 1994)。因此,目标定向可以被看作个体在具体情境中的经验,引导着个体对事件的解释及其认知、情绪和行为模式的产生(Ames, 1992; Elliott and Dweck, 1988)。然而,除了将目标定向定义为个体行为情境化的导向,也有学者将其视为一种稳定的因素,如与具体任务相联系的一种特定状态(state)(Stevens and Gist, 1997; Steele-Johnson et al., 2000),或是一种跨情境的稳定个人特质(trait)(Colquitt and Simmering, 1998)。面对目标定向研究中出现的概念混乱和研究结果的矛盾,DeShon and Gillespie(2005)试图基于受驱动行动理论(motivated action theory, MAT)来整合现有的研究,并希望解决研究中的分歧。他们提出了成就情境中目标导向行为(goal-oriented behavior)的受驱动行动理论模式。基于此,他们将目标定向定义为"一种用来描述认知和行为模式的标签,这种认知和行为模式产生于特定成就情境下和特定时间点人们对成就目标即掌握趋近目标(mastery approach goal)、成绩趋近目标(performance approach goal)或成绩回避目标(performance avoidance goal)的追求"。因此在他们看来,目标定向不是目标,而是一种个体在追求特定成就目标过程中形成的认知和行为模式。

针对目标定向的不同内容,学者们开展了大量的实证研究,考察了目标定向对个体及团队层面的作用及其机制和边界条件,以探索目标定向在组织管理领域的实践价值。

在个体层面,许多研究者探索了不同目标定向对个体结果变量的影响,如工作绩效、个人动机、创造力等。Hofman(1993)在研究职业领域目标定向的作用时发现,成绩目标定向与员工工作绩效没有直接关系,但之后的研究又表明学习目标定向和成绩目标定向均显著影响员工工作绩效和工作满意度(Hofman and Luthans, 1995)。Janssen and Van Yperen(2004)的研究表明,员工的掌握目标定向对领导-成员交换关系有正向影响,从而促进角色内工作绩效、创新绩效及工作满意度,而成绩目标定向则负向影响上述结果变量。目标定向还是个体动机的重要影响因素,许多研究表明,学习目标定向会显著地促进个体的兴趣和内在动机(Cury et al., 2006; Heyman and Dweck, 1992),促进个体自我效能感的提升(Colquitt and Simmering, 1998; Kaplan and Maehr, 1999; Linnenbrink and Pintrich, 2000)。Steele-Johnson *et al.*（2000）的研究发现，目标定向和任务难度会产生交互作用而对个体的内在动机及绩效产生影响。另外，学习目标定向不仅会促进个体的积极情绪（Roeser *et al.*, 1996）、幸福感（Dykman, 1998）等，还会促进个体与他人合作的意愿（Levy *et al.*, 2004）。成绩趋近目标定向和成绩回避目标定向对结果变量的影响作用也不尽相同。研究表明，成绩回避目标定向往往会带来一些消极的结果，例如抑制自我效能感，导致个体产生焦虑（Urdan *et al.*, 2002）等；成绩趋近目标则既有积极作用也有消极作用，例如会促进个体积极情绪的产生（Harackiewicz *et al.*, 2002），但也可能导致个体产生破坏性的行为（Midgley *et al.*, 2001）。另外，在关于目标定向的研究中，创造力是一个非常重要的话题，已有许多研究证明了学习目标定向对创造力的积极作用（Hirst *et al.*, 2009; Huang and Luthans, 2015; Lee and Yang, 2015; 等等）。具有学习目标定向的个体关注个人能力的发展，乐于接受具有挑战性的目标，对工作有很强的内在动机和自主性，从而在具有挑战性的工作环境中能够积极寻找学习和创造的机会（Van Yperen, 2003）。还有研究表明，目标定向在个体创造力产生的过程中起到了重要的调节作用，例如当员工的学习目标定向较高时，任务冲突对员工创造力的积极作用更强（De Clercq *et al.*, 2017）。

早期的目标定向研究大多在个体层面开展，随着理论的发展，近年来，其研究层次逐渐拓展到更高的层面，越来越多的学者开始关注目标定向在群体或团队层面发挥的作用。Bunderson and Sutcliffe（2003）从团队氛围的视角分析了团队目标定向的内涵，提出团队目标定向是团队成员对团队成就目标的共同感知，是一种团队氛围。Deshon *et al.*（2004）认为，团队目标定向是一种由团队成员对团队所追求目标的共同认知而引发的状态。团队目标定向现已成为团队研究中的重要构念，对许多团队结果变量都有预测作用，如团队适应性（Porter *et al.*, 2010）、团队绩效（DeShon *et al.*, 2004; Mehta *et al.*, 2009）、团队自我调节（DeShon *et al.*, 2004）、团队效能和团队承诺（Porter, 2005），等等。Gong *et al.*（2013）通过对目标定向开展跨层研究，发现团队学习目标定向和团队成绩趋近目标定向会正向影响个人创造力以及团队创造力，而团队成绩回避目标定向则起到负向作用，团队信息交换在其中发挥中介作用，领导者信任在其中发挥调节作用。Shin *et al.*（2017）的研究表明，团队学习目标定向和团队成绩趋近目标定向对团队创新绩效有显著的正向作用，其中，团队反思（team reflexivity）起到中介作用；而团队成绩回避目标定向则同团队反思和团队创新绩效没有关系。

目标定向在团队层面变量关系中还是重要的调节因素，例如，当团队学习目标定向高且成绩回避目标定向低时，团队成员文化多样性对团队绩效的积极作用更强（Pieterse et al., 2013）。另外，Pieterse et al.（2011）通过实验研究发现，群体目标定向的差异性也会对群体绩效产生影响，学习目标定向差异（diversity in learning orientation）和成绩目标定向差异（diversity in performance orientation）均会抑制群体绩效，其中，群体信息加工（group information elaboration）和群体效能（group efficiency）起到中介作用。

对该理论的评价

目标定向理论是认知心理学家基于社会认知的视角来研究个体在成就情境下的动机和行为的一种社会认知理论，最初直接用于解释教育情境下的个体行为并指导教育实践活动。后来在教育学、心理学、社会学、管理学等学科的研究领域不断发展，现已成为重要的人类动机理论，在理论界和实践界都得到了广泛的应用。然而，当前该理论存在的一个突出问题就是概念的模糊性和文献中不同学者对此概念理解的分歧。目标定向文献中最常见的定义方式是把目标定向看作在成就情境下个体对特定目标的选定和追求（例如 Barron and Harackiewicz, 2001; Elliot, 1999; Elliot and Harackiewicz, 1996; Grant and Dweck, 2003）。组织管理研究者更倾向于把目标定向视为一种稳定的、类似特质的个体差异特点（例如 Colquitt and Simmering, 1998），或者一种与具体任务和情境相联系的情境特定状态（例如 Stevens and Gist, 1997），或者一种实验诱导的状态（例如 Steele-Johnson et al., 2000）。目标定向是目标，是特质，是一种与情境因素有关的状态，还是一种个体在追求特定成就目标的过程中形成的认知和行为模式？这四种不同的目标定向定义之间有何联系？如何取舍或统一？目前这些问题还不清楚。

对目标定向的不同定义，引导着该理论朝着不同的方向发展，这已经导致其在文献中出现许多不一致的研究结果，尤其是在组织管理研究中出现了许多概念性混乱，导致目标定向和重要结果变量之间的关系变得模糊不清甚至相互矛盾（DeShon and Gillespie, 2005）。因此，概念的模糊性已经成为目标定向理论研究发展的障碍，这一局限性也制约了该理论在实践中的应用。

目标定向概念的混乱既与文献中目标定向的理论基础薄弱有关，也与心理学中目标概念语义的模糊性联系密切（章凯，2014）。最初 Dweck 及其合作者提出的目标定向概念主要是建立在社会认知理论和智力的内隐理论的基础之上，作为成就动机理论的发展所提出的。而研究表明，个体既可以表现出高学习目标定向，也可以同时表现出高成绩目标定向，这说明 Dweck 及其合作者试图用智力的内隐理论来说明目标定向来源的逻辑基础是错误的（Payne et al., 2007）。社会认知理论确实有助于我们理解个体的行为动机，但是如果认为仅有认知或社会认知就可以产生行为动机，那可能是错误的。总而言之，目标定向概念的理论基础是比较薄弱的，如果不改变这一状况，目标定向理论将难以健康发展。我们认为，从逻辑上讲，只有正确地认识目标的心理属性和本质，才有可能有效地揭示目标定向的心理本质，从而正确地理解和整合不同的研究成果，为今后目标定向的研究提供更坚实的理论基础。

关键测量量表

1. Achievement Goal Items：3 维度，18 题

Elliot, A. J., & Church, M. A. (2004). A hierarchical model of approach and avoidance achievement motivation. *Journal of Personality & Social Psychology*, 72(1), 218–232.

2. Work Domain Goal Orientation Instrument：3 维度，16 题

Vandewalle, D. (1997). Development and validation of a work domain goal orientation instrument. *Educational & Psychological Measurement*, 57(6), 995–1015.

3. Achievement Goal Measure：3 维度，16 题

Archer, J. (1994). Achievement goals as a measure of motivation in university students. *Contemporary Educational Psychology*, 19(4), 430–446.

4. Goal Orientation Measures：2 维度，16 题

Button, S. B., Mathieu, J. E., & Zajac, D. M. (1996). Goal orientation in organizational research: A conceptual and empirical foundation. *Organizational Behavior & Human Decision Processes*, 67(1), 26–48.

5. Achievement Goal Orientations Scale：3 维度，18 题

Midgley, C., Kaplan, A., Middleton, M., Maehr, M. L., Urdan, T., & Anderman, L. H., et al.

(1998). The development and validation of scales assessing students' achievement goal orientations. *Contemporary Educational Psychology*, 23(2), 113.

6. Personal Goals Scale：3 维度，9 题

Nicholls, J. G., Patashnick, M., & Nolen, S. B. (1985). Adolescents' theories of education. *Journal of Educational Psychology*, 77(6), 683–692.

7. Motivated Strategies for Learning Questionnaire (MSLQ)：15 维度，81 题

Pintrich, P. R., Smith, D. A. F., Garcia, T., & Mckeachie, W. J. (1993). Reliability and predictive validity of the motivated strategies for learning questionnaire (MSLQ). *Educational & Psychological Measurement*, 53(3), 801–813.

8. Goals Inventory：2 维度，17 题

Roedel, D. B., Schraw, G., & Plake, B. S. (1994). Validation of a measure of learning and performance goal orientations. *Educational & Psychological Measurement*, 54(4), 1013–1021.

9. Goal Orientation Items：4 维度，22 题

Skaalvik, E. M. (1997). Self-enhancing and self-defeating ego orientation: Relations with task and avoidance orientation, achievement, self-perceptions, and anxiety. *Journal of Educational Psychology*, 89(1), 71–81.

经典文献

Cury, F., Elliot, A. J., Fonseca, D. D., & Moller, A. C. (2006). The social cognitive model of achievement motivation and the 2×2 achievement goal framework. *Journal of Personality and Social Psychology*, 90, 666–679.

DeShon, R. P., & Gillespie, J. Z. (2005). A motivated action theory account of goal orientation. *Journal of Applied Psychology*, 90(6), 1096–1127.

Dweck, C. S. (1986). Motivational processes affecting learning. *American Psychologist*, 41(10), 1040–1048.

Dweck, C. S., & Leggett, E. L. (1988). A social-cognitive approach to motivation and personality. *Psychological Review*, 95(2), 256–273.

Elliot, A. J., & Church, M. A. (2004). A hierarchical model of approach and avoidance achievement motivation. *Journal of Personality & Social Psychology*, 72(1), 218–232.

Elliot, A. J., & Harackiewicz, J. M. (1996). Approach and avoidance achievement goals and intrinsic motivation: A mediational analysis. *Journal of Personality & Social Psychology*, 70(3), 461.

Elliott, E. S., & Dweck, C. S. (1988). Goals: An approach to motivation and achievement. *Journal of Personality & Social Psychology*, 54(1), 5.

Grant, H., & Dweck, C. S. (2003). Clarifying achievement goals and their impact. *Journal of Personality & Social Psychology*, 85(3), 541.

Kaplan, A., & Maehr, M. L. (2007). The contributions and prospects of goal orientation theory. *Educational Psychology Review*, 19(2), 141–184.

Nicholls, J. G. (1984). Achievement motivation: Conceptions of ability, subjective experience, task choice, and performance. *Psychological Review*, 91(3), 328–346.

Payne, S. C., Youngcourt, S. S., & Beaubien, J. M. (2007). A meta-analytic examination of the goal orientation nomological net. *Journal of Applied Psychology*, 92(1), 128–150.

对管理者的启示

自20世纪80年代以来，人才在企业发展中的作用越来越突出，逐渐成为企业核心竞争优势的来源，企业不能再以自身目标为中心，要更多地关注员工，重视人本管理。尤其是在今天的互联网时代，知识型员工、新生代员工等群体逐渐成为企业员工的主体，如何有效地管理员工成为当今企业所面临的共同挑战。人类的动机是一种复杂的心理现象，它对个体行为具有指引、驱动和保持的作用，组织要想更有效地激励员工为实现组织目标而努力，就必须关注员工个人的工作动机。因此，目标定向理论作为典型的动机理论，也为管理者提供了重要的启示。

目标可以揭示个体态度与行为背后的动机（Dweck and Leggett, 1988；章凯, 2014），是个体行为的动力来源，组织必须重视调动员工目标的自我驱动能力。目标定向理论强调了成就情境下个人成就目标的多样性以及不同目标对应着不同的认知与行为模式。这为员工招聘、选拔和培训提供了新的思考维度。同时，不同的目标定向没有绝对的优劣之分，不同的目标定向是相对独立存在的，个体可以同时具有多种目标定向。因此，对于管理者而言，关键不在于探寻员工最佳的目标定向，而在于如何实现员工个人的目标定向同组织的激励、领导以及文化管理等相结合，以便有效地发挥员工目标定向的积极作用，从而达到更好的管理效果。

本章参考文献

22

内隐领导理论

叶龙[1]　王文姣[2]　王蕊[3]

图 1　达夫·伊登

　　20 世纪 70 年代中期起，领导力认知理论受到越来越多的重视。研究者们认为，无论是领导者还是追随者，在一个行为对另一个行为影响的过程中都不是直接发生的，而是由起到中介作用的认知过程决定的。领导者会把下属分类并定位为某类员工，下属也会将领导者归类为"原型"或"非原型"领导者（Lord and Maher, 1991），这使得对领导力的研究由对外部行为的关注过渡到对内在机制和影响过程的强调。其中，对下属心理和认知模式的研究取得了长足的进展，通常被称作"内隐领导理论"（implicit leadership theory）。

　　内隐领导理论认为，个体在判断领导者与非领导者时，会基于长期记忆、根据事实主动构建一个存有识别领导者特征内容的认知模式。这一模式不仅影响下属对领导者行为的归因，而且对下属回答行为问卷的方式也会产生重要的影响（Eden and Leviatan, 1975）。

---

[1]　叶龙，北京交通大学关键岗位人员职业适应性研究中心教授、博士生导师。主要研究领域：企业管理（人力资源开发管理）、管理咨询、安全科学与管理。电子邮件：yelong@bjtu.edu.cn。
[2]　王文姣，北京交通大学经济管理学院硕士研究生。主要研究领域：组织行为学与人力资源管理。电子邮件：17120707@bjtu.edu.cn。
[3]　王蕊，唐山师范学院经济管理系副教授、北京交通大学经济管理学院博士研究生。主要研究领域：领导力、组织行为理论、创新行为、人力资源管理系统等。电子邮件：12113178@bjtu.edu.cn。

22 内隐领导理论

内隐领导理论是由达夫·伊登（Dov Eden）（见图1）和尤里·利维坦（Uri Leviatan）于1975年在研究潜在领导行为因素结构的问题时，把内隐人格理论应用于领导理论首次提出的，他们认为，内隐领导理论是下属对领导者应具备的素质能力的信念。Lord et al.（1986）把内隐领导理论归类为一种原型，研究目标个体的特征在多大程度上与下属对领导者的分类知识（原型）相一致，对于社会类别，Lord et al.（1986）认为是围绕识别领导者特质构成的。

此后，许多学者围绕领导者原型的共通性进行了探讨和研究。Lord et al.（1984）根据 Rosch（1978）信息类别分层的观点将下属对领导者的认知分为三个层次，认为在基本阶下属会通过不同情境对领导者进行区分，得出特定情境中的领导者原型。Offermann et al.（1994）有关内隐领导理论的调查研究结果表明，人们在长期的记忆中关于领导者的特征是具有多维度共通性的认知结构的。Den Hartog et al.（1999）进一步研究了领导者品质的共通性程度，结果显示，不同民族文化背景下的内隐领导理论既存在跨文化的认同，又存在领导者原型的差异。Keller（1999）依据社会学习理论的逻辑提出了另一种影响潜在领导者原型的内容，即下属对父亲的认知会成为未来识别领导者类别的标准。

国内学者凌文辁等（1991）开启了本土化内隐领导理论的研究。对比中美内隐领导理论的研究可以发现，中美在内隐领导理论的因素结构和维度上存在差异，并得出了"个人品德"因素是中国特色的内隐领导因素的结论。内隐领导理论自提出以来，不但引起了国内外众多学者的关注，而且在不同领域被广泛引用。自2000年以来该理论被引次数见图2。

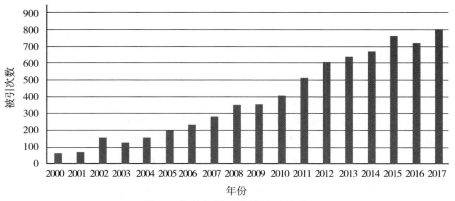

图2　内隐领导理论的被引次数

资料来源：根据 Google Scholar 数据整理而成，搜索时采用精确匹配。

内隐领导理论的核心内容

内隐领导理论是用来探明人们"内心"关于领导者特征的见解和假设。根据信息处理理论，个体运用注意、选择、编码、加工和对过去特殊事件或行为的回忆所形成的认知结构或认知分类系统，储存于下属的记忆之中，为下属提供了解领导者行为的认知基础。该认知结构既包括个体对领导者的期望和信念，称作"领导者原型"（leader prototype），又包括不期望面对的特征与行为，称作"领导者非原型"（leader antiprototype）。当领导者的特征和行为与下属期待的原型相符合时，则会被认为是优秀的领导者。

Offermann et al.（1994）提出的多维度认知结构的内隐领导理论模式获得了学界的普遍认可；Holmberg and Akerblom（2001）认为，对领导者的认知要考虑文化和情景因素，要根据不同情景区分领导者原型，据此提出了一般领导、杰出领导、政治领导和企业型领导的特征原型；Epitropaki and Martin（2004）在对Offermann et al.（1994）的模型验证的基础上，对部分特征要素进行了重新合并和分类。在跨文化相似性上，Ling（1988）、林琼（2003）等国内学者构建了四维度理论模型，得出了"个人品德"这一中国文化背景下的特有内隐领导要素。另外，有学者发现，中西方在正性特征与负性特征的界定上存在差别，例如，卢会志（2008）提出，吸引力在西方模型中属于正性特征，在中国却归于负性特征的八维度理论模型。

内隐领导理论基于信息处理理论着力探讨的是下属关于领导者的认知和分类，下属的认知模式是内隐领导理论的核心内容。下属领导者原型的形成不是简单的知识构成，受到多种因素的影响。社会学习理论发现，文化（Maurer and Lord, 1991; House, 2004; Den Hartog et al., 1999）、早期经验（如对父辈特征的认同）（Keller, 1999）、个体与领导者的交互经验和组织社会化过程（Rush and Russell, 1988）会对领导者原型的形成产生影响（Jabkin and Krone, 1994; Kreitner and Luthans, 1984）。此外，Hogg（2001）及其同事的社会身份理论研究延伸了分类的框架。社会身份理论认为，领导力是一个团体过程，在团体中领导力认知和有效性更多地取决于领导者与团体原型的相符程度。下属会根据目标对象与团体原型的相符程度识别、选择领导者，激活"内心"的领导者原型，任职者也可以通过塑造认同影响团体原型，进而影响下属的领导者原型。Hogg（2001）的理论强调了除领导者原型外，团体原型在领导者认知模式形成过程中的重要性。

信息处理理论的另一个视角是领导者对下属的认知和分类，即内隐追随理论（IFTs）。内隐追随理论研究的是领导者对追随者特征、行为的假设和预期。追随者的表现与追随者原型的匹配程度既会影响领导者对追随者的态度、行为和评定，也会影响追随者的工作态度、工作行为、工作绩效、对领导者的信任及领导 – 成员交换关系（Sy, 2010）。例如，变革型领导知识结构中包含了领导者对下属自我独立和创新的认知内容（Woffor et al., 1998）。领导者的认知是领导者的行为前兆，领导者通过对下属施加影响，激发下属的自我概念，从而改变下属对自己的认知方式（Lord et al., 1999）。

内隐领导理论在组织内部的影响效果可以从下属和领导者的角度进行阐述。对下属而言，现实领导者与原型之间的差异会影响其离职意向（Tse et al., 2013）、工作态度（Epitropaki and Martin, 2005）、工作绩效、对领导者的成绩评价（Schyns et al., 2007）和追随，进而会影响领导有效性（Lord and Brown, 2001）。下属的认知分类系统也会影响其对领导者的信任程度（林琼等，2002；张祥润等，2017）和对领导者决策的接受程度（Lord, 1985）。从交互作用视角，原型差异和下属认知模式会影响领导 – 成员交换关系（Topakas et al., 2015）和两者对双方关系质量的评估（Riggs and Porter, 2017; Tsai et al., 2017），下属对领导者的较低评价会导致领导者提供较少的推荐提拔机会（Schyns et al., 2007）。

人们在辨识、认定领导者的过程中有两种不同的机制：基于特征识别和基于情景推断。前者强调通过特征类型辨识领导者、非领导者和特定情境下的有效领导者（Lord et al., 1984）；而后者关注领导者的行为和结果，例如，业绩会作为下属的领导者分类标准（Binning and Lord, 1980），绩效线索刺激（卢会志，2008）和团体成功（Offermann and Coats, 2017）会影响下属对目标对象的评价。内隐领导理论通过以下机制对下属和领导者产生影响：原型差异对下属工作态度和工作行为产生影响的过程中，下属的内在动机、领导 – 成员交换关系具有中介作用（Epitropaki and Martin, 2004），权力距离起到调节作用（王敏，2017）。当差异较大时，会降低下属对领导者的信任程度，进而负向影响下属的组织承诺和组织绩效（赵周祥和杨梅，2011），此过程中上下级沟通频率具有显著的调节作用（张祥润等，2017）。

对该理论的评价

内隐领导理论采用认知心理学的方法，摆脱了以往领导行为研究视角的束缚；探索内在的领导者原型为理解领导现象提供了基础，也为发展外显领导理论提供了所需的概念框架。内隐领导理论有助于人们感知、评价领导者行为，辨识领导者与非领导者、有效领导者与无效领导者；同时也有助于深入探测人们对领导者行为评价的特点与规律。从认知视角来研究领导者及其下属的行为，更加贴近组织行为的现实，能够更加合理、有效地解释组织行为。

但是，目前有关内隐领导理论的研究还不够充分。二十多年来由于工作场所发生的显著变化，如科技的普遍使用、女性管理者的增多、经济发展对管理者观念的影响等，使得国外内隐领导理论的结构内容有所变动（Offermann and Coats, 2017），而这些显著变化是否会成为中国内隐领导理论的影响因素不得而知。

此外，领导力是领导者对下属的行为、思想和情感的影响，并使其为实现组织目标而努力的过程，涉及领导者、被领导者和情景三种因素。而内隐领导理论仅从认知和信息处理的视角研究下属如何形成对领导者的知觉，对知觉如何转变成行动这一问题并未给出明确的解释和相应的研究（曲波和张峰，2008）。

关键测量量表

1. 59 Leader Attributes Scale：2 维度，59 题

Lord, R. G., Foti, R. J., & Vader, C. L. D. (1984). A test of leadership categorization theory: Internal structure, information processing, and leadership perceptions. *Organizational Behavior & Human Performance*, 34(3), 343–378.

2. Implicit Leadership Theories Scale：8 维度，41 题

Offermann, L. R., Jr, J. K. K., & Wirtz, P. W. (1994). Implicit leadership theories: Content, structure, and generalizability. *Leadership Quarterly*, 5(1), 43–58.

3. Implicit Leadership Theories Factor Structure Scale：6 维度，21 题

Epitropaki, O., & Martin, R. (2004). Implicit leadership theories in applied settings: Factor structure, generalizability, and stability over time. *Journal of Applied Psychology*, 89(2), 293–310.

4. 中国内隐领导量表：4 维度，19 题

凌文辁，方俐洛，艾尔卡. (1991). 内隐领导理论的中国矸究：与美国的研究进行比较. 心理学报，(3)，236–242.

5. 内隐领导理论测量：8 维度，51 题

卢会志．(2008)．内隐领导理论的认知结构与影响因素．华东师范大学．

| 经典文献 |

Den Hartog, D. N., House, R. J., Hanges, P. J., Ruizquintanilla, S. A., Dorfman, P. W., & Abdalla, I. A., *et al*. (1999). Culture specific and cross-culturally generalizable implicit leadership theories: Are attributes of charismatic/transformational leadership universally endorsed?. *Leadership Quarterly*, 10(2), 219–256.

Eden, D., & Leviatan, U. (1975). Implicit leadership theory as a determinant of the factor structure underlying supervisory behavior scales. *Journal of Applied Psychology*, 60(6), 736–41.

Epitropaki, O., & Martin, R. (2004). Implicit leadership theories in applied settings: Factor structure, generalizability, and stability over time. *Journal of Applied Psycholgy*, 89(2), 293–310.

Lord, R. G., Foti, R. J., & Vader, C. L. D. (1984). A test of leadership categorization theory: Internal structure, information processing, and leadership perceptions. *Organizational Behavior & Human Performance*, 34(3), 343–378.

凌文辁，方俐洛，艾尔卡．(1991). 内隐领导理论的中国研究：与美国的研究进行比较．心理学报，(3)，236–242.

Offermann, L. R., Jr, J. K. K., & Wirtz, P. W. (1994). Implicit leadership theories: Content, structure, and generalizability. *Leadership Quarterly*, 5(1), 43–58.

| 对管理者的启示 |

内隐领导理论表明，下属对领导者的认知会间接影响组织绩效，尤其是存在原型偏差时，对下属、领导者和组织均有不利影响。因此．管理者要注意原型匹

配，缩小差异。

领导者应该适当增加与下属的沟通频率，使其依据更充分的客观信息对领导者进行评价，而不仅仅是依靠领导者原型。领导者不仅要理解和尊重下属对卓越领导者的信念和预期，更要以此为基础，为获得下属的信任做出多样化的努力，以便引领员工产生积极正面的工作态度，提升工作满意度和组织绩效。

此外，在进行领导力培训时，组织管理者既要着重培养领导者素质，有针对性地提高领导力水平，降低下属的内隐领导认知差异，又要了解下属心目中的领导者原型，科学选拔领导者并塑造良好的认知形象，构建更为和谐的人际关系，从而提升员工满意度，增强组织凝聚力，提升工作效率以及创新能力。

本章参考文献

23

互动仪式链理论[*]

韩雪亮[1] 汤豆[2] 张静[3]

美国社会学家兰德尔·柯林斯（Randall Collins）（见图1）于1988年提出互动仪式链图式，并在2004年出版的《互动仪式链》一书中正式提出互动仪式链理论（interaction ritual chain theory）。兰德尔·柯林斯认为，情感能够联系社会团结与个人行动，互动仪式链是社会结构的基础，通过互动仪式可以实现微观社会学与宏观社会学的结合。在社会学研究中，虽然互动仪式链理论是一个相对比较年轻的理论，但是已经引起学界的广泛关注和思考，并成为各领域学者深入探索研究的热门理论之一。在互动仪式链理论提出后的十年间，其被引次数不断攀高，截至2017年累计被引超过42 000次（见图2）。

图1 兰德尔·柯林斯

---

[*] 基金项目：河南省高等学校重点科研项目（19A630001）；河南省哲学社会科学规划项目（2017BJJ003）。

[1] 韩雪亮，河南财经政法大学工商管理学院讲师。主要研究领域：组织变革与创新，组织情绪与人际情感。电子邮件：mervyn1986@126.com。

[2] 汤豆，河南财经政法大学工商管理学院。主要研究领域：组织商业模式变革。电子邮件：tayloortang@163.com。

[3] 张静，河南财经政法大学工商管理学院。主要研究领域：组织行为学。电子邮件：ruoshui@163.com。

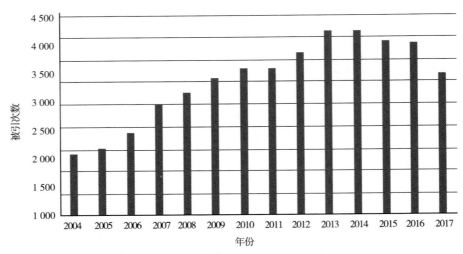

图 2　互动仪式链理论的被引次数

资料来源：根据 Google Scholar 数据整理而成，搜索时采用精确匹配。

互动仪式链理论的核心内容

Durkheim（1995）认为，对宗教团体的承诺是通过集体宗教仪式来实现和维护的，这种仪式了一种强烈而共有的集体兴奋（collective effervesence），进而将参与者和集体联系起来。在此基础上，Collins（2004）发展了一种互动仪式的一般理论，其在《互动仪式链》一书中提出：我们所生活的社会可以被看作一条互动仪式链，人们在这条链上不断地从一种际遇（encounter）转向另一种际遇，不同水平的际遇反映的是不同表达意义的程序化活动。在这里柯林斯所说的"不同表达意义的程序化活动"就是拟剧理论的提出者——欧文·戈夫曼（Erving Goffman）所说的互动仪式。互动仪式是一个过程，在该过程中参与者形成共同关注的焦点，并彼此感受对方身体的微观节奏与情感。图 3 不仅包含了仪式（它和手段，都被柯林斯视为是际遇中交流的中介）所涵盖的重要因素，还描述了柯林斯所说的仪式的动力。

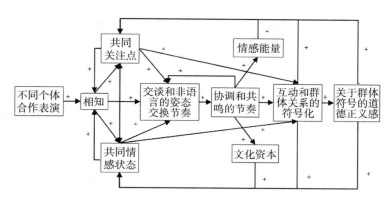

图 3　柯林斯的互动仪式链理论

资料来源：乔纳森·H. 特纳著，邱泽奇译：《社会学理论的结构（下）》，华夏出版社，2011 年版，第 106 页。

与涂尔干的观点相似，柯林斯在互动仪式链理论中提出：仪式能够激发情感，而情感又会进一步回应和提升人们对仪式的感觉。当人们在心理上存在共同展现和拥有共同的关注点时，便会产生类似的情感冲动，从而促使他们采用等价的符号（如非言语的和讲话的方式等）来表达共同的关注点和情绪，有关这些符号的道德正义感也便会由此而产生。这既是互动仪式发生的过程，也是其发生的条件。在仪式和情感混合在一起的互动过程中，文化资本和情感能量是两种非常重要的基本资源。

虽然柯林斯认为互动是因人们对其掌控的文化资本和情感能量的有效利用而形成的，但是柯林斯仍然主张驱动互动的真正动力是情感能量。相对于文化资本而言，情感能量是最具价值且具有高回报性的。在互动的过程中，个体总是希望能够将其所拥有的积极情感能量最大化，这些动机会使得他们参与到可以引发图 3 中所展示的仪式中去。这意味着：像很多商品一样，互动仪式也存在一种市场。无论个体参与哪一种仪式，都必须支付一定的时间和精力等作为代价。因此，个体为了使情感能量最大化，总是希望能够参与到那些消耗尽可能少的积极情感能量而产出最大的仪式中。在柯林斯看来，情感能量是理性选择的总调度。根据柯林斯的互动仪式链理论，情感不仅不是非理性的代表，反而是潜在的高度理性化。作为"情感迷狂者"的人们，需要不断地在可以产生高水平的积极情感能量（参与家庭活动、宗教活动或朋友聚会等）和方便参与更具情感激励的际遇（可以带来物质资源的或工作性的行动计划）之间做出平衡。这二者通常是反向的。只寻求高情感激励际遇而忽视工作实用性的人（比如那些性瘾者或吸毒者），往往不会得到伴随情感激励际遇而来的物质资源。另外，柯林斯所说的互动仪式具有权力和地位两个维度。在权力存在差距的情况下，个体可以通过支配他人获得情感能量，而受支配者将失去情感能量。同样地，在地位悬殊的情况下，上级将能够获得情感能量，而下级将失去情感能量。随着时间的推移，权力和地位的情感能量优势是累积的，高水平的权力与高地位相匹配，会产生更大的情感能量积累的潜能。

在社会互动中的情感研究中，情感剧场理论、情感的符号互动理论、情感网络理论、情感互动进化理论、情感心理分析理论以及地位和权力的情感理论等各占一席之地。从研究的视角和类别来讲，互动仪式链理论属于地位和权力的情感理论之一。在对地位和权力的情感理论研究中，柯林斯与肯珀（Kemper, 1979）、里奇韦（Ridgway, 1982）和伯杰（Berger, 1988）有着不同的观点。里奇韦和伯杰的感情预期状态理论的中心思想是，群体中的成员被指定于某一特定位置，从而建立了对他们的能力和角色的预期。该理论指向的是个体将要做出的行动相对于其他人的行动而言会是怎样的，而柯林斯的理论则强调追寻情感能量最大化。肯珀的"地位－权力"模式的基本观点是，个体在社会关系中的相应权力和地位及其改变，对他们的情感状态有着极其重要的影响。该理论强调给予他人地位，具有利他性，而柯林斯的理论则强调地位高则获得的情感能量多。另外，符号互动理论认为，事物对个体社会行为的影响往往不在于事物本身所包含的世俗化的内容与功用，而在于事物本身相对于个体的象征意义。该理论关注个体行为，强调人类主体性的理论前提，而柯林斯并不注重人类主体性，前者的研究对象是社会互动过程中的个体行为和活动，后者的研究对象更为宏观，不仅包括个体行为，还包括社会群体行为和活动。

柯林斯在互动仪式链中提出，虽然个人主义是社会的产物，但是它是一种自我团结（self-solidarity）的形式。自我团结、仪式团结和利他主义，都是促使个体从一种情境进入另一种情境的仪式链的动力因素。Cottingham（2012）将群体作为一个分析单元并超越情境互动和典型的运动背景（包括婚礼和葬礼这样的重大生活事件）去分析群体团结，从而推动了互动仪式链的研究。此外，Brown（2011）基于互动仪式链理论对消费者和生产之间的互动如何产生团结并激发对公平贸易运动的支持提供了解释。Maloney（2013）在对线上社交情况的研究中诠释了线上同质性社交网络对嵌入个体的影响。Wellman et al.（2015）在基于互动仪式链理论对教堂参与者的研究中提出，超级大教堂是有效的互动仪式地点和强有力的宗教情感交流圣地；参与者带着强烈的情感的"饥饿"而来并且精力充沛而归。Ji（2017）提出，互动仪式链比单一仪式更有效，他认为，在拉关系中使用互动仪式是一项社会投资，工具性仪式在构建强大的社会资源方面起着比表达性仪式更重要的作用，"工具——礼"是这些实践背后的共同价值，它具有夸大行为者的道德义务和情感依恋的作用，用于掩盖理性的计算，从而为该实践正名。

在国内，互动仪式链研究仍处于起步阶段。冉雅璇和卫海英（2016）基于互动仪式链理论，分析了6家企业品牌危机应对策略。谢彦君和徐英（2016）将互动仪式链理论引入旅游体验研究，探讨了互动仪式对旅游体验情感能量的影响，并借助维克多·特纳（Victor Turner）的反结构理论进一步修正了柯林斯所说的情感能量匹配。除此之外，柯林斯的互动仪式链理论还被引入了文化（黄健美，2008；潘天波，2014）、传播学（陈权，2012；潘曙雅和张煜祺，2014；朱颖和丁洁，2016）、教育学（魏戈和陈向明，2015）、体育学（王洪珅，2014；王冰等，2014）以及管理和治理（李俏和王建华，2012；王建华和吴林海，2013；赵相如和卫海英，2013）等研究领域。

对该理论的评价

在互动仪式链理论之前，对社会结构的研究都是从宏观或微观两个层面分别进行的，社会学的微观研究与宏观研究之间存在明显的分歧。柯林斯指出，通常微观社会学主要研究的是人们在实际生活中的所做、所说和所思，而宏观社会学主要研究的是大尺度和长时段的社会过程，宏观社会过程是由微观过程组成的。在互动仪式链理论中，柯林斯将个人行动、情感和社会团结融入同一个理论模型，并以情感为桥梁来连接个人与社会，试图从微观基础上的互动情境去解释"社会何以可能"的问题，为理解人类行为提供了一个全新的角度，是人类仪式的一座丰碑。

柯林斯认为：社会学的研究应该从微观到宏观，互动仪式是社会学微观过程，它不仅是研究人们基本活动的起点，也是整个社会学研究的起点。互动仪式链理论的核心内容体现在两个方面：其一是柯林斯对韦伯的冲突理论的继承和发展；其二是柯林斯在社会互动论中的创新和发展。柯林斯在早期的研究中，一直致力于冲突理论研究。在社会学的微观研究方面，柯林斯所提出的互动仪式链理论是关于情感和互动的强大理论；在社会学和人类学的研究方面，柯林斯所提出的互动仪式链理论有别于涂尔干的研究。柯林斯更关心情感的本质和情感能力，旨在建立一个由情感和行为相结合的社会学的微观分析工具（Castro-Santos, 2008）。互动仪式链理论是一个尝试连接涂尔干和戈夫曼的"项目"，以明确对社会结构连续性和稳定性的理解，它弥补了传统理性选择理论在情感研究方面的不足。

柯林斯到处寻找仪式，在这一过程中，他创造了一个高度概括的理论，但以牺牲将仪式作为一个有意义的概念为代价。在其理论中，他几乎没有意识到思想、符号和叙述也有其自身的文化存在和逻辑。互动仪式链理论的核心是情感能量，但是情感能量是模棱两可的，理论本身并没有定义情感能量。这一理论强调积极的情感能量，而忽视了现实中的负面情感能量。在互动仪式链理论中，有太多图示和箭头，社会学的经典中很少表现出这些方法论上的细节，这些是备受推崇的流行病学模型，充满了箭头但缺乏社会学想象力。另外，柯林斯只看到宏观结构和微观行为之间量的差别，而忽视了根本的质的差别。柯林斯的众多命题中，概念（比如资源、际遇、仪式等）的界定也是非常模糊的（刘颖，2010）。

关键测量量表

1. Affect-based Trust Scale：5 题

Zhang, J., Liu, L. A., & Liu, W. (2015). Trust and deception in negotiation: Culturally divergent effects. *Management & Organization Review*, 11(1), 123–144.

2. Cognition- and Affect-based Trust Scale：2 维度，10 题

Ng, K. Y., & Chua, R. Y. (2006). Do I contribute more when I trust more? Differential effects of cognition and affect based trust. *Management and Organization Review*, 2(1), 43–66.

3. Positive and Negative Emotional Energy：3 维度，16 题

Boyns, D., & Luery, S. (2015). Negative emotional energy: A theory of the "dark-side" of interaction ritual chains. *Social Sciences*, 4(1), 148–170.

4. Empathy Scale：10 题

Tian, Q., & Robertson, J. (2017). How and when does perceived CSR affect employees' engagement in voluntary pro-environmental behavior? *Journal of Business Ethics*, (4), 1–14. doi: 10. 1007/s10551-017-3497-3.

| 经典文献 |

Castro-Santos, L. A. (2008). Review: Theoretical concerns: Randall Collins, interaction ritual chains. Princeton, NJ and Oxford: Princeton University Press, 2004, 439 pp. ISBN 0691090270, US$29. 95. *International Sociology*, 23(2), 224–228.

Collins, R. (1987). Interaction ritual chains, power and property: The micro-macro connection as an empirically based theoretical problem. In J. C. Alexander, *et al.* (Eds.), *The Micro-macro Link* (pp.193–206). Berkely: University of California Press.

Collins, R. (2004). Interacton ritual chains. *Reactions*, 171(1), 10–10.

Wellman, J. K., Corcoran, K. E., & Kate, S. (2014). "God is like a drug…": Explaining interaction ritual chains in American Megachurches. *Sociological Forum*, 29(3), 650–672.

| 对管理者的启示 |

以往社会互动更多关注的是"个体",柯林斯在互动仪式链理论中提出,"微观社会学解释的核心不是个体而是情境"。由于研究视角的转变,从而弥补并澄清了传统社会学研究中对情感问题的忽视。互动仪式链不仅强调应该将情境作为分析的重点,同时还主张创造文化符号。在未来的研究中,人类互动的情感或将成为传统互动理论研究的主要议题。近年来,互动仪式链的研究更多地转向展现互动仪式链的实践价值,越来越多的实证研究表明互动仪式链能够在各个方面发挥作用。例如,在政务微信与用户的互动研究方面,政务微信由于掌握权威信息而处于仪式的中心地位,用户为获取信息或服务而"追随"前者,处于边缘位置,二者具有明显的不平等性。提高信息发布频率与质量、合理设置关注焦点和提升用户情感能量是加强仪式效果的关键所在(朱颖和丁洁,2016)。案例研究以网络粉丝社群的互动为例,研究发现,网络粉丝社群中的身份认同机制可以帮助社群成员辨识出谁是社群成员,社群中的互动仪式可以使社群成员实现等级和权力的

分层。社群中的高度参与者通过仪式获得权力,控制其他人的行为,位于社群边缘位置的参与者被动接受控制(潘曙雅和张煜祺,2016)。

根据互动仪式链理论,在地位仪式下,处于中心地位的上级领导者,即涂尔干所称的最高程度的参与者,他们具有最高的情感能量,而处于边缘地位的下级追随者将获得较少的情感能量,非成员不能获得情感能量,没有群体依恋感。管理者应注重营造领导者与追随者间的共同情感,共同关注于如何实现组织目标,并发展共同符号以及形成群体团结感,发展与践行组织文化与精神,产生情感共鸣,运用各种手段激励下级员工(比如薪酬激励),进而达成集体兴奋,令追随者获得较高的情感能量,激发其为达成组织目标而工作的积极性与热情,不至于使其对组织产生疏离感,增强其对组织的依恋感。领导者自身应具有整合聚集群体的能力以及高度的情感能量和鼓舞群体的热情,激发群体活跃的感染力,成为追随者的精神榜样与意见领袖。

需要注意的是,互动仪式链理论只是社会互动的情感研究中的一种理论。尽管它非常强调对情境的分析,但是作为组织的管理者仍然不能因此而忽略了现实组织中认知建构的过程。除了应该掌握其精髓,管理者还应该结合具体的管理情境和其他理论,才能够做到有效、高效的管理。

本章参考文献

24

工作要求－资源模型*

王永丽[1]　谭玲[2]

工作要求－资源模型（job demands-resources model, JD-R）最早由万吉丽娅·达米鲁提（Evangelia Demerouti）（见图1）提出。她和其他几位学者于2001年在《应用心理学》（*Journal of Applied Psychology*）上发表了一篇奠基性文章，《倦怠的工作要求－资源模型》（The job demands-resources model of burnout）。几年后，威马·B.斯考弗里（Wilmar B. Schaufeli）等学者在2004年对该模型进行了拓展，将工作投入纳入了JD-R模型。随后，德斯波茵娜·桑卓普洛斯（Despoina Xanthopoulo）等学者于2009年将个人资源纳入了JD-R模型，再一次拓展了该模型。2015年，威马·斯考弗里将参与型领导（engaging leader）纳入了JD-R模型，再一次完善了JD-R模型。这四篇奠基性的论文影响深远，JD-R模型受到了理论界与实践界的广泛关注，该理论模型的被引次数不断攀升，近五年每年的被引次数均超过1600次（见图2），现已成为主流的组织行为学理论之一。

图1　万吉丽娅·达米鲁提

---

* 基金项目：国家自然科学基金项目（71772184，71802203）。
1　王永丽，中山大学管理学院教授、博士生导师。主要研究领域：企业人力资源管理、组织行为学、工作家庭平衡、幸福心理学、职场精神境界。电子邮件：wangyli@mail.sysu.edu.cn。
2　谭玲，中山大学管理学院特聘副研究员。主要研究领域：积极组织行为学、管理心理学、职场幽默等。电子邮件：tanling5@mail.sysu.edu.cn。

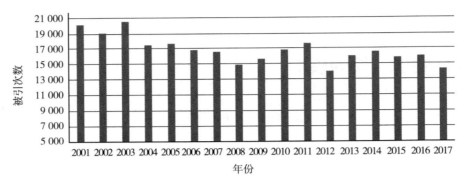

图 2　工作要求 – 资源模型的被引次数

资料来源：根据 Google Scholar 数据整理而成，搜索时采用精确匹配。

工作要求 – 资源模型的核心内容

核心内涵：根据 JD-R 模型，任何工作的特征都可以被划分为工作要求与工作资源。Demerouti et al. (2001, p.501) 将工作要求定义为"工作对个体的生理、心理、社交能力等方面的要求，需要个体付出相应的努力或成本才能完成工作的因素"。简单来说，工作要求是工作中消耗个体精力的"负向因素"，例如工作过载、角色冲突、时间压力、工作不安全感等。与之相反，工作资源是工作中的"正向因素"，定义为"工作中与生理、心理、社会或组织等方面相关且具有以下某项或多项功能的因素：(1) 促进工作目标的实现；(2) 减少工作要求和与之相关的心理、生理成本；(3) 促进个人成长、学习与发展。"例如，来自同事的支持（帮助实现工作目标）、工作自主性（可能降低工作要求）、绩效反馈（可能促进学习）等。

JD-R 模型在核心内涵的基础上还发展出三个核心假设，一是"双路径"假设，即工作对员工存在损耗与增益两条影响路径（Demerouti et al., 2001; Lewig et al., 2007; Schaufeli et al., 2009）（见图 3）。首先，损耗路径，即健康损耗过程，是由过高的工作要求和缺乏工作资源所引发的工作倦怠，进而导致消极的组织结果，如病假、低工作绩效、低组织承诺等。本质上，当工作要求（负向因素）持续较高而没有被工作资源（正向因素）弥补时，员工的精力就会在工作过程中不断损耗，最终可能导致精力衰竭（倦怠），进而对员工个人（例如健康问题）和组织（例如工作绩效）产生消极影响；其次，增益路径，即动机过程，由充裕的工作资源引发，通过提高员工的工作投入，进而产生积极影响，如高组织承诺、高留职意向、高工作绩效等。需要强调的是，高工作要求与低工作资源都会产生倦怠，只有高工作资源（而不是低工作要求）会提高工作投入。事实上，工作资源拥有天然的动机特性，它可以激发员工的动机、提高工作投入，进而产生积极影响。因此，增加工作资源（例如社会支持、工作自主性与反馈）有"一举两得"的效果：抑制倦怠的同时提高工作投入。相反，减少工作要求（例如工作过载、角色冲突和工作不安全感）只能对倦怠产生影响而不能提高工作投入。"双路径"假设得到了一系列实证研究的检验：Taris 和 Schaufeli 等学者正在出版中的最新书籍总结得出，12 个研究证实了倦怠在健康耗损过程、工作投入在动机过程中的中介作用，尽管其中 4 个研究发现倦怠与工作投入起到的是部分而不是完全中介作用。最近，Schaufeli and Taris（2014）回顾了涵盖不同国家工作者情况的 8 个纵向研究，发现其中有 5 个研究都支持 JD-R 模型中关于工作特征（即工作要求与工作资源）与员工工作幸福感（即倦怠与工作投入）之间因果关系的预测。

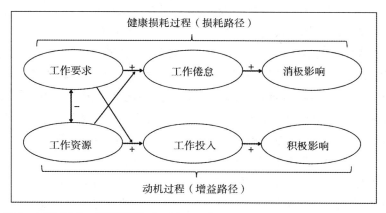

图 3　工作要求 – 资源模型（Bakker and Demorouti, 2007; Schaufeli, 2017）

二是"缓冲"假设，该假设认为，工作资源能够缓冲高工作要求对员工的损耗，即工作资源能够减轻工作要求对员工的消极影响（Bakker *et al.*, 2005）。Bakker *et al.*（2005）的研究表明，当员工在工作中拥有自主性、及时反馈、社会支持和高质量的上下级关系时，工作过载、工作家庭冲突、情绪要求和体力要求等并不会使员工产生高水平倦怠。Xanthopoulou *et al.*（2007）的研究也表明，工作资源在工作要求对员工工作倦怠的影响中起调节作用：高工作资源下，工作要求对员工工作倦怠的消极影响被削弱；低工作资源下，工作要求对员工工作倦怠的消极影响被增强。

三是"应对"假设，即员工在挑战性环境下（高工作要求）才能更好地将高工作资源转化为高水平的工作绩效。在高工作要求下，员工会更充分地投入工作，调用已有的大量工作资源完成工作目标，从而获取更多的新资源。比如，被迫在极为有限的时间内完成某一项目会促进员工的绩效。也就是说，在高工作要求下，员工会充分利用工作资源，更好地投入工作、完成工作目标。该假设得到了一系列研究的验证，研究发现，当员工处于高工作要求环境中时，高工作资源对员工工作绩效等结果变量的积极作用更强（Lewig *et al.*, 2007; Hakanen *et al.*, 2008; Bakker *et al.*, 2010）。

JD-R 模型经历了四次演变：首先，Demerouti *et al.* 在 2001 年提出了 JD-R 模型并用其解释工作倦怠。工作倦怠是一种与工作压力有关的长期的心理状态，其三个特征是情绪衰竭（即情感枯竭）、去个人化（即工作怠慢与热情丧失）和自我效能感降低（即怀疑自身工作能力及成就）。然后，Schaufeli 等学者将工作投入纳入了 JD-R 模型。工作投入是一种积极的、充实的心理状态，其特征为具有活力（即充沛的精力与坚韧性）、奉献（即对工作富有意义感、自豪感与挑战感）和专注（即对工作全神贯注并很乐意沉醉于工作）。随后，心理资本也被纳入了 JD-R 模型。根据 Xanthopoulou *et al.* (2009, p.236)，心理资本被定义为"与心理韧性有关的积极的自我评价和个人认为自己的能力能够成功控制和影响环境的心理信念"。心理资本包括自我效能感、乐观和基于组织的自尊感。最后，参与型领导也被纳入到了 JD-R 模型（Schaufeli, 2015）。参与型领导具体包括以下几个核心特征：（1）扎根于成熟的动机心理理论（自我决定理论，SDT）；（2）关注如何增加员工工作投入；（3）不仅关注个体因素，还关注社会与团队层面的因素。更具体地说，参与型领导者：（1）激励他们的追随者（例如通过对他们的愿景和计划进行有效的激励）；（2）支持他们的追随者（例如给予他们自由和责任）；（3）联结他们的追随者（例如鼓励团队合作和协作）。通过激励，支持和加强与领导的联系，促进追随者的自主权、能力展现和关系联结这些基本心理需求的满足。即参与型领导分别通过减少工作要求和增加工作资源来间接地降低人们的工作倦怠和提高工作投入。例如，参与型领导给他们的追随者提供组织资源（例如强调价值一致性、信任和公正）和极力减少他们的组织要求（例如通过规避官僚主义和进行适当的组织变革）。此外，参与型领导为追随者提供工作资源（例如工作控制、技能使用、多样化任务）和发展资源（例如绩效反馈、职业前景），并监控他们的定性和定量工作要求（例如工作过载、情感需求和工作－家庭冲突）。最后，参与型领导通过给追随者提供社交资源来与之建立更多的联系（例如良好的团队氛围）。换言之，积极参与型的领导减少了对追随者的工作要求，因此降低了追随者的工作倦怠；与此同时，他们增加了追随者的工作资源，因此提高了追随者的工作投入。

JD-R 模型的前期理论基础涉及三个理论：资源保存理论（conservation of resources theory, COR）、工作要求－控制模型（job demand-control model, JD-C）和付出－回馈失衡模型（effort-reward imbalance model, ERI）。首先，JD-R 模型中关于工作资源的假设是与 COR 理论的两个主要假设相一致的，有学者认为，JD-R 模型是 COR 理论在组织情境中的具体应用。JD-R 模型认为，工作资源本身具有动机潜能。工作特征水平的提升，将显著地增强心理状态水平，从而提升工作动机、工作满意度和工作绩效。该理论充分地说明了工作特征或者工作资源的动机机制（Demerouti et al., 2001; Lewig et al., 2007; Schaufeli et al., 2009）。COR 理论也指出，资源是人们所重视因而努力获取、持有和保护的东西，是获取新资源和促进幸福的显著因素。COR 理论的两个主要假设是：（1）个体投入资源是为了应对有威胁性的情境并使自己免于受到消极影响；（2）个体不仅极力保护所获得的资源，而且极力积累资源，建立资源库，从而产生积极结果。由此可得出结论，资源既能调节威胁或要求与消极结果之间的关系，又能预测积极结果，如工作投入等（Hobfoll, 2001）。

JD-C、ERI 模型的基本假设是，当特定的工作资源缺失时，工作要求会导致工作过劳，在极端情况下甚至会导致工作倦怠（Karasek, 1979, 1998; Siegrist, 1996）。即 JD-R 模型和 JD-C、ERI 模型都认为工作要求或工作资源缺失是消极个体和组织结果的重要预测变量。但是，JD-C 和 ERI 模型可能过于简单。JD-R 模型不仅涉及工作要求和工作控制及社会支持，还包含其他方面，如绩效反馈、职业发展机会等，比 JD-C 和 ERI 模型更全面（Bakker and Demerouti, 2007）。Bakker et al.（2003）认为，JD-R 模型综合考虑了各类职业群体，整合了许多不同的要求和资源，并且因为它同时关注一般的和具体职业的工作要求和工作资源而使该模型更具灵活性。

对该理论的评价

JD-R 模型的研究前景虽然比较广阔，但是也面临一些挑战。首先，虽然人们普遍认为工作要求和工作资源在影响工作倦怠和工作投入时可以相互作用，但这种观点仍存在一定的争议。例如，同事的支持可能会缓冲工作负荷过重对工作倦怠的负面影响，但这种相互作用的证据是相当薄弱的。这使得 Xanthopoulou et al.（2009, p.236）认为，"……目前有关工作要求 – 资源相互作用的证据表明，尽管这种相互作用值得引起人们关注，但事实上，两者的实际相关性较低"。其次，尽管心理资源可以被纳入 JD-R 模型，其影响也可能相当大，但目前还不清楚它在这个模型中应处于何种位置。这似乎取决于所研究的心理资本类型，例如，稳定的人格特质（如乐观）更可能是工作要求与工作资源的前因，而可以开发的个人特性（如自我效能感）则常充当工作特征与幸福感之间的中介因子。

关键测量量表

1. Questionnaire on the Experience and Evaluation of Work：27 维度，203 题

Van Veldhoven, M., De Jonge, J., Broersen, S., Kompier, M., & Meijman, T. (2002). Specific relations between psychosocial job conditions and job related stress: A three-level analytic approach. *Work &Stress*, 16, 207–228.

2. Copenhagen Psychosocial Questionnaire：30 维度，135 题

Kristensen, T., Hannertz, H., Hogh, A., & Borg, V. (2005). The Copenhagen Psychosocial Questionnaire(COPSOQ)——A tool for the assessment and improvement of the psychosocial work environment. *Scandinavian Journal of Work Environment & Health*, 31, 438–449.

3. Nordic Questionnaire for Psychosocial and Social Factors at Work：30 维度，145 题

Elo, A. L., Skogstad, A., Dallner, M., Gamberale, F., Hottinen, V., & Knardahl, S. (2000). *User's Guide for the QPS Nordic: General Nordic Questionnaire for Psychologicaland Social Factors at Work*. Copenhagen: Nordic Council of Ministers.

4. Health and Safety Executive's Management Standards Indicator Tool：7 维度，35 题

Edwards, J. A., & Web-ster, S. (2012). Psychosocial risk assessment: Measurement invariance of the UK Health and Safety Executive's Management Standards Indicator. *Work & Stress*, 26, 130–142.

5. Energy Compass：58 维度，133 题

Schaufeli, W. B. (2015). Engaging leadership in the job demands-resources model. *Career Development International*, 20, 446–463.

| 经典文献 |

Bakker, A. B., & Demerouti, E. (2007). The job demands-resources model: State of the art. *Journal of Managerial Psychology*, 22(3), 309–328.

Demerouti, E., Bakker, A. B., Nachreiner, F., & Schaufeli, W. B. (2001). The job demands-resources model of burnout. *Journal of Applied Psychology*, 86(3), 499–512.

Schaufeli, W. B. (2015). Engaging leadership in the job demands-resources model. *Career Development International*, 20, 446–463.

Schaufeli, W. B. (2017). Applying the job demands-resources model : A "how to" guide to measuring and tackling work engagement and burnout. *Organizational Dynamics*, 46, 120–132.

Schaufeli, W. B., & Bakker, A. B. (2004). Job demands, job resources, and their relationship with burnout and engagement: A multi-sample study. *Journal of Organizational Behavior*, 25(3), 293–315.

Schaufeli, W. B., & Taris, T. W. (2013). The job demands-resources model: A critical review. *Gedrag En Organisatie*, 26(2), 203–204.

Schaufeli, W. B., & Taris, T. W. (2014). A critical review of the job demands-resources model: Implications for improving work and health. In G. Bauer & O. Hämmig(Eds.), *Bridging Occupational, Organizational and Public Health*(pp. 43–68). Dordrecht: Springer.

Taris, T. W., & Schaufeli, W. B. (in press). The job demands-resources model, its bases, applications and range. In S. Clarke, T. Probst, F. Guldenmund & J. Passmore(Eds.), *The Wiley-Blackwell Handbook of the Psychology of Occupational Safety and Workplace Health*. Chichester: Wiley-Blackwell.

Xanthopoulou, D., Bakker, A. B., Demerouti, E., & Schaufeli, W. B. (2007). The role of personal resources in the job demands-resources model. *International Journal of*

Stress Management, 14(2), 121–141.

Xanthopoulou, D., Bakker, A. B., Demerouti, E., & Schaufeli, W. B. (2009). Reciprocal relationships between job resources, personal resources, and work engagement. *Journal of Vocational Behavior*, 74(3), 235–244.

| 对管理者的启示 |

JD-R 模型可以被用来作为一个组织的整体指导方针，尤其是一个企业组织的指导方针。因为这个模型是一个全面综合的模型，它既包括了一个积极的动机过程，又包括了一个消极的压力过程。这种平衡的方式有利于这一模型在组织中的实际应用。因为该模型既整合了组织健康的视角（减少工作压力和倦怠），又整合了人力资源的视角（增加工作动机和投入）。

同时，JD-R 模型囊括了大范围的工作和个人特征以及工作变量，因而被广泛地应用于各种类型的组织当中。同样，这个模型是灵活的，也能为某种特殊的组织情境量身定做。EC（energy compass）测量工具就是一个典型的例子，该工具能够对相关的工作要求 – 资源的维度进行有效的在线评价（Schaufeli, 2017）。EC 测量工具中包含的工作要求或资源虽然多达 60 种，但是实际上，根据组织的具体情况所涵盖的工作要求或资源的种类则要少得多。例如，在医院医疗系统，能涉及的工作要求或资源的种类只有 34 种，只需要员工大约 30 分钟的时间来填写。这种广度和深度的结合使得该量表在实际应用中具有重要价值。从上述例子可以看出，JD-R 模型为促进"工作和幸福感"之间的关系提供了一个整体的指导框架。

本章参考文献

25
领导-成员交换理论*

韩平[1] 冯星宇[2]

领导-成员交换理论 [leader-member exchange (LMX) theory] 的概念最早源于乔治·格莱恩 (Grorge Graen)（见图1）和弗雷德·单塞罗 (Fred Dansereau) 在1975年的新员工组织社会化的研究，1982年由格莱恩等人正式提出 (Graen et al., 1982)，Graen and Uhl-Bien (1995) 将其定义为"领导成员之间基于关系的社会交换"。该理论受到了如 Liden et al. (1993)、Gerstner and Day (1997)、Wayne et al. (2002)、Dulebohn et al. (2012) 等学者的认可，并在实证研究中不断发展，广泛应用于管理实践。从提出开始，LMX 的被引次数不断增加，从2014年起每年在 SCI（科学引文索引中）的被引次数超过了10 000次（见图2），成为研究组织行为的主流理论之一。

图1 乔治·格莱恩

---

* 基金项目：国家自然科学基金项目 (71671137)；教育部人文社会科学研究规划基金项目 (11YJA630073)。
1 韩平，西安交通大学管理学院教授、博士生导师。主要研究领域：人际信任、创业投资关系、领导力与组织行为、工作压力。电子邮件：171134364@qq.com。
2 冯星宇，西安交通大学管理学院硕士研究生。主要研究领域：工作压力。电子邮件：454306937@qq.com。

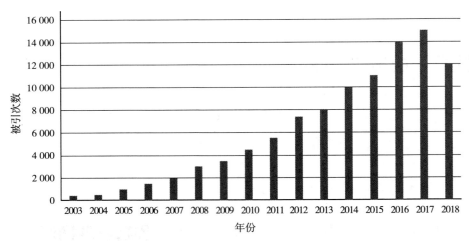

图 2　领导 – 成员交换理论在 SCI 中的被引次数

注：搜索时采用精确匹配。

领导 – 成员交换理论的核心内容

与均衡领导模式（average leadership style, ALS）所提出的"领导对下属一视同仁"的观点不同，LMX 的早期研究建立在垂直对偶联结结构（vertical dyad linkage, VDL）的理论基础上，认为不同的领导 – 下属间人际关系是不同的，必须要考虑二者形成的垂直对偶联结结构。由于组织内部资源有限，领导优先发展满足自己角色期望的下属，除了物质上的奖励，还会给予更多的关怀、信任，逐渐形成以领导为中心的非正式团体，领导与下属也从原来的经济性交换关系变为既有经济性又有社会性的复杂交换关系。

对于 LMX 的形成过程，Graen and Cashman（1975）针对新员工的社会化研究结果表明，领导者对新员工角色的关注对于新员工的发展是相当重要的。对每个领导者及其下属，领导 – 成员交换过程都将经历互相评价、互相信任、互相忠诚几个阶段（Scandura and Graen, 1984; Graen et al., 1986; Graen and Uhl-Bien, 1995），这是一个领导者及其下属双向互动的过程。具体来说，LMX 的形成会首先经历均衡领导模式阶段，此时双方关系的建立是基于对彼此工作的期望；接着是社会化阶段，双方根据对方满足期望的程度发展经济交换外的社会交换关系。随着时间的推移，保持高交换关系的员工被视为"圈内人"，领导和下属的关系趋于稳定。Dienesch and Linden（1986）认为，属于圈内人的下属会得到领导较多的关心、支持和较多的时间资源等，而和圈外下属的关系只限于履行工作职责和任务（Graen, 1995）。圈内人关系的特点是高度的信任、相互交流、支持和忠诚；圈外人关系的特点则与圈内人关系的特点相反（Dienesch and Linden, 1986）。Loi et al.（2009）则认为，领导－成员交换不仅包含资源的交换，还包含情感的交换。圈内人与圈外人之分，是领导－成员交换关系的主要内容，领导依据关系亲疏将下属划分为圈内人和圈外人，从而对下属的工作资源及工作绩效产生不同程度的影响。

由于不同学者对 LMX 的具体定义尚未达成一致，因此也影响到了结构的研究，但是总的来说，学者们的观点经历了从 1 维度到多维度的转变。早先的研究中，研究者将 LMX 假定为单一维度的构念，认为领导－成员交换关系质量是一个逐步变化的连续体，领导－成员交换关系是 1 维度的，它仅仅作为领导和员工关系质量好坏的反映，由此开发出了一系列量表（Dansereau, 1975; Graen and Cashman, 1975; Graen et al., 1982; Graen and Novak, 1984）。但在后续的研究中 1 维度观点受到了许多学者的质疑。Dienesch and Liden（1986）认为，这种 1 维度的领导－成员交换关系的高低会随着双方交换内容的不同而变圈外交换为圈内交换，因此 LMX 应该是多维度的，从而提出了领导－成员交换的三个子维度：贡献、情感、忠诚。Graen and Uhi-Bien（1995）则划分为不同的三个子维度：尊重、信任、忠诚。Liden and Maslyn（1998）对 LMX 的定义关注了交换的内容，他们将领导－成员交换划分为四个维度的内容：情感（affect）、忠诚（loyalty）、贡献（contribution）和专业尊重（professional respect）；合并成四维度测量量表（LMX-MDM）。其中，情感是指个人魅力的吸引带来的情感体验；忠诚是指对另一方公开的支持；贡献是指双方对彼此努力所愿意付出的知觉；专业尊重是指对彼此在工作领域内声誉的知觉。目前在西方学术界，Liden and Maslyn 的四维结构说得到了大多数学者的认同（Harris et al., 2009; Eisenberger, 2010）。Schriesheim et al.（1999）提出了自己的观点，领导－成员交换应包含喜欢、自由、相互支持三个维度。关于 LMX 维度的划分，在中国本土也展开了相关研究，拓展了这一概念的适用边界。

自 LMX 这一概念诞生以来，关于其对个体、组织层次行为的影响研究受到了关注。LMX 代表了领导与下属的交换关系，不同类型和程度的 LMX 会对员工、组织或者团队产生不同的影响。现有研究大多集中于对员工的影响，如提高员工绩效、工作满意度、组织承诺等，大致可分为以下三种作用：

第一，对积极行为的促进作用。Graen et al.（1982）发现，高 LMX 领导提供了更多的支持，因此促进了绩效的提高；Mayfield and Mayfield（2009）通过研究不同的职务发现，"圈内人"的绩效要比"圈外人"的绩效高 20%；Liden and Graen（1980）发现，高 LMX 员工有强烈的责任感，付出了更多的努力，Lam et al.（2007）对其的解释是，LMX 有利于员工在与领导的互动中获得更多的指导、职务信息和激励，提高了其工作动力。感觉高 LMX 的员工对组织的心理契约更强，有更高的组织公民意识行为，因此乐于承担角色外行为（Hogan and Holland, 2003）。还有学者发现了 LMX 对创新行为（Jackson and Johnson, 2012）、工作满意度（Schriesheim et al., 1999）、组织承诺（Lam et al.,2007）、组织支持感（Sue et al.,2012）等的积极影响。近年来有研究发现，LMX 对群体变量也有积极作用。如 Ford and Seers（2006）发现，LMX 与群体一致性存在正相关关系；Boies and Howell（2006）发现，高 LMX 提高了团队潜力。这些研究也丰富了 LMX 的内涵。

第二，对消极行为的抑制作用。Gerstner and Day（1997）指出，LMX 与角色冲突和离职意愿负相关；Boies and Howell（2006）、周明建和侍水生（2013）发现，LMX 抑制了团队冲突；Eisenberger（2010）和 Lee（2005）的研究表明，处在高 LMX 中的员工会产生对组织更高的情感承诺；Ilies et al.（2007）认为，根据社会交换理论和互惠原则，高 LMX 中，员工可以利用从领导那里得到的支持等资源为工作的完成提供便利，提高工作效率，增加业绩，并减少消极行为。

第三，可能带来的消极影响。如 Odle（2014）发现，高 LMX 的员工不愿意和工作表现不佳或社会地位较低的成员接触；Cley et al.（2013）认为，低 LMX 的员工更容易产生委屈感；Boies and Howell（2006）认为，不平等的 LMX 会导致团队冲突；Kim et al.（2010）发现，高 LMX 的下属很容易受到同事的妒忌。对积极方面和消极方面影响的探讨，丰富了 LMX 概念的内涵。

LMX 概念自被提出以来便得到深入拓展，近年来许多学者考虑到不同组织环境下 LMX 的差异，提出了新的衍生概念，如 RLMX（相对领导-成员交换理论）、LMXD（领导-成员交换差异）等，表现了 LMX 多维度的特征。如 RLMX 是 LMX 结合社会比较理论的产物，强调个体间 LMX 的相互比较造成的影响（Lee, 2005; Fairhurst and Chandler, 1989; Buunk and Gibbons,2007; Hu and Liden, 2013）；从 RLMX 又衍生出了 LMXSC（领导-成员交换社会比较），是指个体以团队 LMX 均值为参照点，对 RLMX 的主观感知（Vidyarthi et al., 2010；Huang et al., 2015）。LMXD 是对群体内 LMX 离散程度的判定，既表现为类型上的差异（经济与社会交换），也表现为程度上的差异（交换水平的高低），离散程度表明领导对不同下属的"偏心程度"（王震和仲理峰，2011；邓昕才等，2017）。此外还有 GLMX（群体领导－成员交换）、TLMX（团队领导－成员交换）、TLMXD（领导－成员交换关系差异）等概念。由于起步较晚，以上几个概念的相关研究还较少。近年来也有学者考虑这几个概念的交互作用，丰富了 LMX 这一领域的研究，但研究结论存在较多不一致甚至矛盾的地方。考虑到这些概念来源于 LMX，因此对 LMX 的维度、测量工具、中国情景下研究的深入也能促进边缘理论的发展。

对该理论的评价

从强调领导对下属一视同仁的均衡领导模式发展到强调领导必须考虑团体内变异的垂直对偶联结模式，基于社会交换理论和角色形成系统的 LMX 较为全面地指出了领导和成员关系的动态发展。它强调的是领导与不同成员间有亲疏有别的交换关系。其核心观点在于：由于时间与资源的限制，领导不可能和每一个下属的关系都一致，因此会根据下属对其期望的角色的接受程度以及工作表现是否满足其期望选择性地与不同的员工建立关系（Dienesch and Linden, 1986; Cleyman et al., 2013; Grean et al., 1986; Linden and Maslyn, 1988）。与领导有较高质量交换关系的下属被视为"圈内人"，能够获得更多的信任、支持、资源等，领导也能够获得更高的尊重、信任；相反，与领导有较低质量交换关系的下属则是"圈外人"，他们仅仅是和领导完成例行、常规的工作职责及任务（Graen and Uhl-Bien, 1995; Loi et al., 2009; Sparrowe and Linden, 1997; Deluga and Perry, 1994; Cleyman et al., 2013）。LMX 一经推出便受到了学术界广泛的关注和实证研究的支持。

尽管 LMX 在不断的研究中得到了深化与拓展，但其也面临各方面的挑战。首先，LMX 强调的是双方的互动关系，但现有研究多从员工的视角出发，很少有研究关注到 LMX 对领导者的影响（Dulebohn, 2012; Greenberg et al., 2007）；其次，关于 LMX 的测量还不存在能够被普遍接受的工具，学者们要么是基于自己编制、要么是在其他人编制的量表上稍加修改使用，测量方法不能很好地反映 LMX 动态形成的过程，追其原因其实是对 LMX 的概念性问题还存在一定的分歧

(Schriesheim et al., 2010; Dienesch and Liden, 1986; Liden and Maslyn, 1998; Gerstner and Day,1997)；再次，关于 LMX 的研究结论国内外表现出了不一致的地方，对此郭晓薇（2011）提出，LMX 在描述中国情境下的上下级关系时贴切性不足，邓昕才等（2017）认为，国内关于 LMX 本土化概念拓展与理论深化的研究不多，因此如何拓展 LMX 的边界也是一大难题；最后，跨层次的研究较少，忽略了员工会受到团队、组织层面变量的影响（Portoghese et al., 2015; Kim et al., 2010; Sun et al.,2013; Pan et al., 2012）。

关键测量量表

1. LMX-MDM Scale：4 维度，12 题

Liden, R. C., & Maslyn, J. M. (1998). Multidimensionality of leader-member exchange: An empirical assessment through scale development. *Journal of Management Official Journal of the Southern Management Association*, 24(1), 43–72.

2. LMX-7 Scale：7 题

Gerstner, C. R. & Day, D. V. (1997). Meta-analytic review of leader-member exchange theory: Correlates and construct issues. *Journal of Applied Psychology*, 82(6), 827–844.

3. LMX-6 Scale：3 维度，6 题

Schriesheim, C. A., Neider, L. L., Scandura, T. A., & Tepper, B. J. (1992). Development and preliminary validation of a new scale(LMX-6) to measure leader-member exchange in organizations. *Educational & Psychological Measurement*, 52(1), 135–147.

4. LMSX Scale：8 题

Bernerth, J. B., Armenakis, A. A., Feild, H. S., Giles, W. F., & Walker, H. J. (2007). Leader-member social exchange(LMSX): Development and validation of a scale. *Journal of Organizational Behavior*, 28(8), 979–1003.

5. LMX-5 Scale：5 题

Basu, R., & Green, S. G. (1997). Leader member exchange and transform ational leadership: An empirical examination of innovative behaviors in leader member dyads. *Journal of Applied Social Psychology*, 27(6), 477–499.

经典文献

Dienesch, R. M., & Liden, R. C. (1986). Leader-member exchange model of leadership: A critique and further development. *Academy of Management Review*, 11(3), 618–634.

Gerstner, C. R., & Day, D. V. (1997). Meta-analytic review of leader-member exchange theory: Correlates and construct issues. *Journal of Applied Psychology*, 82(6), 827–844.

Graen, G. B., Novak, M. A., & Sommerkamp, P. (1982). The effects of leader-member exchange and job design on productivity and satisfaction: Testing a dual attachment model. *Organizational Behavior & Human Performance*, 30(1), 109–131.

Graen, G. B., & Uhlbien, M. (1995). Relationship-based approach to leadership: Development of leader-member exchange(LMX) theory of leadership over 25 years: Applying a multi-level multi-domain perspective. *Leadership Quarterly*, 6(2), 219–247.

Liden, R. C., & Maslyn, J. M. (1998). Multidimensionality of leader-member exchange: An empirical assessment through scale development. *Journal of Management Official Journal of the Southern Management Association*, 24(1), 43–72.

Liden, R. C., Wayne, S. J., & Stilwell, D. (1993). A longitudinal study on the early development of leader-member exchanges. *Journal of Applied Psychology*, 78(4), 662–674.

Liden, R. C., Wayne, S. J., & Sparrowe, R. T. (2000). An examination of the mediating role of psychological empowerment on the relations between the job, interpersonal relationships, and work outcomes. *Journal of Applied Psychology*, 85(3), 407–16.

Wang, H., Law, K. S., Hackett, R. D., Wang, D., & Chen, Z. X. (2005). Leader-member exchange as a mediator of the relationship between transformational leadership and followers' performance and organizational citizenship behavior. *Academy of Management Journal*, 48(3), 420–432.

Wayne, S. J., Shore, L. M., & Liden, R. C. (1997). Perceived organizational support and leader-member exchange: A social exchange perspective. *Academy of Management*

Journal, 40(1), 82–111.

Settoon, R. P., Bennett, N., & Liden, R. C. (1996). Social exchange in organizations: Perceived organizational support, leader-member exchange, and employee reciprocity. *Social Science Electronic Publishing*, 81(3), 219–227.

| 对管理者的启示 |

LMX 指出，领导与下属之间的双向互动决定了领导－成员交换关系的质量，能够影响员工的离职倾向、组织承诺和绩效等，因此，管理者要重视与下属的沟通，建立良好的上下级关系。圈内人会被要求参加重要的决策过程，他们会得到额外的任务，拥有更多接近领导的机会，体验着更多的与领导的相互影响和协作，他们勤奋工作、忠心耿耿、全力支持领导，他们的工作有可能超出正常规定的岗位范围，对目标的承诺也有可能有所提升，这样的高质量交换一方面很有可能变成一种自我实现的预言，并导致高满意度、高绩效和压力减轻，事故的发生率也会减少，另一方面也加大了领导与下属的沟通频度，而高沟通频度不仅能够提高工作绩效，也能够使团队研发成果更加丰硕。

但是，圈外人有可能被领导认为缺乏能力或动力，以至于领导给他们表现的机会也较少，很少提拔他们，双方也很少展开互动。他们的作用被限制在常规的工作范围内，领导对他们的绩效、承诺与忠诚的期望很低。不管领导的认识与期望是否正确与公平，圈外人命运的好坏却由他们掌控，结果，那些拥有低质量领导－成员交换关系的圈外人往往表现不佳，承受着较大的压力，他们常常发泄不满情绪，用报复行动与组织抗衡。圈外人由于和领导权力的距离大、参与决策的机会少等而对组织的情感承诺大为下降，即使知道组织的问题出在哪里也不愿意提出来。如果员工对组织的利益承诺占据上风，则对组织的长远发展并不一定有利。在利益承诺的驱动下，圈外人与组织的心理契约更倾向于经济型心理契约。当员工认为其建议不能增加自身利益（但可能使组织整体受益）甚至可能危害自身利益时，他们会选择保持沉默。在低质量领导－成员交换关系下，圈外人的自我效能感较低，员工自我效能感降低在很大程度上来自长期得不到重视及工作压力无法排遣。

在中国，"关系"是人际和谐的枢纽，从马斯洛的需求层次理论可知，组织中的员工不仅希望得到物质层次上的满足，还需要得到社会层次上、精神层次上的满足。因此，在甄选圈内人的过程中，领导应该遵循一定的原则：如根据能力或者贡献甄选，建立自己的准则，避免下属的阿谀奉承等无效投资；予以下属一定的自由度；保持一定的距离；定期进行评价；任务指派应考虑最合适人员而非一定是圈内人；坚持就事论事，有赏有罚；保持内外人员流动；避免圈内外差别等。

本章参考文献

26

松散耦合理论*

蒋建武[1]

图1 卡尔·威克

"松散耦合"这一概念源自行为科学（Glassman, 1973）。卡尔·威克（Karl Weick）（见图1）于1976年开创性地将其引入组织管理领域。他于1976在《管理科学季刊》（*Administrative Science Quarterly*）上发表了《作为松散耦合系统的教育组织》（Educational organizations as loosely coupled systems）一文。随后，经由 Lutz（1982）、Firestone（1985）、Orton and Weick（1990）、Beekun and Glick（2001）等人的发展，松散耦合理论（loose coupling theory）逐渐受到了理论界与实践界的广泛关注。该理论的被引次数不断攀升，从2011年起每年的被引次数均超过了10 000次（见图2），现已成为主流的组织理论之一。

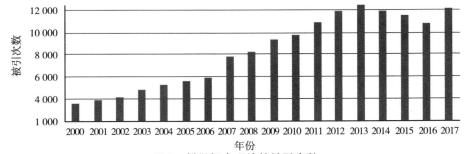

图2 松散耦合理论的被引次数

资料来源：根据 Google Scholar 数据整理而成，搜索时采用精确匹配。

---

* 基金项目：国家自然科学基金项目（71672116）。
1 蒋建武，深圳大学管理学院副教授。主要研究领域：人力资源管理、劳动关系管理、工作安排等。电子邮件：jwjiang@szu.edu.cn。

松散耦合理论的核心内容

耦合是指两个或两个以上的体系或运动形式之间通过各种相互作用而彼此影响的现象（Glassman，1973）。从耦合关系来看，耦合通常包括紧密耦合、松散耦合和非耦合。松散耦合与紧密耦合在文献中经常同时出现（Pang，2010）。卡尔·威克在1976年将松散耦合理论引入组织管理领域时，他视教育组织为一种松散耦合系统，并认为这种系统中的要素是响应的，但又保持了其自身的身份和物理与逻辑上的分离。松散耦合可以使组织在保持标准化、合法化、正式结构的同时，又使其具体的活动可因情境而异（Meyer and Rowan，1977）。

松散耦合主张组织因共同信念、准则和制度化的预期而联结（Meyer，2002），而紧密耦合则主张组织因标准化、强相互依赖以及集权式管理而联结（Burke，2014；Weick，1976）。松散耦合系统是组织对持续环境变化的一种社会的、认知的解决方式，是降低认知成本和维持秩序的一种途径（Weick，2001）。松散耦合理论作为一种组织理论，把握了组织作为一种相互作用模式的实质（Beekun and Glick，2001）。Orton and Weick（1990）认为，松散耦合存在于这样一种状态中：要素之间相互影响是突然的，而不是连续不断的；是偶然的，而不是持续的；是可忽视的，而不是显著的；是间接的，而不是直接的；是最终的，而不是即刻的。这一概念中的"耦合"表示要素之间相互联系，从而维持了一定程度的确定性；而"松散"又表明要素是快速变化的，又具有了一定程度的非确定性。

研究者们对松散耦合的形成机制进行了探讨。Modell（2009）认为，松散耦合可能会以不同的形式发生：展示组织形象与组织合法性的外部符号系统与组织内部运营实践和管理活动之间相耦合；偏离组织战略目标的绩效指标与基于组织战略目标的绩效指标之间相耦合；不同部门间相互冲突的需求之间相耦合。Rasche（2012）认为，松散耦合会在以下四种情境中出现：（1）要素之间存在较低的交互频率。如果要素之间的交互是不规则的、偶尔的，那么松散耦合就容易出现。（2）要素之间存在非直接关系。如果两个要素之间不是直接沟通，而是通过第三方，那么就会降低直接响应对方活动的能力，形成松散耦合关系。（3）要素之间存在高度的因果不确定性，即不同要素对相同的因果联系存在不同的解释。不同的个体和组织对类似的外部刺激会聚焦于环境的不同部分并做出不同的解释，进而产生不同的响应。（4）要素之间存在非即时效应，即某一要素不能在另一要素发生变化的同时做出响应，从而造成延滞。

Orton and Weick（1990）对松散耦合的研究进行了总结，归纳出了关于松散耦合问题的五类研究：

第一类研究：围绕"是什么引致松散耦合"这一问题而展开，已有研究认为，正是因果的不确定性，外部环境的碎片化及内部环境的碎片化引致了松散耦合的出现。

第二类研究：视松散耦合是一种分析语言而非一系列因果假设，认为描述的清晰性是因果清晰性的前提，故其围绕着对松散耦合的分类而展开。这些研究确定了最常用的八种分类：个体之间、组织部门之间、组织之间、阶层之间、组织与环境之间、观点与观点之间、不同活动之间以及意向与活动之间。

第三类研究：关注松散耦合的直接效应，认为松散耦合可以直接导致模块化、必要的多样性和自主权。

第四类研究：关注松散耦合的不足。这些研究认为，松散耦合并非一种理想的状态，应该予以修正。修正的方法包括加强领导，聚焦于系统中的某些特定部分（如目标的选择和资源的控制及建立共享的价值观）。

第五类研究：聚焦于预测和测量松散耦合对组织绩效的影响。这些研究认为，松散耦合作为一种管理战略可能会对组织产生五方面的作用：维持、缓冲、适应、满意和效力。

随着研究的不断深入，研究者还将这一概念的应用情境进行了拓展，从起初关注的教育与行政机构转向了营利组织、战略联盟、产业分析等。最近的趋势是基于松散耦合视角研究组织创新问题。研究者认为，技术创新网络的整体性特征和网络结点模块的独立性表现，匹配于松散耦合系统；同时，技术创新网络结点间的选择与连接符合市场化合作，网络组织的集成与协调过程往往由网络的核心结点来组织，其集成与协调过程表现出一定的层级组织特征。Hofman *et al.*（2017）最近的研究发现，技术创新网络成员的耦合程度显著地影响合作式创新的商业绩效，松散耦合对模块式创新的影响是正向的，而对架构式创新却具有负向影响。松散耦合系统允许技术创新网络组织同时存在模块式创新和合作创新集成两个过程。松散耦合的网络结构可以体现技术创新网络结点的双重性，有效地解决技术创新网络整体性与结点模块独立性、网络动态性与合作相互依赖性，以及网络整体性与结点模块异质性的矛盾。松散耦合理论可以较好地解释复杂网络组织的模块化，实现网络利益与异质性结点模块利益的有效统一。

还有学者对比研究了紧密耦合与松散耦合在技术创新网络及其结点组织间的

动态发展。在技术创新网络企业间的合作关系方面，Uzzi（1997）等学者持紧密耦合优势理论观点，认为企业间保持的紧密联系可以塑造和增强彼此间的信任程度，为企业获取资源尤其是隐性经验的知识创造条件。随着网络化环境的形成，也有许多学者如 Uzzi and Lancaster（2003）等持松散耦合优势理论观点，认为虽然紧密耦合可以通过传递影响力和信任感为企业获取资源创造条件，但紧密耦合作为社会信息的循环系统，造成信息通路上的重叠和浪费，而松散耦合可以传递新鲜或异质性信息和知识。Levin and Cross（2004）的研究也证明了松散耦合对知识扩散与合作创新的有效性。他们发现，松散耦合的组织结构形式，能够体现技术创新网络的整体性和结点模块的独立性，有利于技术创新网络整体目标和网络结点模块自身利益的实现。

近十年来，国内学者较多基于松散耦合理论研究模块化组织对组织创新的影响（王凤彬等，2011；张首魁和党兴华，2011；陈建勋等，2009；朱瑞博，2006；芮明杰和左斌，2008）。也有学者基于松散耦合理论研究了虚拟团队的构成。Schaubroeck and Yu（2016）的实证研究发现，团队的核心特征（专业化技能的差异、团队稳定性、权威差异化）影响了团队成员间的沟通效果。

近期一篇有趣的研究发表在《美国心理学家》（*American Psychologist*）杂志上。Spitzmuller and Park（2018）以《作为松散耦合系统的恐怖分子团队》(Terrorist teams as loosely coupled systems) 为题，研究恐怖组织是如何形成的？每一次恐怖主义行为是如何协调完成的？是什么原因使得恐怖分子团队能凝聚起来并以一种灵活的协调机制去完成每一次任务？现有研究较多地从心理学层面研究个体层面恐怖分子的行为，但对于恐怖主义行为本身是如何组织实现的，却鲜有研究。Spitzmuller and Park（2018）研究认为，恐怖分子团队是一个松散耦合系统，这种系统促进了恐怖主义的形成与发展，正是松散耦合结构使恐怖主义行为具有高度的适应性和灵活性。

对该理论的评价

松散耦合理论为研究组织行为的"矛盾"方面提供了一个分析框架，特别是其可以解释同时存在于组织中的理性与不确定性，而不需要将矛盾的两个方面截然区分开来。松散耦合强调组织整体与部分的辩证，强调了"组织过程"而非"组织结构"。

"耦合"一词也经常受到批评，因为其概念过于模糊（Firestone, 1985; Meyer, 2002; Tyler, 1987; Willower, 1981; Yair, 1997），且没有一个公认的准确定义（Pang, 2003），要实现松散耦合的一大障碍是人们对于何为松散耦合缺乏一个公认的定义（Firestone, 1985; Willower, 1981）。而且，在一个系统中，组织的构成要素在某一阶段是紧密耦合的，但在下一阶段又可能处于松散耦合状态（Weick, 1976）。换句话说，松散耦合具有状态特征，具有易变性。这进一步给组织实现松散耦合带来了困难。Scott（1992）等学者认为，松散耦合是指组织过程（organizing）而非组织本身（organization），也就是说，松散耦合不仅应该关注组织结构，而且应该关注组织过程。此外，管理和组织发展的研究较多从组织动力学视角认为组织日益成为松散的系统，但较少研究关注如何对组织的松散与紧密耦合进行管理。

另外，关于耦合的概念本身也会自相矛盾。一些研究者认为，应该利用松散耦合理论去管理组织（Goldspink, 2007），此时帮助组织成为松散耦合系统是解决问题的方向；而另外一些研究者却认为，需要针对松散耦合组织的缺陷，让这些组织变得完善，此时松散耦合则是一个问题（de Lima, 2007; Morley and Rassool, 2000; Shen et al., 2017; Weick, 1976）。

现有研究区分了耦合的四种构成：要素、机制、结构维度和领域（Beekun and Glick, 2001）。Rowan（2002）主张要素和机制是耦合理论的根本内容。组织要素可以在组织系统中实现耦合，而机制可以将这些要素耦合起来；耦合的结构维度明确了各要素的关系质量，而耦合的领域描述了耦合要素之间关系涉及的领域（Beekun and Glick, 2001）。现有研究中，关于耦合要素和机制的研究占主流，但关于结构维度和领域的研究相对较少。

未来研究中，需要进一步明确耦合的结构成分以及松散耦合的具体定义。虽然松散偶合的思想对于理解组织具有重要价值，但是需要让其变得可以落地执行（Rowan, 2002, p. 604），并且需要有具体的工具来识别耦合的程度。

关键测量量表

1. Seven Coupling Dimensions in the School Organization Dimension Assessment (SODA) Instrument：7题（Horizontal Communication、Vertical Communication、Centralization Classroom Instruction、Centralization Curriculum and Resources、

Rule Enforcement、Goal)。

Wilson, B. L., Firestone, W. A., & Herriott, R. E. (1983). School organization dimension analysis: An introductory guide. Philadelphia: Research for Better Schools.

2. Using a National Data Set: Test the loose coupling theory by applying two-level hierarchical linear models. Restricted-use data from the 2003-04 SASS Public Teacher, Principal, School, and School District surveys. 两份问卷，一份针对教师（合成指标5题），一份针对学区（合成指标3题）。Teacher surveys: Teacher's demographic information, preparation, teaching experience, professional development, their perceptions and attitudes toward their teaching, and so on. School district surveys: total enrollment, student demographic, teacher hiring and evaluation, principal and teacher salary, and graduation requirements.

Gao, X. (2016). Correlates and effects of data-informed decision making: An empirical examination of the loose coupling theory using a national data set. Western Michigan University.

3. Mixed methodology. 半结构定性分析（访谈＋调查表），4题。包含四个方面：(1) keeping of capital assets; (2) financial consequences of accounting for capital assets; (3) Frequency of updating register for different categories of assets; (4) Frequency of asset verification。

Marriott, N., Mellett, H., & Macniven, L. (2011). Loose coupling in asset management systems in the NHS. *Management Accounting Research,* 22(3), 198–208.

经典文献

Beekun, R. I., & Glick, W. H. (2001). Organization structure from a loose coupling perspective: A multidimensional approach. *Decision sciences*, 32(2), 227–250.

Danneels, E. (2003). Tight-loose coupling with customers: The enactment of customer orientation. *Strategic Management Journal*, 24(6), 559–576.

Fusarelli, L. D. (2002). Tightly coupled policy in loosely coupled systems: Institutional capacity and organizational change. *Journal of Educational Administration*, 40(6), 561–575.

Glassman, R. B. (1973). Persistence and loose coupling in living systems. *Behavioral Science*, 18 (2), 83–98.

Hofman, E., Halman, J. I., & Song, M. (2017). When to use loose or tight alliance networks for innovation? Empirical evidence. *Journal of Product Innovation Management*, 34(1), 81–100.

Lutz, F. W. (1982). Tightening up loose coupling in organizations of higher education. *Administrative Science Quarterly*, 27(4), 653–669.

Orton, J. D., & Weick, K. E. (1990). Loosely coupled systems: A reconceptualization. *Academy of Management Review*, 15(2), 203–223.

Weick, K. E. (1976). Educational organizations as loosely coupled systems. *Administrative Science Quarterly*, 21(1), 1–19.

对管理者的启示

松散耦合理论基于过程视角辩证地看待组织整体与各部分要素的关系，为理解组织行为的"矛盾"方面提供了一个分析框架，特别是可以解释同时存在于组织中的理性与不确定性，而不需要将矛盾的两个方面截然区分开来。

松散耦合理论对组织管理实践具有重要的指导作用。在可预见的未来，层级稳定的组织结构将不再是主要的组织模式，而灵活动态的松散耦合网络协同模式将变得越来越普遍。例如，典型的组织各要素间既紧密又松散的耦合模式场景是：以一个任务、项目或订单为中心，快速涌现和聚合一批能够协同工作的企业或个人，每个角色都类似于各有专长的人才，任务完成后参与者迅速消退，临时性的"柔性共同体"自动解散。在这个柔性共同体中，既需要依靠共同信念、准则和制度化的预期所形成的松散耦合进行管理，也需要构建标准化、强相互依赖以及集权式管理体系实现各要素的紧密联结。

松散耦合理论也帮助我们认识到：相对于紧密耦合的组织结构，松散耦合的组织结构层级少、管理幅度大、职能权限大。但其缺点是在缩短上下级距离、密切上下级关系、提高信息纵向流通速度和工作效率的同时，也带来了上级监督下级、上下协调较差以及同级沟通困难的问题，管理变得相对复杂。这样，一旦放松了管理，就很容易形成管理真空，造成管理失控。

本章参考文献

27

中等阶层一致性理论

蔡地[1] 高宇[2]

20世纪中叶,一个有趣的现象引起了社会学家和社会心理学家的广泛关注:中等阶层,即在某一群体中并非最受尊敬的、最具影响力的、最具特权的个体或组织(Homans, 1961),在其所属群组中表现出来的对群组规范的遵从要高于该群组中的顶层群体和底层群体。哈罗德·哈丁·凯利(Harold Harding Kelley)(见图1)和马丁·夏皮罗(Martin Shapiro)最早关注中等阶层一致性这一现象。

Kelley and Shapiro(1954)的奠基性实验是该现象的研究起点。实验设定条件如下:实验参与者共处于同一房间,每位参与者向大家做自我介绍,然后需要根据自我介绍过程去评估其他参与者在何种程度上可以被自己接受为共同工作的伙伴。这一阶段结束后,实验者会引导参与者,使其相信他们被其他人认为是完全可接受(对应顶层群体)或完全不可接受(对应底层群体)。最后,参与者需要选择他们愿意选择与小组通行标准一致的行为的程度。实验结果显示,那些被告知自己是底层人群的参与者最不愿意进行一致性行为。但是,在那些被告知自己是顶层群体的参与者中,有些很乐意表现出一致性,而其他人则表现出抗拒情

图1 哈罗德·哈丁·凯利

---

[1] 蔡地,山东大学管理学院副教授。主要研究领域:领导力与团队管理、家族企业与创新创业等。电子邮件:caidi@sdu.edu.cn。

[2] 高宇,西安交通大学经济与金融学院副教授。主要研究领域:创新管理、制度理论等。电子邮件:joegao1001@mail.xjtu.edu.cn。

绪。Dittes and Kelley（1956）重复了上述实验，并且在"告知所属阶层"的过程中加入了"中等可接受程度"，即中等阶层的类别。并且，当完成所有参与者的身份认知引导后，实验人员要求参与者完成一个决策制定任务，这个任务可以测量他们对小组决策的遵从程度，而这个小组决策在参与者的认知范围内，很容易被视作错误的。实验结果显示，认为自己处于顶层群体的参与者相对于认为自己处于中等阶层群体的参与者而言，对小组决策的遵从性较低，且更易表达出自己的反对意见。而底层群体并未呈现出与顶层群体类似的低一致性。至此，中等阶层一致性现象开始广受关注。中等阶层一致性理论（middle-status conformity theory）的被引次数具体如图2所示：

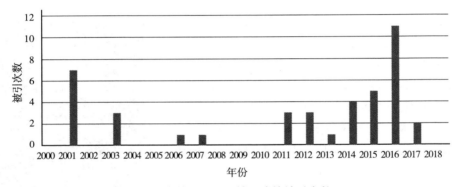

图2　中等阶层一致性理论的被引次数

资料来源：根据 Google Scholar 数据整理而成，搜索时采用精确匹配。

中等阶层一致性理论的核心内容

一、初期研究及主要观点

后续研究陆续发现了一系列证据佐证这一观点（例如 Festinger and Schachter 1950），即阶层层级位置与一致性呈现出倒 U 形关系（Blau, 1960; Dittes and Kelley, 1956; Harvey and Consalvi, 1960; Homans, 1961; Menzel, 1960）。

学者们普遍认为，中等阶层"担心失去现有地位"的顾虑可以很好地解释这个现象（Dittes and Kelley, 1956; Kelley and Shapiro, 1954）。Dittes and Kelley（1956）指出，当个体对其在某一群组的身份感到自豪，但同时对其现有地位的稳固性又存在怀疑时，该个体的行为与群组行为的一致性会提升。而 Hollander（1958，1961）认为，由于特定群组中处于顶层的个体通常具有自身地位所赋予的良好状态，例如自信、信任感、满足感，这些会很好地缓解他们对失去群体地位的顾虑（Adler et al., 2000; Barkow, 1989; Emerson, 1962），因此，他们会更有勇气做出偏离群组传统行为模式的行为。处于群组底层的个体一般会认为他们所拥有的已经很少而没有什么好损失的，因此也同样会做出背离群组传统行为模式的行为。中等阶层群体对失去现有地位的顾虑则较为明显：社会流动性的相关研究显示，由于中等阶层群体相对于底层群体更易提升其社会地位，但是仍处于顶层之外或者边缘（Chattopadhyay et al., 2004），因此在面临失去地位的威胁时，中等阶层群体更易感到顾虑。

二、中等阶层一致性的中期难点

中等阶层一致性的现象在创新扩散领域应用较为广泛，该领域研究普遍认同阶层地位与创新扩散的 U 形关系，但是这些研究却产生了相互矛盾的结论。医学创新扩散领域的研究认为，顶层群体更易接受并采用与该群组规范相一致的创新，而底层群体则更易采用与通行规范相抵触的创新。而农业创新扩散领域的研究则发现，社会底层群体在接受和采用创新时通常会呈现出滞后性。在犯罪学研究领域，关于"白领犯罪"的研究恰巧与医学创新扩散领域中关于符合规范的创新和违背规范的创新的结论相一致（Jensen and Thompson, 1990）。

在其他研究领域，社会心理学研究在针对这一命题研究的初期做出了可观的贡献，而在后期则将研究焦点从"阶层地位如何决定行为"转移到了"个体行为和特征如何导致其不同的地位和影响"之上（例如 Moscovici and Nemeth, 1974）。社会网络研究则将研究焦点从多样化的社会行为扩散的易感性转移到了社会行为扩散的渠道之上（例如 Marsden and Friedkin, 1994）。

三、候选者-听众触面研究范式的出现和中等阶层一致性研究的现状

Zuckerman（1999）采用候选者-听众触面的情境范式以更规范地描述这一假定。其中，候选者是寻求与听众建立关系的人群。为了实现这一目的，候选者会向听众呈递他们所能提供的条件，听众则选择他们所偏好的条件，以此筛选出合格的候选者。因此，候选者的身份并非事先给定，而是会根据其所提供条件的不同和听众偏好的不同而有所差异。候选者之间需要互相竞争，力求使自己所提供的条件更加符合听众的偏好。

Phillips and Zuckerman（2001）对此过程进行了二阶段细分，更加具体地约定了该范式的假定条件,并详细地阐述了候选者在各阶段的行为(见图3)。在第一阶段,听众须对比候选者所提出的竞争性条件。如果各个竞争性条件差异性过高,则他们之间的对比会无法进行。因此,听众不需要对整个竞争性条件集合进行最优化的对比和筛选,而是将其注意力集中于特定的彼此相近的竞争性条件集合,予以对比和筛选。如果某一特定竞争性条件会损害听众评判其他条件的能力和标准,则这一条件会被视为非道德或动机不纯的,并被排除在竞争性条件集合之外。听众的筛选行为迫使候选者提供符合听众筛选体系的竞争性条件,为了争取被听众所选择的机会,候选者必须证明自己所提出的竞争性条件是遵从或接近于听众所选择的标准的,以免被忽视或者排除。

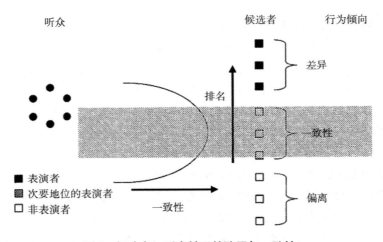

图3 候选者-听众触面的阶层与一致性

资料来源:Philips and Zuckerman (2001)。

一旦所有的不合格条件被筛除,不合格的候选者被剔除,第二阶段将正式开始。在这一阶段,听众将对比候选者的条件,挑选出他们认为最优的条件;候选者则努力显示他们的条件与其他人的条件的与众不同之处,以争取被选择的机会。因此,第一阶段候选者之间的竞争会带来一致性,而第二阶段的竞争则会带来差异性。正如Simmel(1971)所强调的,一致性和差异性是相互依存的辩证关系,对通行标准和规则理解的差异使得社会个体的行为及其所提供的条件产生了差异性。

Philips and Zuckerman(2001)认为,倒U形关系的产生依赖于上述候选者-

听众触面的两点假定。第一，假定特定候选者在此触面中的位置不仅取决于他的行为，也取决于他之前的位置。这一假定也与现实中经济市场的现象相一致，例如市场进入障碍对在位者的保护作用和对新进入者的压制作用。这一假定的意义还在于，因为候选条件的线性增长会带来候选条件对比复杂性的几何级增长，所以候选者－听众触面的运行必须建立在"有限或少量备选条件集合"的基础上。同时，预先存在的社会网络也会在一定程度上将听众与"可能成为被选定人的候选者"区分开来，进一步加强了这种障碍效应（Podolny, 1993）。因此，候选者的地位在筛选过程中维持稳定。第二，假定听众对候选者的区分和等级归类使得对候选者的排名成为必需步骤。当听众依据候选者的提议对其进行评分时，能够引发听众关注和认同的候选者位置会显著优于次要地位的候选者，而处于次要地位的候选者则优于非候选者。

    Philips and Zuckerman（2001）在此示意图中将中等阶层的触面描绘为相对可渗透的，以更加形象地表明位于中等阶层位置的候选者所处的焦虑状态，即他们"被视为完全成熟的高层候选者群体"的希望和"被视为不合格的底层候选者群体"的威胁同时被放大了。与中等阶层群体相反，顶层群体被视为合格候选者的身份认知具有较强的安全性，而底层群体则大多被排除在听众的考虑范围之外。同时，顶层和底层群体的位置和身份是相对固定的。基于此框架，作者提出了以下例证：在硅谷的律师事务所中，传统律师事务所以商业公司为服务对象，因此提供的法律咨询服务集中于商业领域，而提供婚姻相关事务的法律咨询一般被视作偏离行业规范和行为准则的行为。然而，位于不同阶层的律师事务对此做出的决策却会被听众（同行、客户和潜在员工）进行不同的诠释：顶层律师事务所的提供行为是对其主营业务的扩展和辅助；而底层律师事务所的提供行为会给它们带来潜在的发展空间和收益；但是，中层律师事务所的提供行为则经常被视作"不务正业"的表现。因此，顶层、底层的律师事务所更易宣布该行为决策，而中层的律师事务所则很少有勇气进行这一行为。在金融市场中，对某一上市公司股票做出"卖出"评价一般被视作极具风险性（被该公司所敌视，进而被金融市场认为将丧失消息来源而无法继续提供准确评价）和高回报（一旦被后续行情证实则会给该投资分析师带来可观的声誉）的行为。面对是否做出这一行为的决策问题，不同等级的投资分析师所面临的风险及其承担能力会呈现出显著的差异。高级投资分析师具有较高的业界地位，很少会因为做出卖出评价而被该公司所敌视，且具有较高的风险抵御能力（如果被敌视）；而一旦评价准确，相对于相同情况下的中级和低级投资分析师,高级投资分析师会获得较高的收益。低级投资分析师做出的卖出评价很少被市场所关注,因而被该公司敌视的可能性也较低;即使评价准确,该投资分析师获得的收益也相对较低。与上述两种情况不同,中级投资分析师还处于努力与各公司高管建立发展关系,并力图使市场上各机构投资者相信自己的人脉和信息的阶段。因此,高级、低级投资分析师相对于中级投资分析师而言,更有可能对某一公司股票做出卖出评价。

四、中等阶层一致性的最新进展

Durand and Kremp(2015)对此观点进行了重要延伸。他们认为,传统模型只考虑了不一致性行为带来的负面惩罚,并将其作为一致性的产生原因,但却忽略了通过一致性行为获得奖赏的行为一致性动机。同时,他们提出,如果听众可以依据一系列少量但是具有较强象征意义、期望值的特征来评估个体和组织所提供的服务或产品,那么在其服务或产品中努力凸显这些特征会给该组织或个体带来有益的结果。因此,他们将一致性行为细分为采用和该行业其他参与者相似的行为和呈现出符合该行业关键行为特征的行为,并且据此研究了美国交响乐演奏行业中中等阶层一致性的作用和体现。

对该理论的评价

中等阶层一致性的研究历经七十余年的发展,已逐步揭示出其起因、在不同行业的具体表现和影响。然而,该命题所涉及的阶层划分(顶层、中层、底层)一直以来被认为是一种过于武断的划分,任何基于此观点的研究都必须阐述该阶层划分的合理性,并清晰地界定各阶层间的边界定义和条件。

相应地,该观点所揭示的社会现象也是毋庸置疑的,而后续研究在以下方面具有极大的延伸空间:(1)针对中等阶层一致性研究的"听众"角色,目前的理论研究成果大多建立在"同质性听众"的假定之上,然而现实生活中,不同的听众由于其个人特质,在期望的细节、评价的标准等方面会存在显著的差异,而将这些异质性引入作为调节参数是提升中等阶层一致性研究结论稳健性的可行方式。(2)针对中等阶层一致性研究的"候选者"角色,目前的研究同样秉持了除"现有阶层地位"之外与其他因素等同的"同质性候选者"假定。与第一点类似,候选者的异质性引入同样可以提升研究结论的准确性和现实的解释能力。(3)中等阶层一致性研究的"组内通行标准和规范"目前被视作"静态因素",而现实生活中的社会群组规范会随着时间和内部、外界条件的变化而变化。因此，引入"动态性通行规范"视角，并开始关注外部因素、内部动因对其的影响，是丰富和准确刻画群组规范，进而改善这一领域研究科学性的必由之路。

关键测量量表

如前文所述，中等阶层一致性是对社会现象的抽象总结。因此，基于该观点的研究主要是将该观点应用到具体的研究情境，并设计可区分该情境下"阶层""一致性行为"的方法以开展研究［例如 Durand and Kremp（2015）对交响乐演奏行业中"一致性行为"和"乐团地位"的测量划分］。

经典文献

Blau, P. M. (1960). Structural effects. *American Sociological Review*, 25(2), 178–193.

Dittes, J. E., & Kelley, H. H. (1956). Effects of different conditions of acceptance upon conformity to group norms. *The Journal of Abnormal and Social Psychology,* 53(1), 100.

Durand, R., & Kremp, P. A. (2015). Classical deviation: Organizational and individual status as antecedents of conformity. *Academy of Management Journal*, 59(1), 65–89.

Harvey, O. J., & Consalvi, C. (1960). Status and conformity to pressures in informal groups. *The Journal of Abnormal and Social Psychology*, 60(2), 182.

Hollander, E. P. (1958). Conformity, status, and idiosyncrasy credit. *Psychological Review*, 65(2), 117.

Hollander, E. P. (1961). Some effects of perceived status on responses to innovative behavior. *The Journal of Abnormal and Social Psychology*, 63(2), 247.

Kelley, H. H., & Shapiro, M. M. (1954). An experiment on conformity to group norms where conformity is detrimental to group achievement. *American Sociological Review*, 19(6), 667–677.

Phillips, D. J., & Zuckerman, E. W. (2001). Middle-status conformity: Theoretical restatement and empirical demonstration in two markets. *American Journal of Sociology*, 107(2), 379–429.

Podolny, J. M. (1993). A status-based model of market competition. *American Journal of Sociology*, 98(4), 829–872.

Zuckerman, E. W. (1999). The categorical imperative: Securities analysts and the illegitimacy discount. *American Journal of Sociology*, 104(5), 1398–1438.

对管理者的启示

对于管理者而言，引导员工进行与组织期望相符合的行为是其重要的管理任务。因此，中等阶层一致性的观点在管理实践中具有重要的指导作用。

最为基本的，管理者应当明了，对于某一特定社会群组的指定边界，任何个体都只会存在于三类位置之上，即边界之上、边界之内、边界之外。因此，分析并清晰地界定其所辖群组的阶层划分（即确定某一指定边界）、根据其管理目标以确立或引导确立该群组的通行标准（及群组规范），可以规范和引导占据群组大多数比例的中等阶层群体的行为，增强群组的稳定性。

进一步的，管理者需要关注顶层和底层群体"行为非一致性"的成因、不同体现，并据此进行不同的动机激励，使其行为体现出"适度可控"的非一致性来促进"群组规范"的合理变迁，增强群组的活力和创新性。需要特别注意的是，中等阶层一致性观点源于对社会现象的抽象总结，但其结论稳健性和实践解释度会随着现实情境的变更、群组个体的特征和期望变化以及群组通行标准的变化而改变。因此，管理者应当理解群组中等阶层一致性的现象成因及其变化规律，以更好地应用其精髓来辅助管理实践。

本章参考文献

28

少数派影响理论*

潘静洲[1]　钟锐[2]

早期的社会影响（social influence）研究都聚焦于一致（conformity）与顺从（compliance），认为多数派（majority）往往会影响并改变少数派（minority）的观点，从而使得双方的观点最终达成一致（Maass and Clark, 1984; Moscovici et al., 1969）。但是，在现实生活中，我们会发现，持少数派观点的人也可能会影响持多数派观点的人，进而影响团队和组织决策，甚至推动社会变革（Prislin and Filson, 2009）。例如，早期少数极端环保人士提倡的自行车改变了现代人的出行方式（Wood et al., 1994），少数反越战的美国民众改变了美国整个社会对

图1　塞奇·莫斯科维奇

战争的看法（Nemeth, 2012）。因此，塞奇·莫斯科维奇（Serge Moscovici）（见图1）与他的同事们认为，当时的社会影响领域的研究仅将少数派视为多数派观点的被动接受者，无法解释少数派影响多数派的现象，有相当大的局限性（Moscovici and Lage, 1976; Moscovici et al., 1969; Nemeth, 1974）。基于上述研究缺陷，Moscovici et al. (1969) 利用简单的幻灯片颜色识别实验，验证了行为风格一致（behaviorally consistent）的少数派能够对团队或者社会中的其他人产生显著的影响，这个观

---

* 基金项目：国家自然科学基金面上项目（71872124），教育部人文社科项目青年基金项目（18YJC630129），天津市科技发展战略研究计划（18ZLZXZF00610）。

[1]　潘静洲，天津大学管理与经济学部副教授。主要研究领域：团队互动与领导力、企业家精神、人才发展与组织管理、创新与创造力。电子邮件：painepjz@sina.com。

[2]　钟锐，英属哥伦比亚大学尚德商学院博士研究生。主要研究领域：职场偏差行为、辱虐管理、职场八卦行为。电子邮件：rui.zhong@sauder.ubca.ca。

点形成了少数派影响理论（minority influence theory）的基本雏形。以莫斯科维奇早期的研究（如 Moscovici, 1980; Moscovici and Large, 1976; Moscovici et al., 1969; Moscovici and Mugny, 1983）为基础，后续学者（如 Maass and Clark, 1984; Nemeth, 1986; Wood et al., 1994; Vries et al., 1996; Dreu et al., 2008; Martin and Hewstone, 2008; Grant and Patil, 2012）对少数派影响理论进行了扩充和发展。目前，少数派影响理论已经被广泛地应用于团队创新、团队决策、团队氛围以及组织文化等领域当中。图 2 为少数派影响理论 2000—2017 年的被引次数。

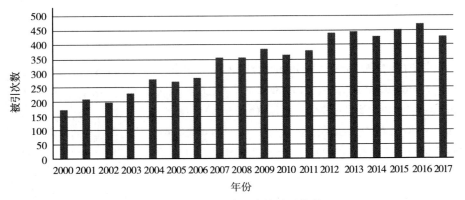

图 2　少数派影响理论的被引次数

资料来源：根据 Google Scholar 数据整理而成，搜索时采用精确匹配。

少数派影响理论的核心内容

根据定义，少数派在数量上比多数派少，且在关键问题上的观点或看法与多数派相反或冲突（Maass and Clark, 1984; Wood et al., 1994; Wood et al., 1996）。一般来说，少数派不是那些拥有特殊技能或者地位（如领导）的少数派（Wood et al., 1994; Wood et al., 1996）。少数派影响理论强调少数派行为上的一致性（behavioral consistency）在其影响过程中的必要性。具体而言，相较于多数派，少数派在数量上处于劣势。因此，为了能够产生足够的影响，少数派需要保持行为上的一致性（如重复阐述自己的观点），进而有效地让多数派表达其观点（Moscovici, 1980; Moscovici and Lage, 1976; Moscovici et al., 1969; Nemeth and Wachtler, 1974）。为了能够证明上述少数派影响理论的观点，Moscovici et al.（1969）做了一个幻灯片颜色识别实验。在这个实验中，六位被试（包括真或假被试）需要判断一系列蓝色幻灯片的颜色和亮度。在控制组中，六位真被试的回答全部为蓝色，没有出现任何错误的判断。在实验组中，两位假被试在所有轮次的问答中，始终如一（即表现出行为一致性）地回答绿色（但幻灯片其实全部为蓝色），这两名假被试构成了少数派，他们的观点（即绿色）与多数派的观点（即蓝色）产生了差异，结果发现，另外四位真被试（即多数派）所有轮次的问答中有 8.42% 的概率将蓝色幻灯片判断为绿色，这与控制组中 0 的概率显著不同，这个结果初步证明了少数派观点能够产生影响。但是，当两位假被试在 2/3 的轮次中将蓝色幻灯片判断为绿色，而在另外 1/3 的轮次中判断为蓝色时（即并未表现出行为的一致性），真被试的回答就不受假被试回答的影响，即实验组与控制组中真被试的判断并没有差异，证明了行为的一致性是少数派是否产生影响的关键。后续的研究对行为的一致性的定义进行了补充和扩展，他们认为，行为的一致性指的并不是少数派简单地重复阐述自己相同的观点，而是围绕自己的核心原则和事实依据，灵活地表达甚至变化观点，使得多数派感受到少数派的信心（confidence）和能力（competence），进而愿意去思考少数派提出的差异化观点（Nemeth et al., 1974; Nemeth et al., 1977; Nemeth and Wachtler, 1974）。

在上述基本观点的基础上，Moscovici（1980）提出了转化理论（conversion theory），对少数派和多数派产生的影响的内容以及影响的内在机制进行了阐述和对比，因此，可以说转化理论是少数派影响理论的补充和扩展（Maass and Clark, 1984）。Moscovici（1980）的转化理论认为，虽然少数派和多数派都会通过产生冲突（conflict）的方式来产生影响，但他们产生的影响的内容有所不同。当少数派面对在关键问题上与自己观点相冲突的多数派时，由于认知上的偏差（即认为多数派观点更为准确和全面）以及社会规范的压力（即想要得到多数派的接受），少数派会进行一个比较过程（comparison process），比较自己和多数派在观点上的差异，从而理解自己为何有了看似"错误"的观点；对于少数派而言，解决与多数派观点上冲突的方式往往是公开顺从（public compliance），即公开地表示对多数派观点的支持，以期得到多数派的接受；可是，在这种比较过程当中，少数派并没有仔细地思考多数派的观点，而是仅仅做了对比，所以少数派往往不会内化（internalize）多数派的观点，而仅仅是顺从（comply）。相反，当多数派面对持冲突观点的少数派时，特别是当少数派十分坚持自己的核心观点（即行为的一致性）时，多数派会进行一个验证过程（validation process），即为了能够验证自己的观点，多数派会仔细地思索与自己想法有冲突的少数派观点；与此同时，他们也会仔细地思考自己的观点。这种认真深入的思索有可能从更深层次上导致多数派观点的改变，进而产生私下转变（private conversion），即私底下认同少数派观点，但同时由于公开赞同少数派观点会遭受到排斥（Wood et al., 1996），所以多数派的私下转变并不会外显（externalization）。总结而言，人们不会公开承认对少数派观点的认同，但会在私底下去思考并最终认同少数派观点，即少数派产生私下（或者说潜在）影响（private or latent influence）；相反，人们会公开表达对多数派观点的认同，但并不会深入地思考多数派观点，所以在私底下并不会完全内化多数派观点，即多数派产生公开影响（public influence）。虽然 Moscovici（1980）的观点也遭受了一些质疑（Vries et al., 1996），但许多研究通过理论分析（Maass and Clark, 1984）、元分析（Wood et al., 1994）以及实验等方式证明了 Moscovici（1980）转化理论中的观点。

从以上阐述中我们可以看出，少数派影响理论主要关注的是影响的结果，即少数派是否能够公开或者潜在地改变多数派的观点和态度，而 Nemeth（1986）从另外一个角度去思考少数派影响，将少数派影响理论的关注重点从影响的结果转移到了影响的过程。概括而言，Nemeth（1986）认为，少数派最重要的贡献并不在于让多数派认同少数派的观点，而是激发整个团队、组织，甚至社会对关键问题更加全面深刻和细致的思考。具体而言，Nemeth（1986）阐述了多数派和少数派对彼此思考模式和范围的不同影响。Nemeth（1986）认为，当人们面对多数派观点时，人们的思考是趋同的（convergent thinking），仅仅会从多数派的角度去思考目前的问题，搜索到的信息往往会支持多数派的观点，具有偏差性（biased）（Nemeth and Rogers, 1996）。因此，人们往往无法准确、全面地了解关键问题并做出决策。相反，当人们面对行为一致的少数派观点时，人们不仅会从多数派观点进行思考，而且会聚焦于关键问题本身进行发散性思考（divergent thinking），寻求信息的动机更加强烈，搜寻到的信息也更加全面、丰富和多元化（Nemeth and Rogers, 1996），从而，人们往往能够更加完整、仔细地理解当前的问题。因此，即使少数派观点本身就是错误的，或者团队最终并没有与少数派达成一致观点，但少数派观点的提出对团队决策也是有益的。为了支持其观点，Nemeth 也进行了多项研究（如 Nemeth and Kwan, 1985; Nemeth and Wachtler, 1983），其中最为著名的是以陪审团为样本的实验研究（Nemeth, 1977）。Nemeth（1977）的研究发现，虽然判决规则并不能带来判决结果的改变，但是，全体陪审团成员达成一致才能做出判决的规则（unanimity rule，即少数派的观点必须被考虑）要比2/3的陪审团成员达成一致即可做出最后判决的规则（two-thirds majority rule）会引发更多的讨论。在前者的情境下，陪审团成员会发出更多不同的意见，进行更加全面的讨论，更加依靠事实作为依据，对判决结果也会更加有信心，而且人们也会认为陪审团做出的判决更加公平、公正（Nemeth, 1977）。

随着少数派影响理论的不断发展，有学者开始尝试将该理论应用于组织管理情境当中（如 Ng and Dyne, 2001）。De Dreu and West（2001）发现，少数派观点的提出能够增加团队成员创新性的想法，从而提升团队的创新绩效。Park and Deshon（2010）发现，团队的学习导向（learning orientation）能够增强少数派对自己观点的信心、促进团队的讨论，并增加少数派观点的影响，最终提升团队成员的满意度和团队绩效。Grant and Patil（2012）阐述了少数派如何以及何时能够通过行为示范和沟通建言的方式建立团队帮助规范（group helping norm）。Li et al.（2015）发现，处于团队社会网络中心的少数派能够通过建言和帮助行为增加团队的监督和互助，进而提升团队绩效和创新。Martin et al.（2015）发现，当少数派不期待与多数派再次互动时，他们更加敢于表达差异化的观点，进而增强团队系统性信息处理和决策的质量。另外，由于目前的职工流动率较大，很多研究开始应用少数派影响理论，去理解新员工这种少数派给原始团队带去的影响。Choi and Levine（2004）以及 Hansen and Levine（2009）发现，新员工能够影响团队的任务策略，特别是当团队之前的任务绩效不理想或者新员工有坚定的检验行为时。Rink and Ellemers（2009）发现，相较于永久性的新员工（permanent newcomer），暂时性的新员工（temporary newcomer）会分享更多的独特信息，进而增强团队的决策质量。另外，也有不少研究关注少数派影响理论在虚拟团队（virtual team）当中的应用。比如，Mcleod et al.（1997）发现，相较于实体团队，虚拟团队中的少数派虽然更愿意分享其差异化的观点，但是虚拟团队中的多数派并不会对少数派的观点给予足够的关注，进而减弱了少数派的影响。

关于少数派影响理论，也有不少社会心理学家和管理学家关注少数派影响的调节变量。在少数派影响理论发展的初期，社会心理学家关注的调节变量主要集中在少数派的数量和情景规范方面（Maass and Clark 1984; Wood et al., 1994）。就少数派的数量而言，Nemeth et al.（1977）发现，少数派的数量对少数派的影响是一把双刃剑，即随着数量的增加，其他人感知到的少数派的能力会增强，但是感知到的少数派的信心会降低，因此，数量既能增强也能降低少数派的影响。而

Wood et al.（1994）通过元分析发现，少数派数量的增加会增强少数派公开和直接的影响，但会降低其私底下的间接影响。就情景规范而言，Moscovici and Lage（1978）认为，当环境规范强调一致和客观时，少数派的影响会降低；而当环境规范强调创新时，少数派的影响会增强（Ng and Dyne, 2001）。而在管理学领域，也有学者探讨少数派影响的调节变量（比如 De Dreu and West, 2001; Rink and Ellemers, 2009; Ten et al., 2007），在这其中，De Dreu et al.（2008）使用动机性信息加工理论阐述了少数派观点对团队产生影响的两个关键调节变量：团队持多数派观点的成员的认知动机（epistemic motivation）和社会动机（social motivation）。具体而言，De Dreu et al.（2008）认为，只有当多数派有高认知动机（即愿意去深入、仔细地思考少数派观点），并且有高亲社会动机（即关注团队胜利而非个人结果）时，少数派观点的提出才能提升团队的创造力。

对该理论的评价

以往的社会影响研究都强调多数派的影响，而忽视了少数派的影响，而少数派影响理论正是弥补了这样的不足，补充了社会影响领域的理论观点，使其更加符合现实现象。少数派影响理论着重强调少数派并不仅仅是多数派观点的被动接受者，他们也能够通过表达自己的观点，影响多数派的观点，使得组织中的观点更加多元化、思考更加发散，降低了群体思维（group thinking）倾向，真正利用组织中人的创新能力。少数派影响理论也从侧面阐述了为何团队能够比个体做出更加明智的决定和判断（Nemeth, 2012），这是社会心理学和管理学的共同进步。但是，少数派影响理论也受到了一些质疑和批判。第一，有的学者认为，在少数派影响理论发展初期的团队研究范式中，大部分实验都只用了为进行实验而临时组建的团队（one-shot group）（如 Moscovici and Lage, 1976, 1978），但这些一次性团队并不能很好地模拟真实团队的情境和状态（Maass and Clark, 1984），因此，少数派影响理论的结论有可能不能拓展至真实世界复杂多变的团队情境当中。第二，少数派影响理论对其核心构念"一致性"的定义不够清晰、准确（Maass and Clark, 1984）。有学者认为"一致性"的核心是对观点的重复叙述，但另外有学者认为"一致性"的核心是对逻辑的详细阐述（Maass and Clark, 1984）。Maass et al.（1984）指出，因为一致性的定义不够明确，研究者对一致性的操作会有不同，进而得出相互矛盾的研究结论。第三，有的学者认为，在理论发展的过程当中，少数派影响理论的核心观点模糊不清，或者理论中有些相同的概念用了不同的名词去表示，容易让读者产生混淆（Vries *et al.*, 1996）。比如，早期的少数派影响理论认为，行为一致的少数派能够改变多数派的潜在态度，而中期的少数派影响理论则强调少数派能够影响多数派的认知活动。再如，验证过程和发散性思维都包含了对少数派观点的思考，但它们出现在不同的文献当中，读者很难去理解两者之间的真正差异。

关键测量量表和实验范式

1. Color Perception Experiment

Moscovici, S., Lage, E., & Naffrechoux, M. (1969). Influence of a consistent minority on the responses of a majority in a color perception task. *Sociometry,* 32(4), 365–380.

2. Team-level Minority Influence Experiment

Mcleod, P. L., Baron, R. S., Marti, M. W., & Yoon, K. (1997). The eyes have it: Minority influence in face-to-face and computer-mediated group discussion. *Journal of Applied Psychology*, 82(5), 706–718.

3. Experiment of Minority Influence Under Different Social Motivations and Decision Rules

Ten Velden, F. S., Beersma, B., & De Dreu, C. K. (2007). Majority and minority influence in group negotiation: The moderating effects of social motivation and decision rules. *Journal of Applied Psychology,* 92(1), 259–268.

4. Minority Influence Motivation Experiment

Prislin, R., & Filson, J. (2009). Seeking conversion versus advocating tolerance in the pursuit of social change. *Journal of Personality & Social Psychology*, 97(5), 811–822.

5. Newcomer Minority Influence Experiment

Rink, F. A., & Ellemers, N. (2009). Temporary versus permanent group membership: How the future prospects of newcomers affect newcomer acceptance and newcomer influence. *Personlity & Social Psychology Bulletin*, 35(6), 764–775.

6. Team-level Minority Influence Experiment

Park, G., & Deshon, R. P. (2010). A multilevel model of minority opinion expression and team decision-making effectiveness. *Journal of Applied Psychology*, 95(5), 824–833.

7. Minority Expression and Influence Experiment

Martin, A. S., Swaab, R. I., Sinaceur, M., & Vasiljevic, D. (2015). The double-edged impact of future expectations in groups: Minority influence depends on minorities' and majorities' expectations to interact again. *Organizational Behavior & Human Decision Processes*, 128, 49–60.

8. Minority Dissent Scale：1 维度，4 题

De Dreu, C. K. W., & West, M. A. (2001). Minority dissent and team innovation: The importance of participation in decision making. *Journal of Applied Psychology*, 86(6), 1191–1201.

经典文献

De Dreu, C. K. W., & West, M. A. (2001). Minority dissent and team innovation: The importance of participation in decision making. *Journal of Applied Psychology*, 86(6), 1191–1201.

De Dreu, C. K. W., Nijstad, B. A., Baas, M., & Bechtoldt, M. N. (2008). The creating force of minority dissent: A motivated information processing perspective. *Social Influence*, 3(4): 267–285.

Grant, A. M., & Patil, S. V. (2012). Challenging the norm of self-interest: Minority influence and transitions to helping norms in work units. *Academy of Management Review*, 37(4), 547–568.

Maass, A., & Clark, R. D. (1984). Hidden impact of minorities: Fifteen years of minority influence research. *Psychological Bulletin*, 95(3), 428–450.

Moscovici, S. (1980). Toward a theory of conversion behavior. Advances in Experimental Social Psychology, 13, 209–239.

Moscovici, S., Lage, E., & Naffrechoux, M. (1969). Influence of a consistent minority on the responses of a majority in a color perception task. *Sociometry*, 32(4), 365–380.

Nemeth, C. J. (1986). Differential contributions of majority and minority influence. *Psychological Review*, 93(1), 23–32.

Wood, W., Lundgren, S., Ouellette, J. A., Busceme, S., & Blackstone, T. (1994). Minority influence: A meta-analytic review of social influence processes. *Psychological Bulletin*, 115(3), 323–345.

对管理者的启示

首先，管理者应当了解少数派观点给组织和团队带来的好处。少数派影响理论认为，少数派的观点能够激起发散性的思考，这有助于团队的决策和创新。但是，管理者很多时候无法真正意识到少数派带来的好处，他们往往更多地强调下属之间的和谐，以及下属与公司目标的一致性，以便于更加平稳地管理和领导团队。而如果强调多元、差异化的观点，从表面上来看，少数派与多数派之间的差异可能会给团队或者整个组织带来冲突和矛盾。但一味地追求顺从和一致，强调少数派服从多数派，会极大地限制团队成员的思考，进而影响团队的创新和绩效。所以，管理者应当理解少数派与多数派之间的冲突给团队带来的深层次的益处，而不是一味地追求从始至终的顺从和一致。

其次，管理者应当鼓励员工发表自己真实的、差异化的观点。当组织或公司需要提高决策质量，或者需要员工的创新输出时，管理者应当采取适当的措施去刺激下属公开表达自己的少数派观点，从而激发整个团队或组织的发散性思维。具体而言，管理者可以公开强调差异化观点的重要性，建立多元化的组织文化和价值观，并身体力行，通过自身的管理和领导行为，让员工感受到真实地提出差异化观点的重要性。

再次，管理者应当给予少数派以支持，减轻他们持有少数派观点所承受的压力，并给予适当的反馈和鼓励，增加少数派观点提出的持续性。管理者的支持能够帮助少数派更加积极地表达其观点，增加团队的观点碰撞，进而提升创新绩效。已有研究也表明，基于任务的冲突可以有助于团队的创新结果和工作绩效（De Dreu *et al.*, 2001）。

最后，管理者也应当提升团队对少数派差异化观点的利用效率，比如增加整个团队的决策参与度（De Dreu *et al.*, 2001），营造鼓励创新的团队氛围（Moscovici and Lage, 1978），或者增加变革型和授权型领导方式并鼓励合作，来增加团队的认知动机和亲社会动机，从而使团队成员能够关注并深刻地思考少数派的观点，并最终促进团队的绩效。

本章参考文献

29

道德许可理论[*]

高中华[1]　麻芳菲[2]　苑康康[3]

图1　戴尔·米勒　　图2　贝努瓦·莫林

普林斯顿大学心理学家戴尔·米勒（Dale Miller）（见图1）和贝努瓦·莫林（Benoit Monin）（见图2）率先提出了道德许可（moral licensing）的概念。他们在2001年通过实验发现了道德许可现象。之后经由Sachdeva et al.（2009）、Effron and Monin（2010）、Conway and Peetz（2012）等学者在亲社会行为领域，Krumm and Corning（2008）、Choi et al.（2014）、Cascio and Plant（2015）等学者在社会歧视领域，以及Khan and Dhar（2006）、Mazar and Zhong（2010）、Effron et al.（2013）等学者在消费者行为领域等不同

---

[*] 基金项目：国家自然科学基金项目（71672118）。
[1] 高中华，首都经济贸易大学工商管理学院副教授、博士生导师。主要研究领域：人力资源管理、领导力、组织政治、知识分享。电子邮件：gaozhonghua@cueb.edu.cn。
[2] 麻芳菲，首都经济贸易大学工商管理学院硕士研究生。主要研究领域：网络积极反馈与工作场所行为、易变职业生涯。电子邮件：mafangfei@cueb.edu.cn。
[3] 苑康康，首都经济贸易大学工商管理学院硕士研究生。主要研究领域：人力资源管理。电子邮件：18810632149@163.com。

领域的发展，道德许可这一概念逐渐受到了理论界和实践界的广泛关注。通过在 Google Scholar 搜索引擎中对关键词"moral licensing"和"moral license"进行检索发现，道德许可理论的被引次数处于不断攀升的状态（见图3），说明该理论正在得到越来越多研究者的关注。

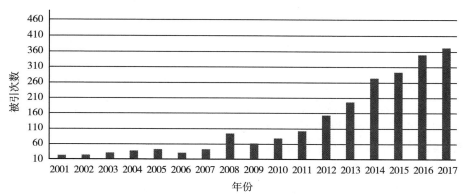

图3　道德许可理论的被引次数

资料来源：根据 Google Scholar 数据整理而成，搜索时采用精确匹配。

道德许可理论的核心内容

道德许可概念的提出有效地解释了同一个体身上为什么会出现"先好后坏"两种截然相反的行为。事实上，道德许可理论植根于伦理学中有关道德与非道德行为关系的道德平衡理论（Nisan, 1990, 1991），即每个人都有自己的道德平衡点，当人们面对道德选择时，都会将现有的道德自我感知水平与平衡点进行对比，从而决定选择"做好事还是做坏事"以保持平衡。当以前做了坏事，造成道德自我感知水平低于平衡点时，人们之后倾向于做好事，使道德自我感知水平提升到平衡状态，这种情形被称作道德净化效应；而道德许可效应所描述的情形正好相反，即当以前做好事提高了道德自我感知水平，超过了平衡点之后，人们就会获得许可做坏事以保持自我道德感知的平衡（Monin and Jordan, 2009）。Merritt et al.（2010）对道德许可的概念进行了界定，即当人们对后续行为是否符合道德而犹豫不决时，往往会从过去的道德行为中获得信心，增加以后从事不道德行为的倾向。目前，对道德许可效应发生过程的解释主要包括道德证书（moral credentials）和道德信誉（moral credits）两条路径。

　　道德证书最早由 Monin and Miller（2001）提出，他们在研究大学生刻板印象和决策过程时，发现当大学生表明了非种族歧视的态度后在警察雇佣任务的情境中更容易选择白人，这与之前的非种族歧视态度显然不一致，这个现象就被他们命名为"道德证书"。道德证书被定义为人通过行为或反歧视言论证明自己具有较高的道德水平，之后会将模糊的不道德行为解释为道德行为。道德证书就像是了解一个人道德水平的凭证，先前的良好行为表明自己不会做不道德的事情，模糊了当前行为的道德性（Effron et al., 2009; Greene and Low, 2014; Kouchaki, 2011）。

　　道德信誉是一种道德积累的过程，个体每做一件好事就会积累自身的道德水平，一定的道德信誉会抵消之后的不道德行为，由此得到自己或他人对不道德行为的许可（Merritt et al., 2010; Miller and Effron, 2010）。Stone and Cooper（2009）将道德信誉比作一个银行账户，每做一件道德的事相当于存钱，而每做一件不道德的事相当于取钱，所以只要银行账户里有钱，人们对不道德的事就会提供许可。在这个过程中，个体的道德感知一直处于动态变化中。与道德证书不同，拥有道德信誉的人明确知道自己当下行为的不道德性，之所以表现出这些行为是因为他们认为当下的行为是可以被先前的良好行为抵消的，而不是因为这些行为的道德性模糊。

　　道德许可发生的内在机制主要从道德许可为何发生和何时发生两个角度分析。为何发生的研究主要探讨的是中介机制，而何时发生的研究主要探讨的是调节机制。研究表明，先前的行为能够激起个体的某种自我概念从而导致他们后续的行为（Bargh, 2006），因此，个体先前的良好行为激活了他们的道德自我概念，从而建立起道德证书，为以后的不道德行为给予了许可（Kouchaki, 2011; Monin and Jordan, 2009）。换而言之，道德自我概念在前后不一致的行为之间起到了中介效应，即先前的道德行为使个体构建了道德证书，也相应地使他们认识到了自己的道德水平，清晰了道德自我概念，进而凭借着这样的认知会通过道德证书和道德信誉两条路径加剧后续的不道德行为（Sachdeva et al., 2009）。这也就是道德许可为何发生的一种心理机制。至于道德许可效应何时发生，Effron et al.（2009）的研究表明，当个体先前的道德行为和后续的不道德行为发生在两个不同的领域时，他们很容易受到道德许可的影响，但是，当个体的前后行为发生在同一个领域时，道德许可效应就会被弱化，因为个体担心在该领域的声誉会受损。这样的现象同样也得到了其他学者的证实（Jordan et al., 2011; Sachdeva et al., 2009）。另外，当个体先前的道德行为是具体的并且与当前行为间隔较近时，容易产生道德许可效应，而当之前的道德行为是抽象的并且与当前行为间隔较远时，就不容易产生道德许可效应（Conway and Peetz, 2012）。同时，后续不道德行为的发生环境也会影响道德许可效应的产生，当不道德行为是发生在比较私密的环境时，个体容易产生道德许可心理，相反，当不道德行为是发生在公众场所时，个体就不容易产生这样的心理状态（Greene and Low, 2014）。

目前有关道德许可的研究主要集中在社会歧视领域、亲社会行为领域以及消费行为领域。道德许可的研究起源于社会歧视领域，在该领域也得到了大量学者的关注。Effron *et al.*（2009）选择 2008 年美国总统选举时支持候选人奥巴马的群体为被试，研究结果表明，该群体的被试更倾向于将工作机会和资源分配给白人；Valention and Brader（2011）发现，身处社区或者政治环境中的群体认为自己的种族歧视态度较低，但实际上他们反对黑人福利提案的比例却很高，换言之，身处这种组织环境中的成员更容易获得道德许可，从而增强产生不道德行为的倾向。随后，道德许可的研究领域从社会歧视转向了亲社会行为，大量学者证实了当个体因以往的行为获得道德许可后，会减少亲社会行为（Conway and Peetz, 2012; Effron, 2014; Jordan *et al.*, 2011; Miller and Effron, 2010; Sachdeva *et al.*, 2009）。同时，道德许可现象也会出现在消费行为领域，研究证实，当人们之前的行为具有合理性和道德性时，他们反而更容易产生享乐主义的消费，例如，奢侈品和垃圾食品的消费（Huberts *et al.*, 2012; Khan and Dhar, 2006; Khan and Dhar, 2007）。

近年来，道德许可的研究逐渐转向组织管理领域，不少学者开始探讨工作场所中员工道德许可的成因以及对道德决策的影响，试图从道德许可的角度解释好员工产生不好行为的过程。学者们主要从个体和组织两个角度分析了员工道德许可形成的过程。在现有研究中，学者们通过理论推演、实验以及实证研究等多种方法发现员工的组织公民行为、创新行为等积极的工作行为更容易使他们获得道德许可（Bolino and Klotz, 2015; Klotz and Bolino, 2013; Vincent and Polman, 2016; Yam *et al.*, 2017）。从组织角度来说，倡导精英文化和具有良好声誉地位的组织容易使员工和管理者形成道德许可（Bai *et al.*, 2017; Castilla and Benard; 2010; Effron, 2014; Kouchaki, 2011）。

道德许可效应无论是对员工还是组织都产生了不容忽视的影响。目前，大部分研究还是专注于员工或组织不道德行为的增加，对道德行为减少的研究少之又少。从员工个体角度而言，道德许可会导致员工的反生产行为（Klotz and Bolino, 2013）、偏差行为（Yam *et al.*, 2017）、欺骗行为及组织规范违背行为（Vincent and Polman,

2016)。同时,从管理者角度而言,当管理者获得道德许可时,更容易对员工产生辱虐指导行为(Lin et al., 2016)。从组织角度而言,当管理者因为企业的社会责任行为等获得道德许可时,企业容易产生避税行为或忽视对利益相关者的责任(Bai et al., 2017; Ormiston and Wong, 2013)。

在调节变量方面,Yam et al.(2017)发现,员工的外部动机会调节组织公民行为和道德许可之间的关系,即外部动机越强,员工先前的组织公民行为越容易引发道德许可,并且会进一步促进偏差行为的产生。Klotz and Bolino(2013)认为,个体的关系认同倾向会影响组织公民行为、道德许可和反生产行为之间的关系,研究发现,具有关系认同倾向的员工即使在帮助同事后获得了道德许可,也不会违背自己的认同倾向而产生反生产行为。同样,个体的道德认同符号化(moral identity symbolization)和原则导向也会影响道德许可和不道德行为之间的关系(Bai and Zhao, 2017; Ormiston and Wong, 2013)。目前来看,道德许可的调节变量主要集中在个体因素方面,未来应该从情景、文化因素等方面丰富相关研究。

对该理论的评价

道德许可理论有效地解释了为什么人们会出现"先好后坏"两种前后不一致的行为,成为解释组织内各种矛盾行为的有力工具。该理论的重要贡献就是从两条路径详细地探析了人们不道德行为背后的心理决策机制:一条路径是通过以往的道德行为而树立的道德证书会将后来的不道德行为模糊归为道德行为来提供许可(Monin and Miller, 2001);另外一条路径是通过以往多次的良好行为累积为道德信誉来抵消当下的不道德行为(Merritt et al., 2010; Miller and Effron, 2010)。

尽管道德许可效应引起了大量学者的关注和证实,但是目前的研究仍然存在一些问题和不足。首先,道德许可效应是否存在仍值得商榷。Blanken et al.(2015)通过对91篇道德许可效应的研究进行元分析发现,尽管这些研究证实了道德许可效应的存在,但是道德许可效应量明显偏小(d=0.31,95% CI[0.23,0.38])。Blanken et al.(2015)在重复进行了道德许可的实验后发现道德许可效应并不存在。其次,道德许可效应的测量存在局限性。道德许可效应的已有研究大多采用了心理学实验的方法(Ebersole et al., 2015; Blanken et al., 2015; Monin and Miller, 2001),在对道德许可效应进行测量时大多借用了其他相关概念的测量(Kouchaki, 2011; Lin et al., 2016),如在社会歧视领域多采用歧视水平或态度的量表（Cascio and Plant, 2015; Effron et al., 2012; Monin and Miller, 2001），在亲社会行为和消费行为领域多采用道德认同和自我概念的量表（Gneezy et al., 2012; Schaumberge and Wilermuth, 2014），等等。尽管有一些学者尝试开发相应的量表（Lin et al., 2016），但是这些量表是从理论中推演出来的，开发时间较晚，没有经过实践的检验和大量研究的验证，制约了理论的发展和研究。再次，以往研究对道德许可效应的测量主要是主观报告法，个体容易过高估计自己的道德水平，从而导致道德许可效应测量的准确性降低。最后，现有道德许可效应研究主要集中于道德许可带来的消极后果，从自我真实展示或者减轻心理压力的角度推理，道德许可似乎也有积极的一面，如适度缓解焦虑、舒展身心或是建立真实的人际交往规则等，未来研究也可以适当关注道德许可在组织行为中的正面后果。

关键测量量表

1. Moral Credentials Measure：5 题

Aquino, K., & Reed, A., II.(2002). The self-importance of moral identity. *Journal of Personality and Social Psychology*, 83(6), 1423–1440.

2. Self-assessment Statements：4 题

Khan, U., & Dhar, R.(2006). Licensing effect in consumer choice. *Journal of Marketing Research*, 43(2), 259–266.

3. Moral Self-concept Measure：6 题

Stake, J. E.(1994). Development and validation of the six-factor self-concept scale for adults. *Educational and Psychological Measurement*, 54(1), 56–72 .

4. Moral Credits Measure：5 题

Lin, S., Ma, J., Johnson, R. E.(2016). When ethical leader behavior breaks bad: How ethical leader behavior can turn abusive via ego depletion and moral licensing. *Journal of Applied Psychology*, 101(6), 815–830.

经典文献

Blanken, I., Van, D. V. N., & Zeelenberg, M.(2015). A meta-analytic review of moral licensing. *Personality and Social Psychology Bulletin*, 41(4), 540–558.

Bradleygeist, J. C., King, E. B., Skorinko, J., Hebl, M. R., & Mckenna, C.(2010). Moral credentialing by association: The importance of choice and relationship closeness. *Personality and Social Psychology Bulletin*, 36(11), 1564–1575.

Cascio, J., & Plant, E. A.(2015). Prospective moral licensing: Does anticipating doing good later allow you to be bad now? *Journal of Experimental Social Psychology*, 56, 110–116.

Effron, D. A., & Monin, B.(2010). Letting people off the hook: When do good deeds excuse transgressions? *Personality and Social Psychology Bulletin*, 36(12), 1618–1634.

Khan, U., & Dhar, R.(2006). Licensing effect in consumer choice. *Journal of Marketing Research*, 43(2), 259–266.

Klotz, A. C., & Bolino, M. C.(2013). Citizenship and counterproductive work behavior: A moral licensing view. *Academy of Management Review*, 38(2), 292–306.

Mazar, N., & Zhong, C. B.(2010). Do green products make us better people? *Psychological Science*, 21(4), 494–498.

Merritt, A. C., Effron, D. A., & Monin, B.(2010). Moral self-licensing: When being good frees us to be bad. *Social and Personality Psychology Compass*, 4(5), 344–357.

Miller, D. T., & Effron, D. A.(2010). Psychological license: When it is needed and how it functions. In M. P. Zanna, & J. Olson(Eds.), *Advances in Experimental Social Psychology* (Vol. 43, pp.115–155). San Diego, CA: Academic Press.

Monin, B., & Miller, D. T.(2001). Moral credentials and the expression of prejudice. *Journal of Personality and Social Psychology*, 81(1), 33–43.

Stone, T. H., & Cooper, W. H.(2009). Emerging credits. *Leadership Quarterly*, 20(5), 785–798.

对管理者的启示

道德许可源自社会歧视领域，随后拓展到亲社会行为等其他领域，该理论从前因后果的角度解释了个体态度和行为的转变。以往关于员工不道德行为和反生产行为的研究并没有与员工之前的良好行为联系起来，道德许可的提出从一个新的角度解释了员工不道德行为的起因，尤其是在职场环境中，道德许可有力地解释了组织中从积极行为转变为消极行为的现象（Bolino and Klotz, 2015; Klotz and Bolino, 2013），这就需要管理者时刻关注员工行为的转变，进而进行及时的引导（Klotz and Bolino, 2013; Lin *et al.*, 2016）。

具体而言，管理者首先应该加强员工的自我管理和自控力培训，让员工意识到这种现象的存在，及时调整自己的行为，而不是一味地记住自己所做的好事，进而给自己传递一种即使产生不好的行为也是可以被许可的心理暗示；其次应该在组织中建立一个良好的道德氛围，因为组织的道德氛围是影响员工道德许可的一个重要调节因素，同时，好的道德氛围能够疏解员工的破坏性心理（Victor and Cullen, 1988），从而避免员工产生道德许可；最后应该对员工起到感化作用和榜样作用，尤其是像中国的家长式领导和伦理型领导，应该帮助员工树立对企业的责任感，减少道德许可的产生。

本章参考文献

30

归属需求理论*

江新会[1]　王颖[2]

图1　罗伊·鲍迈斯特

　　1995年，罗伊·鲍迈斯特（Roy Baumeister）（见图1）首次提出"归属需求"（the need to belong）是人类最基本的动机之一。建立在此理论核心上，归属需求理论（need-to-belong theory）正式形成。经由 Twenge et al. (2001, 2003, 2007)、Leary et al. (1998, 2003)、Levett-Jones et al. (2007)、Levett-Jones and Lathlean (2008, 2009) 和 DeWall et al. (2008, 2009, 2011a, 2011b) 等学者的发展，归属需求理论开始广泛应用于心理学、临床医学、社会学、管理学等多个研究领域，并得到了进一步的丰富和延伸。同时，该理论的被引次数在近二十年来逐年攀升，至2017年达到超过4 000的被引次数（见图2），归属需求理论已发展成为成熟的、经典的动机理论之一。

---

* 基金项目：国家自然科学基金项目（71572171）；云南省科技计划项目（2016FB119）。
1　江新会，云南财经大学商学院教授、博士生导师。主要研究领域：组织行为学、职业使命感、健康人力资源管理等。电子邮件：beyondjxh@163.com。
2　王颖，南京航空航天大学经济与管理学院管理科学与工程系博士研究生。主要研究领域：组织行为学、工作重塑、主动性行为等。电子邮件：18213416705@163.com。

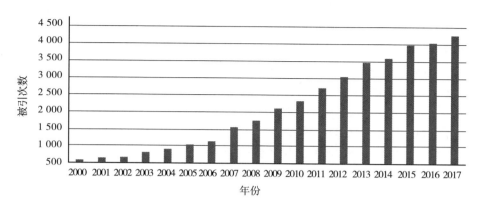

图 2 归属需求理论的被引次数

资料来源：根据 Google Scholar 数据整理而成，搜索时采用精确匹配。

归属需求理论的核心内容

人先天地具有归属于某个群体的本能。进化论观点认为，群体关系有利于种族生存与繁衍，因此人基于自我进化的驱动而努力融入群体，进行自我保护(Rofé, 1984)。著名的心理学家 Freud (1930) 和 Bowlby (1969) 则从心理学的角度，主张人际交往的动机来源于性驱力或恋母情结。而在 Maslow (1968) 的需求层次理论中，归属需求体现为希望被群体所需要、接受和认可，且其建立在个体的物质需求被满足的基础之上。可以看出，各个领域的研究者对归属需求的界定并没有形成统一的视角，且都具有条件和情境限定性。直到 Baumeister and Leary (1995) 正式提出归属需求理论，将归属需求明确定义为"人们为塑造和维持最低限度的、持久的、积极的和有意义的社会联系的底层驱动力"。他们对归属需求这一概念的描述始终围绕其普遍性和基础性这两大本质特征，认为其能够从根本上解释人类动机与行为。随后，不少学者进一步对其观点进行了理论延伸。Ryan and Deci (2000) 指出，归属需求是指个体需要感知到与他人产生联系，被接受、尊重和关心，以及对他人有价值。Fiske (2003) 从系统化的视角提出，应当将归属需求作为团队最重要和基本的社会动机。综合现有归属需求理论的研究来看，Baumeister and Leary (1995) 对归属需求的定义仍是主流，得到了最为广泛的应用。

正如 Baumeister and Leary (1995)、Baumeister (2012) 所强调的，对归属

需求理论的探索必须明确其与其他需求动机概念的本质不同（尤其是依恋理论，attachment theory）。首先，Bowlby（1969，1973）提出的依恋理论认为，人的社会交往需求可以追溯到其婴儿期与母亲的依恋关系，都是为了寻求这种亲和（affiliation）或者亲密（intimacy）的情感联系。而归属需求与之核心的不同就在于：依恋需求更强调个体差异性，而归属需求则强调其共性，是普遍存在于所有社会交往行为后的基本动机；依恋需求本身"喻义"着一定的从属或依附性，而归属需求具有广泛的可替代性（与某一个体间的人际关系损失可以通过任意另一人得以弥补）。此外，归属需求与权力需求、成就需求等既有联系又有区别（Baumeister and Leary, 1995）。个体追求权力、成就或社会身份认同本质上都是为了构建有利的、愉快的社会关系。从这个角度来说，归属需求是其他这些社会需求的根源所在。

为了加深对归属需求概念的本质理解，研究者对其前因变量展开了系统探索（即归属需求如何得以满足）。Mouratidis and Sideridis（2009）的研究发现，中学生的社会发展目标能够使其在学校感受到更多的归属感和更少的孤独感。以护理专业的大学生为样本，Levett-Jones and Lathlean（2009）的研究揭示了积极的师生关系对提升学生归属感的积极作用。他们认为，积极的师生关系能够传递出"接受、认可和重视"的信号（Levett-Jones and Lathlean, 2009, p.323），从而满足学生的归属需求，促进其学习和社交动机。Venta et al.（2014）基于依恋理论模型，指出个体的依恋不安全感是导致其归属需求被剥离的一个重要诱因。研究结果显示，母性依恋安全感与被剥离的归属需求呈负相关关系。此外，最新的一项研究表明，包容型领导能够在保持成员独立性的同时，以其支持成员、确保公平和共同决策等领导行为，激活团队成员的归属感知（Randel et al., 2018）。这也是仅有的一项关于归属需求在工作场所（work-related）中的前因变量的实证探索。而对员工归属感的前因变量探索显然直接关乎相关的培养或者干预问题，对管理实践影响深远，故而需要引起更多的研究关注。

近年来，对归属需求理论的研究开始转向应用层面，探索其具体的影响效应。Baumeister and Leary（1995）指出，归属需求动机能够对个体的情绪状态、认知过程和群体行为产生复杂和强烈的影响。在其理论引领下，随后学者对这一影响机制展开实证研究。研究表明，一方面，归属需求能够激发个体的团队合作行为（Cremer and Leonardelli, 2003）和学习行为（Levett-Jones and Lathlean, 2009）、自尊感（Gailliot and Baumeister, 2007）、创造力和工作绩效（Randel et al., 2018）及工作满意度（Borrott et al., 2016）等。

另一方面，归属需求的被剥离（例如 impersonal rejection, belongingness deprivation, social exclusion）对个体的行为、认知和身心健康具有极大的破坏性。从行为反应来看，个体被拒绝或排斥时可能表现出攻击性，并采取更多的自我防御行为和较少的亲社会行为（Twenge et al., 2001, 2002, 2007）。从其对认知机制的影响来看，归属需求会影响个体对所在团队的认知、思维能力以及认知功能运作等（Carvallo and Pelham, 2006; Twenge et al., 2003）。另外，归属需求理论还应用于关于社会排斥的实验研究中。结果显示，遭到社会排斥的个体由于归属需求遭到挫伤，更易产生情绪低落、焦虑、孤独感、不信任感、嫉妒或悔恨感等消极情绪反应，甚至直接导致抑郁症等精神疾病（Sargent et al., 2002; Nolan et al., 2003; Van Beest and Williams, 2006; Brown et al., 2007）。

最后，研究者们还针对归属需求的影响效应的中介和调节机制展开了研究。Mellor et al.（2008）的研究发现，孤独感是个体未满足的归属需求和生活满意度之间的中介因素。Twenge et al.（2002, 2003, 2007）则多次尝试通过实验研究，检测情绪因素对剥夺归属需求带来消极行为结果（如亲社会行为降低）的中介作用。但结果表明，个体在归属需求未满足的情况下，的确会产生相应的负面情绪或行为，但似乎情绪并不在其中起到传递作用。MacDonald and Leary（2005）认为其根本原因在于，个体在遭到社会排斥后可能会先产生情绪钝化，以应对情感系统的失衡。Dewal et al.（2009）从认知因素的角度出发，指出敌意认知在社会排斥和攻击性行为间起到中介作用。而 Randel et al.（2018）有关包容型领导的研究表明，下属对团队的归属感能够强化其团队认同，进一步带来积极的工作结果（包括提高工作绩效、创新、低离职率）。

另外，在调节效应方面，Cremer and Leonardelli（2003）指出，团队规模的大小对个体的归属需求与合作行为之间的关系具有调节作用。Cornelis et al.（2013）的研究检测了领导的同理心对下属的归属需求与领导的程序公平行为之间的调节作用。归属需求还更多地被作为情境因素探讨其作用机制。研究表明，归属需求是个体对组织公平的反应过程的调节因素（Van Prooijen et al., 2004）。Baskin et al.（2010）的研究还发现，归属需求的满足能够缓冲青少年的高孤独感和低同伴接纳所带来的负面效应，对其身心健康起到保护作用。Singh et al.（2017）则基于资源保存理论，考虑了归属需求对社会支持（组织资源和社区资源）转化为组织嵌入感和社会嵌入感的情境作用。其结果表明，归属需求的满足能够对个体的组织或社会嵌入过程产生正向调节效应。

对该理论的评价

归属需求理论的突出价值就在于其普遍性和基础性。从微观层面切入，它是驱动个体进行社会交往的共同动机，而更具普遍意义的是，归属需求还可以解释人类社会中复杂的文化、政治和宗教等宏观层面因素。例如，无论是在国家还是在个人层面，对政治权力的追求本质上正是基于得到他人认可与建立联系的需要（Baumeister and Leary, 1995）。并且与渴望（want，动机的另一种形式）不同，归属需求超脱于某一具体系统层面。它深刻地揭示了人之为"社会人"的核心属性，是一个更为底层的概念（Baumeister, 2012）。正因如此，归属需求理论才能够得到包括心理学、社会学等多个研究领域的重视，成为经典的动机理论之一。

然而目前，在归属需求理论的相关研究中仍存在不少争议之处。其中，最主要的研究问题就在于，归属需求对个体情绪和认知的影响结果并不统一。尽管大量研究结果已表明，归属需求的剥夺会带来焦虑、抑郁等消极情绪后果（Van Beest and Williams, 2006; Brown et al., 2007; Nolan et al., 2003），但在相关的实验场景下还出现了不一致的结果：归属需求的剥夺对个体的积极情绪并没有显著影响（Dewall and Baumeister, 2006），或产生正面的唤起作用（Dewall et al., 2011b）。此外，Pickett et al.（2004）还指出，个体遭到拒绝后，可能会对社交信息进行更敏感的处理和思维加工，反而激活其认知机能。因此，对于归属需求影响个体情绪和认知的具体机制还需要更有力的研究证据。另一个突出的研究问题在于，目前对归属需求理论进行的实证研究仍局限在学生群体或临床试验的情境（Levett-Jones and Lathlean, 2008; Van Ryzin et al., 2009; Levett-Jones et al., 2009; Hill and Pettit, 2012）。显然 Baumeister 及其他归属需求理论的研究者们的一致观点是，归属需求是每个个体在不同情境下所共有的心理动机。故而，扩大研究群体（尤其是各行各业的工作者）和深入更具体的现实情境是未来进行归属需求理论研究的两个重要方向。只有这样，才能够更契合地反映归属需求概念兼具"个体差异"和"心理共性"的理论本质，增进归属需求理论的解释力。

由此看来，归属需求理论的发展急需更加系统化的研究视角。由于其理论内涵上的底层性，对现象的解释似乎"百试不爽"。但正如前述所提的一系列不统一的研究结果，可能是由于个体的情绪、认知往往是更为潜意识且复杂灵活的过程，因此仅从归属需求驱动社会交往这一视角就出现了"失灵"（Baumeister et al., 2007）。未来可以归属需求理论为核心，发展出更为系统的理论模型框架，对个体的归属需求的实验操控更注重理论与实践的平衡，并结合变化的社会现实进行新的理论衍生探索。

关键测量量表

1. SOBI-P: Sense of Belonging Instrument-psychologicial：18题

Hagerty, B. M., & Patusky, K. L.(1995). Developing a measure of sense of belonging. *Nursing Research*, 44, 9–13.

2. Need to Belong Scale（NTBS）：10题

Schreindorfer, L. S., Leary, M. R., & Keith, J. M.(1996). In pursuit of acceptance: Interpersonal strategies and consequences of seeking inclusion vs. avoiding exclusion. Wakeforest University.

3. The Belongingness Subscale of Interpersonal Needs Questionnaire（INQ）：9题

Van Orden, K. A., Cukrowicz, K. C., Witte, T. K., & Joiner, T. E.(2012). Thwarted belongingness and perceived burdensomeness: Construct validity and psychometric properties of the interpersonal needs questionnaire. *Psychological Assessment*, 24(1), 197–215.

4. The General Belongingness Scale(GBS)：12题

Malone, G. P., Pillow, D. R., & Osman, A.(2015). The general belongingness scale(GBS): Assessing achieved belongingness. *Personality & Individual Differences,* 52(3), 311–316.

经典文献

Baumeister, R. F.(2012). Need-to-belong theory. *Handbook of Theories of Social Psychology*, 2, 121–140.

Baumeister, R. F., & Leary, M. R.(1995). The need to belong: Desire for interpersonal attachments as a fundamental human motivation. *Psychological Bulletin*, 117(3), 497–529.

Baumeister, R. F., Brewer, L. E., Tice, D. M., & Twenge, J. M.(2007). Thwarting the need to belong: Understanding the interpersonal and inner effects of social exclusion. *Social & Personality Psychology Compass*, 1(1), 506–520.

Brown, L. H., Silvia, P. J., Myingermeys, I., & Kwapil, T. R.(2007). When the need to belong goes wrong: The expression of social anhedonia and social anxiety in daily life. *Psychological Science*, 18(9), 778–782.

Dewall, C. N., Baumeister, R. F., & Vohs, K. D.(2008). Satiated with belongingness? Effects of acceptance, rejection, and task framing on self-regulatory performance. *Journal of Personality & Social Psychology*, 95(6), 1367–82.

Dewall, C. N., Deckman, T., Jr, P. R., & Bonser, I.(2011). Belongingness as a core personality trait: How social exclusion influences social functioning and personality expression. *Journal of Personality*, 79(6), 1281–1314.

Levett-Jones, T., & Lathlean, J.(2009). The ascent to competence conceptual framework: An outcome of a study of belongingness. *Journal of Clinical Nursing*, 18(20), 2870–2879.

Mellor, D., Stokes, M., Firth, L., Hayashi, Y., & Cummins, R.(2008). Need for belonging, relationship satisfaction, loneliness, and life satisfaction. *Personality & Individual Differences*, 45(3), 213–218.

Pickett, C. L., Gardner, W. L., & Knowles, M.(2004). Getting a cue: The need to belong and enhanced sensitivity to social cues. *Personality & Social Psychology Bulletin*, 30(9), 1095–1107.

Twenge, J. M., Baumeister, R. F., Dewall, C. N., Ciarocco, N. J., & Bartels, J. M.(2007). Social exclusion decreases prosocial behavior. *Journal of Personality & Social Psychology*, 92(1), 56–66.

对管理者的启示

自归属需求理论提出以来，其研究主要在心理学及社会学领域，关注其理论或临床应用方面的价值。但最近研究者开始将归属需求因素投射到工作情景，讨论个体在工作中的归属感状态如何影响其"下游过程"（downstream process）（Dewall et al., 2011），如对组织的嵌入感、公平感知，亲社会行为，工作满意度的影响等。可见，认识到员工的归属需求是决定其工作行为和状态的有力因素，对管理者进行有效激励十分关键。

Singh et al.（2017）的研究发现，归属需求作为一种基础的个人资源，能够额外作用于组织资源（感知到的社会支持）。这表明，管理者对有限组织资源的分配也应当考虑到归属需求方面的个体差异，从而进一步提高管理效率。此外，它具有的"资源意义"也启示管理者，在工作中关注个体归属感的培养、积累和发展。例如，尊重和真诚地对待员工，构建公平、互助、关怀的组织或团队氛围，协调个体与组织价值观的契合，减少组织中的政策排斥或道德排斥等。这种有利的个人与组织资源之间的良性耦合，得以转化为组织长期发展的原动力。

但值得注意的是，重视员工的归属需求培养并不能流于"求同而不存异"。事实上，员工在追求组织归属感的同时，也在本能地强调自我身份（Hornsey and Jetten, 2011）。故而对归属需求的过分强调可能会打破这两种心理需求的互动机制。管理者需要在激励过程中注重取舍，平衡员工的归属需要（need to belong）和求异需要（need to be different）。尤其是在强调集体主义、和为贵等价值取向的中国文化情境中，过于强调员工归属感可能会给组织带来负面影响。例如，过大的同侪压力可能使得个体在集体中不敢"发声"，导致创造性的谏言被湮没，员工的创新热情遭受打击。结果只会是"归属"反而扭曲为"束缚"，虽然员工一片和气，但实质上是以组织失去活力、管理失去效率为代价的。

本章参考文献

31

新制度理论*

贾良定[1]　尤树洋[2]

图1　约翰·迈耶　　图2　布莱恩·罗恩

新制度理论（neo-institutional theory）以社会学家约翰·迈耶（John Meyer）（见图1）与布莱恩·罗恩（Brian Rowan）（见图2）于1977年发表的一篇文献（Meyer and Rowan, 1977）为开端，后经 DiMaggio and Powell（1983）发展进入组织与管理领域，成为当前组织管理、战略管理研究的核心理论。制度被认为是约束人和/或组织模式的正式或非正式的社会秩序、规则、类规则的总称（Greenwood et al., 2008）。新制度理论最初建立在对美国社会现代化进程中组织制度化现象观察的基础上，经由Powell and DiMaggio（1991）、Scott（1995）等学者的改进和完善，用于解释组织场域（organizational field）和组织行为的稳定性与同形（isomorphism）现象。与此同时，

---

* 基金项目：国家自然科学基金项目（71502025; 71632005）。
1　贾良定，南京大学管理学院工商管理系教授、博士生导师。主要研究领域：企业专业化管理、组织行为与人力资源管理。电子邮件：jldyxlzs@nju.edu.cn。
2　尤树洋，东北财经大学工商管理学院讲师、硕士生导师。主要研究领域：制度创业、制度逻辑、集群创新研究。电子邮件：youshuyang008@163.com。

新制度理论因为强调社会建构的观点（Berger and Luckmann, 1967），所以也试图解释组织的能动性（例如 DiMaggio, 1988; Battilana et al., 2009）和多样性（例如 Oliver, 1991; Greenwood et al., 2011）。

截至目前，在 Google Scholar 上，两篇奠基性文献 Meyer and Rowan（1977）、DiMaggio and Powell（1983）的被引次数分别为 28 241 次和 551 次。图 3 表明了开端论文 Meyer and Rowan（1977）被引用的情况，从 2007 年起每年的被引次数均超过了 1 000 次。

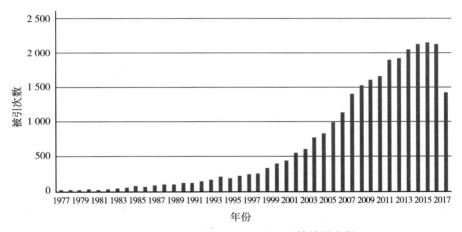

图 3　Meyer and Rowan（1977）的被引次数

资料来源：根据 Google Scholar 数据整理而成，搜索时采用精确匹配。

新制度理论的核心内容

一、理论提出：结构（structure）与同形（isomorphism）

新制度理论强调社会结构对组织的约束作用，突出制度塑造组织的文化-认知特征，这也是区分新制度理论与传统制度理论（Selznick, 1957）和制度经济学（North, 1990）的界限。

在 Meyer and Rowan（1977）看来，美国社会现代化进程中不可避免地出现了被理性化的文化要素。组织在复杂的社会交往中形成了固有的、主流的组织结构及其设计原则。这些被理性化的规则像"神话"一样内化到人们的认知中，以至于大多数组织认为符合制度是理所应当的，不需要思考"为什么符合制度"。在 Meyer and Rowan（1977）对现代化进程的描述中，他们强调制度约束而非市场、技术环境的力量：符合制度给组织带来合法性，是决定组织生存的关键。

DiMaggio and Powell（1983）不仅将新制度理论有关约束、合法性等思想带入了组织研究，更重要的是发展了组织场域和制度同形等概念以及三类同形机制，使新制度理论成为具体、可用的分析工具。其一，组织场域是指"共同构成制度生活的一系列组织的总和，包括供应商、资源和产品消费者、管制单位及其他生产相似产品或提供相似服务的组织"（DiMaggio and Powell, 1983, p.148）。其二，现代组织变得越来越相似不是因为市场中的竞争同形，而是服从外部制度性压力的制度同形的结果。其三，具体而言，促进同形的机制有三：一是强制性同形（coercive isomorphism），即国家、政府等权力机构给予的法律、法规等对组织的规定；二是模仿过程（mimetic process），即组织在不确定环境下对高绩效组织的模仿；三是规范性压力（normative pressures），即从事相同职业的组织成员因为认知相似以及职业网络促成组织行为扩散所形成的社会规范。作为发展和延伸，Suchman（1995）细化了合法性的分类：实用合法性（pragmatic legitimacy），基于行为者的利益得失计算；道德合法性（moral legitimacy），基于社会规范的赞许；认知合法性（cognitive legitimacy），基于对制度的全面理解。DiMaggio and Powell（1983）将新制度分析从宏观社会层面"降低"到组织场域和组织层面，发展出合法性、制度同形等核心概念，对新制度理论发展产生了深远影响。

Sccot（1995）在整合上述观点的基础上给出了系统的分析框架。首先，制度在不同层面上通过文化、社会结构和组织惯例等三个载体实现对组织的控制。其次，制度由三个基本要素构成：规制性维度（regulative pillar），通过设立规则和奖惩等形式监督组织行为；规范性维度（normative pillar），制度通过社会价值观和社会规范中的角色期望约束组织行为；认知性维度（cognitive pillar），组织构建其制度环境，并以此赋予组织行为的意义，组织通过定义"我们是什么"实现对组织的约束。最后，将制度三要素与 DiMaggio and Powell（1983）制度同形的三个机制联系在一起：规制性、规范性和认知性维度分别通过强制性同形、规范性压力和模仿过程三个机制约束组织，使组织行为与制度环境要求相符。总之，新制度理论起始于探究制度对组织的约束效应，使用组织场域、合法性、同形机制等概念突出组织服从制度的过程以及制度的稳定性。

实证研究方面，其一，早期研究聚焦于组织场域层面，描述三类制度压力带来的趋同效应。例如，Tolbert and Zucker（1983）描述了美国地方政府机构组织模式的两阶段扩散过程，Palmer et al.（1993）解释了美国产业组织多部门制组织结构的出现，Ahmadjian and Robinson（2001）分析了日本企业裁员行为的扩散过程，Polillo and Guillen（2005）对银行产业全球化现象进行了解释，Christmann（2004）分析了全球标准在跨国企业中的作用，Teo et al.（2003）强调了政府强制压力在组织趋同中的作用，Haunschild and Miner（1997）描述了企业间的制度性模仿行为，Greenwood et al.（2002）分析了对行业协会施加规范性压力的影响，等等。

其二，对服从制度与组织绩效的关系开展研究，并将其细化为制度压力对组织象征性绩效（symbolic performance）和实际绩效（substantial performance）的影响。总体来看，学者们认为服从制度压力会给企业带来合法性，因此组织象征性绩效会有所提升，体现在对企业的社会评价（Deephouse and Suchman, 2008）、组织命名方式（Glynn and Abzug, 2002）、组织地位（Washington and Zajac, 2005）等方面。相反，追求合法性往往会降低组织运行效率，因此从总体上降低组织实际绩效，体现在对企业机会成本的分析（Barreto and Baden-Fuller, 2006）以及对审计报告谈判过程的分析（Basu et al., 1999）等方面。总之，学者们使用制度扩散、行业标准化等情境来构建研究设计，检验了组织服从制度压力的绩效结果。

二、理论发展：能动（agency）与异质（heterogeneity）

尽管新制度理论对组织趋同现象具有很强的解释力，但也饱受批评：缺乏对组织自身能动性和行为复杂性的考虑（DiMaggio, 1988）。鉴于这一点，自 20 世纪 80 年代末以来，新制度理论开始关注制度的社会建构特征，并分别于 2002 年和 2007 年在《管理学会期刊》（Academy of Management Journal）和《组织研究》（Organization Studies）推出特刊，推进有关制度变革研究。这类文献主要突出组织能动性和异质性等观点，体现在制度创业（institutional entrepreneurship; DiMaggio, 1988）、制度实践（institutional work; Lawrence and Suddaby, 2006）及制度复杂性（institutional complexity; Greenwood et al., 2011）等分支领域。

一方面，组织可以发挥自身能动性建构新制度或改造已有制度，这个过程被定义为"制度创业"（DiMaggio, 1988）。导致制度创业的诱因有二，一是组织场域外部环境冲击，二是组织在特定社会位置感受的矛盾（Battilana et al., 2009）。前者在组织场域层面描述新旧制度替代现象，认为环境变化冲击旧有制度而引起变革；后者强调制度创业的内生性，认为制度矛盾是变革的内在动力（Seo and

Creed, 2002)。作为延伸,学者们进一步描述了人们创建、维护、破坏制度的具体行为,包含在制度实践概念中。在 Lawrence and Suddaby (2006) 看来,创建制度的实践具体包括鼓吹、重新定义、建立归属权、建立制度认同、建立规范性联系、建立规范网络、理论化、教育培训等;维护制度的实践具体包括政策制约、强化规范和信仰体系、组织惯例化等;破坏制度的实践具体包括破坏制度道德基础、弱化制度基础假设和信仰等。总之,制度创业和制度实践的概念将人们的能动性进行了细化和完善,全面地刻画了社会建构观念下的"组织-制度"关系。

另一方面,学者们认为,组织在面临制度压力时的复杂反应是组织异质性的来源。其一,面临制度压力,组织在采用脱耦(decoupling)方式获得合法性的同时提升了内部效率。进一步地,Oliver (1991) 从资源依赖角度提出了默许、妥协、回避、对抗、操控等五类组织策略性反应,由低到高体现出组织的能动性。其二,学者将社会视为多种制度逻辑交织所形成的复杂系统(Friedland and Alford, 1991; Thornton et al., 2012)。当组织面临多样化的制度逻辑时,因为组织场域结构、组织身份、内部利益相关者等要素的不同,其会分别表现出服从、抵抗、选择耦合(Pache and Santos, 2013)等反应。例如,在 Oliver (1991) 经典研究的基础上,Pache and Santos (2010) 从组织内视角入手,进一步提出了多样化制度逻辑下上述五类策略性反应的权变效应。总之,上述两个视角分析了组织面临制度压力(单一或多样)时的复杂行为,在新制度理论框架内解释了组织的差异性。

实证研究方面,其一,组织能动性的研究集中在对宏观制度变革过程的描述上,解释了建构制度的动因和行为过程。例如,早期的制度变革研究收录在 Powell and DiMaggio (1991) 一书中,描绘了美国大企业采用多元化战略的转变历程(Fligstein, 1991),以及社区学院作为一类组织场域出现的过程(Brint and Karabel, 1991)。随后的制度创业文献细化了制度变革的动因和实践。其中,实证研究上发现的动因包括:行业技术标准改变(Garud et al., 2002)、国家层面政策变化(Child et al., 2007)、新兴行业多元利益主体出现(Maguire et al., 2004)、组织所处的边缘位置(Leblebici et al., 1991; Ansari and Phillips, 2011)及中心位置(Greenwood and Suddaby, 2006)、跨组织场域边界位置(Tracey et al., 2011; Lepoutre and Valente, 2012)等。实施制度变革的行为在实证研究上包括:创建愿景(Bergstromö and Diedrich, 2011)、话语活动(Suddaby and Greenwood, 2005)、资源调动(Dorado, 2013)、制度安排设计(Levy et al., 2010)等。这类研究生动地描绘了组织影响制度环境的能动性,体现了新制度理论社会建构的基本观点。

其二，制度复杂性文献侧重于考察由多样化制度逻辑以及组织自身特征不同所形成的组织行为差异。一方面，文献认为，竞争性制度逻辑是组织多样行为的来源。例如，企业因追求内外部合法性取向的不同而产生差异化的不良行为（MacLean and Behnam, 2010），竞争性制度逻辑催生企业产生抵抗制度的行为（Marquis and Lounsbury, 2007），追求不同主体的合法性使风险投资公司组织结构设计表现出明显的差异（Souitaris et al., 2012），组织面临竞争性制度逻辑时依据自身主导逻辑而采用不同的整合性策略（Pache and Santos, 2013）等。另一方面，组织自身特征的不同也带来制度环境下的差异行为，包括组织与外部利益相关者的网络结构（Lounsbury, 2001）、组织自身的治理结构和内部权力分布（Chung and Luo, 2008; Chen and O'Mahoney, 2011）、制度/产业身份（Lounsbury and Glynn, 2001; Gioia et al., 2010）、组织身份（Glynn, 2008）等。总之，新制度理论从能动性和多样化制度逻辑两方面给出了组织异质性的证据，扩展了该理论的应用范畴。

对该理论的评价

经过 40 年的发展，新制度理论充分地表现出了对组织行为趋同性和差异性两方面的解释力。首先，区别于组织的技术环境，新制度理论突出组织所面临的制度环境。"制度"一词不仅表达了经济学和法学视角下各类规则的内涵，而且包括了非正式社会规范和文化要素及其对组织的约束力（Scott, 1995; Greenwood et al., 2008）。服从制度带来了组织生存和发展，合法性、制度同形等概念把新制度理论细化，并使之具有可操作性，带动了各类情境下的实证研究。其次，在新制度理论发展的过程中出现了解释制度变革和组织差异性的分支，突出了组织建构制度的能动性（Battilana et al., 2009）。制度创业、制度实践、制度复杂性等概念，将新制度理论的应用范围从最初解释"组织为什么相同"扩展到了"组织为什么不同"。事实上，这两类研究是一个硬币的两面：分别从结构和能动两个角度来看待制度与组织间的关系。制度通过合法性和同形机制约束组织行为，组织根据自身特征和利益诉求发挥能动性，应对和改造制度。最后，正是由于新制度理论上述两方面强大的解释力，使其在与种群生态学（Hannan and Freeman, 1977）、资源依赖（Pfeffer and Salancik, 1978）等理论共同发展的过程中成为理解环境-组织关系的重要视角。

尽管如此，新制度理论也存在一定的争议和局限。首先，Greenwood et al. (2008)认为，新制度理论过分强调国家、政府等强制性压力，而忽略了社会规范和价值观的作用，这一点可能导致新制度理论与资源依赖理论、政治经济学的观点无法区分。类似地，对于模仿机制来说，如果缺乏对其背后动机的探究，则学者们仍然无法理解组织间的模仿行为是基于理性力量还是制度同形过程的压力（Heugens and Lander, 2009），这也成为新制度理论微观能动性研究的起点（Lawrence et al., 2009）。其次，新制度分析中以理性为判定服从还是变革制度的依据，仍然不能跳出理性选择的视角（Scott, 2001）。鉴于此，学者在近期开始关注制度下微观个体的非理性特征，从微观层面入手，理解个人作为制度中鲜活个体的经历和体验，探究新制度理论的微观基础（Powell and Colyvas, 2008; Felin et al., 2015）以及制度中人的情感（Voronov and Vince, 2012; Voronov and Weber, 2016）等前沿领域。

关键概念测量

新制度理论在战略和组织理论定量实证研究中广泛应用，对三类制度同形机制和制度逻辑等核心概念的测量方法高度情境化，需要根据特定的研究对象和情境来设计。

1. 强制压力

Mezias, S. J. (1990). An institutional model of organizational practice: Financial reporting at the Fortune 200. *Administrative Science Quarterly*, 35, 431–457.

2. 模仿过程

Haunschild, P. R., & Miner, A. S. (1997). Modes of interorganizational imitation: The effects of outcome salience and uncertainty. *Administrative Science Quarterly*, 42, 472–500.

3. 规范压力

Honig, B., & Karlsson, T. (2004). Institutional forces and the written business plan. *Journal of Management*, 30, 29–48.

4. 国家逻辑 (national logic) 与地方逻辑 (local logic)

Marquis, C., & Lounsbury, M. (2007). Vive la resistance: Competing logics and the consolidation of US community banking. *Academy of Management Journal,* 50, 799–820.

5. 绩效逻辑 (performance logic) 与信托逻辑 (trustee logic)

Lounsbury M. (2007). A tale of two cities: Competing logics and practice variation in the professionalizing of mutual funds. *Academy of Management Journal*, 50, 289–307.

6. 市场逻辑 (market logic)、宗教逻辑 (religion logic) 与家族逻辑 (local logic)

Greenwood, R., Díaz, A., Li, X., & Lorente, J. (2010). The multiplicity of institutional logics and the heterogeneity of organizational responses. *Organization Studies*, 21, 521–539.

7. 护理逻辑 (care logic) 和科研逻辑 (science logic)

Dunn, M, B., & Jones, C. (2010). Institutional logics and institutional pluralism: The contestation of care and science logics in medical education, 1967–2005. *Administrative Science Quarterly,* 55, 114–149.

经典文献

DiMaggio, P. J., & Powell, W. W. (1983). The iron cage revisited: Institutional isomorphism and collective rationality in organizational fields. *American Sociological Review,* 48, 147–160.

Greenwood, R., & Hinings, C. R. (1996). Understanding radical organizational change: Bringing together the old and the new institutionalism. A*cademy of Management Review,* 21(4), 1022–1054.

Greenwood, R., Oliver, C., Suddaby, R., & Sahlin, K. (2008). *The Sage Handbook of Organizational Institutionalism.* London: Sage.

Greenwood, R., & Suddaby, R. (2006). Institutional entrepreneurship in mature fields: The big five accounting firms. *Academy of Management Journal*, 49(1), 27–48.

Heugens, P. P. M. A. R., & Lander, M. W. (2009). Structure! Agency! (and other quarrels): A meta-analysis of institutional theories of organization. *Academy of Management Journal,* 52(1), 61–85.

Lawrence, T. B., Suddaby, R. & Leca, B. (2009). *Institutional Work: Actors and Agency in Institutional Studies of Organizations.* Cambridge: Cambridge University Press.

Meyer, J. W., & Rowan, B. (1977). Institutionalized organizations: Formal structure as myth and ceremony. *American Journal of Sociology,* 83(2), 340–363.

Powell, W. W., & DiMaggio, P. J. (1991). *The New Institutionalism in Organizational Analysis.* Chicago: The University of Chicago Press.

Scott, W. R. (1995). *Institutions and Organizations.* Newbury Park, CA: Sage.

Thornton, P, H., Ocasio, W., & Lounsbury, M. (2012). *The Institutional Logics Perspective: A New Approach to Culture, Structure, and Process.* London: Oxford University Press.

| 对管理者的启示 |

对管理者而言，新制度理论为其提供了分析制度环境和塑造制度的工具。

其一，管理者应该意识到，除了市场中的技术要素，政策、行业规范、文化形态和观念等制度力量也能够约束组织行为。取得环境中关键制度主体的认可，是企业获取合法性和生存的关键，这往往以损害企业内部的运行效率为代价。然而，这并不意味着管理者在制度约束面前毫无能动性。相反，制度复杂性、脱耦、选择性耦合等概念表明，管理者应该充分利用复杂制度环境下的模糊空间，根据自身利益来设计组织战略、结构，在符合制度要求的同时提升效率。

其二，进一步地，管理者应该知道，制度环境是人建构的。管理者有能力根据自身意愿和利益来改造、建构、维持特定制度。制度创业、制度实践等有关制度变革能动性的文献，不仅给出了管理者发起制度变革的动因和条件，也对管理者在推动新制度实践扩散过程中的具体措施有所启发。

本章参考文献

32

组织学习理论*

张昱城[1] 李晶[2] 曹杰[3]

克里斯·阿盖尔里斯（Chris Argyris）（见图 1）是美国商业理论家，哈佛商学院名誉教授，在摩立特（Monitor Group）担任"思想领袖"职位，以组织学习的开创性工作而闻名，最早提出组织学习（organization learning）概念。阿盖尔里斯对学习过程，无论是个人的还是公司的，都进行了深入的研究。他最具影响力的作品是于 1974 与唐纳德·施恩（Donald Schon）合作完成的《实践理论》（*Theory in Practice*）以及于 1978 年出版的《组织学习》（*Organizational Learning*）。阿盖尔里斯与施恩创立了两种基本的组织学习模式，即单回路和双回路。之后随着 Fiol(1985)、Lyles and Salk（1996）和 Huber（1991）等学者的不断发展和补充，组织学习理论（organization learning theory）逐渐受到了理论界和实践界的广泛关注，如图 2 所示，该理论的被引次数不断攀升，现已成为主流的学习理论之一。

图 1　克里斯·阿盖尔里斯

---

* 基金项目：国家自然科学基金项目（71602163）；教育部人文社会科学项目（16YJC630171）。
1　张昱城，河北工业大学经济管理学院教授、博士生导师。主要研究领域：辱虐管理、家庭友好型人力资源实践、管理学大数据、多层次分析模型、元分析方法等。电子邮件：yucheng.eason.zhang@gmail.com。
2　李晶，河北工业大学经济管理学院硕士研究生。主要研究领域：组织行为学、人力资源管理。电子邮件：2495828096@qq.com。
3　曹杰，河北工业大学经济管理学院硕士研究生。主要研究领域：组织行为学、人力资源管理。电子邮件：304940431@qq.com。

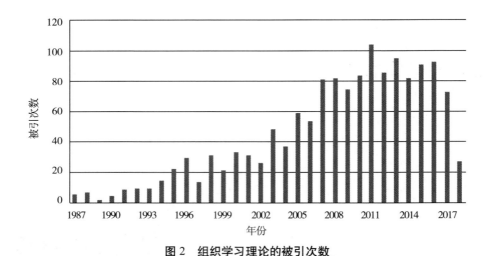

图 2　组织学习理论的被引次数

资料来源：根据 Web of Science 数据整理而成，搜索时采用精确匹配。

组织学习理论的核心内容

组织学习最早由 Cangelosi and Dill（1965）提出，开创了组织学习理论的先河。虽然组织学习的定义一直存在争议，但是大多数定义的核心内容是组织成员的集体学习（Yukl, 2009）。

组织学习是随着时间的推移而展开的过程（Berends et al., 2003），它不仅包含了学习过程，也包含了学习结果（Dodgson, 1993b），所以组织学习具有连续性、阶段性和动态化三个与时间相关的显著特征。首先，连续性表现在学习是一个连续的过程，通常认为组织学习要同时与组织的过去、现在和未来进行互动和保持联系（Berends et al., 2003）。其次，阶段性表现在组织所处的发展阶段不同，对于组织学习的任务和目标要适应本阶段的具体要求。遗忘曲线根据阶段的不同展示了学习的效率和遗忘问题（Madsen and Desai, 2010）。最后，组织学习是为了应对复杂多变的外部环境，以利于组织发展，动态化要求组织学习要根据外部环境变化不断地调整学习模式、学习方法，以达到快速、高效学习的目的（Zangwill and Kantor, 1998）。

此外，了解组织学习应明确组织学习的维度，目前，学者对组织学习从分析层次（level of analysis）和学习类型两个角度进行了维度的划分。Bontis *et al.* (2002) 从分析层次的角度出发，认为组织学习包括个人、团体和组织这三个维度。个人学习被认为是组织学习理论兴起的直接动因。个人作为组织中的成员，其学习也是构成组织学习的最基础要素，个人获得的知识也可以保留在组织之中，但不能将组织学习简单地认为是成员学习结果的积累（Fiol, 1985）。团体方面，组织学习则被定位为组织管理集体学习的过程，在这个过程中包括了个人和团体的学习经验，并且学习是储存组织的过程和结构之中的（Hedberg, 1981; Shrivastava, 2010）。在个人和团体两个层次中，个人和团体的学习经验被转移到组织的过程和结构之中，进而影响到组织未来的学习活动（Schilling and Kluge, 2009）。这也是组织学习最被普遍接受的一个维度。

从学习类型的角度出发，组织学习包括单回路学习、双回路学习和再学习（Argyris and Schön, 1997）。单回路学习是指单纯地依靠改变行为来维持稳定。双回路学习是指在应对复杂的环境时，不能仅改变行为，还要修正心智模式。再学习则是更高一级的学习模式，要求建立新的运作模式。所以组织学习是一个复杂、连续，会随着环境变化而不断动态调整的组织学习过程。

除了上述两个角度，随着组织学习理论的发展，社会维度逐渐被关注和重视（Berends *et al.*, 2003）。尤其是权力和政治等因素在组织学习中发挥着越来越重要的作用，学者们意识到缺乏对社会因素的关注可能会削弱组织学习的有效性（Davenport and DeLong, 1998; Ruggles, 1998）。将文化、政治、权力、认知等社会因素考虑到组织学习过程之中，有利于更加全面地研究组织学习的意义和价值。不同学者对组织学习特征和维度的划分不尽相同，但是我们发现，组织学习最本质的特征是有利于组织发展的学习过程。

现有研究表明，组织学习是一个广泛的概念，在各学科之间并没有达成一致，由此与其他相似概念有着一定的差异。相关学者指出，组织学习与个人学习、组织适应性、学习型组织、创新等之间存在区别和联系（Hedberg, 1981; Loveridge *et al.*, 1990）。（1）组织学习与个人学习在意义结构、知识信息记忆、思维方式及价值观念等方面日趋达成一致，并且涉及相同的信息处理过程，即对信息的收集、分析、提炼和保留过程。然而，两者之间也存在一定的差异。首先，两者的信息处理过程是通过不同的结构、在不同的系统层次上进行的，并且组织学习还包括传播阶段，即信息和知识在不同的组织成员之间以及组织中的不同部门之间的传播。其次，组织学习是通过个人学习来完成的，但并不等于组织中全部个人学习累积的结果,相较于个人学习的研究而言,组织学习在研究成果、实践有效性方面远远低于个人学习。最后,组织学习和个人学习在关注重点、目的等方面存在显著的差异,前者更关注组织,后者更关注员工个人;前者强调组织的发展,追求组织整体目标的实现,后者强调个人的发展,追求个人高层次需求的满足;相较于个人,组织没有大脑,只存在认知系统和记忆功能,虽然组织领导和成员会发生改变,但组织的记忆保留了过去的某些行为模式。(2)在组织适应性问题上,一些心理学家将学习视为适应的最高形式,可以提高在变化环境中生存的可能性,同时也通过其他方法强调了适应的必要性。但组织学习与组织适应性在认知和行为上存在差异,学习涉及认知的变化,而适应则涉及行为的变化。当然对组织适应性的描述中也忽略了自我实现的驱动力等组织和个人目标的作用机制。(3)组织学习和学习型组织之间的区别一直存在争论,Tempest(2000)认为,学习网络比学习型组织更能激发研究者和实践者的想象力和兴趣。(4)组织学习与创新之间的关系在战略管理层面上日益受到研究者的关注,对组织创新尤其重要的就是内外部学习的过程,由此提高企业的创新绩效,组织学习的使命就是要整合这一系列的创新以形成突破性成果,通过基于组织战略愿景变革的"三环学习"模式来促进和实现知识的创造。

近年来,组织学习理论的研究开始更多地关注组织的实践价值,很多学者开始探究组织学习的影响因素以及作用结果。组织学习的心理学理论认为,冲突(如由错误或相反的证据引起的)是学习的必要条件,也是推动学习的动力。现有研究者也提出环境的不确定性越大,对学习的需求就越大。根据组织学习理论,在对一些相当不明确的外部刺激的反应中,对组织调整的需求会刺激学习。Dodgson(1991)认为,刺激学习的很重要的因素是对技术变革的回应以及西方公司对其他形式的工业组织竞争力的反应。领导者风格对组织学习的影响研究也受到了很多学者的关注(Berson et al., 2006)。Yukl(2009)的研究发现,男性领导者能够鼓励和促进组织中集体学习的过程。目前,国内外关注组织学习对员工个人作用方面的研究相对较少,主要关注组织学习对员工绩效、满意度及组织承诺等的影响。组织学习一直被认为是组织长期绩效和生存的重要决定因素(Schilling and Kluge, 2009),Therin(2004)通过研究企业领导力、组织学习和组织绩效之间的关系,认为组织学习对员工工作绩效具有正向影响;Huber(1991)认为,组织学习有利于在行为实施的过程中保证企业部门和员工之间的合作,有助于提升企业绩效。关于组织学习对组织整体作用的大部分研究主要集中在讨论或验证组织学习对组织绩效及组织战略两个方面的影响，学者们也尝试从多角度解释组织学习对组织绩效的影响和作用机制，并认为组织学习能够促进组织的战略转型和战略多元化，改变组织的认知、知识基础及能力（如智力技能）。组织学习和创新的关系得到了广泛的关注（Dodgson, 1993a），关于组织学习会促进企业创新的研究逐渐增加，事实上，组织学习和组织创新的边界也逐渐模糊化，所以两者之间的区分和作用机制的研究应该进一步深入。

为了解释组织学习的作用机制，相关学者基于一些实证研究检验了一些可能的重要中介作用。组织学习涉及行为和思考的相互作用（Antonacopoulou, 2006），Gavetti and Levinthal（2000）的研究发现，先前的行为会促进学习的发生，通过学习产生的洞察力会再次影响到以后的行为。王永伟等（2012）探索了组织学习在变革型领导行为与组织惯例更新关系中的中介作用。Alipour *et al.*（2011）检验了创新与知识转移在组织学习与组织绩效关系中的中介作用。Sahaya（2012）的研究也发现，组织学习在领导者风格与企业财务绩效之间发挥着中介作用。

组织学习的相关研究已经从早期关于概念、类型、过程等理论的研究扩展到定量化的实证研究。学者们就组织学习的前因变量已做了大量的研究（Schilling and Kluge, 2009），涉及个人、组织和环境等多方面的因素，但是对组织学习结果变量的探索相对较少。组织学习对组织绩效的影响研究是有关组织学习的重要研究领域，两者背后的相关作用机制探究对于组织学习的发展具有重要意义。但是仅关注组织学习对组织绩效的影响是远远不够的，所以探究其对组织可能产生的多方面影响结果是本领域之后研究的重点。知识创新作为与组织学习高度相关的变量，是建立在组织学习的基础上产生的，两者之间的因果、促进关系会是组织学习的研究热点。而且近年来，组织学习的研究多转向跨组织学习模型以及组织学习的跨领域交叉渗透等议题（焦晓芳, 2010），未来的研究可能会探索这些不同的学习情境是如何相互作用的，此外，不同类型的领导力以及组织文化与组织学习之间关系的理论和实证分析似乎是未来研究的一个重要问题（Putz *et al.*, 2013）。

对该理论的评价

通过回顾组织学习理论的相关文献，研究组织学习的意义在于对学习过程和学习问题的理解。事实上，组织学习的一个主要原因是处理市场和技术的不确定性，而研发是学习的重要来源，学习贯穿于整个组织活动（Dodgson, 1991）。组织学习理论的一个研究视角在于对时间维度的探究，时间的不同维度及其相互联系的系统分析既有助于理解组织学习的挑战，又有助于理解组织实践如何影响解决这些挑战的时间结构，更有利于弥合相对独立发展的组织学习研究之间的分歧（Berends and Antonacopoulou, 2014）。时间的流逝是组织学习的一个条件，遗忘也会伴随着时间的流逝而发生，它通常被认为是不利的，但它可能会为创新灵感的产生创造开放性的思路，由此促进组织的发展（Easterby-Smith and Lyles, 2011; Holan, 2011）。

组织学习理论的研究虽然很有实践价值，但也存在一些不足。首先，对组织学习的大部分分析仅限于其结果，而忽视或低估了学习过程中的问题和复杂性。其次，Simon（1957）认为，个人的学习受到其解释复杂现实能力的限制，因此使用个人学习可以间接地揭示组织学习是如何产生问题的以及为什么遗忘和高层次学习是十分困难的。最后，通过经验获得的知识可能会随着时间的推移而贬值（Dimov et al., 2012; Ingram and Baum, 1997），使得组织的存在环境与外部环境的变化不相适应。

关键测量量表

1. Exploratory Learning and Exploitative Learning Measure：5 维度，10 题

Li, Y., Chen, H., Liu, Y., & Peng, M. W. (2014). Managerial ties, organizational learning, and opportunity capture: A social capital perspective. *Asia Pacific Journal of Management*, 31(1), 271–291.

2. Stakeholder-focused Organizational Learning：9 维度，40 题

Mena, J. A., & Chabowski, B. R. (2015). The role of organizational learning in stakeholder marketing. *Journal of the Academy of Marketing Science*, 43(4), 429–452.

3. Explorative and Exploitative Learning Measure：2 维度，12 题

Chung, H. F., Yang, Z., & Huang, P. H. (2015). How does organizational learning matter in strategic business performance? The contingency role of guanxi networking. *Journal of Business Research*, 68(6), 1216–1224.

经典文献

Armstrong, A., & Foley, P. (2003). Foundations for a learning organization: Organization learning mechanisms. *The Learning Organization*, 10(2), 74–82.

Dodgson, M. (1993). Organizational learning: A review of some literatures. *Organization Studies*, 14(3), 375–394.

Easterby-Smith, M., Crossan, M., & Nicolini, D. (2000). Organizational learning: Debates past, present and future. *Journal of Management Studies*, 37(6), 783–796.

Fiol, C. M., & Lyles, M. A. (1985). Organizational learning. *Academy of Management Review*, 10(4), 803–813.

Huber, G. P. (1991). Organizational learning: The contributing processes and the literatures. *Organization Science*, 2(1), 88–115.

Inkpen, A. C., & Crossan, M. M. (1995). Believing is seeing: Joint ventures and organization learning. *Journal of Management Studies*, 32(5), 595–618.

Snyder, W. M., & Cummings, T. G. (1998). Organization learning disorders: Conceptual model and intervention hypotheses. *Human Relations*, 51(7), 873–895.

Simon, H. A. (1991). Bounded rationality and organizational learning. *Organization Science*, 2(1), 125–134.

Schilling, J., & Kluge, A. (2009). Barriers to organizational learning: An integration of theory and research. *International Journal of Management Reviews*, 11(3), 337–360.

Virany, B., Tushman, M. L., & Romanelli, E. (1992). Executive succession and organization outcomes in turbulent environments: An organization learning approach. *Organization Science*, 3(1), 72–91.

Yukl, G. (2009). Leading organizational learning: Reflections on theory and research. *Leadership Quarterly*, 20(1), 49–53.

对管理者的启示

首先,以往的学习理论更多地关注个人学习,强调员工个人知识的补充和积累,没有将学习的层面和范围进行扩展。而组织学习则告诉我们,对于企业来讲,学习不应该仅局限于个人层面,而应该是组织内部团体的学习和提高。这种范式的改变要求管理者摒弃传统的认知,从员工整体和组织内部出发,考虑组织学习的实施和加强过程。营造良好的组织学习氛围,不能是某位员工知识水平的提高,也不能是每位员工简单地进入学习状态,而应该是集体的学习和提高,是知识的采集、共享、解释和运用(Schilling and Kluge, 2009)。组织学习中,学习共享是信息传播的关键步骤(Lee et al. 2016),也是与传统个人学习的主要区别。组织学习不仅能够提高组织整体成员的学习能力,还能够保证信息和知识在不同成员之间、组织中的不同部门之间的传递,这样组织才能够取得学习成果,最终反映到组织的绩效和能力上。组织学习通过组织的记忆和储存来丰富组织的意义结构和知识共享资源(Lee et al., 2016)。所以管理者应该重视知识传播这一阶段,不仅要给员工创造知识传播的途径,加强组织学习的能力,还要注重传播的方式,通过组织的实践工作和日常活动发现更好的组织学习方式和方法,提高组织学习的效率。

其次,组织学习最终产生的结果应该是管理者最为关心的内容。组织成员的个人学习结果可以通过知识共享的方式传递到组织,所以管理者可以利用组织记忆或者组织内部特定的机制、政策将组织学习的最终结果以一定的形式保存下来(Schilling and Kluge, 2009),存贮于组织内部,形成组织特有的记忆和知识资产,为组织未来的发展提供更多的选择和有力支撑。

最后,也是极其重要的一点,组织学习理论从管理学的视角出发,对组织学习和管理者提升组织学习能力提出了更高的要求,也是对传统企业组织层制的颠覆和改革。目前,员工的学习动机和学习主动性无法依靠单调刻板的组织规章制度来强制和保持,所以考虑影响组织学习的有效因素并应用于组织的实践管理中是极其重要的。机械化的刻板管理正在被人性化的对话发展所取代,管理者要想从根本上激发员工学习的兴趣和主动性,提高员工学习的能力,必须走出传统管理的刻板印象,更加关注组织文化、人文精神,关注员工的内心世界以及组织学习的环境影响。尤其是在大量研究证明了领导者风格对组织学习的影响之后,凸显了领导者对组织学习起到的重要作用。就如 Yukl(2009)的研究所认为的,领导者是决定组织未来并支持有效变革的动力,领导者成为组织持续学习和变革的关键。

组织学习不是一蹴而就的,而是组织长久和持续的过程,管理者应该花费更多的时间、精力和耐心来关注和重视组织学习的过程。希望管理者能够将目光放长远,站在组织长久的发展和长远的利益上去考虑组织学习。并且,组织学习作为企业管理中的一个环节,也要根据企业的实际发展状况和战略选择制订相应的组织学习计划,适应和协调组织的发展,这样组织学习才能为企业的成长带来真正的利益。

本章参考文献

33

个人-环境匹配理论*

于桂兰[1] 梁潇杰[2] 付博[3]

图1 弗兰克·帕森斯

弗兰克·帕森斯(Frank Parsons)(见图1)1909年最早在职业心理学领域提出了个人与组织交互的视角。而在管理学领域,Murray(1938, 1951)和Lewin(1935, 1951)首先引入了个人-环境匹配理论(person-environment fit theory)。Schneider(1987)提出的吸引、选择与摩擦模型(attraction-selection-attrition, ASA)是组织情景中个人-环境匹配模型的标志性进展。经由Muchinsky and Monahan(1987)、Caplan(1987)、Chatman(1989)、Chatman and Flynn(2001)、Kristof-Brown et al.(2002, 2005)、Kristof-Brown and Jansen(2007)和Roberts(2006)等学者的发展,个人-环境匹配理论逐渐受到了理论界与实践界的广泛关注,该理论的被引次数不断攀升,从2008年起,每年的被引次数均超过了1 000次(见图2)。

---

* 基金项目:国家社会科学基金重点项目(16AZD013)。
1 于桂兰,吉林大学商学院教授、博士生导师。主要研究领域:人力资源管理、劳动关系、组织行为学。电子邮件:yugl@jlu.edu.cn。
2 梁潇杰,吉林大学商学院博士研究生。主要研究领域:人力资源管理、劳动关系、工作质量。电子邮件:liangxj21@163.com。
3 付博,广州大学工商管理学院讲师。主要研究领域:组织行为学、人力资源管理、劳动关系。电子邮件:fubo613@qq.com。

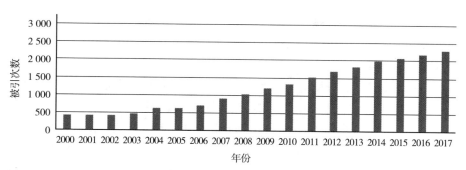

图 2　个人－环境匹配理论的被引次数

资料来源：根据 Google Scholar 数据整理而成，搜索时采用精确匹配。

个人－环境匹配理论的核心内容

人与环境交互的视角最早出现在职业心理学领域，自 Parsons（1909）的职业选择三重理论首次提出该视角以来，它已在心理学界存在超过百年（Milliman et al., 2017）。管理学领域中，Murray（1938, 1951）和 Lewin（1935, 1951）提出了个体的行为由人与环境共同塑造，而 Schneider（1987）提出的吸引、选择与摩擦模型是组织情景中个人－环境匹配模型的标志性进展。ASA 模型阐述了员工被吸引、被选择，进而离开或留在组织的过程，它可以用来解释员工职业选择、组织承诺和离职等重要结果变量。组织情景中个人－环境匹配另一个具有深远影响的模型是 Chatman（1989, 1991）提出的个人－组织匹配模型，该模型认为，价值观是影响个人－环境匹配最重要的因素，并将匹配定义为组织中成员价值观与组织规范和价值观之间的匹配。Pervin（1968）将绩效和满意度描述为个体与环境匹配动态过程的函数，将个人－环境匹配模型由静态变为动态，且在模型中引入了更多的相互作用和主观能动概念。之后，众多学者对个人－环境匹配进行了开发和再定义（Caplan, 1983; Harrison, 1985; Edwards and Cooper, 1990），个人－环境匹配理论逐步成为解释个体行为和态度最重要的理论之一。

个人－环境匹配的本质是个体的态度、行为和其他个体层面变量不仅仅取决于个体本身或者其所在环境，而是取决于这两者之间的关系（Edwards, 1996）。当个体在与自身技能、兴趣、价值观和其他特征相匹配的地方工作时，会更加活跃（Milliman et al., 2017）。个人－环境匹配的概念看似简单，却包含了很多复杂的内容,现有研究已表明,个人-环境匹配是一个高度复杂和多维度的概念(Kristof-Brown et al., 2005),而研究者对其的定义主要有维度论、内涵论和综合论三个取向(王雁飞和孙楠,2013)。

维度论取向认为,分析组织情境中个人-环境匹配的一个重要问题就是个体是与哪个层面的环境相匹配(Su et al., 2015)。依据环境的不同层面,个人-环境匹配可以分为个人-组织匹配(person-organization fit, P-O fit)、个人-团队匹配(person-group fit, P-G fit)、个人-工作匹配(person-job fit, P-J fit)、个人-上级匹配(person-supervisor fit, P-S fit),以及个人-职业匹配(person-vacation fit, P-V fit)。其中,个人-组织匹配是指个体的需求、目标和价值观与组织的规范、价值观和薪酬体系的匹配程度,可以用来预测员工的组织公民行为、组织承诺和留职意愿。个人-团队匹配是指个体与团队中其他工作成员在价值观、目标、个性、人际交往方式等方面的相似程度,可以用来预测团队绩效和团队合作。个人-工作匹配是指工作需求与个体技能、知识和能力的匹配程度,可以用来预测员工的工作熟练度、技术的理解程度和工作创新(Su et al., 2015)。个人-上级匹配是指个体与上级在价值观、个性和目标之间的匹配程度。而个人-职业匹配最为宽泛,它既包括帮助人们选择适合自己能力、兴趣和价值观的职业选择理论,还包括职业适应理论,即强调员工的适应和满意度均来自职业环境对其需求的满足(Kristof-Brown et al., 2005)。

内涵论取向则依据个人-环境匹配中"匹配"的具体含义,又提出了一致性匹配和互补性匹配两个概念(Muchinsky and Monahan, 1987)。一致性匹配是指个体与其所在环境的特征一致时所达成的匹配;互补性匹配是指个体和环境的相关特征相互弥补,进而形成了良好的匹配。Muchinsky and Monahan(1987)将互补性匹配严格限定为个体的技能能够满足环境的需要,即需求与能力匹配(demands-abilities fit),Kristof(1996)对互补性匹配的定义进行了扩展,增加了个体的需求可以被环境的供给所满足,即需求与供给匹配(needs-supplies fit)。

而综合论取向则对上述两种个人-环境匹配划分方式进行了整合和比较(Kristof-Brown et al., 2005),提出了一致性匹配存在于个人-组织匹配、个人-团队匹配、个人-上级匹配和个人-职业匹配中,互补性匹配常存在于个人-工作匹配中。互补性个人-工作匹配又可以继续划分为需求与能力匹配,即员工的知识、技能和能力(knowledge, skills, ability, KSAs)与工作要求之间的匹配;需求与供给匹配,即工作的供给能够满足个体的需求。

总体而言,现有的个人-环境匹配最被认可的定义是,"人与环境之间的兼容性，它常发生在至少有一方的供给满足了另一方的需求；或双方具有相似的基本特征；或二者皆有"（Kristof-Brown, 1996）；它又包括个人－职业匹配、个人－组织匹配、个人－工作匹配、个人－团队匹配和个人－上级匹配，其中，个人－工作匹配又可以分为需求与能力匹配和需求与供给匹配（Kristof-Brown et al., 2005）。

现有文献中，个人－组织匹配的前因变量大致可分为个体因素、组织因素和社会文化因素。个体的价值观、个体特征等（O'Reilly et al., 1991; Schneider, 1987; Roberts and Wood, 2006）会影响个人－环境匹配；工作参与可以提高个人－环境匹配（Caplan, 1987）。Tracey（2008）等人的研究表明，职业干预（career interventions）可以改变个体对匹配的感知。Milliman et al.（2017）的研究表明，工作灵性（workplace spirituality）可以提高个人－环境匹配，但它只与个人－工作匹配、个人－团队匹配和个人－组织匹配相关。个人－环境匹配并不是一个静态的状态，而是个体和环境互相响应，逐渐达到一致的动态过程。随着个体在环境中的经验日益丰富，个体特征、组织环境和个人－环境匹配都会不断发生变化（Su et al., 2015）。Roberts（2006）在ASA模型的基础上提出了ASTMA（吸引、选择、交换、处理、摩擦）模型，详细地阐述了个人－环境匹配的变化过程。吸引是指个体会被能够满足自我需求的组织吸引（Schneider, 1987）；选择是指能够满足组织目标的个体会被选择（Schneider, 1987）；交换是指个体会因为工作经历而有所改变，从而带来客观和感知的匹配变化（Roberts, 2006）；处理是指个体也会对组织进行改变来达到最大限度的匹配（Roberts, 2006）；摩擦是指进入组织后，个体会重新评估与组织的匹配程度，不匹配的员工会选择离开（Schneider, 1987）。工作重塑（job crafting）相关研究也表明，当个体与环境不匹配时，主动型员工会在日常工作中改变工作任务、重新组织工作或改善工作关系，完成工作重塑，进而提高自身与环境的匹配程度（Bakker et al., 2012）。

组织层面的人力资源策略，如招聘、选拔和社会化会影响员工的个人－环境匹配（O' Reilly et al., 1991; Cable and Parsons, 2001; Kim et al., 2005; Kristof-Brown, 2000）。当组织招聘员工，选择与工作环境要求的特质相符合的个体时，个人－环境匹配程度较高（Roberts and Wood, 2006）。入职教育、培训和指导等组织社会化策略可以向员工传递组织文化、价值观、政策和行为规范等信息，促使员工适应组织环境，也会提高员工与环境的匹配程度（Saks et al., 2007）。而组织的价值体系决定了其会为员工提供什么（Schein, 1992），因此也会影响员工的个人－环境匹配。

个人－环境匹配是与文化紧密相关的变量（Chuang et al., 2015），因此个人－环境匹配的相关研究必须考虑社会文化的影响（Schneider, 2001）。在对13个欧洲研究、76个亚洲研究和9个北美研究进行元分析后，Kristof-Brown et al.（2005）指出了文化可能存在的调节作用。如，个人－工作匹配在个人主义文化（北美）中最重要，而个人－组织匹配在集体主义文化中更为重要。Chuang et al.（2015）探究了中国情境下的个人－环境匹配，识别出了中国情境下个人－环境匹配的5个主题，分别是胜任工作、和谐的关系、与生活的平衡、培养和实现。胜任工作是指个人能力能够满足工作需求；和谐的关系是指个体与工作中的其他人（如上级、下属、同事和客户）有畅通的合作和情感连接；与生活的平衡是指工作与生活能够相互支持；培养是指通过对新鲜经验的学习来完成积极的个人转变；实现是指个体重新制订工作计划来完成积极的环境转变。

个人－环境匹配可以产生积极的态度和行为，如更高的工作满意度、更少的压力、更好的工作适应、更高的留职意愿、更高的工作绩效和职业成功（Chatman, 1989; French et al., 1982）。Caplan（1987）发现，个人－环境匹配会影响员工绩效、幸福感、精神健康和工作复杂程度；Greguras and Diefendorff（2009）发现，感知的个人－组织匹配、个人－团队匹配和需求与供给匹配中自主需求满足、关系需求满足和胜任需求满足会对组织情感承诺和工作绩效产生正向影响；个人－环境匹配还会减轻个体压力（Edwards et al., 1998）。另外，个人－环境匹配还会影响员工适应，Nolan and Morley（2014）以369名以色列医生为研究对象，表明个人－环境匹配正向影响员工的跨文化适应。工作灵性的三个维度——工作意义（meaningful work）、共同体（community）与组织价值观校准（alignment with organizational values）和个人－环境匹配的三维度——个人－工作匹配、个人－团队匹配和个人－组织匹配共同作用，正向影响员工工作满意度、组织承诺和离职倾向（Milliman et al., 2017）。个人－环境匹配同样会影响专业行为，如学术成就、工作绩效、工作任期、职业成功等（Nye et al., 2012; Van Iddekinge et al., 2011）。

| 对该理论的评价 |

个人－环境匹配强调个体的态度和行为是由个体及其环境共同决定的（Edwards, 1996），当个体特征与环境特征具有良好的兼容性时，个人－环境匹配

就会产生（Kristof-Brown et al., 2005）。如同支配型个体会寻求领导岗位一样，人们都在寻求或创造能够展示自我特点的环境（Su et al., 2015），个体只有在与技能、兴趣、价值观和其他个人特质相匹配的环境中，才会更加活跃（Lewin, 1951）、愉悦（Yu, 2009）。个体与环境越匹配，就会产生越高的满意度、绩效、生产效率和越低的压力、离职倾向。个人-环境匹配的前提虽然简单，但它是一个复杂的多维度概念，并不是一个静态的状态，而是个体和环境互相响应，互相塑造，逐渐达到一致的动态过程（Milliman et al., 2017）。

尽管个人-环境匹配备受关注，但学者们对其内涵、构成及测量指标体系等基本问题仍存在分歧，未形成完整的理论分析框架（王雁飞和孙楠，2013）。此外，现有研究对个人-环境匹配的前因变量研究较少（Yu, 2009），对其结果变量的探究也只是聚焦于个体层面的工作满意度、组织承诺、绩效、压力等变量，且缺乏对个体与环境交互的动态过程探究。

关键测量量表

1. P-O fit：4 题

Saks, A. M., & Ashforth, B. E. (1997). A longitudinal investigation of the relationships between job information sources, applicant perceptions of fit, and work outcomes. *Personnel Psychology,* 50(2), 395–426.

2. P-O fit：3 题；Needs-Supplies fit：3 题；Demands-Abilities fit：3 题

Cable, D. M., & Derue, D. S.(2002). The convergent and discriminant validity of subjective fit perceptions. *Journal of Applied Psychology,* 87(5), 875–84.

3. P-E fit：个人、环境、结果三维度模型中的 5 个指标

Livingstone, L. P., Nelson, D. L., & Barr, S. H.(1997). Person-environment fit and creativity: An examination of supply-value and demand-ability versions of fit. *Journal of Management,* 23(2), 119–146.

4. P-S fit：3 题

Nolan, E. M., & Morley, M. J.(2014). A test of the relationship between person-environment fit and cross-cultural adjustment among self-initiated expatriates. *International Journal of Human Resource Management,* 25(11), 1631–1649.

经典文献

Chuang, A., Hsu, R. S., Wang, A. C., & Judge, T. A.(2015). Does west "fit" with east? In search of a Chinese model of person-environment fit. *Academy of Management Journal*, 58(2), 480–510.

Edwards, J. R., & Cooper, C. L.(1990). The person environment fit approach to stress: Recurring problems and some suggested solutions. *Journal of Organizational Behavior*, 11(4), 293–307.

Edward, J. R., Caplan, R. D., & Van Harrison, R.(1998). Person-environment fit theory: Conceptual foundations, empirical evidence and direction for future research. In C. L. Cooper (Ed.), *Theories of Organizationl Stress*(pp.28–67). Oxford, England: Oxford Universtiy Press.

Greguras, G. J., & Diefendorff, J. M.(2009). Different fits satisfy different needs: Linking person-environment fit to employee commitment and performance using self-determination theory. *Journal of Applied Psychology*, 94(2), 465.

Jansen, K. J., & Kristof-Brown, A.(2006). Toward a multidimensional theory of person-environment fit. *Journal of Managerial Issues*, 18(2), 193–212.

Kristof-Brown, A. L., Zimmerman, R. D., & Johnson, E. C.(2005). Consequences of individuals' fit at work: A meta-analysis of person-job, person-organization, person-group, and person-supervisor Fit. *Personnel Psychology*, 58(2), 281–342.

Su, R., Murdock, C. D., & Rounds, J.(2015). Person-Environment fit. In P. J. Hartung, M. L. Savikas, & W. B. Walsh (Eds.), *APA Handbook of Career Intervention* (Vol. 1, pp.81–98).Washington, DO：American Psychological Association.

对管理者的启示

从个人－环境匹配的维度划分可以看出，个人－工作环境的匹配不仅要在宏观上与所在的组织和谐，还要在微观上与所在的工作团队和谐，同时，还要与自己的工作相匹配。对于管理者而言，个人－环境匹配能够预测员工的态度和行为，因此，跟踪员工的匹配感知不仅具有一定的管理价值，还能够使组织匹配的标准与管理方式相契合（Cable and DeRue, 2002）。管理者可以通过社会化及培训等方式，将组织内在规范信念中积极的价值因子传递给员工，提升员工对组织价值观的接受与认同度，增强员工的个人－组织匹配感知；充分利用绩效考核和薪酬分配的导向作用，鼓励员工积极开展团队合作，进而体验到更高水平的个人－团队匹配。对于员工而言，没有掌握工作所需的专业技能，个体就无法完全适应工作环境，进而制约自己的发展，因此，管理者还应充分考虑员工的个人－职业匹配感知，认识到职业技能的重要性，通过将个人利益与职业发展相结合，使员工有意愿提高自身能力。

管理者应将个人－环境匹配理论应用于招聘过程中以及员工进入组织后的培训过程中，并充分了解、衡量和管理不同类型的员工。在招聘过程中，选拔员工的标准应最大限度地考虑员工与组织之间的匹配程度（Greguras and Diefendorff, 2009），如招聘过程中应评估竞聘者的价值观，并尝试将其价值观与组织和现有员工的价值观进行匹配，从而增加新进员工的个人－组织匹配和个人－团队匹配感知。管理者可以将不同维度匹配感知的测量用于招聘员工，从而形成标准化、通用的标准评估竞聘者，提升员工的个人－工作匹配感知。

此外，在中国情境下，员工在形成自身的个人－环境匹配时关心的是如何获得同事和领导的认可，因此，组织可以向满足工作要求的员工提供反馈和认可（Chuang et al., 2015）。中国组织强调工作中的和谐关系，并且将这种和谐关系作为完成任务的基础，组织可以通过设计培训项目提升团队管理、人际交往能力等，提升员工的个人－组织匹配、个人－团队匹配和个人－上级匹配感知，增进组织中的人际和谐。此外，由于家庭在中国员工中扮演着重要角色，应强调组织对工作和家庭平衡的支持（如灵活的工作时间、共享工作等），从而提升员工的个人－环境匹配感知。员工在锻炼自我修养和实现理想抱负的过程中也会感知到自己是否与组织环境相匹配，管理者可以通过指导、授权和轮换岗位等方式提升员工的个人－环境匹配感知。

本章参考文献

34

种群生态理论

王国锋[1]

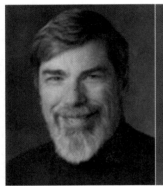

图1 迈克尔·汉南

图2 约翰·弗里曼

在 Hawley（1950）和 Campbell（1969）提出的人类生态学的影响下，迈克尔·汉南（Michael Hannan）（见图1）和约翰·弗里曼（John Freeman）（见图2）于 1977 年发表了《组织的种群生态学》（The population ecology of organizations）一文。此文最早将种群生态理论（population theory）运用到组织研究中，形成了组织种群生态理论（以下简称"种群生态理论"）。随后汉南和弗里曼于1984年发表了《结构惯性与组织变化》（Structural inertia and organizational change）一文，继续发展了种群生态理论。后经 Delacroix and Carroll（1983）、Betton and Dess（1985）、Carroll（1988）、Baum and Oliver（1996）、Levine（2010）等学者的发展，种群生态理论逐渐发展壮大并受到更多关注，成为解释组织与环境关系的重要理论之一，其被引次数从 2000 年起不断攀升（见图3）。时至今日，种群生态理论仍是一个正在发展的领域。

---

[1] 王国锋，电子科技大学经济与管理学院副教授。主要研究领域：冲突管理、自我牺牲型领导、跨文化外派、员工间关系及其影响。电子邮件：gfwang@uestc.edu.cn。

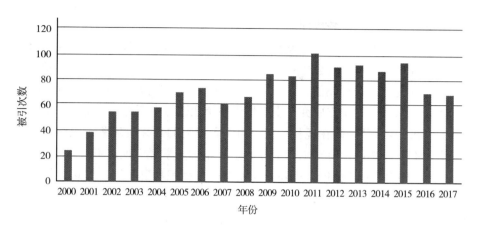

图 3　种群生态理论的被引次数

资料来源：根据 Google Scholar 数据整理而成，搜索时采用精确匹配。

种群生态理论的核心内容

种群是指在一定时间内占据一定空间的同种生物的所有个体。种群生态学是在个体、种群、群落中，以种群为研究对象的生态学分支，它是研究种群数量动态与环境相互作用关系的科学。种群生态理论来源于达尔文的生物进化论，是生物进化论在组织研究领域的运用，其基本理念是：物竞天择，适者生存，不适者淘汰。由于我们把进行相类似活动的个体总和看作种群，同样的视角来看，组织就是受丛林法则支配的种群（Lomi, 1995）。组织种群是指具有相似或相近的组织目标，拥有类似的规范体系和边界范围，依赖相同的物质环境、社会环境和共同资源的组织的集合（Hannan and Freeman, 1977）。种群生态理论的观点强调了组织的多样性和适应性，致力于探讨组织适应与变迁的过程，强调从组织层面探讨问题，而不是把组织个体当作分析单位（Amburgey and Rao, 1996）。

种群生态理论不同于其他组织理论（如同一时期的资源依赖理论、新制度主义理论）。关于种群生态理论的研究主要围绕三个方面进行：组织生存选择方面、组织与环境的关系方面以及与生物种群生态理论所对应的方面。Campbell（1969）指出，种群生态学强调三个过程：变异、选择、存留。对应于种群生态理论，变异是指组织的创新；选择是指环境选择适宜的组织；存留是指组织的生存。

Hannan and Freeman（1977）指出，组织难以通过学习改变结构适应环境，相反环境选择是决定组织生存的主要因素。因此在三个过程中，选择最为重要，组织通过选择更好地适应环境获得生存条件，进而得以发展。Cohen *et al.*（1972）提出了组织选择的"垃圾桶模型"，描述了组织解决问题和做出选择的过程。Hannan and Freeman（1984）重点研究了组织惯性在企业选择中所起的作用，并推导出了他们的"第一定理"，即在现代社会，组织种群内的选择对那些组织结构惯性较高的组织有利。然而，对于生存选择的主要指标，学者们观点不一。Hannan and Freeman（1977）提出以 Lotka-Volterra 模型衡量组织种群发展，并认为组织死亡率是衡量生存选择的主要指标，而 Carroll（1984）则认为，生存选择的主要指标除了组织死亡率，还应包括组织出生率，即应该计算净死亡率。到 20 世纪 80 年代后期，种群生态理论的研究开始关注组织与环境的关系。Hannan and Freeman（1989）发展了先前的研究，探讨了组织类型与环境依附之间的关系，并再一次强调组织的种群是具有相似或相同特征的组织群体，判断组织群体是否相同或相似的方法是判断组织对物质和环境的依附模式是否相同或相似。Carroll（1984）在讨论产业演化问题时借鉴了种群生态理论，认为环境通过资源稀缺和竞争来选择产业发展路径和速度。Iansiti and Levien（2004）也指出，为了长期保持有利的生存环境，在制定公司战略时，不仅要着眼于公司本身，还应从公司所处的整个商业生态系统出发。随着研究的不断深入，种群生态理论的研究也扩展到了与生物种群生态理论相对应的方面。比如，有关组织生命周期的研究。

随着组织环境重要性的凸显，越来越多的实证研究表明种群生态理论是组织研究的理想理论。Singh *et al.*（1986）在种群生态理论结构惯性的基础上，通过对二手数据和访谈的分析探索了新兴组织外在合法性和内在一致性对组织生存和创新的影响，为新兴组织的发展提供了建议。Wholey and Sanchez（1991）利用种群生态理论探究了环境对组织种群和市场结构的影响。他们通过对健康医疗产业的实证分析发现，组织种群和市场结构会受到种群适应情况、种群承载力和竞争系数这三个因素的影响。这一研究为研究组织活动提供了很好的框架，有效地解释了企业的进入、退出行为以及市场结构的变化。Lomi（1995）从种群生态理论的视角来研究组织的建立，试图发现组织环境对组织建立的影响。他以意大利 13 个地区的银行为样本，探讨了组织的地理位置和组织密度对组织建立的影响。研究结果表明，对一个地区而言，组织密度对组织建立的影响显著，对全国而言，组织密度对组织建立则没有影响。同时，他还指出，组织间的异质性会导致组织密度对组织建立的作用被高估。此研究结果有利于更为深入地理解组织动态进化的过程。Gambarotto and Maggioni（1998）讨论了区域公共政府权力对区域工业发展的影响，并对产业可以选择的两种模式——"提高最大增长率"和"提高地区承载力"做了详细的研究和分析。在调查和分析了欧洲和整个世界的数据后，他们发现，政府政策是环境变化中非常重要的因素，政府政策力度的大小和政策频率的高低都会在很大程度上影响整个产业生态系统的变化。Levine（2010）将种群生态理论运用到了产品生产中。他将产业生态格局模拟成系统的生态模型，从种群生态理论的视角建立了一个关于产品如何受到环境变化影响的种群生态模型。在模型中，他从多个角度讨论了怎样的产品策略和业务流程能够不受环境的影响并能顺利地执行，并应用了大量的历史数据来描述和论证自己提出的观点。Abbott et al.（2016）用种群生态理论解释了私营跨国监管机构数量不断增加，但是正式政府间组织的数量却趋于平缓的现象。他们以气候变化领域的政府机构为观察对象，从组织、种群和生态位、组织密度三个方面来进行分析，最后提出了两种形式机构数量变化差距的原因的三个推测：（1）私营跨国监管机构的进入成本更低；（2）正式政府间组织倾向于扩张领域，而私营跨国监管机构则倾向于战略性地寻求生态位；（3）私营跨国监管机构倾向于与政府建立友谊以寻求合法性和资源。

对该理论的评价

种群生态理论作为一种宏观层面的理论，不仅提供了其他方法所不具备的独特视角，而且提醒人们认识到环境的重要性，并提供了最终检验组织有效性的指标。Hannan and Freeman（1977）指出，种群生态理论对解释组织–环境关系提供了一个新的视角。从组织研究的发展进程来看，种群生态理论的出现在理论上可以被看作对以往占主导地位的组织中心主义的回应，对组织作为一个群体的强调凸显了一些过去被组织理论家们忽略的问题。譬如，就组织的变迁而言，我们通常看到的是变迁的结果，一些组织代替另一些组织，而不是组织本身的适应与变迁。正如March（1994）所指出的，种群生态理论作为当时最为重要的理论发展之一就是因为其开始关注环境的内生作用。它通过多样性原则、遗传原则、变异原则和选择原则来界定经济体及经济现象的演化，强调经济体与环境共同演化，突破了传统经济理论对经济问题的静态均衡描述，以经济体的惯性和创新等适应行为来代替传统经济理论中的理性行为，以有序结构论代替均衡结构论，以渐变和突变代替静态不变，并将复杂系统理论与生态理论相结合，不仅更加符合经济社会的各种经济实践活动，而且也以独特的视角、分析方式以及研究对象对组织理论的发展产生了深远的影响。

随着大型和多样化的组织在世界范围内的兴起，种群生态理论也面临许多新的挑战。这是因为该理论的核心要素是组织种群，而其最关键的假设是组织种群有一个共同的特点，即种群内的所有成员必须在演化过程中有相同的地位。那么，这些多样化的组织是属于哪个种群或哪几个种群呢？这一问题目前还没有准确的划分方法。同时，种群的共同变化是组织种群动态过程的一个重要元素，而目前存在的主流理论中却没有相关的模型，Lotka-Volterra 模型也只是简单地将种群在数量上的波动作为种群发展的唯一标志。模型的缺失也是种群生态理论发展的不足。

关键测量量表

1. Satisfaction with Information Content Measure：1 维度 3 题

Doll, W. J., & Torkzadeh, G.(1988). The measurement of end-user computing satisfaction. *MIS Quarterly*, 12(2), 259–274.

2. Information Satisfaction Measure：7 维度，49 题

Wixom, B. H., & Todd, P. A. (2005). A theoretical integration of user satisfaction and technology acceptance. *Information Systems Research*, 16(1), 85–102.

关键变量衡量

1. 组织出生数（Organizational Natality）

操作性定义：组织成立数目

衡量内容：组织登记核准日

Hannan, M. T., & Freeman, J. (1989). Organizations and social structure. In M. T. Hannan & J. Freeman (Eds.), *Organizational Ecology* (pp.3–27). Cambridge: Harvard Uninersity Press.

Delacroix, J., & Carroll, G. R. (1983). Organizational foundings: An ecological study of the newspaper industries of Argentina and Ireland. *Administrative Science Quarterly*, 28(2), 274–291.

2. 组织死亡数（Organizational Mortality）

操作性定义：组织死亡数目

衡量内容：注销登记核准日

Hannan, M. T., & Freeman, J.(1989). Organizations and social structure. In M. T. Hannan & J. Freeman (Eds.), *Organizational Ecology* (pp.3–27).Cambridge, MA: Harvard Uninersity Press.

Amburgey,T. L., & Rao, H.(1996). Organizational ecology: Past, present, and future directions. *Academy of Management Journal*, 39(5), 1265–1286.

3. 种群密度（Population Density）

操作性定义：产业种群密度

衡量内容：组织总数 / 总销售额

Agarwal, R., & Gort, M.(2002). Firm and product life cycles and firm survival. *American Economic Review,* 92(2), 184–190.

经典文献

Amburgey, T. L., & Rao, H. (1996). Organizational ecology: Past, present, and future directions. *Academy of Management Journal*, 39(5), 1265–1286.

Betton, J., & Dess, G. G. (1985). The application of population ecology models to the study of organizations. *Academy of Management Review*, 10(4), 750–757.

Carroll, G. R., (1984). Organizational ecology. *Annual Review of Sociology*, 10,71–93.

Freeman, J., & Hannan, M. T. (1983). Niche width and the dynamics of organizational populations. *American Journal of Sociology*, 88(6), 1116–1145.

Hannan, M. T., & Freeman, J. (1977). The population ecology of organizations. *American Journal of Sociology*, 82(5), 929–964.

Hannan, M. T., & Freeman, J. (1984). Structural inertia and organizational change. *American Sociological Review*, 49(2), 149–164.

Lomi, A. (1995). The population ecology of organizational founding: Location dependence and unobserved heterogeneity. *Administrative Science Quarterly*, 40(1), 111–144.

对管理者的启示

作为一种宏观层面的理论，种群生态理论致力于探讨环境变迁与企业成长之间的作用关系，它不仅提供了其他方法所不具备的独特视角，而且提醒人们需要认识到环境的重要性，并提供了最终检验组织有效性的指标。企业种群维持均衡状态的前提是企业种群内的企业之间不能完全同质。因此，不同的企业需具备独特的竞争力，种群网络也应对外开放、分工明确、信息透明，与外界环境保持友好的关系。只有在企业的管理模式与生态环境最匹配的情况下，企业才能够继续生存与发展。企业管理者可以基于种群生态学的视角来进行战略规划，既考虑到组织与环境之间的关系，又考虑到种群内或种群之间的相互关系，在看到环境影响的同时强调组织之间的互动，形成和谐的生态结构，以顺利实现企业发展的目标。

此外，环境中的领地或缝隙更是管理者所需要留意的，若组织能够钻缝隙，或寻找更多的领地或缝隙，则被淘汰的机会便可以减少。以种群生态理论为基础的观点认为，组织追寻的战略是在一个可能的范围内不断地变化的。它认为，对存在于组织间与组织内部的创新路径和创新速度的研究，对于战略的形成非常重要。如果管理者用今天的思维、市场竞争模式和方法去应付和适应明天的市场环境，则必定会被淘汰。

本章参考文献

35

调节定向理论

于海波[1]　戴一鸣[2]　程龙[3]

E. 托里·希金斯（E. Tory Higgins）（见图1）在1987年最早提出了调节定向理论（regulatory focus theory）的概念，旨在解释人们实现工作任务目标的特定方式与倾向性。他在1994年、1997年、2001年、2003年、2004年等发表了多篇关于调节定向理论的奠基性文章，提出了两种调节定向的含义，确定了调节定向理论的精髓内涵。经由Lockwood（2002）、姚琦（2009）、Vaughn（2017）、杨文琪（2017）等学者的发展，调节定向理论逐渐受到了理论界与实践界的广泛关注。该理论的被引次数不断攀升，从2014年起均超过了1 000次（见图2）。可见，调节定向理论已成为动机领域的研究热点，并对心理学各领域产生了深远影响。

图1　E. 托里·希金斯

---

[1] 于海波，北京师范大学政府管理学院教授、博士生导师。主要研究领域：组织行为学与人力资源管理。电子邮件：yuhb@bnu.edu.cn。

[2] 戴一鸣，北京师范大学政府管理学院博士生。主要研究领域：组织行为学与人力资源管理。电子邮件：daiyiming@mail.bnu.edu.cn。

[3] 程龙，国家科技部科技人才中心助理研究员，北京师范大学政府管理学院博士。主要研究领域：人才评价、调节定向理论在工作重塑中的应用等。电子邮件：529058463@qq.com。

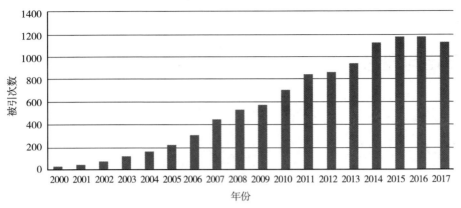

图 2　调节定向理论被引次数

资料来源：根据 Google Scholar 数据整理而成，搜索时采用精确匹配。

调节定向理论的核心内容

调节定向理论是近年对人类动机研究的新视角，它关注个体行为如何趋近积极目标状态（approached the desired end-states）和回避消极目标状态（avoided undesired end-states）。所谓"调节定向"（regulatory focus），是指个体在实现目标的自我调节过程中所表现出的特定方式或倾向（Higgins, 1997）。而自我调节（self-regulation）是指个体在实现既定目标的过程中所表现出的自我改变、自我控制等行为方式（Geers et al., 2005）。调节定向理论（Higgins, 1997, 1998）认为，任何目标都可以通过不同的策略方式（strategic means）实现（Gamache et al., 2015）。基于人类的自我实现需要和安全需要、理想自我和现实自我等，调节定向理论区分了提升定向（promotion focus）和预防定向（prevention focus）两种动机，这深刻地揭示了人类会因不同需要和自我状态而进行的两种自我调节动机模式。

第一，提升定向的自我调节（promotion-focused self-regulation），反映了个体成长、提高和发展的需要（Tumasjan and Braun, 2012）。提升定向的个体定位于理想自我（ideal self，如自己或他人的希望、愿望和理想），其行为策略是通过自我调节来缩小现实状态（current state）与理想状态（ideal state）间的差距（Park et al., 2017）。个体以获得/不获得（gains/nongains）的方式来体验工作，个体在此过程中更多体验到的是积极情绪,因为一方面,他们关注积极的工作特征和工作结果,这会反过来激发其积极的情绪体验;另一方面,成功进行提升定向的自我调节会给个体带来快乐的情绪体验,而不能成功进行提升定向的自我调节会给个体带来沮丧的情绪体验(Brockner and Higgins, 2001)。

第二,预防定向的自我调节(prevention-focused self-regulation),反映了个体安全、稳定的需要(Tumasjan and Braun, 2012)。预防定向的个体定位于应该自我(ought self,如个体的职责、义务),其行为策略是通过自我调节来缩小现实状态与应该状态(ought state)间的差距(Park et al., 2017)。个体以没有损失/损失(nonlosses/losses)的方式来体验工作(没有损失:如回避了消极的工作特征和工作结果;损失:如未回避掉消极的工作特征和工作结果),个体在此过程中更多体验到的是积极情绪,因为一方面,他们关注消极的工作特征和工作结果,这会反过来激发其积极的情绪体验;另一方面,成功进行预防定向的自我调节会给个体带来平静(如低唤醒状态、积极情感)的情绪体验,而不能成功进行预防定向的自我调节会给个体带来兴奋的情绪体验(如高唤醒状态,消极情绪)(Brockner et al., 2001)。

通过比较可以发现,上述两种自我调节过程在实现目标过程中的个人动机、目标属性、相关结果和期望的最终状态等方面都有所不同(Brockner et al., 2004)。提升定向的个体更偏向于采用"热切"(eagerness)的策略方式,其目的是"确保击中(hits)、避免犯遗漏性错误(errors of omission)"(Crowe and Higgins, 1997)。因此,具有较强提升定向的个体在面对获益机会时,哪怕风险较大,他们仍会快速采取行动,以争取收益最大化,他们更看重获得成功的速度和数量(Higgins and Spiegel, 2004)。与此相反,预防定向的个体更偏向于采用保守的警戒(vigilance)性策略方式,减少"漏洞"(vulnerability)和"不确定性"(uncertainty),其目的是"确保正确拒绝(correct rejections)、不会犯错"(Crowe and Higgins, 1997)。因此,具有较强预防定向的个体更关注如何采取所有必要的措施来避免损失(Brockner et al., 2002),比如通过遵守规则和程序来获得安全感,花较长时间制定决策,以提高决策的准确性等(Higgins and Spiegel, 2004)。

虽然,提升定向的自我调节和预防定向的自我调节有着本质区别,但这并不意味着个体在追求目标的过程中仅能表现其中之一。调节定向理论认为,提升定向和预防定向通过独特的情感、认知和行为过程帮助个体来实现目标(Lanaj et al., 2012)。因此,提升定向和预防定向代表了两种独立的策略方式,而不是一个连续体的两端(Förster et al., 2003),因为两种策略方式背后的趋近(approach)/回避（avoidance）趋势是由独立的系统进行管理的（Elliot and Thrash, 2010; Johnson et al., 2013）。也就是说，个体在追求目标的过程中，可能在这两种定向上同时是高水平，或者仅在其中一种定向上是高水平，又或者在这两种定向上都不是高水平（Gamache et al., 2015）。Lanaj（2012）等的元分析研究结果表明，提升定向和预防定向的相关性很小（$\rho = 0.11$），从而验证了这一观点。

调节定向理论的另一个主要观点是，提升定向和预防定向不仅是相互独立的，而且受到内外部因素的共同影响（Gamache et al., 2015），即个体调节定向的选择会受到情境和人格特质等因素的影响（Brockner and Higgins, 2001）。Higgins et al.（2001）、Gomez et al.（2013）的研究结果表明，随着时间的推移，个体的提升定向和预防定向确实存在一定的一致性，即"渴望"和"警惕"策略的选择会受到个体人格特质的影响，从而产生趋近/回避倾向（Elliot and Thrash, 2010; Lanaj et al., 2012）。然而，策略的选择也同样会受到情境因素的影响（Higgins, 2000）。如在组织情境下，价值观、规范、过去的表现和人际交往等都会对提升定向或预防定向的出现产生作用（Wallace and Chen, 2006; Johnson et al., 2010）。因此，根据不同的情况，策略偏好也可能随特定情境的变化而发生改变（Gamache et al., 2015）。从而，相较于性格特征和个体差异（如自恋和核心自我评价），调节定向更具有可塑性，但又比短暂的状态（如积极和消极情绪）更稳定。

总的来说，调节定向理论一方面丰富和发展了经典的心理学理论（如成就动机理论、决策理论等），另一方面也为学者进行动机理论的深入研究提供了崭新的理论视角。相较于趋近/回避动机，调节动机理论提出的调节定向动机在原有趋近/回避动机理论的基础上有所发展，对于深入分析个体追求目标的动机、策略行为选择的偏好等提供了重要的理论参考（Higgins, 2012）。

对该理论的评价

调节定向理论在得到广泛应用的同时，也受到了来自不同领域的批评。第一，批评者认为，该理论并没有很好地解释为什么个体在面对相同的目标时，会有不同的策略倾向（趋近/回避）。例如，为什么有的个体对收益很看重，而有的个体却对收益不那么看重？从这个意义上看，该理论只是更深入地分析了个体是如何趋利以及避害（within approach or avoidance）的。因此，也有学者提出应该把敏感理论（sensitivity theory）与调节定向理论结合起来（Taylor, 1998），以更好地理解人类动机。

第二，批评者认为，提升定向和预防定向在同一事件中可能同时存在，而两者的平衡也会因为个体和环境的变化而发生变化；此外，提升定向和预防定向并不是一个稳定的特征，而对调节定向产生影响的情境、环境等因素还会以不可预测的方式影响调节定向的方式。基于上述两个方面，批评者认为，调节定向理论在解释个体的动机或行为时，容易出现混淆（mixed）、解释不清的情况。

第三，虽然该理论讨论了时间变化对个体策略行为的影响，但并没有考虑同一事件下随着时间的变化，个体策略行为的选择是否会发生变化。批评者指出，现实中有很多策略行为在个体内部发生转化的例子，如小时候被老师批评后，大多数人往往会表现出不满的情绪，但内心却知道老师说的是对的，老师的批评可以帮助我们不再犯同样的错误（预防定向）；随着时间的推移，个人的成长，个体会认为当年老师的教诲可能会帮助我们获得更大的成功（提升定向）。但该理论对这一点并没有进行解释和说明。

关键测量量表

1. Selves Questionnaire: 2 维度

Higgins, E. T., Roney, C., Crowe, E., & Hymes, C. (1994).Ideal versus ought predilections for approach andavoidance: Distinct self-regulatory systems. *Journal of Personality and Social Psychology*,66,276–286.

2. Self-guide Strength Measure: 2 维度

Higgins, E. T., Shah, J., & Friedman, R. (1997).Emotional responses to goal attainment: Strength of regulatory focus as moderator. *Journal of Personality and Social Psychology*,72(3),515–525.

3. Regulatory Focus Questionnaire: 2 维度，11 题

Higgins, E. T., Friedman, R. S., Harlow, R. E., Idson, L. C., Ayduk, O. N., & Taylor, A. (2001). Achievementorientations from subjective histories of success: Promotion pride versus prevention pride. *European Journal of Social Psychology*, 31, 3–23.

4. General Regulatory Focus Measure: 2 维度，18 题

Lockwood, P., Jordan, C. H., & Kunda, Z. I.(2002). Motivation by positive or negative role models:Regulatory focus determines who will best inspire us. *Journal of*

Personality and Social Psychology, 83(4),854–864.

经典文献

Higgins,E. T. (1987). Self-discrepancy: A theory relating selfand affect. *Psychological Review*,94,319 –340.

Higgins, E. T., & Tykocinski, O. (1992). Self-discrepancies and biographical memory: Personality and cognition at the level of psychological situations. *Personality and Social Psychology Bulletin*, 18, 527–535.

Higgins, E. T., Roney, C., Crowe, E., & Hymes, C. (1994).Ideal versus ought predilections for approach and avoidance: Distinct self-regulatory systems. *Journal of Personality and Social Psychology*, 66, 276–286.

Higgins, E. T. (1997). Beyond pleasure and pain. *American Psychologist*, 52, 1280–1300.

Higgins, E. T. (2000). Making a good decision: Value from fit. *American Psychologist*, 55, 1217–1230.

Higgins, E. T., Friedman, R. S., Harlow, R. E., Idson, L. C., Ayduk, O. N., & Taylor, A. (2001). Achievement orientations from subjective histories of success: Promotion pride versus prevention pride. *European Journal of Social Psychology*, 31, 3–23.

Higgins, E. T., Idson, L. C., Freitas, A. L., Spiegel, S., & Molden, D. C. (2003). Transfer of value from fit. *Journal of Personality and Social Psychology*, 84, 1140–1153.

Higgins, E. T., & Spiegel, S. (2004). Promotion and prevention strategies for self-regulation: A motivated cognition perspective. In R. F. Baumeister & K. D. Vohs (Eds.), *Handbook of Self-regulation: Research, Theory, and Applications* (pp. 171–187). New York, NY, US: Guilford Press.

Higgins, E. T., & Scholar, A. A. (2009).Engaging the consumer: The science and art of the value creation process. *Journal of Consumer Psychology*, 19 (2), 100–114.

对管理者的启示

调节定向理论考察了个体实现目标的特定方式与倾向性，解释了个体是如何趋利以及避害的。通过充分理解提升定向和预防定向的内在本质，认识个体行为的前因（策略选择偏好）后果（策略选择可能的结果），利用积极方面、避免消极方面，在实践中会为组织发展创造出更大的价值（Gamache et al., 2015）。

就组织的管理而言，调节定向理论给予管理者的启示是：针对员工不同的调节行为（提升定向或预防定向）采取不同的管理方式。例如，对于"高提升－高预防"行为的员工，可通过合理授权、配备相应资源以支持其工作；对于"高提升－低预防"行为的员工，在关注任务目标的同时，可强化其对风险控制的关注；对于"低提升－高预防"行为的员工，在鼓励其发挥自身风险控制优势的基础上，可通过设置任务目标、领导激励、阶段汇报等方法帮助员工更多地关注任务目标的达成；对于"低提升－低预防"行为的员工，建议上级同员工针对相应的工作表现进行绩效沟通，分析导致双低行为的原因，通过制定有针对性的措施进行改善（彭鹏，2017）。

就组织的发展，特别是创业组织的发展而言，认识到个体的行为特点（提升定向或预防定向）同样非常重要（Halvorson and Higgins, 2013）。一方面，组织的管理者通过招聘和选拔的方式，平衡团队中两种行为选择策略的员工数量，可以增加创业成功的可能性（Hmieleski and Baron, 2008）；另一方面，个体一旦意识到自己的行为特点（提升／预防），可以通过增加工作动机策略与个体行为特点之间的匹配性来提高创业过程中的目标成就（Fischer et al., 2018）。将个体的行为策略选择与组织的整体战略调节框架（strategic regulatory frame）结合起来，往往会达到事半功倍的效果（Johnson et al., 2015）。此外，企业的创始人通过对个体行为的分析，不仅可以更好地了解自我，还可以更好地了解合伙人的策略倾向，为自己找到适合的合伙人（Brockner et al., 2004）。由此可见，在"大众创业、万众创新"的新时代背景下，组织的管理者如果能够在实践中正确把握、运用调节定向理论，了解个体行为特点、平衡团队行为方式、匹配个人和组织发展动机，将会对组织发展起到非常重要的作用。

本章参考文献

36

相对剥夺理论[*]

赵晨[1]

图1 塞缪尔·安德鲁·斯托弗

美国社会学家塞缪尔·安德鲁·斯托弗（Samuel Andrew Stouffer）（见图1）1949年在《美国士兵》（*The American Soldier*）一书中首次提出了相对剥夺感（relative deprivation）的概念。后来，著名社会学家罗伯特·金·默顿（Robert King Merton）1957年在他的《社会理论和社会结构》（*Social Theory and Social Structure*）一书中对相对剥夺理论（relative deprivation theory）进行了系统的阐释，使之成为一种理解影响个体和群体的认知和情感过程的社会评价理论。再后来，经由Davis（1959）、Runciman（1966）、Crosby（1976）、Walker and Pettigrew（1984）、Wilkinson（1997，2007）、Smith et al.（2012）等学者的不断发展和完善，相对剥夺理论已经逐渐趋于完善，受到了社会学、心理学、组织管理等领域学者的广泛关注。通过Google Scholar搜索引擎检索发现，该理论的被引次数自2000年来一直处于不断攀升的状态（见图2）。

---

* 基金项目：国家自然科学基金项目（71572119）。
1 赵晨，北京邮电大学经济管理学院副教授、博士生导师。主要研究领域：人力资源管理、领导力、组织政治、组织学习。电子邮件：chenmendrey@qq.com。

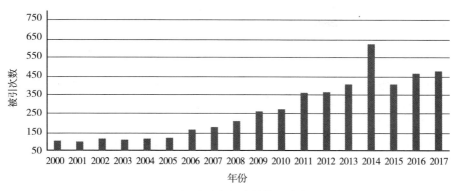

图 2　相对剥夺理论的被引次数

资料来源：根据 Google Scholar 数据整理而成。

相对剥夺理论的核心内容

　　Stouffer et al.（1949）在研究第二次世界大战期间美国士兵的心理状况时发现，美国陆军航空兵与军事警察相比会更多地体验到沮丧的感觉，尽管他们拥有更高、更快的晋升机会。据此，他指出，陆军航空兵对晋升的满意度会受到他们与参照对象之间比较的影响，通过与军事警察进行比较，他们觉得自己应得的基本权利受到了侵害，Stouffer et al.（1949）提出了"相对剥夺感"的概念来解释这一现象。此后，学者们对相对剥夺感的形成条件进行了界定。Davis（1959）认为，产生相对剥夺感需要满足三个条件：(1) 个体看到与自己相似的其他人拥有 X；(2) 自己想获得 X；(3) 自己感到有权获得 X。Runciman（1966）提出了相对剥夺感产生的四个条件：(1) 个体自身没有拥有 X；(2) 发现与自己相似的其他人拥有 X；(3) 自己期望拥有 X；(4) 自己获得 X 的期望是合理的。Crosby（1976）对以往的理论观点进行了整合，认为产生相对剥夺感应该满足五个条件：(1) 看到与自己相似的其他人拥有 X；(2) 自己想要获得 X；(3) 自己感觉有权获得 X；(4) 自己获得 X 是可以实现的；(5) 没有获得 X 不是自己的原因。此外，根据社会比较中参照对象所处的层次（Runciman, 1966），相对剥夺感还可以划分为个人相对剥夺感（egoistic/individual relative deprivation, IRD）和群体相对剥夺感（fraternal/group relative deprivation, GRD）两种类型。其中，个人相对剥夺感产生于对个体自身与其他个体进行的比较，或者对自身当前状态与过去或将来状态进行的比较；群体相对剥夺感产生于对所在群体与其他群体进行的比较，或者对所在群体当前状态与该群体过去或将来状态进行的比较。除此之外，相对剥夺感还可以产生于个体价值预期（value expectation）和价值能力（value capability）之间的比较。Gurr（1970）在《人民为什么反叛》（Why Men Rebel）一书中把相对剥夺感界定为个体知觉的主观价值预期和价值能力之间的不一致。其中，价值（value）是人们期待的事件、对象和条件；价值预期是人们认为他们应当（或渴望）获得的一般价值地位；价值能力是人们认为他们能够获得或保有的一般价值地位。

可以看到，相对剥夺感的相对性来自社会比较，既包括个体或所属群体与参照个体或群体的比较，也包括个体或所属群体当前状态与过去或将来状态的比较，还包括个体价值预期和价值能力的比较。简而言之，相对剥夺感就是个体与参照对象进行比较之后对自身劣势地位的主观感知（Walker and Smith, 2002）。从构成成分的角度而言，个体通过社会比较对自身劣势地位产生的主观感知属于认知成分（Tougas and Beaton, 2002）。此外，一些学者还认为，个体对自身劣势地位的主观感知会进一步引起愤怒、不满、怨恨等情绪反应，因此相对剥夺感还应包括情感成分（Smith et al., 2012）。据此，相对剥夺感可以被界定为个体或群体对自身相对于参照对象而言不利地位的主观感知，以及由此引发的愤怒、不满等负性情绪体验。从该定义可以看出，相对剥夺感的形成需要具备四个条件（Smith et al., 2012）：（1）首先进行认知上的比较；（2）其次进行认知评价，看自己或者自己所处群体是否处于不利地位；（3）认为处于不利地位是不公平的；（4）产生抵触感。

在相对剥夺感的影响因素中，除人口统计学变量之外，个体特征变量与社会环境变量产生的影响受到了广泛关注。在个体特征变量中，学者们探讨了人格特质、归因方式、歧视体验、知觉控制感、不平等感等因素对相对剥夺感的影响。研究发现，在人格特质中，内控型人格对相对剥夺感有负向影响，而外控型人格对相对剥夺感有正向影响（Crosby, 1976）；在归因方式中，与倾向于内部归因相比，外部归因对相对剥夺感有正向影响（Smith et al., 2012）；歧视体验对个人相对剥夺感和群体相对剥夺感均有正向影响（Koomen and Fränkel, 1992）；知觉控制感对相对剥夺感有正向影响（Moore, 2003）；不平等感可以分为群体间和群体内两种形式，群体间不平等感对群体相对剥夺感具有正向预测作用，而群体内不平等感对个人相对剥夺感具有正向预测作用（Kawakami and Dion, 1993）。在社会环境变量中，学者们探讨了社会经济地位、社会公正性、参照群体特征等因素对相对剥夺感的影响。研究发现，社会经济地位对群体和个人相对剥夺感都有正向影响，那些处于低社会地位并且政治影响力较弱的群体能够感受到较为强烈的群体相对剥夺感和个人相对剥夺感（Pettigrew *et al.*, 2008）。社会公正性对相对剥夺感有负向影响，现有研究考察了程序公正和相对剥夺感之间的关系，结果表明（Folger *et al.*, 1983），当程序改变不合理或没有充分的理由（即不充分的程序公正）时，个体会体验到较高水平的相对剥夺感（如生气、不满意、心烦、愤怒等）。此外，个体在进行社会比较时所选择的参照群体特征也会影响个体感受到的相对剥夺感水平（Walker and Pettigrew, 1984），例如参照群体的优势地位越高，个体感受到的相对剥夺感水平就越高（Crosby, 1984）。

由于产生层次不同，个人相对剥夺感和群体相对剥夺感会带来不同的影响。个人相对剥夺感的影响结果主要包括内在的心理健康和外在的个体行为。有关个人相对剥夺感和心理健康之间关系的研究表明，个人相对剥夺感显著地提升了心理健康障碍的发生率（Buunk and Janssen; 1992; Eibner *et al.*, 2004），愤怒、恐惧、悲伤等消极情绪在相对剥夺感和心理健康之间起到了中介作用（Osborne *et al.*, 2012），个体对所在群体的认同感有助于缓解相对剥夺感对心理健康带来的消极影响（Schmitt and Maes, 2002）。除了心理健康，研究还发现，相对剥夺感对心脏病、高血压、进食障碍、酒精滥用、自杀以及死亡率也有一定的预测作用（Eibner, 2000; Deaton, 2001; Salti, 2010）。在对个体行为的影响方面，现有研究大量揭示了个人相对剥夺感对越轨（偏差）行为（如攻击性行为、暴力行为、偷窃行为、反生产工作行为等）和逃避（退缩）行为（如吸烟、酗酒、药物使用、赌博、社会隔离等）的影响。除此之外，由于相对剥夺感能够激发个体的竞争意识和参与动机，因此还会促使个体表现出一些积极的成就行为（如参加自我提升活动、兼职活动、学业努力等）（Smith *et al.*, 2012）。相对而言，群体相对剥夺感的影响结果既包括个体层面的主观幸福感、心理健康及自尊，又包括群体层面的内在群际态度（intergroup attitudes）和外在集群行为（collective action）。群际态度一般是指对内群体及其成员以及外群体及其成员的评价倾向性。研究表明（Appelgryn and Nieuwoudt, 1988; Guimond and Dubé-Simard, 1983），群体相对剥夺感水平越高，弱势群体对内群体的态度就越积极，而对外群体的态度就越消极，感受到的群际不公平感也越强烈。集群行为是指群体成员参与的改善群体现状的行动，主要包括两个特征：一是以群体行为的姿态出现；二是这种行为的目的是提升所属群体的利益（Wright *et al.*, 1990; Wright, 2009）。研究表明，群体相对剥夺感会导致较高水平的群体抗议行为、政治暴力活动、群体攻击性等集群行为（Smith et al., 2012），群体愤怒、不满等负向群体情绪和社会变革信仰等因素在群体相对剥夺感和集群行为之间起到了中介作用，群体认同对群体相对剥夺感和集群行为之间的关系起到了调节作用（Abrams and Grant, 2012; Mummendey et al., 1999; Smith et al., 2008）。

近年来，越来越多的组织管理学者们立足于工作场所对相对剥夺感的前因和后果进行了分析。Bolino and Turnley（2009）提出，当员工与同事进行比较发现自身拥有相对低质量的领导－成员交换关系时会感觉到沮丧，进而产生相对剥夺感。在特定的情境下，具有低质量领导－成员交换关系的员工感受到的相对剥夺会更加强烈。例如，员工发现自己在领导－成员交换关系中处于弱势地位，自己已在领导－成员交换关系维护中付出了较多的努力，但其他绝大多数人的领导－成员交换关系优于自己，领导－成员交换关系的维护更多依靠的是印象管理，自己几乎没有机会改善领导－成员交换关系，自己与过去的领导之间拥有高质量的领导－成员交换关系等情形均会强化领导－成员交换关系质量与相对剥夺感之间的负向关系。Cho et al.（2014）检验了在企业兼并重组过程中由于职位变化引发的员工相对剥夺感对离职意向的影响机制，研究发现，员工的相对剥夺感会通过对重组后公司的组织认同感的完全中介作用而对离职意向产生影响。此外，不少组织管理研究者还尝试运用相对剥夺理论的视角去解释工作场所中的薪酬满意度、不充分雇佣、员工资质过剩等现象（Sweeney et al., 1990; Zoogah, 2010）。例如，Hu et al.（2015）从相对剥夺理论的视角解释了员工资质过剩感对角色内绩效和组织公民行为的影响，他们提出，组织中其他员工的资质过剩情况是员工资质过剩感是否会引起个人相对剥夺感的一个情境因素，当员工发现组织中的其他员工也普遍存在资质过剩情况时，就不会体会到较高的相对剥夺感，他们一方面会认为之所以组织需要大量资质过剩的员工是因为任务具有较高的重要性，另一方面会把资质过剩看作自己和组织间高水平匹配度的标识，进而在工作中投入更多的精力。

| 对该理论的评价 |

相对剥夺感自被提出以来，在社会学、心理学、组织管理等领域受到了广泛关注，研究者们围绕着相对剥夺感的概念界定、理论模型、影响因素及影响进行

了大量研究（Crosby, 1976, 1984; Pettigrew *et al.*, 2008; Walker and Smith, 2002）。经过几十年的发展和完善，相对剥夺理论已经成为一个较为综合、系统的理论体系，并且在各个领域得到了有效的应用，被学者们广泛地用来解释和预测很多重要的组织和社会现象。

相对剥夺理论的应用虽然广泛，但是该理论本身也存在明显的缺陷，还需要未来研究的进一步完善。首先，虽然以往研究区分了个人相对剥夺感和群体相对剥夺感，并且还有研究发现个人相对剥夺感能够通过群体相对剥夺的中介过程间接地影响着个人或群体的态度（Smith *et al.*, 2012），但是很少有研究比较系统地揭示个人相对剥夺感和群体相对剥夺感如何共同发挥作用。其次，在研究内容和视角方面，以往研究大多从与其他个体或群体进行横向比较的角度研究相对剥夺感，缺少对通过与自己的过去或未来进行比较而产生的纵向相对剥夺感的研究（Smith *et al.*, 2012）。再次，在影响因素方面，以往研究大多考察的是某一类变量下某些具体因素（如性别、年龄、社会支持等）对相对剥夺感的单独影响，而对各影响因素之间的关系及其综合影响效应则较少涉及。例如，鲜有研究揭示个体特征变量与社会环境变量之间以及这两类变量中的具体因素之间是否存在交互作用。最后，相对剥夺感的本土化和跨文化方面的研究目前还比较薄弱。这些都是该领域未来值得探讨和完善的地方。

关键测量量表

1. Individual Relative Deprivation：6 题

Zoogah, D. B.(2010). Why should I be left behind? Employees' perceived relative deprivation and participation in development activities. *Journal of Applied Psychology*, 95(1), 159–173.

2. Relative Deprivation：2 维度，10 题

Olson, J. M., Roesesc, N. J., Meen, J., & Robertson, D. J.(1995). The preconditions and consequences of relative deprivation: Two field studies 1. *Journal of Applied Social Psychology*, 25(11), 944–964.

3. Relative Deprivation：4 维度，20 题

Koomen, W., & Fränkel, E. G.(1992). Effects of experienced discrimination and different forms of relative deprivation among surinamese, a dutch ethnic minority group. *Journal of Community & Applied Social Psychology*, 2(1), 63–71.

4. Relative Deprivation-Gratification：2 维度，8 题

Dambrun, M., Taylor, D. M., Mcdonald, D. A., Crush, J., & Méot, A.(2006). The relative deprivation-gratification continuum and the attitudes of south africans toward immigrants: A test of the v-curve hypothesis. *Journal of Personality & Social Psychology*, 91(6), 1032–1044.

5. Individual Relative Deprivation：5 题

Callan, M. J., Shead, N. W., & Olson, J. M.(2011). Personal relative deprivation, delay discounting, and gambling. *Journal of Personality & Social Psychology*, 101(5), 955–973.

6. Relative Deprivation：2 维度，5 题

Tropp, L., & Wright, S.(1999). Ingroup identification and relative deprivation: An examination across multiple social comparisons. *European Journal of Social Psychology*, 29, 707–724.

7. Perceptions of Job Deprivation：12 题

Kraimer, M. L., Shaffer, M. A., Harrison, D. A., & Ren, H.(2012). No place like home? An identity strain perspective on repatriate turnover. *Academy of Management Journal*, 55(2), 399–420.

经典文献

Crosby, F.(1976). A model of egoistical relative deprivation. *Psychological Review*, 83, 85–117

Davis, J. A.(1959). A formal interpretation of the theory of relative deprivation. *Sociometry*, 22(4), 280–296.

Feldman, D. C., Leana, C. R., & Bolino, M. C.(2002). Underemployment and relative deprivation among re-employed executives. *Journal of Occupational & Organizational Psychology*, 75(4), 453–471.

Mummendey, A., Kessler, T., Klink, A., & Mielke, R.(1999). Strategies to cope with negative social identity: Predictions by social identity theory and relative deprivation theory. *Journal of Personality & Social Psychology*, 76(2), 229–245.

Runciman, W. G.(1966). *Relative Deprivation and Social Justice.* London, UK: Routledge Kegan Paul.

Smith, H. J., Pettigrew, T. F., Pippin, G. M., & Bialosiewicz, S.(2012). Relative deprivation: A theoretical and metaanalytic review. *Personality and Social Psychology Review*, 16(3), 203–232.

Sweeney, P. D., Mcfarlin, D. B., & Inderrieden, E. J.(1990). Using relative deprivation theory to explain satisfaction with income and pay level: A multistudy examination. *Academy of Management Journal*, 33(2), 423–436.

Walker, I., & Pettigrew, T. F.(1984). Relative deprivation theory: An overview and conceptual critique. *British Journal of Social Psychology*, 23(4), 301–310.

Walker, I., & Smith, H. J.(2002). *Relative Deprivation: Specification, Development, and Integration.* Cambridge: Cambridge University Press.

Zoogah, D. B.(2010). Why should I be left behind? Employees' perceived relative deprivation and participation in development activities. *Journal of Applied Psychology*, 95(1), 159–173.

对管理者的启示

相对剥夺理论是一种理解个体或群体认知和情感过程的社会评价理论。以往研究表明，个人相对剥夺感既能够对员工的心理健康、工作态度和行为产生一定的消极影响，又能够在特定情况下激发员工的一些积极行为；而群体相对剥夺感则不仅能够对员工个体层面的主观幸福感、心理健康以及自尊产生影响，还能够对群体层面的内在群际态度和外在集群行为产生影响。因此，管理者应对员工或群体的相对剥夺感及时察觉并进行恰当的引导。

具体而言，管理者要在工作中关注具有相对剥夺感的员工或群体，引导他们选择合适的参照群体，进而从根本上减轻社会比较带来的相对剥夺感。针对具有相对剥夺感的员工或群体，管理者还要进行必要的心理疏导，帮助他们认清自己、正视现实，打消心中不切实际的想法，从而对现状有一个正确的评估。虽然在大多数情况下，相对剥夺感是一种令人厌恶的感受，但是适度的相对剥夺感却能够激发员工更加努力地改变现状。因此，管理者需要切实关注员工和群体的心理状况，鼓励他们采取适当的方法去减轻相对剥夺感。管理者要为相对剥夺感的员工或群体提供培训机会和不断提升自己、展现自我的平台，进而提升他们的主观幸福感和归属感。关注公平是个人相对剥夺感产生的重要前提，这就要求管理者要注重引导员工或群体树立正确的公平理念，同时建立公开透明的薪资和晋升体系，合理地控制收入差距，搜集和参考行业薪资待遇情况，进而减轻群体外部比较带来的相对剥夺感。

本章参考文献

37
资源配置理论

雷辉[1]

亚当·斯密（Adam Smith）（见图1）最早提出了较为系统全面的资源配置思想。他在1759年、1776年发表了资源配置的两本奠基性著作，分别是《道德情操论》（*The Theory of Moral Sentiments*）及《国民财富的性质和原因的研究》（*An Inquiry into the Nature and Causes of the Wealth of Nations*）。经由Ricardo（1871）、Walras（1874）、Pigou（1912）、Heckscher and Ohlin（1919）、Coase（1960, 1974）以及Marx（1865）等学者的发展，资源配置理论（resource allocation theory）逐渐受到了理论界与实践界的广泛关注，虽然对资源配置的研究起源较早，但该理论在21世纪的被引次数一直居高不下，每年的被引次数均超过了17 000次，从2007年起，每年的被引次数更是超过了50 000次（见图2），是社会经济活动中的基础理论之一。

图1　亚当·斯密

---

[1] 雷辉，湖南大学工商管理学院副院长、教授、博士生导师。主要研究领域：投资决策与绩效优化、战略管理与组织优化、企业理财与资本运营。电子邮件：leihui@vip.126.com。

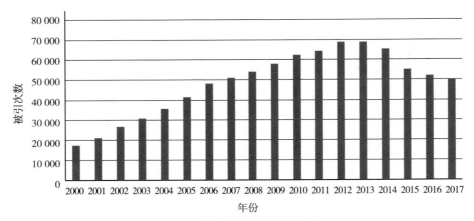

图 2　资源配置理论的被引次数

资料来源：根据 Google Scholar 数据整理而成，搜索时采用精确匹配。

资源配置理论的核心内容

Petty（1662）提出的"劳动是财富之父，土地是财富之母"，标志着资源配置理论萌芽的产生。随后，亚当·斯密指出："在自然秩序下，个人都努力把他的资本尽可能地用来支持私人产业，并努力实现其私人产业价值最大化，必然导致整个社会福利最大化。"亚当·斯密把市场价格机制的调节作用形象地比喻为一只"看不见的手"，市场通过这只手来调节社会的资源配置。在亚当·斯密之外，较为典型的资源配置思想来自 Samuelson（1948）和 Marx（1865）。Samuelson（1948）基于 Keynes（1936）的国家干预理论和 Marshall（1890）的自由市场机制，形成了一种调和国家干预和市场调节的资源配置二元论，其主要包括四点内容：第一，强调市场作为资源配置工具的主要力量；第二，市场经济和"看不见的手"有一定的适用范围和现实局限性；第三，针对资源配置的市场失灵，提出了政府的经济职能和作用范围；第四，指出存在政府失灵及其表现形式。除此之外，Marx（1865）基于稀有性与交换价值的关系，指出资源配置是一种基于资源稀缺性的调节手段，其用社会劳动的概念来解释资源配置。

由于研究的领域和角度不同，对资源配置的定义也多种多样。Koopmans and Beckmann（1957）对资源最优配置理论的理解为：研究在给定的技术和消费者偏好下，如何将有限的经济资源按照某种规则分配于各种产品的生产，以便最大限度地满足人们的需要。厉以宁（1993）定义资源配置为：经济中的各种资源（包括人力、物力、财力）在各种不同的使用方向之间的分配，而时间、空间、数量是构成资源配置的三个基本要素。Powers and McDougall（2005）认为，资源配置是指企业对所需要的资源进行分配调整，使资源之间能够相互匹配以符合企业的生产实践的具体情境，并在这一过程中形成了独特的竞争能力。《不列颠百科全书》(*Encyclopedia Britannica*)（2010）中资源配置的定义是：生产性资料在不同用途之间的分配。虽然不同的学者对资源配置有不同的定义，且对资源配置特征的界定也不完全一致，但是我们可以发现，资源配置的实质是使稀缺性资源能够保持最佳的比例关系和价值取向，提高资源的利用效率，满足人们不断增长的物质文化需要。

在不断丰富资源配置理论的过程中，学者们开始转向研究资源配置理论的实际应用价值。早期对资源配置实际应用问题的研究主要集中于自然资源，如水资源（Dibike *et al.*, 1999）、土地资源（Christaller, 1933）、矿产资源（Stollery, 1994）及森林资源（Pearson, 1944）等领域。近年来，对资源配置实际应用问题的研究越来越广泛，大到国防（Israel *et al.*, 2002; Haico and Win, 2003; Pienaa and Hunghes, 2017）、国家教育领域（Liefner, 2003），小到企业某个部门（Hougui *et al.*, 2002）。在国家层面，资源优化配置是区域可持续发展的重要途径和手段（Midilli *et al.*, 2006），合理的资源配置对区域经济、社会、生态环境起着至关重要甚至是决定性的作用（Sophocleous, 2000; Cesano and Gustafsson, 2000; Okeola and Raheem, 2016）。在企业层面，资源配置可以降低交易成本、提高资本利用效率（Williamson, 1975），带来企业成长（Sarkar *et al.*, 2001），有助于企业形成独特的竞争能力（Powers and McDougall, 2005），同时，对企业保持特有的竞争优势起到关键性作用（Hitt *et al.*, 2001），有助于企业取得良好的绩效（Greenwood *et al.*, 2011）。

在资源配置的理论研究上，学者们提出了很多资源配置机制，总括起来，大致有以下六种：（1）瓦尔拉斯均衡（Walras, 1874）。在整个经济体系中，各个市场都是相互联系的，各种商品的价格不是单独决定的，是与其他商品价格相联系的，因此，要将所有相互联系的各个市场作为一个整体进行研究。（2）林达尔配置均衡（Lindahl, 1919）。如果每一个社会成员都按照其所获得的公共物品或服务的边际效益的大小，来捐献自己应当分担的公共物品或服务的资金费用，则公共物品或服务的供给量可以达到具有效率的最佳水平。(3) 纳什配置均衡 (Nash, 1950)。在既定的配置中,如果这个配置中的其他人不改变策略,则任何一个在这个配置中的人都不能通过改变自己的策略来得到更大的效用。(4) 公平配置 (Rawls, 1971)。对此有四种理解,一是在给定配置下,所有人获得的效用至少与均等配置时一样大;二是完全均等配置;三是在给定配置下,每个人所获得的效用与其他人获得的效用比起来要好,至少不会差,不会有妒忌的发生;四是每个人所获得的效用比均等配置时要好。(5) 经济核配置 (Anderson, 1978)。经济社会中,在不存在某些成员组成的小集团的情况下,人们只利用自己的初始资源进行重新配置,这种配置的结果是他们之中至少某个人或某些人的境况得到改善,而没有一个人比以前更差。(6) 帕累托最优 (Pareto, 1964)。资源配置的一种理想状态,假定固有的一群人和可分配的资源,从一种分配状态到另一种状态变化的过程中,在没有使任何人境况变坏的前提下,使得至少一个人变得更好。

在社会化大生产条件下,资源配置的方式主要有两种:一种是计划调节 (Keynes, 1936; Coase, 1960),该方式反映了管理者对社会生产、企业运转按计划比例的运用和预测,是主观调节的过程,被称为"看得见的手"的调节;另一种是市场调节 (Adam, 1776; Marshall, 1890),其实质是在价值规律的作用下,商品的价值量取决于社会必要劳动时间,商品按照价值相等的原则相互交换,价格围绕价值上下波动,被称为"看不见的手"的调节。从单一项目角度来看,资源配置是一个微观效率问题,但从整个社会范围的角度来看,这一微观效率问题必须宏观化以便克服市场机制的缺陷。Reynolds (1993) 指出,虽然过多的政府干预会破坏自由市场的决策过程,但是政府同公司的合作与支持是美国在关键技术领域保持竞争力的重要因素。Westmore (2013) 认为,司法体制的有效性对资源配置效率的影响巨大,要进行有效的资源配置,市场不是唯一的手段,制度设计也是很重要的方面。将两种配置方式结合起来,通过协调配合,才有可能实现资源配置综合效益最大化 (Massy, 1996)。

在基础理论研究之外,学者们还对资源配置的效率进行了探讨。学者们运用投入 – 产出分析 (input-output analysis)、项目预算边际分析 (program budgeting marginal analysis, PBMA)、数据包络分析 (data envelopment analysis, DEA) 等方法检验了资源配置的效率。投入 – 产出法 (Leontief, 1936) 是从中观上探讨资源优化配置的有效方法,Tokins and Green (1988) 运用 6 种不同的投入 – 产出指标模型对英国大学的会计学院的效率进行了评价;基于投入 – 产出法,Thursby

（2000）对美国大学的经济学院的效率进行了评价。PBMA 是通过改变计划投入方式的产出，来对资源配置和服务供给的效率进行评价（Salkeld and Amolda, 1995; Mitton and Donaldson, 2002），其被广泛应用于各国卫生资源配置和服务供给效率的研究（Mitton et al., 2000）。DEA 是目前进行资源配置效率测度普遍使用的方法（Charnes et al., 1984）。Warning（2004）运用 DEA 对 73 所德国公立大学的效率进行了评价，并通过分位数回归分析了大学效率的影响因素；Wang et al.（2008）分析了影响煤矿安全产出的因素，同时建立了基于 DEA 的煤矿安全投入–产出效率评价模型。Guangyao et al.（2016）利用 SBM-DEA 模型对中国 31 个省市区的水资源利用效率做了测算。任何一种方法在拥有其自身优点的同时，都不可避免地会有各种不同的缺点，所以这些方法还需要更多的研究者们加以实证检验，从而进一步丰富资源配置理论。

对该理论的评价

资源配置是一个古老而又充满了创新探索的问题：作为经济学的基础问题，它已被讨论了一二百年；但作为微观经济的基础问题，它又总是随着社会的发展而不断地提出新的问题。现有的有关资源配置的理论基本都试图回答这样一个问题，即如何配置资源以使得效率最优，埃尔文·E. 罗斯（Alvin E. Roth）和劳埃德·S. 沙普利（Lloyd S. Shapley）凭借在解决这一问题上的突出贡献，一举夺得 2012 年的诺贝尔经济学奖。2013 年，《经济动力学评论》（*Review of Economic Dynamics*）设立了"资源错配与生产率"专题，主要刊登一系列论文来探讨资源错配状况及对经济发展的影响等内容。可见，在 21 世纪的今天，资源配置问题依然是研究前沿重点关注领域之一。

随着社会经济的发展，资源配置理论已然成为一个典型的跨学科理论，涉及系统理论、运筹学、信息学、控制论、博弈论等多学科领域（Hobday, 2000; Ghomi and Ashjari, 2002; Murray et al., 2012）。在稀缺资源的配置领域，仅靠定性分析已难以找到合理的优化方案，资源配置理论的发展离不开运筹学、计算数学的支持（Guay, 2013; Hou et al., 2014; Chang et al., 2016）。未来的社会将是一个更先进、更具有理性的社会，资源配置方式会在公平与效率之间不断寻找到新的平衡点，资源也会在一个更大的空间领域内以更有效率的方式实现配置。这既是未来经济学继续研究的目标，也是现在研究的起点，始终需要不断奋勇地开拓。

关键测量量表

1. The Allocation of Resources in Colleges and Universities Measure：3 维度，35 题

Hackman, J. D.(1985). Erratum: Power and centrality in the allocation of resources in colleges and universities. *Administrative Science Quarterly*, 30(3), 425–425.

2. Measuring Centrality：4 维度，17 题

Ashar, H., & Shapiro, J. Z.(1988). Measuring centrality: A note on Hackman's resource-allocation theory. *Administrative Science Quarterly*, 33(2), 275–283.

3. Measure the Range and Scope of the Technology Resources：6 维度

Powell, T. C., & Dent-Micallef, A. 1997. Information technology as competitive advantage: The role of human, business, and technology resources. *Strategic Management Journal,* 18(5), 375–405.

4. Service Quality Measure：7 维度，21 题

Furrer, O., Liu, S. C., & Sudharshan, D.(2000). The relationships between culture and service quality perceptions: Basis for cross-cultural market segmentation and resource allocation. *Journal of Service Research*, 2(4), 355–371.

5. Multiagent Resource Allocation Survey：9 维度，16 题

Chevaleyre, Y., Dunne, P. E., Endriss, U., & Lang, J.(2006). Issues in multiagent resource allocation. *Informatica*, 30(Jan), 3–31.

6. Imensions of Resource Allocation Behavior：3 维度

Klingebiel, R., & Adner, R.(2015). Real options logic revisited: The performance effects of alternative resource allocation regimes. *Academy of Management Journal*, 58(1), 221–241.

经典文献

Arrow, K.(1962). Economic welfare and the allocation of resources for invention. In R. R. Nelson (Ed.), *The Rate and Direction of Inventive Activity: Economic and Social Factors*(pp. 609–626). Princeton, New Jersey：Princeton University Press.

Bower, J. L.(1986). *Managing the Resource Allocation Process: A Study of Corporate*

Planning and Investment. Boston, Massachusetts：Harvard Business School Press.

Everett III, H.(1963). Generalized lagrange multiplier method for solving problems of optimum allocation of resources. *Operations Research*, 11(3), 399–417.

Mills, E. S.(1967). An aggregative model of resource allocation in a metropolitan area. *The American Economic Review*, 57(2), 197–210.

Saaty, T. L.(1980). *The Analytic Hierarchy Process: Planning, Priority Setting, Resources Allocation.* New York: McGraw-Hill, 281.

Solow, R. M.(1986). On the intergenerational allocation of natural resources. *The Scandinavian Journal of Economics*, 88(1),141–149.

Thomas, D.(1990). Intra-household resource allocation: An inferential approach. *Journal of Human Resources*, 25(4), 635–664.

Trigeorgis, L.(1996). *Real Options: Managerial Flexibility and Strategy in Resource Allocation.* Massachusetts：MIT Press.

Van Noordwijk, A. J., & de Jong, G.(1986). Acquisition and allocation of resources: Their influence on variation in life history tactics. *The American Naturalist*, 128(1), 137–142.

Venkatesan, R., & Kumar, V.(2004). A customer lifetime value framework for customer selection and resource allocation strategy. *Journal of Marketing*, 68(4), 106–125.

对管理者的启示

现代经济社会的一切管理问题，几乎都可以归结为资源的合理配置问题。企业管理的实质是通过有效地配置企业拥有的各种资源（人力、财力、物力），实现最优的企业经营目标（利润、市场及其他）。国家经济社会的管理则是如何通过一定的调控手段，来实现全社会资源的合理配置，取得最优的经济社会福利（或其他政府目标）。部门的冗余资源或核心资源的有效配置、可持续利用是部门成长的助力，能够对自身资源（如人员、资金和运行所需的其他资源）进行合理的配置是获取可持续竞争优势的关键（Bertalanffy, 1969; Barney, 2001）。只有做到资源的最优配置，才能够使资源价值最大化，所以资源配置是部门发展所必须具备的核心能力。

资源配置是一个动态的过程，其现实条件不可能一成不变，因而资源配置初次确定之后，伴随着进入实际利用阶段，资源配置的任务就转变为资源运行的监控与评估，企业管理者应根据资源本身发展的情况和外在环境的变化，阶段性地做出资源的优化配置（Goldratt, 1997）。在经济不明朗、资源被限制的环境中，部门中的"反向资源配置"和减员问题必须得到重视和解决，管理者要从整体利益出发通过激励机制等方式协调配置各类资源。资源配置既要考虑现在，也要考虑未来；既要考虑当前发展需求，也要考虑其可持续性。

总而言之，在资源配置的过程中，需要依据系统科学理论，合理协调企业、市场、国家三要素之间的关系，明确要素的定位和职责，发挥资源的最大效能，取得利益的最大化。

本章参考文献

38

资源依赖理论*

刘冰[1] 齐蕾[2]

资源依赖理论（resource dependence theory）作为现象驱动的理论和最具影响力的组织理论之一，由杰弗瑞·菲佛（Jeffrey Pfeffer）（见图1）和杰拉尔德·萨兰基科（Gerald Salancik）于1978年正式提出，迄今已有40年。资源依赖理论起源于Selznick（1949）对田纳西河流域当局的研究《田纳西河流域管理当局与草根组织》(TVA and the grass roots)，该研究提出了组织间权力平衡设计的"共同抉择"过程。Thompson and McEwen（1958）确定了三种组织间的合作关系，即联盟、商议和共同抉择。Thompson（1967）提出了一个综合性的组织的权力——依赖模式。资源依赖理论的最终灵感来源于美国20世纪60年代末至70年代初的平权运动。美国国会出台法律政策要求企业给予女性和少数族裔在教育及工作方面一些优待，来保障她（他）们在录取和雇佣时不受歧视。然而，各个组织在面对这一政治压力时的反应却各不相同。这个现象在当时无法得到既有理论的合理解释，为了解决这一问题，Pfeffer and Salancik（1978）试图开发一种新的理论来解释它，资源依赖理论应运

图1　杰弗瑞·菲佛

---

* 基金项目：山东省社科规划基金（17CLYJ26）。
1 刘冰，山东大学管理学院人力资源管理系主任、教授、博士生导师。主要研究领域：人力资源管理与组织行为。电子邮件：liubingsdu@163.com。
2 齐蕾，山东大学管理学院人力资源管理系博士研究生。主要研究领域：领导力、不道德亲组织行为、服务创新、人力资源管理实践等。电子邮件：leilasdu@163.com。

而生。此后，资源依赖理论逐步走向系统化，并且用于研究组织之间的关系。资源依赖理论的使用在逐年递增，2012年之后其每年的被引次数均超过1 000次（见图2），成为组织理论和战略管理中具有重要影响的理论之一。

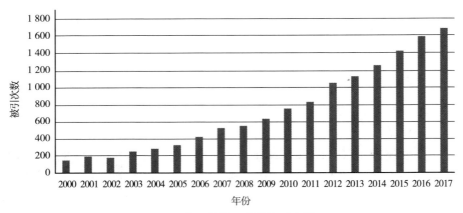

图2　资源依赖理论的被引次数

资料来源：根据Google Scholar数据整理而成，搜索时采用精确匹配。

资源依赖理论的核心内容

Pfeffer and Salanick（1978）的开山之作《组织的外部控制：资源依赖的观点》（*The External Control of Organizations: A Resource Dependence Perspective*）进行了资源依赖理论的早期阐释，提出了组织的依赖程度取决于三个方面，即资源对组织的重要性、资源的稀缺程度、替代性资源的存在程度。同时，他们也区分了组织间的依赖模式——竞争性互依和共生性互依，组织通过兼并、并购、联盟等方式进行决策来处理不同的互依关系（Pfeffer and Salanick, 1978）。Burt（1983）提出了"结构自主性"模式，并将其应用于产业分析当中，用于解释共同抉择和公司绩效的关系。Baker（1990）通过研究公司和其投资银行之间的关系发现，社会精英的共同抉择可以有效地避免环境威胁，他在一定程度上拓展了公司与其他公司的资源依赖关系。此外，Baker *et al.*（1998）指出，组织之间的关系受到竞争、权力和制度因素的共同影响，在这种影响下，组织之间的关系会持续或是解除。

资源依赖理论的特点之一是通过分析组织怎样以合并、联合、游说或治理等方法改变环境，说明组织不再是适应环境的行动者，而是要让环境来适应自身。其核心假设是组织需要通过获取环境中的资源来维持生存，没有组织是资源自给的，都要与环境进行交换。资源依赖理论的基本观点是：（1）很多资源是组织无法自给自足的，组织为了生存势必要依赖一些资源；（2）组织依赖的资源源于组织所处的环境；（3）这个环境在很大程度上同时包含了其他组织；（4）一个组织需要的资源可能掌握在其他组织手中；（5）环境中的独立组织是相互依赖的；（6）资源是权力的基础；（7）权力与资源依赖直接相关——组织 A 对组织 B 的权力等于组织 B 对组织 A 所掌握资源的依赖程度；（8）权力是一种交互的、情境的和潜在的相互作用。

目前资源依赖理论已经较为成熟，运用资源依赖理论进行的研究也不少，有学者对国内外的资源依赖理论进行过文献计量分析，发现目前有关资源依赖理论的研究论文在数量上呈不断上升趋势。在管理学方面的研究主要集中在以下几个方面：

1. 资源依赖理论与企业并购

资源依赖理论已成为学者用来解释企业为何选择并购的重要理论之一（Yin and Shanley, 2008）。按照并购前企业所处的市场关系，并购可以分为横向并购、纵向并购及混合并购三类。横向并购可以帮助企业扩大生产规模，减少竞争对手，降低环境中由于竞争带来的不确定性，并且有利于企业从其他方获取更多的资源。纵向并购则可以帮助企业有效地控制影响企业生存的关键要素，例如沿产业链并购企业的上游或下游，以保证企业的供给和需求，减少企业对供应商和经销商的依赖。混合并购是企业实现多元化战略的一种手段，企业通过参与不同行业领域的活动，来减少企业对其他占据优势企业的依赖性，以避免企业过于依赖某种单一、关键的交换（Pfeffer and Salancik, 1978）。Pfeffer（1972a）通过对 854 起并购事件的分析，支持了上述解释，认为资源交换模式与并购类型之间存现显著的相关性，并购是对企业间相互依赖的一种回应。随后，Galbraith and Stiles（1984）以及 Walter and Barney（1990）相继验证了并购有利于企业降低对环境中其他企业的依赖性。Casciaro and Piskorski（2005）从资源依赖理论角度对并购开展的研究可能代表了资源依赖理论与并购相关研究的"复兴"，这是资源依赖理论发展的当代例子。总而言之，根据资源依赖理论，企业并购一方面可以抑制企业外部环境中其他企业的敲竹杠行为，另一方面也可以给企业带来资金、顾客、声誉及技术等战略资源，帮助企业弥补短板迅速发展。

2. 资源依赖理论与战略联盟

类似于企业并购,战略联盟也是一种管理企业依赖的组织行为。战略联盟的形式多样,主要有合资、特许经营、相互持股和长期合作协议等。但这些联盟形式都只能降低企业对某些资源的依赖性,而不能像并购一样彻底吸收依赖。战略联盟是一个动态的过程,随时可能由于联盟伙伴的机会主义行为或联盟伙伴之间的相互依赖关系变化而导致联盟解体。不过由于并购成本通常比较高,且并购后企业还需面临方方面面的管理整合问题,因此,并不是所有的企业都适合通过并购来处理组织间的关系,尤其是对于规模小、资金有限的小微企业而言,它们通常是被并购的对象而很难去主动并购其他企业,所以寻求战略联盟是它们避免被收购、获得关键性互补资源的重要途径。企业构建战略联盟的目的通常十分明确,即希望获得其他企业控制的市场、技术和资金等资源,来提高自身的竞争力并降低企业所承担的风险。战略联盟作为一种能够跨地域、跨行业帮助企业壮大资源实力的手段,已经被越来越多的企业所使用。但战略联盟是不稳定的,联盟伙伴之间的依赖程度也是在不断变化的,而联盟伙伴之间依赖程度的改变将会影响到联盟内各成员所拥有的权力的大小,这种动态的权力博弈过程依然存在盲区,需要学者在未来不断研究。

3. 资源依赖理论与董事会

资源依赖理论在董事会层面的早期应用主要聚焦在董事会的规模和构成上,并认为规模和构成是董事会为企业提供资源能力的重要体现(Hillman et al., 2009)。Pfeffer(1972a)指出,董事会的规模和构成并不是随机的,而是对企业外部环境的一个合理回应。当企业对外部环境的需求越大、依赖性越强时,董事会中的外部董事比例就越大。在对董事会的特征和构成进行了深入的研究后,Stiles(2001)发现,即使拥有一个结构良好的董事会,企业的经济效益也有可能不尽如人意。面对这个问题,董事会资本成为学术界关注的另一个焦点。根据 Hillman and Dalziel(2003)对董事会资本的阐述,董事会资本可以划分为人力资本和社会资本。人力资本主要包括董事的经验、知识、声誉和技术,社会资本则主要是指董事的社会关系。并且 Hillman and Dalziel 认为,董事会资本是衡量一个企业获取资源能力的指标,它可以给企业提供咨询、建议及利用企业外部的一些有形资源,同时它也可以帮助企业获得合法性、声誉和信息沟通的渠道。这些由董事会提供的资源会对企业的业绩产生一定的正面影响,帮助企业完成生存及发展目标。Hillman et al.(2009)对董事的多重身份对资源供应的影响进行了建模,以了解董事何时会提供建议、使用他们的外部联系等。总而言之，资源依赖理论在董事会的研究方面的应用最为广泛（Hillman *et al.*, 2009）。

4. 资源依赖理论与政治行为

Pfeffer and Salancik（1978, p.189–190）指出，"组织通过政治机制，试图为自己创造一个更好的利益环境"，并且"组织可以利用政治手段来改变外部经济环境的状况"。政府作为调控宏观经济的"看得见的手"，在资源配置中具有一定的积极作用。首先，政府掌握了许多在市场上不易取得但又对企业发展至关重要的稀缺资源，如土地、投资项目、上市机会等。其次，企业的各种经营活动都要受到政府的监管。因此，政府是企业外部环境中的一个关键机构，任何企业都在一定程度上依赖政府。尤其是中国实行社会主义市场经济体制，与西方国家相比，企业受政府的影响更大，国家与政府的任何举措都有可能改变企业的生存环境。Meznar and Nigh（1995）的研究发现，那些高度依赖政府的企业更有可能参与政治活动。类似地，Birnbaum（1985）的研究指出，随着对监管机构依赖程度的增加，管理者们更倾向于从事政治活动。Peng and Luo（2000）发现，中国经理人与政府官员（社会关系）之间的联系有助于提高企业市场份额，而对于那些对政府更依赖的企业来说，这种关系更加牢固。Hillman（2005）则发现了财务业绩与前政客之间的关系，尤其是在监管更严格的企业。综上，资源依赖理论解释了企业开展政治活动的动机，现有文献也着重验证了企业政治行为的有利一面，但对其弊端的分析却相对较少，有关政治行为对企业综合影响的研究则更加有限，需要进一步探讨。

5. 资源依赖理论与领导人继任计划

环境变化是影响组织变革最重要的因素，而罢免一个领导者并选聘一个新的领导者则是组织变革中的一个常见现象。资源依赖理论认为，组织中领导者的变更是组织受环境影响的结果，环境通过影响组织内部的权力和控制力的分配来影响领导者的筛选和任免，有能力解决组织所面临的问题或掌握了企业所依赖的关键资源的管理者通常会被选拔为新的领导者（Pfeffer and Salancik, 1978）。Jenter and Kanaan（2015）在分析了 3 365 起 CEO（首席执行官）变更事件后，发现低水平的行业股票回报率和糟糕的市场表现会增加 CEO 的变更频率。糟糕的市场表现可能是组织行为与环境不一致所致，将 CEO 替换为"能够应对组织所面临的关键问题"的人，可能会纠正这种偏差（Pfeffer and Salancik, 1978）。由此可知，CEO 变更是企业为了适应环境变化而主动做出的内部调整，并希望能够通过这种行为来改善企业状况，提高企业业绩。关于领导者继任问题，大多数学者普遍认可企业在选择领导者时应当匹配企业当前所处的经济和政治环境，但目前的研究主要集中在企业层面，即研究领导者的特征对组织行为的影响，而缺少对行业特征和产业政策的跨层探讨。

对该理论的评价

资源依赖理论在某种意义上揭示了组织自身的选择能力，组织可以通过对依赖关系的了解来设法寻找替代性的依赖资源，进而减少"唯一性依赖"，更好地应对环境。资源依赖理论的一个重要贡献就在于让人们看到了组织可以采用各种战略来改变自己、选择环境和适应环境。资源依赖理论着眼于组织为了管理与其环境中其他组织的互依性而采取的策略行动。资源依赖理论的应用范围从微观到宏观，分析单位跨越极大，从个别管理者、组织内单元到企业、联盟和合资企业以及组织间网络（Zajac and Westphal, 1996）。像新制度主义理论一样，资源依赖理论已经发展成为一个宽广的视域，理论家们对该理论的应用范围和解释的清晰性都给予了一定的赞美，并且也经常采用该理论。然而，这一理论还存在某些尚未解决的议题。其中，两个议题特别值得关注：依赖是一种客观情境还是一种感知情境？究竟是依赖还是普通的市场驱动力产生了组织间关系的各种形式？

资源依赖理论在讨论组织与环境之间的关系时属于静态分析，很难从动态的角度探讨如何有效地建立高效的组织形态，如何应对组织与环境之间的关系，以及如何避免组织与环境之间关系带给组织的风险等。资源依赖理论对环境的影响只是较为单一的分析，难以为组织带来实际的指导作用。国内学者在进行研究时通常使用较为成熟的概念，比如"资源共享"，将其用于合作创新、知识发展、组织间尤其是企业和政府之间的合作。使用成熟概念进行相关研究固然会使工作量有所减轻，但是在创新性上则稍显不足。除此之外，国内研究也有追逐"时髦"之嫌，在跨组织关系、董事会组织结构、企业政治行为上的研究可能是因追逐热点而产生，或者是因某一政策的出台而产生的，这种研究动机利弊参半，对热点的研究固然会促使该领域呈现出多样化的局面，但是过于聚焦某一领域又可能形成思维和研究固化，导致专业有余而创新不足。

经典文献

Davis, G. F., & Cobb, J. A. (2010). Resource dependence theory: Past and future. *Research in the Sociology of Organization,* 28(2010), 21–42.

Hillman, A. J., & Dalziel, T.(2003). Boards of directors and firm performance: Integrating agency and resource dependence perspectives. *Academy of Management Review*, 28(3), 383–396.

Hillman, A. J., Withers, M. C., & Collins, B. J.(2009). Resource dependence theory: A review. *Journal of Management*, 35(6), 1404–1427.

Pfeffer, J.(1972a). Merger as a response to organizational interdependence. *Administrative Science Quarterly*, 17(3), 382–394.

Pfeffer, J.(1972b). Size and composition of corporate boards of directors: The organization and its environment. *Administrative Science Quarterly*, 17(2), 218–228.

Pfeffer, J.(1982). *Organizations and Organization Theory*. Marshfield, MA: Pitman.

Pfeffer, J.,& Salancik,G.R.(1978). *The External Control of Organizations: A Resource Dependence Perspective.* New York: Harper and Row.

Pfeffer, J., & Salancik, G. R.(2003). The external control of organizations: A resource dependence perspective. *Social Science Electronic Publishing*, 23(2), 123–133.

对管理者的启示

资源依赖理论对现代企业管理实践有着重要的指导意义。该理论提出，企业作为社会组织，无法做到资源自给自足，必然要与外部社会环境中的其他企业进行资源交换，由此形成一定的依赖关系，可进一步分为共生性依赖和竞争性依赖两种类型。共生性依赖是指不同行业间的交换关系，即通俗意义上的买卖关系。当企业在进行资源交换时如果对某个外部企业的依赖程度较高，那么该企业的议价能力就相对较弱。因此，企业要致力于降低对特定外部企业资源的依赖程度，保持足够数量的交易对手，拥有充足的备择方案，以增强自身的议价能力。当依赖程度过高难以控制时，企业可以对产业链上下游的企业发起并购，通过将其纳入企业内部市场，降低风险与成本。竞争性依赖是指同一行业内的企业由于相互竞争而形成的依赖关系。在市场容量一定的情况下，企业间的竞争属于零和博弈，具有此消彼长的数量关系，在这种情况下，驱使着企业对竞争对手进行兼并。资源依赖理论也可以对企业的内部治理带来一定的启示。该理论认为，在企业治理结构中，董事会旨在为企业提供资源，帮助企业识别并管理环境的不确定性。因此，企业可以从依赖程度较高的相关机构选聘外部董事，例如，企业在缺乏资金时，可以选择由金融机构高管来担任外部董事，通过外部董事带来的资源以帮助企业更好地发展。

本章参考文献

39

角色调和理论 *

赵新元[1]

角色调和理论（role congruity theory）是在爱丽丝·艾格莉（Alice Eagly）（见图1）的性别角色理论（sex role theory）的基础上，由爱丽丝·艾格莉和斯蒂芬·卡劳（Steven Karau）（见图2）于2002年正式提出的。角色调和理论关注于不同性别人群的社会角色与角色行为，不仅拓展

图1　爱丽丝·艾格莉　　图2　斯蒂芬·卡劳

和深化了社会角色的维度和含义，而且深度剖析了不同性别人群由于所承担的社会角色（social role）及其冲突关系所引起的消极影响。该理论提出时引用了大量的研究成果，指出女性社会角色与领导角色之间的冲突关系，以及对女性领导者的领导成效与社会评价会产生消极影响。

角色调和理论自2002年提出以来，已被1 215篇SSCI索引期刊论文引用，25篇CNKI收录期刊引用；Google Scholar中被引用4 124次，且每年被引次数呈波动上升

---

* 基金项目：国家自然科学基金（71872191）；教育部人文社会科学研究一般项目（18YJA630151）；广东省自然科学基金（2018A030313502）。
1　赵新元，中山大学管理学院副教授。主要研究领域：工作家庭关系、雇佣关系、职业生涯管理等。电子邮件：zhaoxy22@mail.sysu.edu.cn。

趋势（见图3），在女性领导者与女性职业发展等相关研究领域中具有广泛影响。

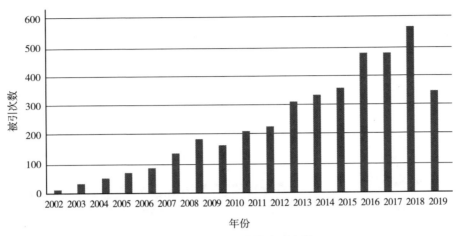

图3　角色调和理论的被引次数

资料来源：根据 Google Scholar 数据整理而成，搜索时采用精确匹配。

角色调和理论的核心内容

女性在职业发展与工作中所面临的偏见与歧视，以往被归因于玻璃天花板效应（glass ceiling）：偏见和歧视限制女性达到高阶领导层级。偏见与歧视源于社会群体成员特征与社会角色要求之间的关系；社会群体成员所具有的刻板印象（stereotype）与某种社会角色成功要求的不调和，就会产生偏见或者歧视。社会角色是处于某种社会地位的人或者特定社会群体成员所具有的社会共同期望，因此，性别角色（gender role）是男性与女性各自特征的社会共有观念，而非生理特征，体现不同性别人群的应有素质与行为意向（Eagly, 1987）。角色包括两层含义：描述性规范（descriptive norms，社会群体成员实际行为的共有期望）和指令性规范（injunctive norms，社会群体成员应有行为的共有期望），所以性别角色是男性与女性描述性和指令性期望的集合。而且，女性往往具有关心他人福祉的公共交流特征（communal attributes），例如慈爱、乐于助人、温和、移情、人际敏感性、养育、文雅等；男性往往具有自信、控制、沉着大胆的主观能动特征（agentic attributes），例如进取心、雄心壮志、主导性、强有力、独立、自主、自信、领导倾向等。

角色调和理论是以上述性别角色理论关于性别角色和行为差异的观点为基础发展而来的，进一步考虑了性别角色与其他角色（特别是领导角色）之间的不协调关系，从而揭示了这种不协调关系及其偏见后果与行为的关键影响因素及过程。女性领导者往往被认为领导成效不高，社会评价也比男性领导者低，女性在职场上达到更高领导层级的过程更为艰辛。这种偏见来源于女性性别角色与典型领导角色之间的不协调。女性往往被认为应以公共交流特征为主，而成功领导者必须以主观能动特征为主；女性领导者一旦以主观能动特征为主，其领导行为即违反女性群体的指令性规范，导致比较低的社会评价。具体地说，女性领导者所面临的偏见分为两类：(1) 性别角色的描述性规范视角上，女性成为领导者的潜力更低，因为领导能力往往是男性的刻板印象；(2) 性别角色的指令性规范视角上，女性领导行为的评价更低，因为领导行为并不是女性所应有的。所以，性别角色与领导角色之间的不协调，造成女性领导者与领导行为面临更多的偏见与挑战。与男性相比，女性往往更难以达到较高的领导层级，而且女性领导行为若要取得成效，会面临更多的障碍。

对该理论的评价

角色调和理论突破了传统研究所关注的性别差异，通过探讨社会角色差异而产生的消极影响，揭示影响领导成效和社会评价的深层次原因，为组织行为研究和管理实践中，破除刻板印象影响、消除性别表征偏见和歧视起到了推动作用。今后的研究势必受角色调和理论启发，探讨社会角色以外的女性领导成效与社会评价的潜在深层次动因。

关键测量量表

1. Social Evaluation Scale: 3 维度、12 题

Reid, S. A., Palomares, N. A., Anderson, G. L., & Bondad-Brown, B. (2009). Gender, language, and social influence: A test of expectation states, role congruity, and self-categorization theories. *Human Communication Research*, 35(4), 465–490. doi: 10.1111/j.1468-2958.2009.01359.x

2. Women as Managers Scale (WAMS):1 维度，21 题

Terborg, J. R., Peters, L. H., Ilgen, D. R., & Smith, F. (1977). Organizational and personal correlates of attitudes toward women as managers. *The Academy of Management Journal*, 20(1), 89–100. doi: 10.2307/255464

经典文献

Ayman, R., & Korabik, K. (2010). Leadership why gender and culture matter. *American Psychologist*, 65(3), 157–170. doi: 10.1037/a0018806

Carnahan, S., & Greenwood, B. N. (2018). Managers' political beliefs and gender inequality among subordinates: Does his ideology matter more than hers? *Administrative Science Quarterly*, 63(2), 287–322. doi: 10.1177/0001839217708780

Crino, M. D., White, M. C., & De Sanctis, G. L. (1981). A comment on the dimensionality and reliability of the women as managers scale (WAMS). *The Academy of Management Journal*, 24(4), 866–876. doi: 10.2307/256183

Cuddy, A. J. C., Glick, P., & Beninger, A. (2011). The dynamics of warmth and competence judgments, and their outcomes in organizations. In B. M. Staw & A. P. Brief (Eds.), *Research in Organizational Behavior: An Annual Series of Analytical Essays and Critical Reviews*, (Vol. 31, pp. 73–98). New York: Elsevier.

Dasgupta, N., & Asgari, S. (2004). Seeing is believing: Exposure to counterstereotypic women leaders and its effect on the malleability of automatic gender stereotyping. *Journal of Experimental Social Psychology*, 40(5), 642–658. doi: 10.1016/j.jesp.2004.02.003

Eagly, A. H. (1987). *Sex Differences in Social Behavior: A Social-role Interpretation*. Hillsdale, NJ: Erlbaum.

Eagly, A. H., & Carli, L. L. (2003). The female leadership advantage: An evaluation of the evidence. *Leadership Quarterly*, 14(6), 807–834. doi: 10.1016/j.leaqua.2003.09.004

Eagly, A. H., Johannesen-Schmidt, M. C., & van Engen, M. L. (2003). Transformational, transactional, and Laissez-Faire leadership styles: A meta-analysis comparing women and men. *Psychological Bulletin,* 129(4), 569–591. doi: 10.1037/0033-2909.129.4.569

Eagly, A. H., & Karau, S. J. (2002). Role congruity theory of prejudice toward female leaders. *Psychological Review,* 109(3), 573–598. doi: 10.1037/0033-295X.109.3.573

Gabriel, A. S., Butts, M. M., Yuan, Z. Y., Rosen, R. L., & Sliter, M. T. (2018). Further understanding incivility in the workplace: The effects of gender, agency, and communion. *Journal of Applied Psychology,* 103(4), 362–382. doi: 10.1037/apl0000289

Heilman, M. E., & Chen, J. J. (2005). Same behavior, different consequences: Reactions to men's and women's altruistic citizenship behavior. *Journal of Applied Psychology,* 90(3), 431–441. doi: 10.1037/0021-9010.90.3.431

Heilman, M. E., & Haynes, M. C. (2005). No credit where credit is due: Attributional rationalization of women's success in male-female teams. *Journal of Applied Psychology,* 90(5), 905–916. doi: 10.1037/0021-9010.90.5.905

Heilman, M. E., & Okimoto, T. G. (2007). Why are women penalized for success at male tasks? The implied communality deficit. *Journal of Applied Psychology,* 92(1), 81–92. doi: 10.1037/0021-9010.92.1.81

Heilman, M. E., Wallen, A. S., Fuchs, D., & Tamkins, M. M. (2004). Penalties for success: Reactions to women who succeed at male gender-typed tasks. *Journal of Applied Psychology,* 89(3), 416–427. doi: 10.1037/0021-9010.89.3.416

Koenig, A. M., Eagly, A. H., Mitchell, A. A., & Ristikari, T. (2011). Are leader stereotypes masculine? A meta-analysis of three research paradigms. *Psychological Bulletin,* 137(4), 616–642. doi: 10.1037/a0023557

Ryan, M. K., & Haslam, S. A. (2005). The glass cliff: Evidence that women are over-represented in precarious leadership positions. *British Journal of Management,* 16(2), 81–90. doi: 10.1111/j.1467-8551.2005.00433.x

Ryan, M. K., & Haslam, S. A. (2007). The glass cliff: Exploring the dynamics surrounding the appointment of women to precarious leadership positions. *Academy of Management Review,* 32(2), 549–572. doi: 10.5465/amr. 2007. 24351856 van Knippenberg, D., & Hogg, M. A. (2003). A social identity model of leadership effectiveness in organizations. In R. M. Kramer & B. M. Staw (Eds.), *Research in Organizational Behavior* (Vol. 25, pp. 243–295). San Diego: Jai-Elsevier Science Inc.

Wille, B., Wiernik, B. M., Vergauwe, J., Vrijdags, A., & Trbovic, N. (2018). Personality characteristics of male and female executives: Distinct pathways to success? *Journal of Vocational Behavior*, 106, 220–235. doi: 10.1016/j.jvb.2018.02.005

| 对管理者的启示 |

本章参考文献

弱化针对女性领导者与领导行为的性别偏见，需要改变性别角色与领导角色。社会观念中，性别角色的描述性规范和指令性规范需要逐步改变；管理实践中，组织需要着力减少岗位/职业与性别的关联，避免形成"性别工作"这种先入为主的偏见。相应地，人力资源管理的招聘甄选、培训发展、薪酬激励等诸方面，也需要避免相关偏见的干扰。

40

自我分类理论 *

袁庆宏[1] 牛琬婕[2]

约翰·C.图纳(John C. Turner)(见图 1)最早在社会身份理论(social identity theory)的基础上提出了自我分类理论(self-categorization theory)。1971 年,图纳开始了在英国布里斯托大学的博士生涯,师从社会心理学家亨利·泰弗尔(Henri Tajfel)。同年,泰弗尔与合作者在《欧洲社会心理学杂志》(*European Journal of Social Psychology*)上发表的最小群体(minimal group)行为研究(Tajfel *et al.*, 1971)触发了自我分类理论最初所关心的研究问题:为什么人们会认同这些最小群体,并且表现出群体身份对他们而言非常重要?此后,图纳围绕着这一问题展开了研究,并发表了《社会比较和社会身份》(Social comparison and social identity)、《最小群体范式中的社会分类和社会区分》(Social categorization and social discrimination in the minimal group paradigm)、《对社会群体的认知再定义》(Towards a cognitive redefinition of the social group)和《社会分类与自我概念:

图 1　约翰·C.图纳

---

* 基金项目:国家自然科学基金项目(71472094)。
1　袁庆宏,南开大学商学院人力资源管理系教授、博士生导师。主要研究领域:人力资源开发、职业能力养成与职业生涯管理、知识员工创新行为、集体离职过程等。电子邮件:qhyuan@nankai.edu.cn。
2　牛琬婕,南开大学商学院人力资源管理系博士研究生。主要研究领域:员工创新行为、组织认同、关系认同等。电子邮件:niuwj15@mail.nankai.edu.cn。

一个群体行为的社会认知理论》(Social categorization and the self-concept: A social cognitive theory of group behavior) 等一系列文章 (Turner, 1975, 1978, 1982, 1985), 为自我分类理论的形成奠定了基础。在此基础上, 图纳及其研究团队出版了著作《重新发现社会群体：自我分类理论》(Rediscovering the Social Group: A Self-categorization Theory)(Turner et al., 1987), 对该理论做了详细介绍。在此之后, 图纳及其研究团队又展开了自我分类理论与社会影响 (Turner and Oakes, 1989; Turner, 1991)、个性 (Turner and Onorato, 1999; Turner et al., 2006)、领导力 (Turner et al., 2008) 等关系的研究, 对自我分类理论进行了扩展。近些年来, 自我分类理论的应用愈加广泛, 其被引次数呈现逐年增加的态势, 从 2012 年起, 每年的被引次数均超过了 1 000 次（见图 2), 现已成为社会心理学领域的重要理论之一。

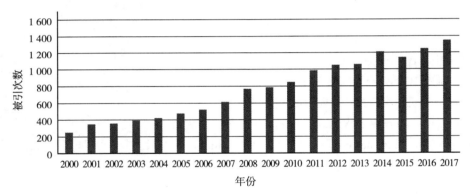

图 2　自我分类理论的被引次数

资料来源：根据 Google Scholar 数据整理而成, 搜索时采用精确匹配。

自我分类理论的核心内容

图纳在 1971 年开始博士阶段的学习, 也是从此时开始探索群体间行为的本质。在泰弗尔对最小群体行为研究的启发下, 图纳及其研究团队从中发现了社会分类在群体间行为中的重要作用, 在社会身份理论的基础上逐步发展出了自我分类理论。社会身份理论认为, 人们不仅会对独特的个体身份产生感知, 还会基于他们在不同社会群体中的成员身份而获得各种社会身份。当社会身份显著时, 人们倾向于做出对群体内成员（具有相同社会身份的人）有利的行为。社会身份理论还将人类的行为看作一个连续体，一端是人际（interpersonal）行为，人们作为个体而行动，对待内群（ingroup）成员和外群（outgroup）成员的行为存在差异；另一端则是群际（intergroup）行为，人们作为群体成员而行动，涉及不同群体间行为的差异；中间部分与社会行为的其他形式有关（Tajfel, 1978）。那么，人们作为个体、作为群体成员，甚至是同时作为个体和群体成员而行动，在心理上究竟意味着什么呢？这是自我分类理论所关注的核心问题。社会身份理论是自我分类理论的基础，自我分类理论的一个重要前提就是人们以某些社会分类的显著特征为基础，将自己和他人归于这些社会分类（获得社会身份），这一过程就使人们产生了某些特定的态度、情感和行为（Turner, 1987）。此外，由于自我分类理论与社会身份理论共享了很多假设和方法，很多学者将社会身份理论和自我分类理论合称为"社会身份方法或视角"（social identity approach or perspective）（Hornsey, 2008）。虽然两种理论在很多方面相似，但与关注群体间行为过程的社会身份理论不同的是，自我分类理论将重点放在人们进行自我分类的认知过程上，即人们是如何根据自己在不同社会群体中的成员身份来进行自我定义的，是一种群体内过程。

在对人类行为连续体的研究中，图纳提出了"去人格化"（depersonalization）概念，用来解释从人际行为转变到群际行为的过程。去人格化是自我分类理论认知过程的核心，是指个体在认知上对自我进行重新定义的过程，即从个体独特的属性和差异转变到共享的社会分类成员身份和与该分类相关的刻板特征的过程（Turner, 1984）。他认为，人们将自己和他人定义为同一分类的成员后，会形成与该分类相关的自我的刻板性（self-stereotype），认为自己与该分类的属性很相似，而较少地以自己独特的个人特征定义自我。实际上，这一过程就是从"我"到"我们"的转变，去人格化将人际行为–群际行为的连续体从行为层面转向认知层面的探讨，对群体行为的产生机制做出了更深入的解释。

人们既拥有个体身份，又拥有社会身份，那么在特定情境下，什么决定了某种身份的显现呢？针对这一问题，Turner and Oakes（1989）对社会分类的显著性展开了研究。他们借鉴了 Bruner（1957）对分类和认知的研究，Bruner 提出了"相对可获得性（relative accessibility）× 匹配（fit）"公式来表示在何种条件下某一刺激物被感知到，并被感知者赋予意义。其中，相对可获得性是指具有某种特征的刺激物被某一社会分类编码的准备程度（readiness），例如，常见的年龄、性别和种族，就是可获得性较高、容易识别的社会类别。匹配是指某一分类与感知者理解自己所处社会的方式相一致的程度。感知者可以依据该公式对某刺激物进行考量，从而赋予其意义。在此基础上，Turner and Oakes (1989) 提出了规范性匹配 (normative fit) 的概念。规范性匹配是指某一社会分类中成员的行为与该社会分类被期望或应该表现的行为相一致的程度，例如，假如一些运动员聚在一起做出与运动员身份不符的行为（比如抽烟），这就会抑制运动员这一分类的显著性程度 (Dunlop and Beauchamp, 2011)。Wetherell (1987) 对社会分类显著性的另一项研究试图预测哪些个体会成为社会分类中的典型，以及这一典型何时会极化 (polarization)（人们通过典型预先判断社会分类的特征）。他们定义了比较性匹配 (comparative fit) 的概念，即与其他社会分类相比，某一社会分类中存在的潜在差异的程度。例如，假如一群科学家（包括男性和女性）和其他各行各业的人士（非科学家）一起参加一场会议，那么这些科学家更有可能将自己归为"科学家"这一社会分类，而忽略了彼此间的性别差异；但是，如果这场会议中"性别"这一分类更显著的话（比如会议主题是关于性别的），参会者就更有可能将自己归为"男性"或"女性"分类，而忽略了"科学家"与"非科学家"之间的差异。针对这种多社会分类的比较过程，图纳开发出了元比较原则 (metacontrast principle)，即在一个可比较的情境下（多社会分类），如果一群个体感知到他们彼此之间的差异小于他们与其他群体成员之间的差异，那么他们就倾向于将自己归为同一个社会分类 (Turner, 1985)。该原则也可应用于个体：如果某一个体与内群 (ingroup) 成员的差异小于他/她与外群 (outgroup) 成员的差异，那么他/她就可被认为具有其所在群体的典型特征，甚至可被视为其所在群体的代表。

　　关于相对可获得性和匹配（包括规范性匹配和比较性匹配）的研究回答了在某特定情境下哪些身份会涌现出来以指引个体的感知和行为，同时也表明了自我分类 (self-category) 是依情境不同而发生变化的。哪些群体对于个体而言是显著的、何时显著及它有何种意义，这些都会在个体与群体的互动过程中发生变化。Oakes et al. (1994)、Turner and Reynolds (2010) 等对自我分类的多变性进行了更深入的探究，认为自我分类的多变性正是个体应对同样多变的环境的重要特征。这种变化过程可以描述为：个体自身会形成对自我的相对持久的认知，这种认知在某一特定情境下与情境因素互动，进而产生一个独特的自我分类，个体也因而表现出相关的态度和行为，或者只是更新现有的自我分类，使其相关的特征发生改变。

Turner and Reynolds（2012）将自我分类理论的主要内容总结为以下三点：

（1）在人类社会中，个体、群体、群际关系同时存在；人类既是个体，也是社会群体中的成员，因此同时拥有个体身份和社会身份。与社会身份相关的去人格化促使了群体行为的产生，相应地，与个体身份相关的自我定义则促使了个体行为的产生。

（2）人们可以在不同的抽象水平（包括个体、群体和更高层级的群体）上定义自我或者进行自我分类。在不同的时间、不同的情境下，我们会采取不同的方式定义自我，这种自我分类的多变性始终存在。

（3）社会分类的显著性解释了某特定情境如何被分类和赋予意义。人们在某情境下进行分类的方式对他们的自我感知和行为起到了决定性作用。显著性是一个由感知者在特定情境下使用某自我分类的准备程度与该自我分类与现实相匹配的程度所构成的函数。

对该理论的评价

自我分类理论的提出为很多现象提供了新的理论解释。例如，与分类相关的知觉转变可以解释群体极化现象，群体极化是个体通过自我分类而顺从内群规范的一种方式，之所以会发生极化是因为内群位于显著的比较情境或社会参照框架的极端（Turner et al., 1989）；传统的观点认为，群体凝聚力是人际吸引的结果，而自我分类理论将其看作以群体典型性为基础的内群成员之间去人格化的相互喜爱（Hogg and Hardie, 1991）；自我分类理论认为，刻板印象并不是固定不变的心理表征，实际上，它会因情境的不同而发生变化（Haslam et al., 1992）；对于社会影响和权力的研究，自我分类理论也提供了新的视角：通过去人格化的过程，高度认同的内群成员会将群体规范内化，成为具有影响力的代表者，越能代表群体的典型性，就越具有影响力，而影响力是权力的基础，拥有权力就可以控制资源（Turner, 2005）。

虽然自我分类理论的应用非常广泛，但是它仍具有一些局限。首先，自我分类理论过于简化。Abrams and Hogg（2004）认为，随着学者们对子群体身份、关系身份、外群认同、个体身份和群体身份的关注增加，自我分类理论最初提出的社会分类显著性模型显得过于简单。由于很多实验结果都可以被自我分类理论的框架所解释，有些学者就认为，这一理论解释力太强以至于变得不可被证伪（Hogg and

Williams, 2000)。其次，内群成员间的异质性被忽视。自我分类理论始终强调内群成员的去人格化，没有考虑即使去人格化使得内群成员更具群体的典型性，成员间的异质性仍然存在（Hornsey, 2006）。此外，还有学者批判该理论更适用于解释内群偏爱，而不是群际间的行为（Brown, 1995）。

自我分类理论从提出到现在，已经经历了三十多年的发展历程。它为研究群体过程的社会心理学家和其他领域的学者提供了丰富的理论洞见，激发了他们的研究兴趣；其简单实用的原则也将对更加微观的理论有所启发（Hornsey, 2008）。

关键测量量表

1. Social and Personal Identities Scale：2 维度（社会身份与个体身份），16 题（每维度各 8 题）

Nario-Redmond, M. R., Biernat, M., Eidelman, S. & Palenske, D. J.(2004). The social and personal identities scale: A measure of the differential importance ascribed to social and personal self-categorizations. *Self and Identity*, 3(2), 143–175.

2. Cognitive Organizational Identification (Self-categorization)：1 个图像题和 33 题

Bergami, M., & Bagozzi, R. P. (2000). Self-categorization, affective commitment and group self-esteem as distinct aspects of social identity in the organization. *British Journal of Social Psychology*, 39(4), 555–577.

3. Overlap of Self, Ingroup, and Outgroup(OSIO)：2 个图像题

Schubert, T. W., & Otten, S.(2002). Overlap of self, ingroup, and outgroup: Pictorial measures of self-categorization. *Self and Identity*, 1(4), 353–376.

4. Self-categorization：3 题

Ellemers, N., Kortekaas, P., & Ouwerkerk, J. W.(1999). Self-categorisation, commitment to the group and group self-esteem as related but distinct aspects of social identity. *European Journal of Social Psychology*, 29(2–3), 371–389.

5. Group Identification：11 题

Fielding, K. S., & Hogg, M. A.(1997). Social identity, self-categorization, and leadership: A field study of small interactive groups. *Group Dynamics: Theory, Research, and*

Practice, 1(1), 39–51.

6. Organizaitonal Identification：6 题

Mael, F., & Ashforth, B. E.(1992). Alumni and their alma mater: A partial test of the reformulated model of organizational identification. *Journal of Organizational Behavior*, 13(2), 103–123.

经典文献

Haslam, S. A., Oakes, P. J., Reynolds, K. J., & Turner, J. C. (1999). Social identity salience and the emergence of stereotype consensus. *Personality and Social Psychology Bulletin*, 25, 809–818.

Hogg, M. A., & Terry, D. J.(2000). Social identity and self-categorization processes in organizational contexts. *Academy of Management Review*, 25(1), 121–140.

Onorato, R. S., & Turner, J. C.(2004). Fluidity in the self-concept: The shift from personal to social identity. *European Journal of Social Psychology*, 34, 257–278.

Tajfel, H.(1972) Social categorization. In S. Moscovici(Ed.), *Introduction a La Psychologie Sociale*(Vol. 1). Paris: Larouse.

Turner, J. C.(1975). Social comparison and social identity: Some prospects for intergroup behavior. *European Journal of Social Psychology*, 5, 5–34.

Turner, J. C.(1978). Social categorization and social discrimination in the minimal group paradigm. In H. Tajfel(Ed.), *Differentiation Between Social Groups: Studies in the Social Psychology of Intergroup Relations*(pp.27–60). London: Academic Press.

Turner, J. C.(1982). Towards a cognitive redefinition of the social group. In H. Tajfel(Ed.), *Social Identity and Intergroup Relations*(pp.15–40). Cambridge: Cambridge University Press and Paris: Editions de la Maison des Sciences de l'Homme.

Turner, J. C.(1984). Social identification and psychological group formation. In H. Tajfel(Ed.), *The Social Dimension: European Developments in Social Psychology*(pp.518–538). Cambridge: Cambridge University Press.

Turner, J. C.(1985). Social categorization and the self-concept: A social cognitive theory of group behaviour. In E. J. Lawler (Ed.), *Advances in Group Processes*(pp.77–122). Greenwich, CT: JAI Press.

Turner, J. C., Hogg, M. A., Oakes, P. J., Reicher, S. D., & Wetherell, M. S.(1987). *Rediscovering the Social Group: A Self-categorization Theory*. Oxford and New York: Basil Blackwell.

Turner, J. C., & Oakes, P. J.(1989). Self-categorization theory and social influence. In P. B. Paulus(Ed.), *The Psychology of Group Influence* (pp.233–275). Hillsdale, NJ: Erlbaum.

Turner, J. C., & Onorato, R.(1999). Social identity, personality and the self-concept: A self-categorization perspective. In T. R. Tyler, R. Kramer & O. John(Eds.), *The Psychology of the Social Self* (pp.11–46). Mahwah, NJ: Lawrence Erlbaum Associates.

Turner, J. C., & Reynolds, K. J.(2010). The story of social identity. In T. Postmes, & N. Branscombe(Eds.), *Rediscovering Social Identity: Core Sources*(pp.13–32). Hove: Psychology Press.

对管理者的启示

虽然自我分类理论是社会心理学领域的重要理论之一，但是它对管理学研究也具有非常重要的借鉴意义。Hogg and Terry（2000）讨论了组织情境下自我分类理论核心概念和假设的应用，认为自我分类理论可以用来解释很多组织现象，比如组织凝聚力、领导力、企业并购等。Ashforth 及其研究团队以社会身份理论与自我分类理论为基础，提出了组织认同、关系认同、个体认同等一系列构念，用户解释个体如何与组织、组织成员建立起联系，并表现出与其身份相一致的态度和行为（Mael and Ashforth, 1992; Ashforth et al., 2008, 2016）。

社会情境下的自我分类关注于个体依据社会群体的属性将自己归为某一群体，这种属性既可以是性别、年龄等较为明显的特征，也可以是心理感知到的特征。将自我分类理论应用于组织情境中，就需要考虑组织所具有的特殊属性。Barnard（1938）将组织看作一个协作体系，而员工在其中扮演着重要角色。如何使员工协作以实现组织目标，是管理者所关注的问题。自我分类理论有助于管理者了解员工在组织情境下进行自我分类的过程,并在过程中予以引导,使员工朝着认同组织的方向发展。员工往往认为管理者具有更多的经验和权力、更高的地位,能够在一定程度上代表组织,因此,员工在组织中进行自我分类(或对自己的身份进行意义建构)时,会向管理者寻求帮助(Ashforth and Rogers, 2012)。此时,管理者可以有意识地做出一些可以成为群体规范的行为,让员工进行模仿,从而使其形成以组织特征为基础的自我分类,进而做出有利于组织的行为。在这一过程中,员工的自我得以扩展,管理者的社会影响和典型性得以加强,与此同时,组织的效率和有效性也得以提高。

本章参考文献

41

自我控制理论[*]

李燕萍[1]　洪江鹏[2]

图1　沃尔特·米歇尔

沃尔特·米歇尔（Walter Mischel）（见图1）是最先开始研究自我控制的学者。从早期对延迟满足（delay of gratification）的研究到著名的棉花糖实验（the marshmallow test），再到自我控制的冷热双系统（hot-cool system）及认知–情感人格系统（cognitive-affective personality system, CAPS）的提出，米歇尔及其团队在探索自我控制的产生及作用机制的过程中逐渐建立并完善了自我控制理论(self-control theory)。此后，Gottfredson and Hirschi（1990）、Wills et al.（1994）、Patton et al.（1995）、Tangney et al.（2004）、Baumeister et al.（2007）、Hofmann et al.（2009）、Myrseth and Fishbach（2009）、Duckworth（2011）等学者引用了自我控制理论并发展了米歇尔及其同事的研究，使其在心理学、社会学、管理学、犯罪学及儿童教育学等多领域得到了充分的发展，并引发了学者与实践者的广泛关注。自2000年以来，自我控制理论被运用于各个不同领域的研究中，其平均每年被引次数超过2万次，且呈现出总体上升的趋势（见图2），致使其成为当今心理学领域的主流理论之一。

---

[*]　基金项目：国家自然科学基金项目（71372125）。
[1]　李燕萍，武汉大学经济与管理学院教授、博士生导师，人力资源管理研究中心主任。主要研究领域：战略人力资源管理、创业领导力、创新创业人才开发。电子邮件：ypli@whu.edu.cn。
[2]　洪江鹏，武汉大学经济与管理学院硕士研究生。主要研究领域：人力资源管理、新生代员工、辱虐管理等。电子邮件：hjpeng_jankin@whu.edu.cn。

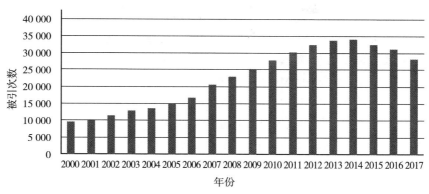

图 2 自我控制理论的被引次数

资料来源：根据 Google Scholar 数据整理而成，搜索时采用精确匹配。

自我控制理论的核心内容

20 世纪 50 年代，米歇尔及其同事在特立尼达岛（Trinidad Island）进行一项研究时无意发现：住在同一条街上的两类人群（东印度人和非洲人）有着截然不同的生活习惯。东印度人有长远的计划，能够为未来生活控制自己当下的开支；而非洲人则是活在当下，信奉享乐主义。这一现象启发了米歇尔对延迟满足（delay of gratification）的研究，也标志着自我控制理论建立的起点。延迟满足也被称为冲动控制（impulse control），是指个体为了获取长远的、更大的利好而放弃能够立刻获得相对较小奖励的一种能力（Mischel, 1961a, 1961b, 1961c）。为了进一步探究延迟满足的内在机制与影响，米歇尔及其同事展开了著名的棉花糖实验以及随后几十年的跟踪研究。研究结果发现，个体延迟满足的能力来源于个体的意志力（willpower）（Mischel, 2011），也就是自我控制的能力。此后的跟踪研究还发现，延迟满足能够影响长远的结果。那些能够在学前阶段通过自我控制策略获得延迟满足的个体，在青年时期会有更好的学业成绩、社会认知、情绪控制能力以及更低的攻击倾向（Mischel et al., 1988, 1989; Shoda et al., 1990; Wright and Mischel, 1987, 1988）。当这些高延迟满足者（high delayer）成年后，他们依旧有着更好的社会认知能力、更高的教育水平和更宽裕的经济生活（Ayduk et al., 2000; Mischel and Ayduk, 2004; Mischel et al., 1988; Shoda et al., 1990），以及更少的心理健康问题

（Ayduk et al., 2000）和边缘型人格障碍的特征（Ayduk et al., 2008）等。

为了深究延迟满足是如何完成的以及到底什么是意志力，米歇尔及其同事提出了自我控制的冷热双系统，以解释执行意志时增强及破坏自我控制和意志力的过程（Metcalfe and Mischel, 1999）。"热"系统是一种情绪化的自动系统，对外部刺激有着类似条件反射的能力，它是情绪的基础；而"冷"系统是一种信息化的控制系统，根据外部信息而做出理性和策略化的行为，它是自我控制和自我调节的基础（Metcalfe and Mischel, 1999）。这两种系统协同作用于人类与外部环境的交互过程（Metcalfe and Mischel, 1999）。两个系统的作用能力取决于大脑的不同部位：在个体的早期，冷系统所在的大脑片区发育滞后于热系统的大脑片区，致使冷系统发展不完善，热系统占主导作用；随着年龄的增长，冷系统逐渐产生并发展（约从4岁开始起步），能够产生冷策略来抑制冲动，因而表现出自我控制的能力（Eisenberg et al., 2004; Rothbart et al., 2004; Mischel et al., 1989）。冷热双系统认为，个体能否通过自我控制以达到延迟满足，其关键在于个体对目标刺激物的冷热认知（Mischel, 1974; Mischel et al., 1989）。研究还发现，个体能够通过策略性自我控制将热的刺激转化成为冷的认知，以达到自我控制的目的（Mischel and Patterson, 1976; Patterson and Mischel, 1976）。

此后，为了进一步探究冷与热的内在机制，米歇尔及其同事构建了认知–情感人格系统（CAPS）（Mischel and Shoda, 1995）来解释基于认知–情感过程的自我控制的发生过程。CAPS是一个由许多认知–情感元（cognitive-affective units, CAUs）组成的复杂系统，这些CAUs解释了从个体面临的情境到相关行为反应产生的过程。CAUs包含五类：（1）编码（encodings），自我、他人、事件及内外部情境的分类（或称结构）；（2）期望和信念（expectancies and beliefs），关于社会世界，关于特定情境中的行为结果，以及关于自我效能；（3）情感（affects），情绪、情感和情感反应（包括生理反应）；（4）目标和价值（goals and values），期望的结果和情感状态，厌恶的结果和情感状态，目标、价值和生活规划；（5）胜任力和自我调节计划（competencies and self regulatory plans），个体可以进行的潜在行为和规划，组织活动、影响结果和个体自身行为以及内在状态的计划和策略（Mischel, 1973）。不同个体的CAUs组成不同，它与个体过去的经历相关，因此，某项刺激对于A个体来说是热刺激，并不意味着对于B个体来说也是如此（Wright and Mischel, 1987）。

如图 3 所示，即认知－情感人格系统的作用过程。情境特征会激活一个特定的中介单位（CAU），进而通过个体独特而稳定的关系网络激活其他具体的中介单位，最终产生应对行为并进一步影响情境，形成 CAPS 循环（Mischel and Shoda, 1995）。其关系网络可能是积极影响（实线），也就是增加活性；也可能是消极影响（虚线），也就是降低活性（Mischel and Shoda, 1995）。

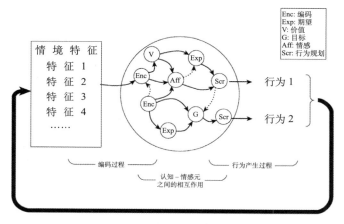

图 3　认知－情感人格系统（CAPS）

资料来源：Mischel, W., & Shoda, Y.（1995）. A cognitive-affective system theory of personality. *Psychological Review*, 102(2)，246–268。

CAPS 认为，在相同情境下个体的特征是保持一致的，被称为"人格标签"（personality signature），而在不同情境下会表现出不同的特征，这种稳定而变化的行为模式被称为"'如果－那么'情境行为关系"（if-then situation-behavior relations）。虽然高自控能力的个体在不同情境下往往能够表现出一致的高自我控制水平，但是仍会存在"过热"（too hot）的刺激而使人失去自我控制能力（Mischel, 1968）。比如，美国前总统比尔·克林顿（Bill Clinton）之所以能够成为总统，正是其在多方面的高水平自我控制能力，而其最终受到弹劾也正是因为在个人私生活方面的自我控制不足（Morrow, 1998）。

Mischel（2011）认为，CAPS 并非表示个体仅能被动地接受情境因素而做出应对，它也可以是主动的。个体能够主动地通过改变内部环境（CAUs 的组成）来改变相应的行为，从而改变外部环境。这也是自我控制培养的一种长期过程，主要分为：(1) 同化外部刺激，形成新的 CAUs；(2) 调整 CAPS 内部网络关系，即 CAUs 之间及对外的作用关系。

发展至今，自我控制仍没有统一的定义及测量（Duckworth and Kern, 2011）。但是，现存的与自我控制相关的理论都一致认为，自我控制是一种个体能够有意识地通过调整自己的行为、思想及情绪来克制当下的一些行为趋势或冲动的能力（Bandura, 1989; Carver and Scheier, 1981, 1982; Metcalfe and Mischel, 1999; Rothbaum et al., 1982; Vohs and Baumeister, 2004）。Tangney et al. (2004) 将自我控制分成状态自我控制（state self-control）和意向自我控制（dispositional self-control）两类。状态自我控制是指个体在不同的情境和时间下的自我控制能力是不同的（Baumeister et al., 1998; Muraven and Baumeister, 2000; Hofmann et al., 2008; Schmeichel, 2007），它受到之前自我控制的尝试（previous attempts at self-control）、情绪（mood）及动机（motivation）等因素影响。意向自我控制是指个体在不同情境和时间下表现出较为稳定的自我控制能力（Gottfredson and Hirschi, 1990; Mischel et al., 1996; Rothbart et al., 2003），例如，前述有关延迟满足的实验表明：学前个体早期较低的自我控制能力在成长多年以后也会表现出较低的自我控制水平（Mischel et al., 1988）。

在自我控制的研究中有许多不同的理论与模型，其中包括冲动性折扣模型（discounting model of impulsiveness）（Ainslie, 1975），冷热双系统理论（hot-cool system theory）（Metcalfe and Mischel, 1999），认知－情感人格系统的自我控制理论（CAPS self-control theory）（Mischel and Shoda, 1995），自我控制两阶段模型（two-stage model of self-control）（Myrseth and Fishbach, 2009），以及自我控制能量模型（strength model of self-control）（Baumeister et al., 2007）。(1) 冲动性折扣模型认为，自我控制就是为了获得未来更具有价值的选择而放弃当下较小却能立刻获得的利好，这与 Mischel（1974）的延迟满足以及 Gottfredson and Hirschi（1990）的自我控制概念是相似的，他们都强调了自我控制是面对诱惑时，放弃当下较小的奖励而获取长远的、更高价值的收获。(2) 自我控制两阶段模型提出了自我控制的两阶段假设，该理论认为，在面对外部诱惑时个体首先需要判断当下的诱惑与追求的目标是否存在矛盾，即第一阶段"矛盾的识别"（conflict identification）。如果个体认为两者之间不存在矛盾，那么这种诱惑与长远目标的自我控制无关（个体将会沉迷其中）。反之则进入第二阶段"矛盾的解决"（conflict resolution），在第二阶段中，个体需要做出策略进行自我控制，成功者将会抑制住诱惑，反之则会沉迷其中。（3）自我控制能量模型认为，自我控制包含三个方面：一是标准（standards），即自我控制的认知标准；二是监控（monitoring），即将自身行为及内部资源与标准进行对比控制；三是能量（strength），即决定自我控制能力的内部资源。个体内部存在自我控制的能量库，而其中的能量实质上是个体的心理资源，执行自我控制将会消耗能量库中的这些资源（Baumeister et al., 1994）。自我控制能量是通用且有限的一般性（domain-general）资源，能量的多少决定了自我控制的效果，各个领域（如情绪控制、决策控制等）的自我控制都将消耗该能量库中的能量（Baumeister et al., 2007; Heatherton and Wagner, 2011）。由于能量的有限性，一个领域中的自我控制会消耗原可用于其他领域的自我控制能量，致使其自我控制能力下降（Baumeister et al., 1998）。同时，自我控制能量是可以恢复的，自我控制能量类似于人体的肌肉，暂时性的使用会消耗其储存的能量，但经过休息，可恢复至原有状态（Tyler and Burns, 2008; Egan and Colman, 2011; Baumeister et al., 2007）。此外，个体自我控制的同时也会恢复内在资源，为将来的消耗做好防范准备（Baumeister et al., 2007）。也有研究发现，可以通过特殊的训练对自我控制能量库进行扩充（Muraven, 2010）。

大量研究已证实，自我控制对个体行为、情感及思想有着积极的影响。高自我控制的个体往往能够更好地控制思想、调整情绪以及遏制冲动行为（Baumeister et al., 1998; Mischel, 1966; Kochanska et al., 2000）。例如，高自我控制的个体往往有更好的心理幸福感、学术成就及人际关系等（Mischel et al., 1988; Shoda et al., 1990; Tangney et al., 2004），而低自我控制的个体更容易肥胖、毒品成瘾、犯罪、冲动性购买以及拖延等（Heatherton and Baumeister, 1996; Gottfredson and Hirschi, 1990; Patton et al., 1995; Vohs and Faber, 2007）。然而，也有学者对自我控制提出了挑战。例如，Tangney et al.（2004）认为，高自我控制的个体导致自我强迫，会沉迷于自我控制，缺乏对自控力的控制。此外，也有学者认为，长时间的自我控制会消耗个体资源，从而导致个体压力上升（Schmidt and Neubach, 2007; Baumeister et al., 2007）或出现自我损耗（ego-depletion）（Baumeister et al., 2007），而资源损耗将进一步降低随后的自我控制能力，使其届时不能表现出正常的自我控制水平（Baumeister et al., 1994; Heatherton and Baumeister, 1996; Baumeister et al., 2007）。也有研究指出，长期的自我控制可能会引发个体的心理疾病（De Ridder et al., 2012）。

对该理论的评价

自我控制理论揭示了意志力（自我控制）是如何作用于延迟满足的，探究了个体如何（至少有时候）抑制以及控制他们在应对强有力的情境诱惑时的冲动行为（Mischel, 2011）。Gottfredson and Hirschi (1990) 认为，缺乏自我控制的人是冲动的、不敏感的、身体性的、冒险性的及目光短浅的，早期自我控制能力的检验有助于预测个体未来的心理及身体健康、犯罪及类似的非犯罪行为、学业、工作及婚姻与家庭表现。不同的自我控制理论或模型从不同的角度探究了个体自我控制行为发生的机制，以及如何通过策略性计划去干涉自我控制的效果（Metcalfe and Mischel, 1999; Mischel and Shoda, 1995; Baumeister et al., 2007），这些研究对于未来各领域的研究以及实践者来说都具有重要的价值与意义。

研究至今，虽然大多数理论与定义都认为自我控制能够阻止不期望的事发生，并同时推动期望的事发生，但是现有研究缺乏对上述两者假设的同时检验，也缺乏对比研究的实证数据，往往只选择前者（Duckworth and Seligman, 2005）或后者（Schmeichel et al., 2003）进行单一检验。目前，自我控制理论的主流研究主要聚焦于自我控制对需要做出努力的行为的影响，但是缺乏对习惯行为的解释能力（Alberts et al., 2007; Ferguson, 2008; Fishbach et al., 2003; Fitzsimons and Bargh, 2004）。例如，Carver and Scheier (1998) 通过实验发现，在某项行为开始时，需要个体进行大量的自我控制，而当其成为习惯后便仅需少量自我控制维持日常运行即可。此外，现今的自我控制量表往往忽视了普适性原则（Baumeister et al., 1994），聚焦于具体行为（Brandon et al., 1990）、具体人群（Kendall and Williams, 1982; Rosenbaum, 1980）或自我控制的某一方面（Letzring et al., 2005），自我控制理论缺乏对行为、思想及情绪等不同领域的一般性测量工具（De Ridder et al., 2012）。也有研究指出年龄（Mischel and Mischel, 1983; Steinberg et al., 2009; Wills et al., 2006）与性别（Gibson et al., 2010; McCabe et al., 2004; Silverman, 2003）等属性的差异对自我控制水平有着显著影响，Tittle et al. (2003) 因此采用不同测量对不同属性的样本进行了研究，发现在一定条件下，自我控制能够引发不端行为。而现有对自我控制能够产生负面影响的研究也甚少，有待未来的研究者进一步探索。

关键测量量表

1. Self-control Schedule：4 维度，36 题

Rosenbaum, M.(1980). A schedule for assessing self-control behaviors: Preliminary findings. *Behavior Therapy*, 11(1), 109–121.

2. Self- control Scale：5 维度，36 题（包含简版 13 题）

Tangney, J. P., Baumeister, R. F., & Boone, A. L.(2004). High self-control predicts good adjustment, less pathology, better grades, and interpersonal success. *Journal of Personality*, 72(2), 271–324.

3. Low Self-control Scale：6 维度，24 题

Grasmick, H. G., Tittle, C. R., Bursik, R. J., & Arneklev, B. J.(1993). Testing the core empirical implications of gottfredson and hirschi's general theory of crime. *Journal of Research in Crime & Delinquency*, 30(1), 5–29.

4. Barratt Impulsiveness Scale(BIS-11)：3 维度（6 子维度），30 题

Patton, J. H., Stanford, M. S., & Barratt, E. S.(1995). Factor structure of the barratt impulsiveness scale. *Journal of Clinical Psychology*, 51(6), 768–774.

5. Habitual Self-control Questionnaire(HSCQ)：2 维度，14 题

Schroder, K. E. E., Ollis, C. L., & Davies, S.(2013). Habitual self-control: A brief measure of persistent goal pursuit. *European Journal of Personality*, 27(1), 82–95.

6. Child Self-control Rating Scale(CSCRS)：1 维度，33 题

Rorhbeck, C. A., Azar, S. T., & Wagner P. E.(1991). Child self-control rating scale: Validation of a child self-report measure. *Journal of Clinical Child & Adolescent Psychology*, 20(2), 179–183.

7. Self-control Rating Scale(SCRS)：1 维度，33 题

Kendall, P. C., & Wilcox, L. E.(1979). Self-control in children: Development of a rating scale. *Journal of Consulting & Clinical Psychology*, 47(6), 1020–1029.

8. Self-control Questionnaire：5 维度，16 题

Brandon, J. E., Oescher, J., & Loftin, J. M.(1990). The self-control questionnaire: An assessment. *Health Values*, 14(3), 3–9.

9. California Psychological Inventory(Self-control 分量表)：1 维度，35 题

Gough, H. G.(1987). *CPI Administrator's Guide*. Palo Alto, CA, US: Con-sulting Psychologists Press.

10. Weinberger Adjustment Inventory(WAI)：4 维度，28 题

Weinberger, D. A., & Schwartz, G. E.(1990). Distress and restraint as superordinate dimensions of self-reported adjustment: A typological perspective. *Journal of Personality*, 58(2), 381–417.

11. Ego-undercontrol Scale：1 维度，37 题

Block, J., & Kremen, A. M. (1996). IQ and ego-resiliency: Conceptual and empirical connections and separateness. *Journal of Personality and Social Psychology*, 70(2), 349–361.

Letzring, T. D., Block, J., & Funder, D. C.(2005). Ego-control and ego-resiliency: Generalization of self-report scales based on personality descriptions from acquaintances, clinicians, and the self. *Journal of Research in Personality*, 39(4), 395–422.

经典文献

Baumeister, R. F.(2002). Yielding to temptation: Self-control failure, impulsive purchasing, and consumer behavior. *Journal of Consumer Research*, 28(4), 670–676.

Baumeister, R. F., Bratslavsky, E., Muraven, M., & Tice, D. M.(1998). Ego depletion: Is the active self a limited resource? *Journal of Personality & Social Psychology*, 74(5), 1252–1265.

Baumeister, R. F., Vohs, K. D., & Tice, D. M.(2007). The strength model of self-control. *Current Directions in Psychological Science*, 16(6), 351–355.

Gottfredson, M. R., & Hirschi, T.(1990). *A General Theory of Crime*. Redwood City, CA, US: Stanford University Press.

Hare, T. A., Camerer, C. F., & Rangel, A.(2009). Self-control in decision-making involves modulation of the vmPFC valuation system. *Science*, 324(5927), 646–648.

Metcalfe, J., & Mischel, W.(1999). A hot/cool-system analysis of delay of gratification:

Dynamics of willpower. *Psychological Review*, 106(1), 3–19.

Mischel, W.(2011). Self-control theory. In P. A. VanLang, A. W. Kruglanski, & E. T. Higgins (Eds.), *Handbook of Theories of Social Psychology* (Vol.2 pp.1–22). Thousand Oaks, CA: Sage.

Mischel, W.(2014). *The Marshmallow Test: Understanding Self-control and How to Master it.* Now York, NY, US: Random House.

Mischel, W., & Shoda, Y.(1995). A cognitive-affective system theory of personality. *Psychological Review*, 102(2), 246–268.

Muraven, M., & Baumeister, R. F.(2000). Self-regulation and depletion of limited resources: Does self-control resemble a muscle? *Psychological Bulletin*, 126(2), 247–259.

Tangney, J. P., Baumeister, R. F., & Boone, A. L.(2004). High self control predicts good adjustment, less pathology, better grades, and interpersonal success. *Journal of Personality*, 72(2), 271–324.

对管理者的启示

根据自我控制理论，个体的自我控制能力不仅与其当下的身心健康、饮食习惯、行为思想等有着密切的关系（Heatherton and Baumeister, 1996; Gottfredson and Hirschi, 1990; Patton *et al.*, 1995; Vohs and Faber, 2007），还能够预测其未来的状况。因此，管理者可以通过对员工的自我控制能力的测试来辨别不同员工的自我控制水平。这不仅能够反映出其一般生活与工作状态，还有助于预测员工未来进行不端行为的可能性，增强对员工的认知与管理。

虽然过多的自我控制资源消耗将会引发一些消极后果，但是自我控制如人体肌肉一般，休息后可以恢复其执行能力（Tyler and Burns, 2008; Egan and Colman, 2011; Baumeister *et al.*, 2007）。因而，管理者在分配工作任务的同时要注意员工的任务是否一直需要消耗大量的自我控制资源，合理安排工作任务，使个体的自我控制能够维持在合理范围。Muraven（2010）认为，个体的自我控制能量库是可以通过特殊的训练进行扩充的。因此，管理者在合适的时间也应对员工的自我控制能力加以训练，以帮助其在需要自我控制资源消耗时能够拥有更出色的表现。

此外，自我控制理论指出，当个体处于低自我控制水平时不利于人际关系（Mischel *et al.*, 1988; Shoda *et al.*, 1990; Tangney *et al.*, 2004）、决策制定（Gottfredson and Hirschi, 1990; Logue, 1988; Rachlin, 2000）以及其他需要耗费自身努力去完成的事。所以，对于管理者自身而言，首先要有意识地学习与辨别自我控制发生的机制以及缺乏自我控制的后果，然后避免自我控制资源不足时制定决策、发展人际关系或进行其他较为重要的工作行为。另外，Carver and Scheier（1998）的研究发现，个体可以通过对同一外部刺激进行反复自我控制从而达到对此类刺激控制的习惯行为，进而在未来应对相同的外部刺激时仅需消耗少量的自我控制资源便可完成同样的自我控制行为。这启发管理者在实践过程中需要不断地培养良好的行为、思考等习惯，在遇见突发情况时有助于避免过多的自我损耗，应对自如。

本章参考文献

42

自我验证理论*

孙利虎[1]

自我验证理论(self-verification theory)是一个社会心理学理论,由威廉·B.斯旺(William B. Swann)(见图1)提出,该理论主张一旦人们有了关于他们自身的想法,他们就会努力证明这些自我观念。

威廉·B.斯旺是得克萨斯大学奥斯汀分校社会和人格心理学教授,他最擅长的研究领域是自我验证和身份融合,但也对群体过程、亲密关系、社会认知、人的感知准确性、抑郁和人格过程进行了研究。最著名的研究,即发展了自我验证理论,集中于人们渴望被他人了解和理解的解释,即把自我分成主体自我和客体自我,主体自我是有关自我概念的研究,客体自我是有关自我动机的研究。该理论认为,一旦人们对自己产生了坚定的信念,就会更喜欢别人看到自己,总想获得积极的评价或反馈,并会通过一系列策略去提高自我评价来进行自我增强,进而寻求自我一致。

图1 威廉·B.斯旺

Swann(1992)用实验揭示了人们自我验证的原因主要表现在认知和实用这两个方面,并于2002年总结了以往有关自我验证的研究结果,提出了自我验证过程模型。自我验证理论自提出以来,逐渐受到业内的广泛关注,从2000年起

---

* 基金项目:教育部人文社会科学研究一般项目(18YJA630099)。
1 孙利虎,山西财经大学工商管理学院副教授、硕士生导师。主要研究领域:个体行为、组织行为、社会情化与高绩效工作实践。电子邮件:sunlihu@sxufe.edu.cn。

其每年的被引次数逐年递增（见图2），现已成为重要的心理学理论之一。

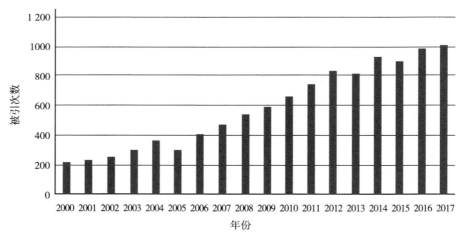

图2　自我验证理论的被引次数

资料来源：根据 Google Scholar 数据整理而成，搜索时采用精确匹配。

自我验证理论的核心内容

自我验证理论认为，人们有了解真实自我的倾向，所以总想获得客观的、准确的和有诊断性的信息，以降低有关自身能力和人格特征的不确定性。自我评估是自我验证的动机来源，所以自我验证的首要任务是了解自身世界，为此，个体会观察自身的行为、其他人对自身的反应（Cooley，1902），以及自身行为与其他人的关系（Tesser，1988）。最终，个体将这些观察转化为自己和自身世界的概念（Mead，1934），该理论主张一旦人们有了关于自身的想法，就会努力证明这些自我观念，形成自己的观点，以便能够理解和预测他人的反应，并且知道如何对他人采取行动。

在人们形成了自我概念并有了合理的解释后，就会通过反馈来保存这些概念，像大多数心理现象一样，自我验证的欲望可能是多重决定，甚至是超出决定的。一般情况下，人们会最大限度地提高自身的预测能力和控制能力，预测和控制是出于人际考虑以及心理上的认知。从认知的角度来看，稳定的自我概念就像船的舵，能够增强人们的信心，若以一致的方式感知，则可以促进控制和社交互动的感受，若以不一致的方式感知，则可能会引起心理和人际上的混乱。

Swann et al.（2002）总结了以往有关自我验证的研究结果，并提出了自我验证过程模型，如图3所示，将以往的有关研究结果纳入了自我验证过程模型。

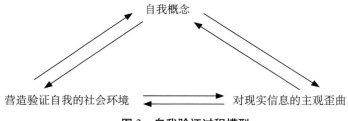

图3　自我验证过程模型

Swann et al.（2002）基于以往大量的实证证据指出，人们通过两大途径去验证自我（见图3），即营造验证自我的社会环境和对现实信息的主观歪曲。营造验证自我的社会环境包含三个方面：(1) 选择交往伙伴和环境；(2) 有意显示身份线索；(3) 采取能够引发自我验证反馈的交往策略。对现实信息的主观歪曲也包含三个方面：(1) 选择性注意；(2) 选择性编码和提取；(3) 选择性解释。假如一个人认为自己的智商很高，则根据自我验证理论，这个人会积极地验证关于自己的这一观点。为此，他会：(1) 从事能够表明他智商很高的活动；(2) 选择性地寻找、接受和保留能够证明他智商很高的信息；(3) 试图使他人相信他拥有卓越的智商。假如一个人认为自己最终会遭遇不幸的人际关系或找到伴侣后会被抛弃，则他就会寻找验证的种种证据，甚至情绪化地问对方是不是这样想的。

个体自我验证的根本原因，是其具有增强对现实的预测和控制的动机。自我验证增强人们的预测和控制感觉表现在两个方面：第一，认知方面，自我验证有助于形成稳定的自我概念，增强个体信心，使个体更好地认识世界；第二，实用方面，自我验证驱动个体寻求与自我概念相一致的外部评价，从而强化自身的身份角色，使社会交往也变得可预测和可把握。

为了更好地解释自我验证理论，不同学者对该理论从多个角度进行了分析和验证，归结起来主要有三个角度：自我验证的跨文化研究，情境自我与自我验证，以及不同自我构建水平的自我验证动机。

对于自我验证的跨文化研究，研究者从整体水平上比较了东西方文化背景下被试的自我验证动机，西方被试在被呈现一个与自我概念不一致的反馈后仍坚持原有的自我概念，表现为自我验证；而中国被试由于受到辩证性自我的影响，在被呈现不一致的反馈后，后续测试中根据反馈信息调整了原有的自我概念，使之与反馈趋于一致，没有验证自我概念。

对于情境自我与自我验证，交互作用论者认为，自我在不同情境下具有可变性，不同情境下个体会表现出不同的情境自我。

不同自我建构水平的自我验证动机主要从三维度考虑，三维度的自我建构理论指出，每个自我维度对应不同形式的自我表征，分别是个体自我（individual self）、关系自我（relational self）和集体自我（collective self）；早期自我验证的证据主要来自对整体水平自我的研究，即个体自我（Swann et al., 1990; Swann et al., 1992a; Bosson et al., 2002），在集体水平上可能存在自我验证动机，当个体认同某种集体身份具有重要意义时，就会寻求对集体自我的验证，并且验证动机受到集体自我概念的确定性的调节。综上可以看出，除了整体水平，自我验证动机还存在于具体的自我层面，如不同情境中的自我、关系水平和集体水平等。

对该理论的评价

自我验证理论（Swann, 1983; Swann et al., 1987）是关于一致性的假定，人们追求认知的一致性，并分析其认知过程，特别是自我验证理论假定人们想确认自己的观点，它不是目的，而是一种手段，以增强人们对外界可预测和可控制的感知。从这个角度来看，自我验证理论渴望预测和控制，而非自我增强，而且自我验证理论认为，人们努力控制自身目前的情况，严重依赖自己固执的观点。

自我验证理论提出二十多年来，得到了大量研究的支持。例如，研究表明，持消极自我概念的人与持积极自我概念的人一样，均寻求自我验证（Swann et al., 1990），人们更期望与验证自我概念的同伴交往（English et al., 2008）。后来的研究者一方面从文化差异的角度研究了自我验证动机；另一方面随着自我结构领域研究的兴起，特别是自我建构理论的发展，自我越来越倾向于被看作多维度、多层面的，例如关系自我、集体自我等，进而有研究者从不同的自我表征水平展开了自我验证动机的研究。

关键测量量表

Self-verification Striving Measure：8题

Cable, D. M., & Kay, V. S. (2012). Striving for self-verification during organizational entry. *Academy of Management Journal*, 55, 360–380.

经典文献

Giesler, R. B., Josephs, R. A., & Swann Jr., W. B. (1996). Self-verification in clinical depression. *Journal of Abnormal Psychology*, 105, 358–368.

Gómez, A., Seyle, C., Huici, C., & Swann Jr., W. B. (2009). Can self-verification strivings fully transcend the self-other barrier? Seeking verification of ingroup identities. *Journal of Personality and Social Psychology*, 97, 1021–1044.

Hixon, J. G., & Swann Jr., W. B. (1993). When does introspection bear fruit? Self-reflection, self-insight, and interpersonal choices. *Journal of Personality and Social Psychology*, 64, 35–43.

Kwang, T., & Swann Jr., W. B. (2010). Do people embrace praise even when they feel unworthy? A review of critical tests of self-enhancement versus self-verification. *Personality and Social Psychology Review*, 14, 263–280.

Seih, Y., Buhrmester, M. D., Lin, Y., Huang, C., & Swann Jr., W. B. (2013). Do people want to be flattered or understood? The cross-cultural universality of self-verification. *Journal of Experimental Social Psychology*, 49, 169–172.

Swann Jr., W. B. (1983). Self-verification: Bringing social reality into harmony with the self. In J. Suls & A. G. Greenwald (Eds.), *Social Psychological Perspectives on the Self* (Vol. 2, pp. 33–66). Hillsdale: Erlbaum.

Swann Jr., W. B. (1992). Seeking truth, finding despair: Some unhappy consequences of a negative self-concept. *Current Directions in Psychological Science*, 1, 15–18.

Swann Jr., W. B. (2012). Self-verification theory. In P. Van Lang, A. Kruglanski & E. T. Higgins (Eds.), *Handbook of Theories of Social Psychology* (pp. 23–42). London: Sage.

Swann Jr., W. B., & Ely, R. J. (1984). A battle of wills: Self-verification versus behavioral confirmation. *Journal of Personality and Social Psychology*, 46, 1287–1302.

Swann Jr., W. B., & Predmore, S. C. (1985). Intimates as agents of social support: Sources of consolation or despair? *Journal of Personality and Social Psychology*, 49, 1609–1617.

Swann Jr., W. B., & Read, S. J.（1981a）. Self-verification processes: How we sustain our self-conceptions. *Journal of Experimental Social Psychology*, 17, 351–372.

Swann Jr., W. B., Griffin, J. J., Predmore, S., & Gaines, B.（1987）. The cognitive-affective crossfire: When self-consistency confronts self-enhancement. *Journal of Personality and Social Psychology*, 52, 881–889.

Swann Jr., W. B., Pelham, B. W., & Chidester, T. (1988). Change through paradox: Using self-verification to alter beliefs. *Journal of Personality and Social Psychology*, 54, 268–273.

对管理者的启示

自我验证是一种社会心理学理论，它主张人们希望自我（包括自我概念和自尊）被他人了解和理解。因为自我概念在理解世界、提供一致感和指导行动方面起着重要作用，所以人们通过自我验证来维持自身的动机。这样的过程给人们的生活带来了稳定，使人们的经历更加连贯、有序和易于理解。自我验证过程也适用于不同背景的群体，因为其使人们相互预测，从而促进社会互动。

根据自我验证理论，人们为了获得对外界的控制感和预测感，会不断地寻求或引发与其自我概念相一致的反馈，从而保持并强化他们原有的自我概念。在个体自我概念形成的过程中，个体会整合来自外部的信息，以增强自我验证的动机，从外界寻求与自我概念相一致的反馈以维持原有的自我概念。随着自我结构领域的研究不断增加，尤其是自我建构理论的发展，后来的学者已将自我验证的研究拓展到了不同的自我层面或不同的自我建构水平上，给中国的学者和管理者提供了研究中国人自我验证的全新思路。

本章参考文献

43

服务型领导理论 *

李超平[1]　毛凯贤[2]

罗伯特·格林里夫（Robert Greenleaf）（见图1）最早提出了服务型领导（servant leadership）的概念。他在1970年、1972年发表了服务型领导的三篇奠基性文章，分别是《作为领导者的仆人》(The servant as leader)、《作为仆人的机构》(The institution as servant) 和《身为仆人的信托者》(Trustees as servants)。经由 Spears (1995, 1998, 2004)、Laub (1999)、Barbuto and Wheeler (2006)、Graham (1991)、Ehrhart (2004)、Liden et al. (2008) 和 Patterson (2003) 等学者的发展，服务型领导理论 (servent leadership theory) 逐渐受到了理论界与实践界的广泛关注，该理论的被引次数不断攀升，从2006年起每年的被引次数均超过了1 000次，2013年至今更是每年都保持在3 000次以上，现已成为主流的领导理论之一（见图2）。最新的元分析结果也表明，服务型领导对

图1　罗伯特·格林里夫

---

* 基金项目：国家自然科学基金项目（71772171）。
1　李超平，中国人民大学公共管理学院教授、博士生导师；新乡医学院管理学院特聘教授。主要研究领域：企业与公共组织的人力资源管理、胜任特征模型的构建与应用、人才选拔与评价、领导理论与领导力提升、领导干部工作压力与心理健康。电子邮件：lichaoping@ruc.edu.cn。
2　毛凯贤，香港科技大学商学院管理系博士研究生。主要研究领域：企业社会责任、企业政治行为、正念、组织社会化、主动行为等。电子邮件：kmaoaa@connect.ust.hk。

领导有效性的各类指标具有较强的预测力。

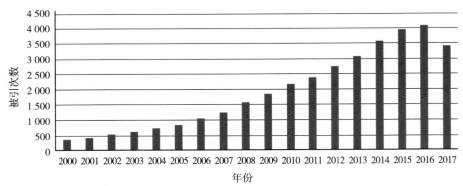

图 2　服务型领导理论的被引次数

资料来源：根据 Google Scholar 数据整理而成，搜索时采用精确匹配。

服务型领导的核心内容

赫尔曼·黑塞（Hermann Hesse）于 1956 年出版的《东游记》（*Journey to the East*）中主人公 Leo 的所作所为和所思所想启发了罗伯特·格林里夫，据此罗伯特·格林里夫这样描述服务型领导："在本质上是服务者的人，才会被视为领导者，服务者的本质让他成为真正的领导者，不是被授予的，也不是假设的，也不能被带走。"（Greenleaf, 1977, p.21）在罗伯特·格林里夫的定义中，服务型领导不仅是一种管理技巧，而且是一种生活方式，开始于一种希望去提供服务，并且能最早去提供服务的自然信念。可以看出，罗伯特·格林里夫的定义更偏描述性。在罗伯特·格林里夫之外，最为广泛引用的服务型领导定义来自 Spears（1995）和 Laub（1999）。Spears（1995, 1998, 2004）基于罗伯特·格林里夫的著作，用十大特征来定义服务型领导，分别是倾听（listening）、共情（empathy）、治愈（healing）、知晓（awareness）、说服（persuasion）、概念化（conceptualization）、远见（foresight）、管家精神（stewardship）、对人的成长负责（commitment to the growth of people）和建立共同体（building community）。Laub（1999，p.81）认为，服务型领导就是"将他人利益置于自己个人利益之上的领导行为"。除此之外，Patterson（2003）则提出了服务型领导的七个特征，包括无条件的爱（agapao love）、谦卑（humility）、利他

(altruism)、愿景（vision）、信任（trust）、授权（empowerment）和服务（service）。这些学者提出的服务型领导概念框架为后续研究者们奠定了基础，也有相当多的研究为他们的概念框架提供了实证支持（Boroski and Greif, 2009; Crippen, 2004; Crippen and Wallin, 2008a, 2008b; Winston, 2004）。虽然不同的学者对服务型领导有不同的定义，且对服务型领导特征的界定也不完全一致，但是我们可以发现，服务型领导的本质特征是领导者的利他与服务。

理论研究表明，服务型领导是一种独特的领导方式，与其他类型的领导方式有着明显的区别。例如，相关学者指出，服务型领导与变革型领导、真实型领导、道德领导、授权领导、精神型领导等（Smith et al., 2004; Parolini et al., 2009; van Dierendonck and Nuiften, 2011）均有所不同，服务型领导的基础在于领导动机与服务需要的结合，独特地强调了关注下属个人成长的重要性。具体而言，服务型领导和变革型领导在关注重点、动机、目的等方面有显著的区别：前者更关注员工，后者更关注组织；前者重在利他，促进员工成长，后者重在改变，推动员工追求高层次需求的满足；前者优先关注员工利益，后者更重视实现组织目标。服务型领导和真实型领导在谦卑、真实可靠的特点上有相同之处，然而服务型领导重在服务与利他，考虑利益相关者的利益，而真实型领导则没有那么广的内涵。服务型领导与道德领导均强调正直、诚信与信任，但是道德领导重在基于组织规范来引领下属，服务型领导则更为强调和重视下属的成长与发展。精神型领导、授权领导则都可以被视为服务型领导的维度之一，服务型领导的内涵相比之下更为丰富。

近年来，服务型领导的研究开始更多地转向展现其对组织的实践价值，越来越多的实证研究表明，服务型领导能够在组织各个层面发挥重要的作用（Hunter et al., 2013; Liden et al., 2014; Peterson et al., 2012; Walumbwa et al., 2010）。例如，在个体层面，服务型领导能够显著地影响下属的满意度、创造力和工作投入（Hunter et al., 2013; Mayer et al., 2008; Neubert et al., 2008; Neubert et al., 2016），提升员工绩效和组织承诺（Liden et al., 2008），促进员工做出更多组织公民行为（Liden et al., 2008; Hunter et al., 2013; Neubert et al., 2008; Walumbwa et al., 2010; Neubert et al., 2016）。在团队和组织层面，服务型领导有利于提升团队创新和绩效（Hu and Liden, 2011; Schaubroeck et al., 2011; Yoshida et al., 2014），以及组织绩效（Liden et al., 2014; Peterson et al., 2012）和顾客满意度（Chen et al., 2015; Liden et al., 2014; Neubert et al., 2016）。

为了解释服务型领导的作用机制，学者们基于相关理论检验了一些可能的重要中介变量。在个体层面，Schneider and George（2011）发现，授权在服务型领导与下属工作结果（满意度、组织承诺和留任意愿）之间发挥中介作用，Chan and Mak（2014）探索了对领导的信任在服务型领导与下属工作满意度之间的中介作用。Walumbwa et al.（2010）基于社会学习理论和社会交换理论，检验了程序公平氛围、服务氛围、自我效能和主管承诺在团队层面服务型领导与下属组织公民行为之间的中介作用。Hunter et al.（2013）基于社会学习理论研究发现，服务氛围在服务型领导与离职意愿、组织公民行为和销售行为之间发挥中介作用。基于自我决定理论，van Dierendonck et al.（2014）研究发现，服务型领导主要是通过心理需要满意度（psychological needs satisfaction）作用于下属工作投入和组织承诺。在此基础之上，Chiniara and Bentein（2016）进一步检验了自主需要满意度（autonomy need satisfaction）、胜任需要满意度（competence need satisfaction）和关心需要满意度（relatedness need satisfaction）在服务型领导与任务绩效、人际公民行为和组织公民行为之间的中介作用。关于服务型领导作用于个体主动行为特别是创造力和创新行为的中介机制，Liden et al.（2014）检验发现，服务型领导营造服务文化后间接通过员工的组织认同影响员工的创造力、服务顾客行为，除此之外，Neubert et al.（2008）基于调节定向理论研究发现，服务型领导能够通过提升促进定向（promotion focus）来影响个体的帮助行为与创新行为。在团队层面，Ehrhart（2004）基于社会交换理论检验了程序公平氛围在服务型领导与部门组织公民行为之间的中介作用；Schaubroeck et al.（2011）的研究发现，服务型领导通过基于情感的信任影响团队心理安全感并最终影响团队绩效；Hu and Liden（2011）的研究发现，团队水平的服务型领导通过团队潜能的中介作用来影响团队绩效和团队组织公民行为。最近几年，学者们开始在组织层面研究服务型领导的效果。比如，Liden et al.（2014）的研究发现，服务文化在服务型领导与组织绩效之间发挥中介作用。

在调节变量方面，团队情感承诺能够促进服务型领导对团队有效性的影响（Mahembe and Engelbrecht, 2013）；团队氛围，例如竞争氛围能够促进服务型领导对顾客服务绩效的影响（Chen et al., 2015）；组织结构能够促进服务型领导对创新行为、顾客满意度的影响（Neubert et al., 2016）；环境不确定性则负向调节服务型领导对心理需要满意度的影响（van Dierendonck et al., 2014）。目前来看，服务型领导作用效果的调节变量主要集中在情境变量方面，也有待未来更为丰富和系统的研究。

近年来，服务型领导的研究者们开始围绕服务型领导构建一些理论模型。例如，van Dierendonck and Nuijten（2011）提出了一个服务型领导的理论模型，该模型认为，服务型领导的核心在于领导动机与服务需要的结合，同时个人特征与文化因素也同样会影响服务型领导的特征。下属感知到的服务型领导通过领导 – 下属关系与心理氛围这两个中介因素而作用于三个层面的结果变量，即个体、团队和组织层面。除此之外，该模型还承认领导和下属的双向影响作用，即下属的态度与行为也反过来影响服务型领导。基于积极心理学和积极组织行为学，Searle and Barbuto（2013）提出了一个多层次的模型，即服务型领导同时影响微观和宏观层面的积极行为，具体包括个人层面、对偶层面、团队层面、组织层面、社区层面、社会层面和环境层面，并最终影响绩效的提升。Sun（2013）基于社会认知视角，构建了服务者身份属性与个人特质共同影响认知倾向与行为倾向并最终影响两种服务型领导方式（即服务 – 综合型领导和服务 – 分化型领导）的模型，其中，接收到的不同反馈方式也在认知倾向和行为倾向之间发挥作用，组织情境则在模型中发挥调节作用。van Dierendonck and Patterson（2015）还提出了一个具有同情心的爱影响高尚品德，继而作用于服务型领导，并最终影响下属幸福感的模型。以上理论模型也需要更多的研究者加以实证检验，以进一步丰富服务型领导理论。

对该理论的评价

与传统的权力驱动、自我服务和领导第一的范式相反，服务型领导理论由于强调超越个人利益、关心服务下属、帮助下属成长而成为领导理论研究的热点领域（Parris and Peachey, 2013）。事实上，服务型领导的独特之处就在于其明确的以人为中心、员工第一、专注于下属需求与发展的核心意涵（van Dierendonck and Nuijten, 2011）。服务型领导的特殊之处在于他们想要服务的首要动机（"他们想做什么？"）和他们的自我建构（"他们想成为什么人？"），也正是这种有意识的"想做什么"和"想成为什么人"，激发他们成为领导者（Sendjaya and Sarros, 2002）。服务型领导的方式即基于团队导向，着重于服务他人，打造共同体，重视团队合作和分享权力（Greenleaf, 1997; Walumbwa et al., 2010）。

服务型领导的研究前景虽然比较广阔，但是也面临一些挑战。首先，

Whetstone（2002）就指出，服务型领导本身过于理想主义（too idealistic），相当多的文献也均是规范性、规定性（normative and prescriptive）的研究，特别是服务型领导理论的发展在前三十年都以描述性、故事性居多，而非实证研究（Northouse, 1997; Sendjaya and Sarros, 2002）。其次，服务型领导中的"servant"一词带有消极被动、犹豫不决的色彩，甚至丧失权力，因此管理者可能因为其过于柔和、软弱的特征而不喜欢这个词。最后，Whetstone（2002）还认为，服务型领导可能会带来下属操纵领导的危险。

│ 关键测量量表 │

1. Servant Leadership Measure：12 维度，99 题（8 个维度得到验证）

Page, D., & Wong, P. T. P.(2000). A conceptual framework for measuring servant leadership. In S. Adjibolooso(Ed.), *The Human Factor in Shaping the Course of History and Development* (pp.69–110). Washington, DC: American University Press.

2. Servant Leadership Scale：7 维度，14 题

Ehrhart, M. G.(2004). Leadership and procedural justice climate as antecedents of unit level organizational citizenship behavior. *Personnel Psychology*, 57(1), 61–94.

3. Servant Leadership Assessment Instrument：5 维度，42 题

Dennis, R. S., & Bocarnea, M.(2005). Development of the servant leadership assessment instrument. *Leadership & Organization Development Journal*, 26(8), 600–615.

4. Servant Leadership Scale：5 维度，23 题

Barbuto, J. E., & Wheeler, D. W.(2006). Scale development and construct clarification of servant leadership. *Group & Organization Management*, 31(3), 300–326.

5. Servant Leadership Scale：6 维度，35 题

Sendjaya, S., Sarros, J. C., & Santora, J. C.(2008). Defining and measuring servant leadership behavior in organizations. *Journal of Management Studies*, 45(2), 402–424.

6. Servant Leadership Measure(SL-28)：7 维度，28 题

Liden, R. C., Wayne, S. J., Zhao, H., & Henderson, D.(2008). Servant leadership:

Development of a multidimensional measure and multi-level assessment. *The Leadership Quarterly*, 19(2), 161–177.

7. The Servant Leadership Survey：8 维度，30 题

van Dierendonck, D., & Nuijten, I.(2011). The servant leadership survey: Development and validation of a multidimensional measure. *Journal of Business and Psychology*, 26(3), 249–267.

8. Servant Leadership Measure(SL-7)：7 题

Liden, R. C., Wayne, S. J., Liao, C., & Meuser, J. D.(2014). Servant leadership and serving culture: Influence on individual and unit performance. *Academy of Management Journal*, 57(5), 1434–1452.

经典文献

Farling, M. L., Stone, A. G., & Winston, B. E.(1999). Servant leadership: Setting the stage for empirical research. *Journal of Leadership Studies*, 6, 49–62.

Graham, J. W.(1991). Servant-leadership in organizations: Inspirational and moral. *The Leadership Quarterly*, 2(2), 105–119.

Greenleaf, R. K.(1977). *Servant Leadership: A Journey into the Nature of Legitimate Power and Greatness*. New York, NY: Paulist Press.

Laub, J. A.(1999). Assessing the servant organization. Development of the servant organizational leadership (SOLA) instrument.

Patterson, K.(2003). Servant leadership: A theoretical model. *Dissertation Abstracts International*, 64(2), 570(UMI No. 3082719).

Russell, R., & Stone, A. G.(2002). A review of servant leadership attributes: Developing a practical model. *Leadership and Organizational Development Journal*, 23(3), 145–157.

Sendjaya, S., & Sarros, J.(2002). Servant leadership: Its origin, development, and application in organizations. *Journal of Leadership and Organizational Studies*, 9(2), 57–64.

Spears, L.(1995). Introduction: Servant-leadership and the Greenleaf legacy. In L.

Spears(Ed.), *Reflections of Leadership: How Robert K. Greenleaf's Theory of Servant Leadership Influenced Today's top Management Thinkers* (pp.1–16). New York: Wiley.

Spears, L.(1998). *Insights on Leadership: Service, Stewardship, Spirit, and Servant Leadership.* New York: Wiley.

Spears, L. C.(2004). Practicing servant-leadership. *Leader to Leader*, 34, 7–11.

Stone, A.G., Russell, R. F., & Patterson, K.(2013). Transformational versus servant leadership: A difference in leader focus. *Leadership & Organization Development Journal*, 25(4), 349–361.

对管理者的启示

以往的领导理论更多地关注如何去"影响"追随者,是一种权力驱动和领导优先的范式;服务型领导更多地关注"服务",强调超越个人利益、关心服务追随者、关注追随者的利益、帮助下属成长。这种范式的转变,呼唤领导者调整自我定位,不能简单地以"高高在上"的方式与下属打交道,而应该转变观念,以"为追随者服务"的心态去领导追随者。领导者的这种心态转变,在 21 世纪的今天,显得更为必要。随着社会文化观念的改变、追随者教育水平的提升,追随者期待一种更具人情味、个性化和合作性的领导方式,他们希望能够从领导那里获得更多的帮助、支持和力量。服务型领导可以说是应运而生,服务型领导强调的转变与追随者的需求完全一致。管理者如果能够调整心态,转变领导方式,关注追随者的利益与成长,必将提升追随者的满意度与绩效;而管理者在成就他人的同时,也在无形之中提升了自己的领导力。

虽然服务型领导强调利他与服务,以追随者为重点,但是服务型领导并不是不关注组织利益与组织目标的实现。拉里·斯皮尔斯(Larry Spears)提出的服务型领导的十大特征中就有远见;凯瑟琳·帕特森(Kathleen Patterson)提出的服务型领导的七大特征中也有愿景。不管是远见,还是愿景,都希望领导者考虑问题能够更加长远,从长远视角考虑组织利益、领导者自身利益和追随者利益。虽然组织、领导者与追随者的利益追求,尤其是短期利益追求并不一定完全一致,但是他们的长远利益应该是不矛盾,甚至可以说是一致的,毕竟组织追求的是发展,追随者追求的是自我利益、成长与发展，领导者则追求的是领导力的提升与发展。服务型领导能够在用"利他"与"服务"满足员工利益与成长的基础上，用"远见"与"愿景"去关注组织的长远发展，最终成就自身的领导力，而这是一条多方共赢之路。

最终需要注意的一点是，服务型领导只是领导方式的一种，领导者应该根据具体的情境、下属的状态等采用与之相应的领导方式。管理者应该能够掌握服务型领导的精髓，并与其他领导理论结合起来，这样才能成为一名真正有领导力的管理者。

本章参考文献

44

信号理论

朱飞[1]　刘静[2]

图1　迈克尔·斯宾塞

美国经济学家迈克尔·斯宾塞（Michael Spence）（见图1）最早提出信号理论（signaling theory），他对信号传递模型的研究起源于在哈佛大学读博士期间，其研究结论集中体现在其博士论文《劳动市场信号》（Job market signaling）中。这一理论经由Wilson（1977）、Mailath（1993）、Young（1993）、Noldeke and Samuelson（1997）、Feldman（2004）等学者的不断开拓和发展，正日益受到更多关注。另外，乔治·阿克尔洛夫（George Akerlof）、迈克尔·斯宾塞和约瑟夫·斯蒂格利茨（Joseph Stiglitz）由于在逆向选择理论、信号发送和信号甄别理论（信号理论）方面的开拓性贡献，获得了2001年度的诺贝尔经济学奖。经过众多学者的不断拓展，信号理论正受到越来越多的关注，其被引次数也在不断攀升（见图2）。

---

[1]　朱飞，中央财经大学商学院教授、博士生导师。主要研究领域：战略人力资源管理、雇佣关系、雇主品牌。电子邮件：zhufei@vip.sina.com。
[2]　刘静，中央财经大学商学院组织与人力资源管理系硕士研究生。主要研究方向：薪酬管理。电子邮件：635296813@qq.com。

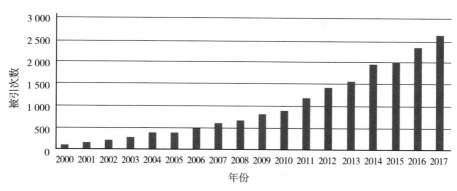

图 2　信号理论的被引次数

资料来源：根据 Google Scholar 数据整理而成，搜索时采用精确匹配。

信号理论的核心内容

信号理论最早由美国经济学家 Spence（1973）年提出，该理论源自对买卖双方信息不对称情境下市场互动的研究，是信息经济学的重要组成部分，如今也广泛应用于管理学领域。Spence（1973）关于劳动力市场的开创性研究发现，一个求职者为了表现自己以降低信息不对称时会影响有潜力的雇主选择能力的发挥。在这一信号理论构念中，他使用劳动力市场去模仿教育中的信号功能，即雇主在招聘员工时，潜在的雇主缺乏关于劳动力质量的信息，因此，求职者通过受教育程度去传达他们的质量以降低信息不对称。Stiglitiz（2000）对信息不对称给出了两种广义的类型：信息的质量和信息的目的。信息的质量是指一方是否能够完全明白另一方的特性；信息的目的是指一方关心另一方行为的目标。信息影响着个人在各个方面的决策过程——个人做决策一般是基于可自由获取的公共信息和对部分公众可用的私人信息。Stiglitiz（2002）解释信息不对称发生于"不同的人了解不同的事"时，因为一些信息是私人的，所以信息不对称发生在持有这些信息的人和如果持有这些信息会做出更好决策的这些人之间。

Kirmani and Rao（2000）提出了一个例子来解释基本的信号模型，他们区分了高质量与低质量公司的差别。在这个例子中，公司清楚地了解自己的真实质量水平，但外部人（如投资者、消费者）不知道，这就是其中存在的信息不对称。每个公司都可以选择向外部人传递或不传递它们的真实质量。当高质量公司传递了信号时，带来的收益是 A，当不传递信号时，带来的收益是 B。当低质量公司传递了信号时，带来的收益是 C，当不传递信号时，带来的收益是 D。当 A > B 且 D > C 时，高质量公司传递信号是一种提高经济效益的有效策略。在这种情况下，高质量公司有动力去传递信号，而低质量公司则相反。因为对低质量公司来说，不传递信号时的收益更大。这将导致分离均衡，即外部人可以通过它们的不同行为清楚地辨别高质量公司和低质量公司。相反，当两种公司都能够从传递信号中获取收益，即 A > B 且 C > D 时，合并均衡导致外部人不能辨别高质量公司和低质量公司。

经济学家还从金融方面列举了一些例子来说明这种关系。例如，他们假设一个公司的债务（Ross, 1973）和收益（Bhattacharya, 1979）代表了公司质量的信号。根据这些模型，只有高质量的公司才有能力长期盈利和分红，因此，这样的信号影响着外部观察者（如借款人、投资者）对公司质量的看法。即使大多数的信号传递模型将质量视为区分特性，但是质量的内涵可以具有很多方面的解释。在 Spence（1973）的经典模型中，质量涉及不可观测的个人能力；在 Ross（1973）的模型中，质量主要是组织在未来获取现金流的不可见的能力。

信号理论发展至今有了系统的理论框架，即信号由信号发送者在环境因素影响下发送至信号接收者并接收反馈的过程。这一研究框架广泛应用于社会学的各个领域。

信号理论的最根本特征在于信号发送者是内部人，如高层主管或经理，他们掌握着有关于个人、产品或组织结构的重要信息，而这些信息是外部人不可获得的。更广泛地说，内部人掌握着对外部人来说决策上有关键作用的正面或负面信息（Connelly et al., 2010），如组织的产品或服务种类的信息，或者从销售代理处获得的早期研究与开发结果或近期初步的销售结果报告。信号发送者在管理研究中通常代表了个人、产品或公司。组织行为和人力资源管理的研究聚焦于信号从个人发出，Ma and Allen（2009）认为，在国际化招募中，招募人员的文化价值观会对招募过程中的管理实践和招募结果造成影响；Ramaswami et al.（2010）则在研究中发现，当女性在男性主导的产业中工作时，高级男性导师与其现金薪酬和对职业生涯发展的满意度这三者之间相关性最大，这一结论有助于更详细且个性化的职业生涯规划。企业家能力的研究聚焦于信号从公司开创者和上市公司发出，Bruton et al.（2009）通过实证研究发现，公司开创者保留股权与偏低定价之间存在曲线（U 形）关系，另外，天使投资者保留所有权对逆向选择和道德风险问题的缓解作用强于风险投资者；也有一些研究认为信号一般由特权授予者或个人企业家发布，如 Elitzur and Gavious（2003）分析了企业家和风险投资者的道德风险问题。战略研究介于二者之间，大多数研究关注公司层面发布的信号，如 Zhang and Wiersema（2009）认为，CEO 的属性向投资界传达着重要信号，即 CEO 认证的可信性和公司财务报表的质量，而这进一步影响着股票市场对 CEO 认证的反应。

信号是指内部人所拥有的关于个人或组织的积极或消极的信息，他们必须决定是否将这些信息发布给外部人。信号理论主要聚焦于组织有意识地去传递关于组织属性的积极的正面的信息。并且在一般情况下，内部人不会主动向外界传递消极信息。内部人可以有意识地采用各种行为与外部人进行沟通，但并非所有行为都可以成为有效的信号。有效的信号具有两个显著的特征：信号可观察性（signal observability）和信号成本（signal cost）。当前已有很多关于信号质量的研究，Certo（2003）将信号理论和制度理论连接起来，将公司在合法性上的努力归因于生存需要，而公司获得合法性的方法之一是通过权威的董事会或者有威望的高管来发布不可观察的质量信号。一些相关研究则主要关注组织如何传递给外界以积极有效的信息，如 Coff（2002）认为，缺乏信息会增加与人力资本相关的不确定性，从而增加并购中出价过高的可能性，这一情况在人力资本密集型行业中更为普遍。一些研究认为，信号存在强弱之分，即是否比其他信息更容易被接收（Gulati and Higgins, 2003）。有效的信号需要与发送者不可观察的质量保持一致，即信号合适度。Janney and Folta（2003）提出，发布更多可观察的信号或增加信号的数量可以增强信号的有效性，这一概念被称为信号频率（signal frequency）。除此之外，也有研究同时考虑信号质量与目的。例如，Connelly *et al.*（2010）综合了多个学科的研究，建立了一个公司治理框架，并以此描述了不同类型所有者的动机，所有者用来影响他们投资的公司的策略，以及这些所有者寻求影响的主要公司结果，最终得出结论：高质量公司的管理者通过保留大量的股权来证明信号的质量。

信号接收者是信号理论概念范畴的第三个要素。根据信号模型，信号接收者是指缺乏关于个人、组织质量相关信息而又希望获得这些信息的外部人。同时，信号接收者和信号发送者有着部分利益冲突，成功的欺诈能够使信号发送者受益而使信号接收者受损（Bird and Smith, 2005）。当信号发生作用时，由此引发的信号接收者的行为将使信号发送者从中获益。而信号理论中最重要的部分即外部人需要根据信号发送者发出的信号来进行决策，例如，消费者会根据接收到的信号选择自己更需要或者性价比更高的产品或服务。在管理学研究中，信号接收者一般是指个人或个人团体，具体而言：在战略管理研究中，其更多地被视为现有股东或潜在投资者；在企业家方面的研究中，信号接收者则被视为现有或潜在投资者；而在人力资源管理和组织行为学的研究中，劳动力市场及其相关要素通常被视作信号接收者。研究者发现，信号的有效性部分取决于接收者的特性，将接收者留意环境并获得信号的敏感程度定义为信号注意力（receiver attention）。Gulati and Higgins（2003）的研究发现，在不同的股票市场条件下，发行公司的潜在投资者会关注不同类型的不确定性；对这些不同类型的不确定性的关注会影响投资者对一家年轻公司不同类型的支持和合作的相对价值的看法。Ilmola and Kuusi（2006）认为，对于微弱的信号，接收者对环境的监测尤为重要。另一些研究者则更多地关注接收者之间对信号解读差异，例如，Branzei et al.（2004）研究了中国企业 20 世纪 90 年代起对环境问题的应对，并描述了不同接收者对信号的"校准"及赋予信号的不同强度和意义。Ashuri and Bar-Ilan（2017）在当前数字媒体招聘盛行的时代背景下，研究了招聘者如何"识别"信号以选择合适的候选人。

信号理论越来越多地应用于管理实践，一些研究者发现了"反馈"在信号传递中的重要作用，当信号接收者给予信号发送者以反馈时，有助于信号发送者了解某一信号的影响程度、影响范围等信息，从而对之后的信号进行优化。Gupta et al.（1999）利用 75 个跨国公司的 374 个子公司的数据，测试了附属任务和组织环境对子公司总裁反馈的影响，得出结论：副总裁都有积极主动的绩效反馈行为，而且这一行为在一定程度上是有利于系统的。Srivastava（2001）通过对连续讨价还价模型的研究发现，在双向谈判过程中，信号发送者对反馈信息的关注会优化信号传递过程。Gulati and Higgins（2003）在研究了公司首次公开募股（IPO）时组织间的价值评估后，认为信号发送者在关注反馈的基础上可以提高未来信号的实践性。Taj（2016）研究了跨国公司总部与子公司之间的信号流程，认为降低信息不对称对于构建有效的信息网络至关重要，而其中反馈是重要的组成部分，它有助于增加信息的真实性和准确性。

信号发出的环境要素对信号传递过程有着重要影响，例如环境失真，即信号传播媒介降低了信号的可观察性。Carter（2006）在印象理论和高层视角研究的基础上，测试了企业中的声誉管理，发现在不同的利益相关者群体中，企业通常将声誉管理活动导向其更明显的利益相关者。Branzei et al.（2004）也描述了企业的外部利益相关者如何影响企业内信号发出与接收的过程。Sliwka（2007）对激励和偏好进行了研究，认为对信号诠释不确定的接收者会更倾向于使用他人对信号的定义。McNamara et al.（2008）认为，这一现象会导致从众效应，即某信号被习惯性地以一种特定的方式诠释，但其正确性却有待商榷。Connely et al.（2010）认为，其他接收者的正确判断也有助于促使信号发送者发送可信度更高的信号并减少"欺诈"的发生。除此之外，很多环境因素都会对信号传递产生影响，例如Stern et al.（2014）的研究发现，创始人的声誉和地位这一感知因素会对新兴公司战略联盟的形成和技术公司的现任者产生影响。

对该理论的评价

在之前的近百年中，决策模型的研究一直以完全信息为基本假设，忽略了信息不对称在管理实践中的重要角色（Stiglitiz,2002）。自1973年斯宾塞首次提出信号理论，对信息传递模型及信息不对称的关注逐渐增多，这是完全可以理解的现象，因为信号理论重点关注解决决策者所面临的核心问题，即如何在信息不对称的背景下利用各种信号降低不确定性从而提升决策的科学性（Spence, 1974）。信号理论发展至今，已有完整的包括信号发送者、信号接收者、信号、反馈及环境因素等要素在内的理论框架，其进步之处在于研究了决策者如何通过接收到的信号来辨明选择对象质量的优劣（Bergh et al., 2014）。

信号理论虽然已有很多研究成果，但其发展仍面临很多挑战。正如Connelly et al.（2010）所指出的，首先，对于不同信号发送者发送的信号，其不同效力及发送频率这一相关问题值得进一步探讨；其次，信号理论中关于接收者方面的研究相对较少，虽有基本的类型划分、信号注意力等相关研究，但对于其更有深度的问题，例如接收者对信号的解释机制等，则还有很大的研究空间；最后，实证研究应更多地应用于各方面的研究中。

经典文献

Branzei, O., Ursacki-Bryant, T. J., Vertinsky, I., & Zhang, W. (2004). The formation of green strategies in Chinese firms: Matching corporate environmental responses and individual principles. *Strategic Management Journal*, 25, 1075–1095.

Bruton, G. D., Chahine, S., & Filatotchev, I.(2009). Founders, private equity investors, and underpricing in entrepreneurial IPOs. *Entrepreneurship Theory and Practice*, 33, 909–928.

Carter, S. M. (2006). The interaction of top management group, stakeholder, and situational factors on certain corporate reputation management activities . *Journal of Management Studies*, 43, 1146–1176.

Gupta, A. K., Govindarajan, V., & Malhotra, A. (1999). Feedback-seeking behavior within multinational corporations. *Strategic Management Journal*, 20, 205–222.

Higgins, M. C., & Gulati, R. (2006). Stacking the deck: The effects of top management backgrounds on investor decisions. *Strategic Management Journal*, 27, 1–25.

Highhouse, S., Thornbury, E. E., & Little, I. S. (2007). Social-identity functions of attraction to organizations. *Organizational Behavior and Human Decision Processes*, 103, 134–146.

Kirmani, A., & Rao, A. R. (2000). No pain, no gain: A critical review of the literature on signaling unobservable product quality. *Journal of Marketing* , 64(2), 66–79.

Ryan, A. M., Sacco, J. M., McFarland, L. A., & Kriska, S. D. (2000). Applicant self-election: Correlates of withdrawal from a multiple hurdle process. *Journal of Applied Psychology* , 85, 163–179.

Spence, M. (1973). Job market signaling. *Quarterly Journal of Economics*, 87, 355–374.

Spence, M. (2002). Signaling in retrospect and the informational structure of markets. *American Economic Review*, 92, 434–459.

对管理者的启示

信号理论的出现使得研究者开始注重信息不对称在决策中的重要作用，其在管理实践中的运用也越来越多，例如，决策者愈发注重决策前信息的收集与识别，管理者更加注重建立信息传递速度快、准度高的信息沟通网络。信号传递模型建立在信息不对称这一背景下，具有理论指导的现实性，被广泛应用于各个领域。例如，在公司治理方面，CEO 关于企业收益的报告可以作为有利质量信息传递给潜在投资者或董事会（Zhang and Wiersema, 2009）；在人力资源管理方面，对信号的识别和筛选被更多地应用于人才招募中（Suazo et al., 2005），在近年来兴起的雇主品牌研究中，信号理论也是关于雇主品牌对求职者态度和行为影响的重要解释理论；在战略管理方面，完善组织内的信号沟通网络可以使得员工的声音更好地传达，从而有利于整个组织的协同发展（Taj, 2016）。

此外，当前商业环境正在发生重大变化，不确定性增加，信息由不对称转向冗余和过载。此时，信号的主要作用可能不再是解决信息不对称问题，而是如何在不确定性和信息过载的情形下，传递清晰、有吸引力的信号，可能要面临的重要挑战是信息的统一性和针对不同群体的个性化之间的冲突。

本章参考文献

45

社会传染理论[*]

闫佳祺[1]　贾建锋[2]

图1　雷德尔·弗里茨

雷德尔·弗里茨（Redl Fritz）（见图1）于1949年最早提出了"社会传染"（social contagion）的概念。在此基础上，Raven and Rubin（1983）、Levy and Nail（1993）、Latane（2000）等学者均对社会传染概念的内涵进行了界定。其中，Levy and Nail（1993）对社会传染及其相关文献进行了全面的理论和实证研究回顾，并提出了社会传染的三种类型，由此逐渐形成了社会扩散理论体系，推动了社会扩散理论的研究。经由 Watts（2002）、Bettencourt et al.（2006）、Haeffel and Hames（2013）的发展，社会传染理论（social contagion theory）逐渐受到了理论界与实践界的广泛关注，该理论的被引次数不断攀升，从2013年起每年的被引次数均超过了5 000次（见图2），现已成为社会网络成员信息交流的主流理论之一。

---

[*] 基金项目：国家自然科学基金面上项目（71672031）；教育部人文社会科学研究规划基金项目（16YJA630018；17YJA630093）；辽宁省社会科学基金重点项目（L17AGL005）。

[1] 闫佳祺，同济大学经济与管理学院博士研究生。主要研究领域：双元领导、追随力、军民融合企业创新管理、人力资源管理强度等。电子邮件：judge_456@163.com。

[2] 贾建锋（通讯作者），东北大学工商管理学院副教授、博士生导师。主要研究领域：人力资源管理强度、高管胜任特征、追随力、主动性工作行为等。电子邮件：jianfengjiajia@163.com。

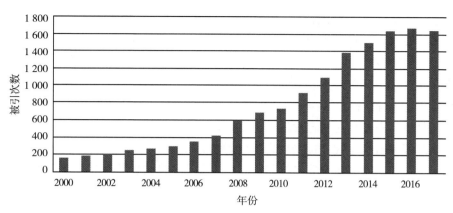

图 2　社会传染理论的被引次数

资料来源：根据 Google Scholar 数据整理而成，搜索时采用精确匹配。

社会传染理论的核心内容

"传染"的概念可以追溯到 20 世纪初，Le Bon（1903）在他的《群体行为》（*Crowd Behavior*）一书中提到了传染一词，但他并没有给出明确的定义，他提出人群中的情绪和行为具有传染性，就像一个人为了群体的利益而牺牲自己的利益一样。尽管这一概念已经有一个多世纪的历史了，但社会传染却没有一个被广泛接受的定义。

Redl（1949）第一次提出了社会传染的概念，他认为，社会网络中的其他成员几乎是自动地"发现"了扩散性行为，而发起者并不一定是有意为之。20 世纪 80 年代，Raven and Rubin（1983）将社会传染定义为"行为、态度或情绪状态在群体或社会组织中以类似于传染病传播的方式传播"。Levy and Nail（1993）将社会传染描述为从"发起者"到"接受者"的影响、态度或行为的传播，在这种传播中，接受者没有察觉到发起者是否故意为之。虽然不同的学者对社会传染有不同的定义，但从这些描述中我们可以发现：第一，社会传染过程中存在行为发出的一方（发起者）和行为模仿并接受的另一方（接受者）；第二，在传染过程中实现了行为或社会信息的影响与传递。

Levy and Nail（1993）对社会传染理论的发展做出了卓越的贡献，他们不仅给出了社会传染的定义，还将社会传染划分为抑制性、回声和歇斯底里三种类型。抑制性传染是指社会网络中的个体处于一种避免接近的冲突中，通过遵从发起者的意愿来减少被约束的行为，抑制性传染的核心便是"减少被约束"。当接受者看到发起者产生自己曾经想要做但因某种原因未能做的类似行为时，其对自身产生类似行为的不确定性担忧会降低，即遵从了发起者的意愿，降低了自身"被约束"的可能性。回声传染是指自发地模仿发起者的行为。与抑制性传染不同，回声传染中发起者的行为不代表接受者先前想要做的行为。相反，随着回声传染，接受者的行为是相对无意识和非自愿的，回声传染涉及接受者的行为，接受者的行为与发起者的行为几乎完全相同。歇斯底里传染是指并没有一个明确的诱因，某种行为实现了从发起者到接受者的扩散，发起者和接受者产生行为相同。

社会传染理论具有两大假设：（1）社会传染是一种可测量的现象，一种基于仿生学的假设；（2）社会传染是通过类似于传染病传播方式进行扩散的。需要注意的是，情绪、感觉、行为或思想的传染过程是能够通过一定的措施或工具监测到的，但仿生学的传染假设仅仅是一个比喻，而不是科学的衡量标准，情绪、感觉、行为或思想的传播和扩散并不是由微生物传染源所引发的，并不是像病毒那样产生和复制的，其传染过程更加复杂。

社会传染相关文献倾向于从个体、群体和互动三个层面分析与这一现象相关的因素。

就个体因素而言，Redl（1949）认为，个体因素对社会传染效应的预测很重要。具体地说，他认为传染的产生与人格的四个方面有关：第一，接受者内部存在严重的冲突。个体对某种需要有强烈的冲动，但也会感到压力，暂时并未采取行动满足这种冲动。第二，在冲突领域，接受者的人格平衡存在高度的不稳定性或波动。换句话说，接受者的冲动强大到足以促使他们去实现，他们的内在控制强大到足以抑制这种实现。第三，发起者的冲动应该与接受者的方向一致。第四，被模仿的行为是一种可观察的行为。在此基础上，部分学者对影响社会传染的个体因素进行了探讨。Wheeler（1966）专注于抑制减少，并从理论上认为，传染是通过降低接受者的动机来避免进行期望的行为；他同时指出，在发起者做出某种行为得到奖励或不受惩罚的情况下，接受者的模仿动机会得到强化。同样，Turner and Killian（1957）提出，与屈服于传染效应的人相比，抗拒传染效应的人对发起者的行为有更严格的态度，也有更大的动机去避免这种行为。

就群体因素而言，五种群体因素被认为是社会传染有效的预测因素：第一，有证据表明，如果发起者是地位高而非低的群体成员，那么在其他条件相同的情况下，传染更有可能发生（Lippitt et al., 1952; Bilgicer et al., 2015）。第二，当发起者的行为在群体中受到高度重视时，传染更有可能发生。群体中具有更高价值的行为比群体中似乎没什么分量的行为具有更大的传染性（Bilgicer et al., 2015）。第三，相对于传播而非实际发生而言，允许群体地位较高的群体成员表达被压抑需求的行为具有最广泛的传染性（Ferguson, 2006）。第四，小群体的发展和民主群体的形成会降低传染发生的可能性（Ferguson, 2006）。第五，群体气氛预示着一种传染效应，即代表群体情绪的行为会比那些不具有群体情绪的行为产生更大的传染效应（Ferguson, 2006）。

就互动因素而言，尽管许多学者将个人或群体因素作为社会传染的预测因素，但一些学者并不认同，他们认为互动模型更适合确定社会传染的引发条件。Redl（1949）虽然对影响社会传染的个体因素进行了识别，但同样强调了群体和个体因素交互作用的重要性。他特别提出，大多数传染事件是群体心理和个体心理共同作用的结果。同样，Turner and Killian（1957）提出了另外一种交互性方法，他们认为，对社会传染的免疫力可能与那些不屈服于传染效应的人的动机强度有关，这意味着情境和个体差异之间的相互作用是基于态度和动机。一个人可以扩展情境构念，将个人在特定情境下的互动包括在内，以纳入社会传染的社会决定因素。Norman and Luthans（2005）的研究表明，领导者能够对追随者产生传染，并且伴随着领导者与追随者的互动，会影响组织能否获得长期成功。

对该理论的评价

社会传染理论表明，某种行为从一个或多个发起者扩展到接受者，当个体因与他人的互动而改变自己的行为时，就会发生社会传染。社会传染的现象是高度社会性的，必须将群体和交互性因素纳入社会传染理论及其影响之中。社会传染理论规定了个体所处的社会环境如何影响他们的态度和行为，这种社会环境是由人际关系模式所决定的（Burt, 1982, 1987）。在一个社会结构中，为了减少不确定性，相互接近的人往往会导致社会传染。接近度可以由接触、竞争、身体接近或沟通来决定。

此外，社会传染理论和社会学习理论较为相似，但是二者具有明显的不同。在社会传染理论中，接受者的价值判断与组织内其他个体的行为产生了冲突，例如，新员工可能会觉得他们的同事在工作上故意懈怠，如果他们选择比同事工作得快，就有可能受到组织成员的评判或排斥。此时，接受者必须自己解决这个冲突（Wheeler, 1966）。在社会传染理论中，冲突存在于接受者内部，是在与其他个体进行互动之前发生的，正是其他人的存在促成了接受者的冲突解决。扩展之前的例子，当新员工已经被其他同事有意怠慢时，他就会逐渐对其他同事的缓慢工作表示理解甚至认同，并且同样故意减少工作完成量，这就有助于新员工有效化解冲突。相比之下，社会学习过程并没有融入冲突的元素。社会学习理论认为，人们可以通过观察他人的行为来间接地学习（Bandura, 1977），这其中包括注意、留存、复现和动机四个流程。换言之，社会学习视角下，接受者模仿发起者行为是在认同发起者行为的基础上进行的，并不是为了"化解冲突"。比如，一位管理者可以在公开场合批评一位下属，从而实现下属工作态度的改变和工作绩效的提升；其他管理者发现辱虐管理能够起到提升员工产出的积极作用，便竞相模仿并产生辱虐管理行为，而在模仿动作进行之前发起者和接受者之间并没有明显的冲突存在。

关键测量量表

1. Workplace Deviance Scale：2 维度，19 题

Bennett, R. J. & Robinson, S. L. (2000). Development of a measure of workplace deviance. *Journal of Applied Psychology*, 85(3), 349–360.

2. Deviance scale：1 维度，10 题

Mitchell, M. S., & Ambrose, M. L. (2007).Abusive supervision and workplace deviance and the moderating effects of negative reciprocity beliefs. *Journal of Applied Psychology*, 92(4), 1159–1168.

经典文献

Barsade, S. G. (2002). The ripple effect: Emotional contagion and its influence on group behavior. *Administrative Science Quarterly*, 47(4), 644–675.

Burt, R. S. (1982). *Toward a Structural Theory of Action: Network Models of Social*

Structure, Perception, and Action. New York: Academic Press.

Bilgicer, T., Jedidi, K., Lehmann, D. R., &Neslin, S. A. (2015). Social contagion and customer adoption of new sales channels. *Journal of Retailing*, 91(2), 254–271.

Degoey, P. (2000). Contagious justice: Exploring the social construction of justice in organizations. *Research in Organizational Behavior*, 22(10), 51–102.

Ferguson, M. J. (2006). From bad to worse: A social contagion model of organizational misbehavior. IACM 2006 Meetings Paper.

Hatfield, E., Cacioppo, J. T., & Rapson, R. L. (1994). *Emotional Contagion.* Cambridge, UK: Cambridge University Press.

Levy, D. A., & Nail, P. R. (1993). Contagion: A theoretical and empirical review and reconceptualization. *Genetic, Social and General Psychology Monographs*, 119(2), 235–284.

Redl, F. (1949). The phenomenon of contagion and "shock effect" in group therapy. In K. F. Eissler (Ed.), *Searchlights on Delinquency*. New York: International Universities Press.

Wheeler, L. (1966). Toward a theory of behavioral contagion. *Psychological Review*, 73(2), 179–192.

对管理者的启示

第一，时刻重视自己的行为方式。社会传染理论表明，当发起者的行为在群体中受到高度重视时，传染更有可能发生。作为管理者，无论喜欢与否，都会是组织的焦点，被组织内的人密切关注。这就使得管理者在组织中的行为被无限放大，成为社会传染过程中的发起者。因此，管理者应该做到以下两点：首先，防微杜渐，自省自查。在管理实践中，管理者应该时刻注意自己的行为方式，反思哪些行为是不当的，哪些不当行为会被组织成员竞相模仿，并及时改正，避免被组织成员捕捉、放大并模仿，对组织产生不良影响。其次，以身作则，弘扬正能量。正是由于管理者较易成为社会传染行为的发起者，其在管理实践中应该以身作则，激发积极的行为，为下属树立榜样，通过社会传染机制弘扬正能量。

第二，密切关注组织内行为的传播。社会传染理论表明，行为可以像传染性的病毒一样传播，管理者应该做到及时监控，及时处理"传染源"，将不当行为扼杀在摇篮之中。因此，管理者应该做到以下两点：首先，当一些组织成员产生偷窃、迟到和粗鲁等消极行为时，这种行为可能迅速传播给他人，管理者应该制定相应的预警机制和惩罚措施，以避免此类消极行为的扩散。其次，当组织成员产生艰苦工作、注重细节和友善等积极行为时，也可能通过传染机制快速传播。因此，下属积极的行为需要在思想上得到强化，通过树立榜样、给予物质或精神奖励等方式，予以强化。

最终需要注意的一点是，虽然社会传染类似于传染病传播，但行为方式与思维习惯不可能像病菌那样可以找到明确的传染机制，也无法准确复制，行为的扩散更为复杂、多样。因此，管理者应该根据具体情境，以权变视角分析组织中的传染机制，进而制定切实有效的应对措施。

本章参考文献

46

社会契约理论

刘智强[1]　严荣笑[2]

社会契约理论（social contract theory）是 17 世纪以来在西方国家极具影响的一种社会学说，其思想最早源自古希腊哲学家伊壁鸠鲁（Epicurus）（见图 1）。在近代，社会契约理论呈现递进式进步，经历了三个阶段的发展：第一阶段的主要代表人物包括雨果·格劳秀斯（Hugo Grotius）、托马斯·霍布斯（Thomas Hobbes）、巴鲁赫·德·斯宾诺莎（Baruch de Spinoza）等；第二阶段的主要代表人物有约翰·洛克（John Locke）、孟德斯鸠（Montesquieu）等；第三阶段的主要代表人物是让-雅克·卢梭（Jean-Jacques Rousseau），其中，约翰·罗尔斯（John Rawls）则是社会契约理论转折的代表。在这些代表人物中，霍布斯、洛克和卢梭最先对社会契约理论进行了系统的阐述。霍布斯是英国政治家、哲学家，著有《论公民》（1642）、《利维坦》（1651）等著作，这些著作完整地体现了社会契约理论思想。后来，洛克和卢梭等学者以自由主义思想做了进一步补充和发展，从而使社会契约理论成为 17—18 世纪最有名的政治理论。随着社会经济的发展，1937 年，新制度经济学创始人罗纳德·H. 科斯（Ronald H. Coase）在其著作《企业的

图 1　伊壁鸠鲁

---

[1] 刘智强，华中科技大学管理学院教授、博士生导师。主要研究领域：组织中的地位竞争、领导力与领导－成员交换、突破性创新、管理中的伦理议题。电子邮件：zqliu@hust.edu.cn。
[2] 严荣笑，华中科技大学管理学院硕士研究生。主要研究领域：组织行为学。电子邮件：shirleyrx@foxmail.com。

性质》(*The Nature of the Firm*)中将社会契约理论引入企业领域,企业社会契约理论随之产生。1982年,托马斯·唐纳森(Thomas Donaldson)首先援引社会契约理论解释公司社会责任问题。20世纪80年代以来,不断有学者把社会契约理论运用于现代企业问题的研究,试图借鉴社会契约理论思想,从企业与社会之间契约关系的角度来分析企业的社会责任,使得社会契约理论的研究成果日益丰富,被引次数不断攀升(见图2),从2007年起每年的被引次数基本均超过了10 000次,现已成为企业伦理的主要规范理论之一。

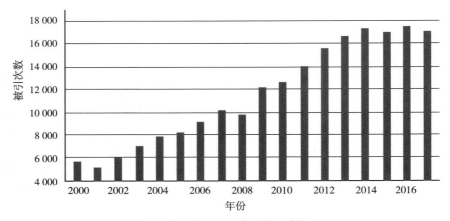

图2　社会契约理论的被引次数

资料来源:根据Google Scholar数据整理而成,搜索时采用精确匹配。

社会契约理论的核心内容

契约思想最早起源于公元前5世纪的古希腊哲学家伊壁鸠鲁。马克思曾说,"国家起源于人们相互之间的契约,起源于社会契约,这一观点就是伊壁鸠鲁最先提出的"(Marx and Engels, 1845)。伊壁鸠鲁认为,个人的利益都是为了避免受到同样自私的其他人的侵害,最好的办法就是相互之间达成默契,人们相互约定,自己不侵害他人,也不受他人侵害。正义和法律都来自人们之间的相互约定,而国家就是根据人们之间的这种契约建立起来的。伊壁鸠鲁的契约思想为近代社会契约理论奠定了思想基础。

托马斯·霍布斯是近代社会契约理论的奠基者。作为一位"性恶论"的拥护者，霍布斯从抽象不变的人性出发，预设了一个没有国家、没有统治、没有人们承认的共同权力，以及没有私有财产和没有你我之分的"自然状态"，这个自然状态，就是霍布斯社会契约思想的起点。由于人性的自私好斗及没有公共权力的威慑，这种自然状态会造成"人对人是狼"的战争状态（Hobbes, 1651）。霍布斯认为，为了避免这种互相竞争残害的战争状态，人们需要订立社会契约，自愿放弃自己的自然权利，服从一个整体，形成公共权力，组成一个政治国家。霍布斯的社会契约理论打破了传统的"君权神授"思想，但却同时提倡君主专制，认为应该维护君主至高无上的权威。英国哲学家约翰·洛克继承了霍布斯的社会契约思想，但发展出了一套与霍布斯的自然状态有所不同的观点。洛克认为，人类的自然状态是自由平等的，经由"自然法"的理性教导和指引，人们不能侵犯他人的"生命、自由或财产"。虽然在自然状态下，人们按照理性生活是和平的，但缺少公共权威会导致人人皆是适用自然法的法官，令自然法的执行产生困难，最终导致这种自然状态难以长久。因此，洛克主张人们建立政治国家的社会契约，从而维护公民的自由、生命和财产安全，但这份契约只有在取得被统治者的认可之后才会成立，如果缺乏这种认可，则人民有权推翻政府；并且，在订立契约时，人们只让渡了承担自然法执行人的权利和要求罪犯赔偿损害的部分权利，而拥有生命、自由和财产的自然权利依然保留，这与霍布斯主张的让渡所有权利是不同的。洛克表示，"在任何地方，不论多少人这样结合成一个社会，人人都放弃其自然法的执行权而把它交给公众，在那里，也只有在那里才有一个政治的或公民的社会"（Locke, 1690）。法国伟大的启蒙思想家让 - 雅克·卢梭是近代社会契约理论的集大成者，其1762年出版的著作《社会契约论》（*Du Contrat Social*）奠定了其在西方思想史上的重要地位。卢梭的社会契约思想同样以自然状态假设为起点，他认为，自然状态是和平、友好的，每个人都是自由、独立、平等的，并且拥有自爱心和同情心。然而，这种自然状态"黄金时代"般的美好仅适用于原始社会，会被当代文明所打破，私有制和不平等的出现会使人们相互怨恨、伤害，从而打破自然状态的初始平衡。卢梭认为，为了消灭这种不平等，人们相互之间需要订立社会契约，每个契约签订者都需要把自己的全部自然权利让渡给一个共同体，同时人们可以从这个共同体中获得自己所让渡给其他契约签订者的相同权利，并且共同体能够以更大的力量来保全自己的所有。卢梭认为，缔结契约的人们是把自己的权利让渡给人民全体，而不是霍布斯主张的君主或者洛克主张的政府。综上，霍布斯主张通过签订社会契约，使人们的权利毫无保留地让渡给拥有至高无上地位的君主，建立君主专制国家；而洛克则反对君主专制，主张人们通过契约转让一部分权利给政府，保留自身生命、自由和财产的自然权利，限制政府的权力；至于卢梭，则主张将一切权利都保留给人民，主权在民，政府是基于人民而存在的，听命于人民。1971年，约翰·罗尔斯在他的《正义论》（*A Theory of Justice*）中假想以"原初状态"的情况来建立契约，即假定所有这些假想的缔约者对有关他们自身的所有事实全然不知，也不知如何确保自己的特殊优势，即处于"无知之幕"下。他认为，只有在这种"无知之幕"下的理性的人所选择出来的公正原则才是公平的、不偏不倚的。

随着企业的出现，学者们开始将社会契约理论应用于企业领域，从而使其更具实用价值。1937年，罗纳德·H.科斯创造性地提出了企业社会契约理论，将社会契约理论引入企业经济学理论研究，其中，他所提出的"企业是一系列契约的有机组合"（nexus of contracts）更是成为现代企业理论的一个核心观点。在科斯的奠基之后，20世纪80年代，社会契约理论被广泛运用于企业领域的研究，成果日益丰富。1982年，托马斯·唐纳森开辟了运用社会契约理论来解释公司社会责任问题的先河，指出了企业与社会之间的契约——企业应该对为其存在提供条件的社会承担责任，而社会应该对企业的发展承担责任。在这种观点下，企业社会契约的主体是企业和社会，双方通过协调方式解决利益冲突，从而形成了一个双方达成共识的企业社会契约，且这种契约关系是动态变化的。另外，托马斯·邓菲（Thomas Dunfee）提出了实际社会契约论（Dunfee, 1991），主张将人与人之间实际存在的契约关系纳入分析框架中。实际社会契约论的主体是人和人。对比而言，唐纳森的观点主要考虑宏观层面，而邓菲对企业社会契约理论的考量则更加侧重微观层面。1994年，唐纳森和邓菲将彼此的理论进行融合，提出了旨在解决全球商业中伦理冲突问题的综合社会契约理论（integrative social contracts theory, ISCT）（Donaldson and Dunfee, 1994）。综合社会契约理论不再单一地讨论宏观或微观层面的企业社会契约，而是综合性地提出了一种广义的社会契约。他们指出，广义的社会契约包括企业在生产活动中的每个环节与社会建立的契约关系，主要以两种方式存在：一为宏观层面的契约（假设的），反映一个共同体内所有理性成员之间广泛存在的假设协议；二为微观层面的契约（现存的），指行业、企业、同业公会等组织内部或相互之间存在的非假设的、现实的协议，这一层面的契约是企业道德规范的重要组成部分。不同于传统的企业社会契约理论的观点，即社会发展的动力来源于企业追求利润的最大化，经济责任是企业承担的主要责任（Levitt, 1958; Friedman, 1970），唐纳森和邓菲提出的综合社会契约将企业社会责任和企业利益相关者的利益要求统一起来，他们认为，企业对利益相关者的利益要求必须做出反应，这是因为"企业是社会系统中不可分割的一部分，是利益相关者显性契约和隐性契约的载体"，如果企业忽视社会责任，不慎重考虑并尽量满足其利益相关者的合理利益要求的话，那么企业就难以实现长期生存与发展（Donaldson and Dunfee, 1999）。同样的，乔治·恩德勒（Georges Enderle）在其著作《面向行动的经济伦理学》（*Action-oriented Business Ethics*）中提出，按照综合社会契约理论，履行各种利益集团的合同义务是企业的责任，这也就意味着，企业必须符合公众的期望（Enderle, 2002）。彼得·德鲁克（Peter Drucker）认为，"在企业的经营活动中，重要的是管理者应该意识到他们必须考虑公司政策和公司行为对社会的影响。他们必须考虑一定的行为是否有可能促进公众的利益，有利于社会基本信仰的进步，有利于社会的稳定、强盛与和谐"。深受儒家思想熏陶的中国学者在探讨企业社会契约理论时，更加强调企业必须尊重仁、义、礼、智、信的社会道德（朱贻庭和徐定明，1996；刘刚，2008；Wang and Juslin, 2009）。值得注意的是，有学者强调，我们不能混淆"履行社会责任"和"承担社会职能"的概念。企业必须履行综合性社会契约，考虑利益相关者的利益要求，承担相应的社会责任，但这并不意味着"企业办社会"，综合性社会契约只是强调企业履行自己的社会责任，但不是过多地去承担社会职能，曾经有企业混淆了这两个概念，过多地按照政府的意愿进行非理性决策，最终影响了企业本身的发展（陈宏辉和贾生华，2003）。

对该理论的评价

社会契约理论从阐述国家形成和存在的道德正当性、合法性的国家学说逐渐发展成为对企业与社会间契约关系的学说。

以国家学说为核心的社会契约理论在不同阶段的特点也有所差异：伊壁鸠鲁的社会契约思想是朴素的、非系统的；以霍布斯、洛克和卢梭为代表的近代古典社会契约理论则是系统的、理性的，但却是超验的，它揭示了合理的社会契约应满足自由性、平等性和功利性三大特征；罗尔斯提出的社会契约理论则是程序的、工具的，体现出了构建合理社会契约的方法。总体来看，以国家学说为核心的社会契约理论经历了从实质理性向工具理性的转换（潘云华，2003；李淑英，2007）。近代西方社会契约理论反映了封建社会向资本主义社会转变的客观必然性，它肯定了个人正当的权利和利益，体现出商品经济下社会交换主体之间相互独立、公正平等的客观要求，为现代社会以平等、自愿、互利、守信为核心内容的市场经济道德规范奠定了基础（李瑜青，1999；阎俊和常亚平，2005）。

企业社会契约理论是在古典社会契约理论的基础上发展而来的，唐纳森和邓菲所提出的综合社会契约理论克服了早期企业社会契约理论中企业追求经济利益最大化的缺陷，实现了企业的社会责任和利益相关者利益的统一。综合企业社会契约理论则强调企业是通过与所在社会建立的社会契约而得以合法存在的，该理论丰富了企业伦理学理论，其理论价值在于克服了伦理相对主义论的缺陷，既具有最大限度的普适性，又具有坚定的原则和极大的灵活性，并且在实践中易于操作，它是一种"真实的、全面的、全球的规范性商业伦理学理论"（Donaldson and Dunfee, 1994；阎俊和常亚平，2005）。综合社会契约理论所关注的重点更多的是企业层面，认为公司必须通过发挥特有的优势和使劣势最小化的方式增加消费者和员工的利益，进而增进社会福利，以换取公司的合法存在和繁荣兴旺。这是公司生存和发展的"道德基础"（Donaldson and Dunfee, 1994）。

关键测量量表

1. The Pyramid of Corporate Social Responsibility Scale: 4 维度

Carroll, A. B.(1991). The pyramid of corporate social responsibility: Toward the moral management of organizational stakeholders. *Business Horizons*, 34(4), 39–48.

2. Corporate Social Responsibility Measure: 5 维度

Turker, D.(2009). Measuring corporate social responsibility: A scale development study. *Journal of Business Ethics*, 85(4), 411–42.

3. The KLD Index of Social Performance：9 维度

Berman, S. L., Wicks, A. C., Kotha, S., & Jones, T. M. (1999). Does stakeholder orientation matter? The relationship between stakeholder management models and firm financial performance. *Academy of Management Journal*, 42(5), 488–506.

Hillman, A. J., & Keim, G. D. (2001). Shareholder value, stakeholder management, and social issues: What's the bottom line? *Strategic Management Journal*, 22(2), 125–139.

| 经典文献 |

Coase, R. H. (1937). The nature of the firm. *Economica*, 4(16), 386–405.

Donaldson, T., & Dunfee, T. W. (1999). Ties that bind: A social contracts approach to business ethics. *Ethics*, 13(4), 109–110.

Donaldson, T. (1982). *Corporations and Morality*. Englewood Cliffs, NJ: Prentice-Hall.

Donaldson, T., & Dunfee, T. W. (1994). Toward a unified conception of business ethics: Integrative social contracts theory. *Academy of Management Review*, 19(2), 252–284.

Donaldson, T., & Dunfee, T. W. (1995). Integrative social contracts theory: A communitarian conception of economic ethics. *Economics & Philosophy*, 11(1), 85–112.

Dunfee, T. W., Smith, N. C., & Ross, W. T. (1999). Social contracts and marketing ethics. *Journal of Marketing*, 63(3), 14–32.

Hasnas, J. (1998). The normative theories of business ethics: A guide for the perplexed. *Business Ethics Quarterly*, 8(1), 19–42.

Hobbes, T. (2016). *Thomas Hobbes: Leviathan(Longman Library of Primary Sources in Philosophy)*. Abingdon-on-Thames: Routledge.

Rousseau, J. J., & May, G. (2002). The social contract and The First and Second Discourses. New Haven, Connecticut: Yale University Press.

| 对管理者的启示 |

社会契约理论将契约分为经济和经济伦理两个层次。自亚当·斯密（Adam Smith）在《国富论》中提出经济人假设并将其作为经济学理论的一个基本假设以来，人们普遍认为企业只需重视经济效益即可，管理工作的重点是提高生产率、完成生产任务等，而不是对人的感情和道义应承担的责任。受此影响，学者们在

解释社会、政治、经济现象时，往往不考虑其他的可能因素，较多地涉及现象中人们对经济利益的追求，忽视了企业文化、企业伦理等方面对企业发展的影响。而社会契约理论则突破了这些问题的约束，为企业行为分析开辟了新的研究思路。企业社会契约的对象中有诸如消费者、供应商、政府、公众等利益相关者，企业与这些利益相关者不仅有经济契约，同时也存在社会契约，社会契约理论为我们理解企业的社会责任提供了一个分析框架，在这个框架中，企业社会责任由一系列的契约所规定，企业通过与社会建立契约而获得合法性。因此，企业除了需要履行经济契约，还有义务履行社会契约，企业的行为必须符合社会的期望，为社会和经济的改善尽自己的义务，并根据社会环境的变化进行调整，从而适应和满足社会对企业的期望和要求，这样才能够成为受社会尊敬的现代企业。如何协调企业经济契约和社会契约之间的关系，找到其中的平衡点，则可能成为下一步的研究方向。

本章参考文献

47

社会支配倾向理论

郭晓薇[1]　吴婷婷[2]

费利西娅·普拉图(Felicia Pratto)（见图1）和吉姆·斯达纽斯（Jim Sidanius）（见图2）提出了社会支配理论（social dominance theory, SDT）来解释基于群体社会阶层的社会偏见的形成与发展机制。在社会支配理论中，最具心理学意蕴的概念便是社会支配倾向（social dominance orientation, SDO）。他们及合作者在1994年发表的两篇论文——《社会支配倾向：预测社会和政治态度的一个人格变量》（Social dominance orientation: A personality variable predicting social and political attitudes）和《社会支配倾向与性别政治心理学》（Social dominance orientation and the political psychology of gender）标志着社会支配理论和社会支配倾向概念的问世。此后，SDO理论经由Altemeyer（1998）、Whitley Jr.（1999）、Duckitt et al.（2002）等学者的发展，为越来越多的

图1　费利西娅·普拉图　　图2　吉姆·斯达纽斯

---

[1] 郭晓薇，上海对外经贸大学工商管理学院教授、硕士生导师。主要研究领域：领导、上下级关系、角色外组织行为等。电子邮件：vivian_gxw@163.com。
[2] 吴婷婷，上海对外经贸大学工商管理学院硕士研究生。主要研究领域：组织行为学。电子邮件：1121552624@qq.com。

研究者所关注。自 2000 年以来，其被引次数由每年不足百次逐渐攀升至每年千次以上，2017 年被引次数将近 1 500 次（见图 3）。即便有此进展，倘若将该理论与管理学领域其他类似规模的理论横向对比，仍不得不承认，SDO 目前不属于被广泛关注的热门话题。

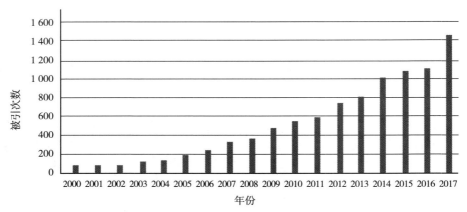

图 3　社会支配倾向理论的被引次数

资料来源：根据 Google Scholar 数据整理而成，搜索时采用精确匹配。

社会支配倾向理论的核心内容

一、构念的内涵结构

社会支配倾向是社会支配理论的一个构成部分，解释了群体社会等级在个体心理层面上的动因。SDO 属于个体差异变量，具体是指个体在多大程度上渴望并支持基于群体的等级和"优等"群体对"劣等"群体的支配。SDO 最初被认为是一个单维度构念。随着研究的深入，有学者发现，SDO 的内涵其实包括两个成分：对平等的反对（opposition to equality, OEQ）和对群体支配的支持（group-based dominance, GBD）（Jost and Thompson, 2000）。OEQ 的动机基础为系统合理化（system justification），与 GBD 相比，它可以更好地预测个体的政治保守主义倾向，对社会资源再分配的反对，以及对弱势群体人道主义同情的缺乏。GBD 则是出于社会认同（social identity）

动机，它与个体对外群体的敌意和对群际竞争的关注更为相关（Kugler et al., 2010）。Ho et al.（2015）基于这一观点，发展出了从内涵上可以分为支配（SDO-D）和反平等（SDO-E）两个维度的 SDO7 量表。以 SDO7 量表为测量工具，Ho et al. 发现，高 SDO-D 个体倾向于主动采取具有攻击性的手段，以获取高阶层群体对低阶层群体的压迫和征服；而高 SDO-E 个体则倾向于通过资源分配的不平等及反平等的思想意识来实现和捍卫阶层的差异。

二、社会支配倾向的前因变量

在 SDO 的前因变量方面，有两种不同的观点：一种观点认为，SDO 在很大程度上受到情境的影响；另一种观点则认为，SDO 具有跨情境的稳定性。两种观点都有足够的理论依据。在情境论方面，大量证据证明群体地位与 SDO 相关。无论群体地位是按性别、族群还是性取向的不同来划分，高地位群体成员都比低地位群体成员拥有明显更高的 SDO 水平。不同群体社会地位差异越大，其成员之间的 SDO 水平也差异越大（Sidaninus and Pratto, 1999）。有研究以实验法表明，随着被试在实验中被安排的社会地位的上升，其 SDO 水平也显著上升（Guimond et al., 2003）。也有研究通过启动效应操控被试所处群体的相对地位感知，借此观察 SDO 水平有无改变，结果发现启动效应对 SDO 水平有影响（Levin, 1996）。Duckitt and Sibley（2009）发现，当外群体的相对弱势或者经济竞争性被启动之后，SDO 对偏见的预测力更强。Morrison et al.（2008）发现，当个体对内群体地位或利益感知到威胁时，个体的 SDO 水平会提高。

上述研究似乎显示 SDO 是自我归类的结果，在很大程度上受情境影响，但也有不少学者提出 SDO 具有跨情境的相对稳定性（如 Sibley and Liu, 2010; Kteily et al., 2012）。这一观点不难理解，毕竟 SDO 与基本人格、价值观、伦理、性别角色等多种稳定的个体差异存在显而易见的相关性。众多研究探讨过大五人格与 SDO 的关系，获得广泛共识的结论有：经验开放性与 SDO 之间呈现显著负相关（如 Duriez and Soenens, 2006; Heaven and Bucci, 2001; Sibley and Duckitt, 2008; Nicol and De France, 2016）；宜人性与 SDO 之间呈现显著负相关（如 Cohrs et al., 2012; Sibley and Duckitt, 2008; Perry and Sibley, 2012; Ho et al. 2015; Nicol and France, 2016）。除了基础人格特质，有研究发现，黑暗人格三合一（马基雅维利主义、自恋、精神病态）（Hodson et al., 2009）和硬心肠（tough-mindedness）（Duckitt et al., 2002）与 SDO 之间呈现显著正相关，HEXACO 人格量表中的"诚实 – 谦逊"特质与 SDO 呈现显著负相关（Lee *et al.*, 2010; Sibley and Liu, 2010)。在认知风格方面，对简单结构的需要（need for simple structure, NFSS）（Van Hiel *et al.*, 2004）和对认知闭合的需要（needs for cognitive closure, NFC）（Roets and Van Hiel, 2011）可以正向预测个体的 SDO 水平。在价值观和伦理方面，Radkiewicz（2016）发现，SDO 与自我提升 / 自我超越（self-enhancement vs. self-transcendence）的价值观维度之间存在相关性，高 SDO 的个体更重视权力和成就等自我提升价值观，更轻视众生平等和仁慈等自我超越价值观；伦理观上，高 SDO 的个体明显地表现出对关爱、公平、互惠等道德直觉（即自治伦理）的拒绝。

在前因变量部分还有一个特殊的变量需要讨论——性别。大量 SDT 理论都发现，男性拥有相对较高的 SDO 水平。Sidanius and Pratto（1999）回顾了来自 10 个国家的 45 个独立样本中两性 SDO 的差异，发现其中的 39 个样本中的男性拥有显著更高的 SDO 水平，没有一个样本中的女性的 SDO 水平显著高于男性。这种现象在各种文化及社会背景下都如此稳定地存在，以至于被称为恒定性假设（invariance hypothesis）。对此的解释有两个主要的理论视角：一是进化视角，认为高 SDO 男性更有可能拥有较多的实际权力和资源，女性为了后代存活，倾向于选择这类男性作为配偶，因此在自然选择的进化过程中，高 SDO 成为男性的普遍特征。二是社会角色视角，传统的性别角色要求男性体现出支配、主动、竞争等特性，女性则要顺从、仁慈、平和。如果个体认同自身的性别角色，那么则会体现出两者在 SDO 上的显著差异。Dambrun *et al.*（2004）发现，对性别角色认同是性别与 SDO 之间关系的重要中介变量。

三、社会支配倾向的结果变量

SDO 对偏见的影响受到广泛关注，研究数量众多。在 Sibley and Duckitt（2008）的元分析中，SDO 与偏见之间达到了中度或高度的相关水平。中国学者也发现，SDO 与同性恋偏见呈现显著正相关（李放等，2012）。高 SDO 的个体要想保持支配群体和从属群体之间的权力差距，实现这一目的的一个途径就是诋毁从属群体。许多研究探讨了 SDO 影响偏见的内在机制。较早的观点来自 Whitley Jr（1999），他们发现，刻板印象可以在 SDO 与偏见之间发挥中介作用。Miller *et al.*（2004）探讨了群际情感（intergroup emotions）和群际刻板印象在 SDO 与偏见之间的中介作用，结果发现，SDO 可以通过提高消极的群际情感和降低积极的群际情感间接作用于偏见，相较于群际情感，刻板印象作为群体态度中的认知成分在 SDO 与偏见之间的中介作用不够强健。Nicol and Rounding（2013）的研究显示，共情可以部分中介 SDO 与性别主义之间的关系，SDO 越低，则共情越低，进而性别主义就越明显；疏离感（alienation）可以部分中介 SDO 与种族主义之间的关系，高 SDO 者的疏离感比较强，种族主义倾向也更明显。Levin et al.（2012）探讨了三种文化适应观念在 SDO 与族裔偏见之间的中介作用，结果发现，SDO 通过提升文化同化主义（assimilation）、降低文化多元主义（multiculturalism）和文化色盲主义（colorblindness），进而提升偏见水平。

在国家决议和社会政策方面，SDO 通过去人性化（dehumanization）的中介，使个体更倾向于认同以发动战争进行政治干预（Jackson and Gaertner, 2010）。Lindén et al.（2016）分别以大学生样本和军队士兵样本检验了 SDO 对虐囚态度的影响，发现 SDO-D 对虐囚态度的影响由去人性化完全中介，SDO-E 对虐囚态度的影响由内群体认同中介。Ho et al.（2015）的研究显示，高 SDO-D 的个体更倾向于支持战争、死刑、军国主义、民族主义、惩办主义（punitiveness）、虐囚，更加相信战争的合法化，更加支持美国对伊朗的军事行动及对叙利亚的干预；高 SDO-E 的个体更倾向于认可现有系统的合法化，更可能在美国政治环境中持保守主义态度，更加支持资源在群体之间进行不平等的分配，也更加容易反对那些可能会削弱阶层差异的社会政策。

在个人职业的选择上，Pratto et al.（1997）的研究显示，高 SDO 的被试倾向于选择那些提升阶层差异的职业，如检察官、警官、商业高管；而低 SDO 的被试则倾向于选择那些减弱阶层差异的职业，如社会工作者、公共辩护律师；选择无明显提升或减弱阶层差异倾向的中间职业的被试，其 SDO 恰恰也落在中间水平。

环境心理学显示，SDO 可以预测对环保的态度。Jylhä et al.（2016）发现，SDO 可以中介政治上的保守主义与否认环境变化的关系；Milfont and Sibley（2016）的研究显示，SDO 解释了环保态度在两性之间的差别，男性的高 SDO 导致他们对环保的态度比女性更消极。在进一步的研究中，Stanley et al.（2017）发现，SDO-E 是真正发挥作用的成分，高 SDO-E 的个体更倾向于不相信环境变化及人的责任，不重视环境保护，不愿意为了环境牺牲个人方便。

四、社会支配倾向在管理情境中的研究

涉及管理情境的 SDO 效应研究并不多见。Son Hing et al.（2007）的实验研究发现，高 SDO 的个体比低 SDO 的个体成功获得领导者角色的概率更大。在争取获得领导者角色的谈判中，高 SDO 的个体表现出更多的热情，也更愿意采用投机取巧的方式或者强制压迫的手段来达到目的；在涉及环境、性骚扰、消费者权益保护等问题的决策情境中，高 SDO 的领导者比低 SDO 的领导者更多地做出非伦理的决策；进一步的研究发现，高 SDO 的领导者与高 RWA（right-wing authoritarianism，右翼权威主义）的追随者的搭配将在更大程度上催生非伦理的决策。Nicol（2009）探讨了 SDO 与领导风格之间的关系，他以领导者行为描述问卷（LBDQ-XII）测量了 12 个方面的领导行为，发现 SDO 与体谅、容忍不确定、要求和解（尤其是对无序和压力状况的应对）等维度呈现负相关，与对产出的强调呈现正相关。后者表明，高 SDO 的领导者可能为了追求高产出，对下属施压，迫使他们加班加点完成工作。Simmons and Umphress（2015）的研究发现，高 SDO 的个体在评价来自低地位群体的候选人时，倾向于对其业绩进行低估。当其得知来自低地位群体的候选人是为获得领导者岗位而被评估时，上述低估效应尤其明显。Khan et al.（2016）的研究揭示了上司 SDO、下属绩效与辱虐管理之间微妙的关系。该研究发现，虽然总体上下属的绩效与上司的辱虐管理之间呈现显著负相关，但高 SDO 的上司倾向于将下属的高绩效感知为对现有层级的威胁，进而对高绩效下属采取辱虐管理。因此，若上司属于高 SDO 者，则下属绩效与上司辱虐管理之间的负相关相对于上司为低 SDO 者的情况更低，低绩效带来的辱虐管理在一定程度上被高绩效带来的辱虐管理抵消。

对该理论的评价

SDO 是群际层面的社会心理学研究中具有重要影响力的概念，有着丰富的社会内涵，对这一概念的研究具有很强的现实意义。从转引量来看，SDO 属于活跃度较高的热点理论。然而对管理学者，尤其是中国的管理学者而言，对该理论的研究尚有很大的探索空间。

首先，从组织行为学角度对 SDO 的研究还有待加强。SDO 概念的提出最初是为了描述个体在多大程度上偏好社会群体之间的阶层差异，然而后来的研究却显示 SDO 不仅体现了对群际支配的偏好，还体现了对人际支配的偏好，即高 SDO 的个体更热衷于获得和使用权力，重视追求个人的社会经济地位（Son Hing et al., 2007）。这就使得从组织行为学角度研究 SDO 的效应具有可行性和现实意义，但目前这方面的讨论还十分有限。未来可以从领导行为、团队人际关系等角度切入，探讨 SDO 在组织内的效应，以丰富相关组织行为的知识。

其次，涉及中国情境的 SDO 研究还很缺乏。现有少量研究显示，中国情境下的 SDO 可能具有特殊性。中国被试 SDO 的平均水平比西方研究中的水平要显著更高（张智勇和袁慧娟，2006），SDO 的构念结构与西方不同。Li et al.（2006）以 SDO6 问卷对中国被试施测，结果发现了一个新维度——支持排外主义（support for exclusionism）。张智勇和袁慧娟（2006）同样以 SDO6 施测于中国被试，却呈现出四个维度：反对群体平等、赞同优势群体的支配性、赞同劣势群体的较低地位、赞同维持等级差异。这些结论表明，中国情境下 SDO 的构念结构与西方可能存在差异，但究竟是何种差异还未达成共识，亟待更多研究的关注。

关键测量量表

1. Social Dominance Orientation Scale (SDO5)：1 维度，14 题

Pratto, F., Sidanius, J., Stallworth, L. M., & Malle, B. F.(1994). Social dominance orientation: A personality variable predicting social and political attitudes. *Journal of Personality and Social Psychology*, 67(4), 741–763.

2. Social Dominance Orientation Scale (SDO6)：2 维度，16 题

Pratto, F., Sidanius, J., Stallworth, L. M., & Malle, B. F.(1994). Social dominance orientation: A personality variable predicting social and political attitudes. *Journal of Personality and Social Psychology*, 67(4), 741–763.

3. SDO(中国) 量表：4 维度，14 题

张智勇, 袁慧娟 .(2006). 社会支配倾向量表在中国的信度和效度研究 . 西南师范大学学报 (人文社会科学版), 50(2), 17–21.

4. SDO Scale：3 维度，18 题

Li, Z., Wang, L., Shi, J., & Shi, W.(2006). Support for exclusionism as an independent dimension of social dominance orientation in mainland China. *Asian Journal of Social Psychology*, 9(3), 203–209.

5. SDO7 Scale：2 维度，16 题

Ho, A. K., Sidanius, J., Kteily, N., Sheehy-Skeffington, J., Pratto, F., Henkel, K. E., & Stewart, A. L.(2015). The nature of social dominance orientation: Theorizing and measuring preferences for intergroup inequality using the new SDO scale. *Journal of Personality and Social Psychology*, 109(6), 1003–1028.

经典文献

Duckitt, J., Wagner, C., du Plessis, I., & Birum, I.(2002). The psychological bases of ideology and prejudice: Testing a dual process model. *Journal of Personality and Social Psychology*, 83(1), 75–93.

Ho, A. K., Sidanius, J., Kteily, N., Sheehy-Skeffington, J., Pratto, F., Henkel, K. E., & Stewart, A. L.(2015). The nature of social dominance orientation: Theorizing and measuring preferences for intergroup inequality using the new SDO scale. *Journal of Personality and Social Psychology*, 109(6), 1003–1028.

Pratto, F., Sidanius, J., Stallworth, L. M., & Malle, B. F.(1994). Social dominance orientation: A personality variable predicting social and political attitudes. *Journal of Personality and Social Psychology*, 67(4), 741–763.

Pratto, F., Stallworth, L. M., & Sidanius, J.(1997). The gender gap: Differences in political attitudes and social dominance orientation. *British Journal of Social Psychology*, 36(1), 49–68.

Pratto, F., Liu, J. H., Levin, S., Sidanius, J., Shih, M., Bachrach, H., & Hegarty, P.(2000). Social dominance orientation and the legitimization of inequality across cultures. *Journal of Cross-cultural Psychology*, 31(3), 369–409.

Sibley, C. G., & Duckitt, J(2008). Personality and prejudice: A meta-analysis and theoretical review. *Personality and Social Psychology Review*, 12, 248–279.

Sidanius, J., & Pratto, F.(1999). *Social Dominance: An Intergroup Theory of Social Hierarchy and Oppression.* New York: Cambridge University Press.

Sidanius, J., Pratto, F., & Bobo, L.(1994). Social dominance orientation and the political psychology of gender: A case of invariance. *Journal of Personality and Social Psychology*, 67(6), 998–1011.

Son Hing, L. S., Bobocel, D. R., Zanna, M. P., & McBride, M. V.(2007). Authoritarian dynamics and unethical decision making: High social dominance orientation leaders and high right-wing authoritarianism followers. *Journal of Personality and Social Psychology*, 92(1), 67–81.

Whitley Jr, B. E.(1999). Right-wing authoritarianism, social dominance orientation, and prejudice. *Journal of Personality and Social Psychology*, 77(1), 126–134.

对管理者的启示

目前，SDO 的研究成果较多地体现在社会心理学或政治心理学层面，组织管理领域的研究还十分稀缺。在现有为数不多的研究中，可以看到的现象是：高 SDO 的个体追逐权力，会想方设法成为组织或团队的领导者（Son Hing *et al.*, 2007）；在成为领导者之后，他们比低 SDO 的领导者更倾向于做出不符合伦理的决策，当下属具有尊崇权威的特点时，其做出非伦理决策的倾向尤为明显（Son Hing *et al.*, 2007）。在内部管理上，高 SDO 的领导者属于任务型领导，高度追求工作成绩，而无视下属的心理需要，对下属不惜采用压榨手段（Nicol, 2009）。但与此同时，若下属绩效优秀，高 SDO 的领导者却会感到地位受到威胁，反而对其发起辱虐管理（Khan *et al.*, 2016）。综上研究，高 SDO 的个体对权力的渴望使其容易争取到领导者角色，短期内可能会促进团队任务绩效的提升，但其行事作风将破坏所领导团队或组织的心理氛围和伦理形象，对长期发展不利。组织如果重视企业伦理、重视健康心理氛围的建设，那么在选拔中高层管理人员时，需要尽量避免高 SDO 人士。

本章参考文献

48

社会信息加工理论*

杨付[1]　王婷[2]

图1　杰弗瑞·普费弗

　　社会信息加工理论（social information processing theory）最早由杰勒尔德·萨兰基克（Gerald Salancik）和杰弗瑞·普费弗（Jeffrey Pfeffer）（见图1）提出。他们在1978年发表了一篇社会信息加工理论的奠基性文章《工作态度与任务设计的社会信息处理方法》（A social information processing approach to job attitudes and task design）。自2000年以来，社会信息加工理论的被引次数不断攀升，从2009年起该理论每年的被引次数超过了2 000次（见图2）。

---

*　基金项目：国家自然科学基金项目（71502141）。
1　杨付，西南财经大学工商管理学院教授、博士生导师。主要研究领域：领导行为、职业发展、主动行为、团队有效性。电子邮件：yfu@swufe.edu.cn。
2　王婷，西南财经大学工商管理学院博士研究生。主要研究领域：领导行为、职业发展、主动行为、团队有效性。电子邮件：wangt827@163.com。

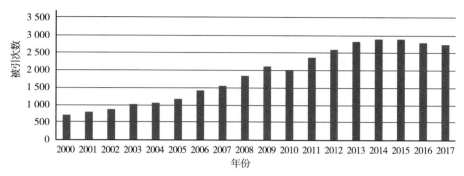

图 2　社会信息加工理论的被引次数

资料来源：根据 Google Scholar 数据整理而成，搜索时采用精确匹配。

社会信息加工理论的核心内容

社会信息加工理论认为，个体的活动和行为并不是发生在真空中的，通常会受到复杂的、模糊的社会情境的影响（Salancik and Pfeffer, 1978）。个体所处的社会环境提供了各种影响其态度和行为的信息，个体对这些信息的解读决定着随后的态度和行为。然而，个体并不是对所有的信息都进行解读，而是选择那些与自己相关的信息，或者通过挑选与自己相似的人的观点作为信息源进行解读，因为越是相似的人可能对周围的世界持有相似的看法。总体来说，社会信息加工理论认为，人们的态度和行为在很大程度上受到周围社会环境的影响，人们通过对特定的社会信息进行加工和解读，进而决定采取怎样的态度和行为。

社会信息加工理论有一个基本的假设前提，即人作为一种生物有机体，通常会基于所处的社会环境以及过去和现在面临的处境，不断地调整自己的态度、行为和信念（Salancik and Pfeffer, 1978）。这个前提意味着我们可以通过研究个体行为所发生和适应的社会环境，深入地了解和预测个体的行为。进一步的，社会信息加工理论具有两个核心观点：（1）一个人所处的社会环境提供了各种影响其态度、行为的信息，人们通过处理周围的社会信息来更好地理解他们的工作环境，反过来，这个信息处理过程塑造了他们随后的态度和行为。（2）当人们面临的社会环境是不确定的、模棱两可的和复杂的，他们更加依赖社会环境提供的信息，从而调整其工作态度和行为（Salancik and Pfeffer, 1978）。总而言之，社会信息加工理论认为，人们的态度和行为不仅由自己的需要和目标决定，在很大程度上还受到周围社会环境的影响，并且当自己所处的社会环境具有很高的不确定性时，人们会更加寄希望于从社会环境中获得与工作态度、行为相关的社会信息。

此外，社会信息加工理论提出，社会环境通常经过四种途径直接或者间接影响个体的工作态度和行为：（1）个体所处的社会环境具备用来描述工作环境特征的信息。例如，同事们公开谈论与工作相关的内容会直接影响到个体对工作的态度。当同事们不断地抱怨自己的工作内容是无聊的、可怕的或者不令人满意的，这个人要么不同意同事们做出的评论，要么会将这些负面的工作评价同化到自己对工作的判断中。员工的工作态度和行为很容易受到其他同事对工作的评价的影响。（2）社会环境通过突出某些方面的社会信息，吸引个体的注意力，进而影响其工作态度和行为。员工能够从同事频繁的谈话内容中得到与工作相关的某些重要信息，这些信息提示着员工在工作环境中应该注意些什么，进而影响其工作态度的形成。（3）社会环境可以提供一些组织中其他成员如何评价工作环境的线索。当领导对工作不恰当的同事进行处分时，员工既可能认为这个领导缺乏对下属的同情心，也可能认为是领导为了追求项目的成功而实施的严格要求。因此，人们对社会信息的解读具有社会情境性，当周围的社会信息越模棱两可时，社会环境的重要性越突出。（4）人们在社会互动的过程中有助于加深或者形成对自己需求、价值观和认知的理解，基于这种理解，人们可以更好地评价周围的工作环境。例如，当同事提出从事的工作不能够允许自己平衡工作-家庭的需求时，这不仅表明工作-家庭冲突是该工作的重要特征，还表明员工非常重视这一工作特征（Salancik and Pfeffer, 1978; Bhave et al., 2010）。

近年来，越来越多的实证研究表明，社会信息加工理论可以适用于组织的各个层面，社会信息不仅能够影响个体的态度和行为（Lau and Liden, 2008; Yang et al., 2018a），还有助于塑造团队层面的相关结果（Rego et al., 2017; Priesemuth et al., 2014; Ellis, 2006; Frazier and Bowler, 2015; Bhave et al., 2010; Yang et al., 2018b）。例如，在个体层面，Lau and Liden（2008）探索了领导作为组织的重要信息源，其对某个员工的信任可能影响到其他员工对该员工的态度，换句话说，当领导对某一员工的信任水平较高时，该员工的同事会认为他是值得信赖的，进而会提高自己对该员工的信任水平。在团队层面，Bhave et al.（2010）的研究证实了工作团队是塑造个体知觉、态度和行为的重要社会环境，当团队中的成员经常公开抱怨工作占用了太多的家庭时间时，就会向团队中的其他成员传递工作-家庭冲突是当前工作的重要特征的信息，导致员工建立较高的工作-家庭冲突知觉。类似地，近期有研究表明，领导者作为重要的信息源，对团队氛围的塑造具有重要影响。具体而言，团队水平的精神型领导有助于提升团队的工作意义氛围，从而对团队的有效性有积极的影响作用 (Yang et al., 2018b)。

社会信息加工理论打开了外部社会信息如何影响个体态度和行为的"黑箱"。根据社会信息加工理论，个体周围的社会信息提供了帮助其解读工作环境的社会线索，个体对工作环境的不同解读会导致个体产生不同的态度和行为。Rego et al. (2017) 探索了谦卑型领导有助于提升团队成员的心理资本以及团队任务分配的有效性，进而提高团队的整体绩效水平。谦卑型领导所具备的一些特征有助于建立团队成员的心理资本，如团队成员的自我效能、积极性、希望和复原力。当团队成员具有较高的心理资本时，团队领导在分配团队任务时能够根据成员的能力与优势进行合理的匹配，进而提高团队的任务分配有效性。最后，当团队成员具备的技能和特长与任务需求匹配时，不仅能够最大限度地发挥出团队的人力资本优势，还会尽可能地最大化团队产出水平，提升团队的整体绩效水平。Ellis (2006) 的研究发现，外界的急性压力（acute stress）作为重要的社会信息，通过影响团队互动心理模型（team interaction mental model）的相似度以及精确度、团队交互记忆，进而降低团队的整体绩效水平。Priesemuth et al. (2014) 的研究发现，团队认同和团队效能在团队的辱虐管理氛围与团队合作、团队组织公民行为以及团队绩效之间起中介作用。Frazier and Bowler (2015) 的研究发现，当团队知觉的主管破坏（group perceptions of supervisor undermining）程度较高时，向团队成员传递建言是不受欢迎的信号，进而团队内部感知到较低的建言氛围，最后使团队成员展现出较少的建言行为。Yang et al.(2018a) 的研究发现，主管感知到的关系人力资源管理实践作为一种重要的工作信息源，会影响到员工对组织内关系人力资源管理实践的知觉，进而塑造员工的工作态度。主管感知到的关系人力资源管理实践水平越高，向员工传递的组织内实施关系人力资源管理实践的信息越强，导致员工知觉到较高水平的关系人力资源管理实践。当员工认为组织的人力资源管理决定往往依赖于关系而不是个人绩效时，他们会觉得个人的投入不能决定所能获得的回报，从而会相应地降低自己的工作投入。

在调节机制方面，社会信息加工理论揭示了个体所处的外部社会环境具有重要作用。当外部社会环境愈加不确定和模棱两可时，人们更加依赖社会信息提供的线索来调整自己的态度和行为。Lau and Liden (2008) 的研究表明，团队的绩效水平是调节领导信任与同事信任之间关系的重要情境变量。当团队的绩效水平较低时，会传递出一种消极反馈的社会信息，这种信息意味着团队成员需要建立新的团队配合方案或者提高努力程度来改善绩效水平（Kluger and DeNisi, 1996）。但是，建立新的团队配合方案是高度复杂以及模棱两可的，并且不可能总是成功的（Kluger and DeNisi, 1996）。在这种不确定的工作情境下，团队成员为了自身利益需要通过处理周围重要的社会信息来调整自己的态度。最近研究（Yang et al., 2018b）发现，当团队的任务不确定性较高时，精神型领导对团队工作意义氛围的影响作用更强。任务不确定性高意味着团队成员对工作的内容、需求和形式是不清晰的，在这种比较复杂的工作环境下，精神型领导更容易发挥自身的作用，向团队成员传递出有意义的工作内容，有助于塑造较高的团队工作意义氛围。

除实证研究以外，学者们基于社会信息加工理论还提出了一些理论研究模型。例如，Boekhorst（2015）提出了一个包容型氛围的理论模型，该模型认为，真实型领导是促使团队内部形成包容型氛围的重要信息源，具体而言，真实型领导通过展现出包容性的领导角色模范作用，进而帮助团队建立包容性氛围。组织实施关于包容性行为的奖励制度同样向员工传递着包容性行为是被组织支持和鼓励的信息，进而有助于建立团队的包容性氛围。此外，大型和多元化的工作组织为员工提供了学习如何以包容的方式行事的工作环境，也有利于团队建立较高的包容性氛围。

根据社会信息加工理论的核心观点以及相关文献，我们总结出了社会信息加工理论的基本运用框架（见图3）。

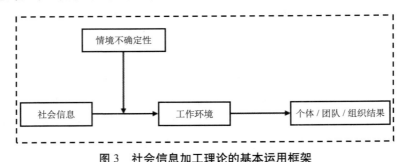

图3　社会信息加工理论的基本运用框架

对该理论的评价

在社会信息加工理论提出之前，需求－满足模型主要用来解释个体的态度和行为是如何形成的，但是该理论仅强调了个体因素的作用，如个体归因和特质等；尽管有学者认为个体的工作态度源于需求实现、情境特征以及个体需求强度的相互作用（Hackman and Lawler, 1971），但是没有突出情境的作用；以往的理论学家似乎忽略了人们总是花费更多的时间去思考过去的行为和决定产生的影响，而不是思考未来的行为。社会信息加工理论强调的是社会情境和个体过去的选择以及行为对其工作态度和动机的影响，正好弥补了以往理论的不足。正如 Salancik and Pfeffer（1978）所言，个体的工作态度和行为具有社会情境性，不能忽略社会环境的重要作用。基于此，社会信息加工理论认为，人们工作所处的社会情境以及过去行为引起的影响作为重要的社会信息源，对其工作态度和行为具有重要的指示和引导作用。相较于其他理论而言，社会信息加工理论不仅揭示了工作环境的中介机制，如社会信息有助于个体和团队理解工作环境，从而决定其态度和行为，还突出了情境不确定性的调节机制，如相较于确定性情境，在不确定性的情境中，个体和团队更加依赖社会信息去理解工作环境，从而调整其工作态度和行为。

经典文献

Salancik, G. R., & Pfeffer, J.(1978). A social information processing approach to job attitudes and task design. *Administrative Science Quarterly*, 23, 224–253.

对管理者的启示

社会信息加工理论关注个体如何通过理解周围社会环境提供的线索进而调整其态度和行为，强调个体所处的社会环境是一种重要的社会信息源。进一步的，由于管理者在组织中具有较高的正式地位以及掌握着重要的组织资源（如决定着组织成员是否能够获得加薪、晋升和培训机会等），这表明管理者能够在工作环境中向员工传递重要的信息，并且影响员工的工作态度和行为。根据社会信息加工理论，管理者能够调整自己的定位，不能以"自上而下"的方式命令员工，而是要发挥团队的榜样作用，树立正确的工作态度和价值观，展现出积极向上的工作面貌。这种工作心态的转变，不仅能够促进管理者与员工之间开放、透明的沟通，还可以增进管理者与员工之间的友谊和关系。管理者的榜样作用和模范效应能够提升团队的凝聚力和绩效水平，从而增强管理者的领导有效性。这也有助于组织发展，进而实现员工和组织的双赢。

本章参考文献

49

社会相互依赖理论

刘得格[1]　张亚[2]

图1　莫顿·多伊奇

社会相互依赖理论（social interdependence theory）的历史根源可以追溯到物理学中从机械论到场论的转换时期，这一转变影响了格式塔心理学（gestalt psychology）的发展（Johnson, 2003）。随着"场"成为物理学的研究单位，"整体"也成为格式塔心理学研究者对认知和行为研究关注的焦点。作为格式塔心理学派创始人之一的 Koffka（1935）认为，类似于心理场，群体是一个动态的整体，成员之间的相互依赖可能有所不同。基于格式塔心理学的基本原理和观点，Lewin（1935）提出，群体的本质是群体内成员之间的相互依赖，群体中任何一个成员或子群的状态变化，都会影响其他成员或子群的状态，这些特征使群体成为一个动态的群体。当群体成员意识到他们之间存在共同目标时，一种激励实现共同目标的"紧张状态"（state of tension）就产生了，个体对共同目标的认识和实现目标的共同动力是群体成员相互依赖的源泉。莫顿·多伊奇（Morton Deutsch）（见图1）扩展了 Lewin（1935）的研究，对不同个体的"张力系统"（tension systems）是如何相互联系的进行了研究（Deutsch, 1949a, 1949b）。

---

[1]　刘得格，管理学博士，广州大学工商管理学院副教授。主要研究领域：领导理论与实践、社会比较、妒忌和被妒忌、商业模式。电子邮件：liudege@163.com。
[2]　张亚，广东财经大学信息学院硕士研究生。主要研究领域：领导理论与实践、追随力。电子邮件：zhangya.1992@qq.com。

多伊奇在 1949 年发表了《合作与竞争理论》(A thery of co-operation and competition) 和《合作与竞争对群体过程影响的实验研究》(An experimental study of the effects of cooperation and competion upon group process) 两篇奠基性文章，清晰界定了合作与竞争的概念及其逻辑框架，明确了存在于个体间的两种相互依赖类型（积极依赖和消极依赖），并提出了与此相关的替代性（substitutability）、投入性（cathexis）和可诱导性（inducibility）三个心理过程（Deutsch, 1949a, 1949b）。Deutsch（1949a, 1949b）提出社会相互依赖理论之后，该理论受到了研究者的广泛关注，得到了来自美国、欧洲、中东、亚洲、非洲等国家和地区不同文化及年龄阶段样本的验证，并在心理学、教育学、家庭治疗疗程、国际关系、冲突和商业管理等领域得到了广泛应用（Johnson, 2003; Johnson and Johnson, 2005）。该理论自 2000 年以来的被引次数如图 2 所示。

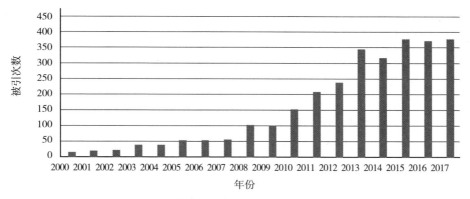

图 2　社会相互依赖理论的引用次数

资料来源：根据 Google Scholar 数据整理而成，搜索时采用精确匹配。

社会相互依赖理论的核心内容

基于以往研究对合作与竞争的概念缺乏明确的界定，较多关注合作与竞争的结果，缺乏对心理过程、参与者之间的关系及其互动方式的研究等局限性（Johnson and Johnson, 2005），Deutsch（1949a, 1949b）认为，当个体间有共同目标且个体目标的实现都受到其他个体行为的影响时，个体间的社会相互依赖关系就存在了。社会相互依赖理论将个体间的依赖类型、心理过程、互动方式和结果联系在了一起，并解释了它们之间的因果关系（Johnson and Johnson, 2005）。

Deutsch（1949a, 1949b）提出的社会相互依赖理论将个体间的相互依赖分为两种类型，即积极依赖（positive interdependence, i.e., co-operative）和消极依赖（negative interdependence, i.e., competitive）。（只有）当其他个体实现其目标，个体的目标才能实现时，个体之间存在积极依赖关系，此时，个体会寻求存在积极关联且有益于所有成员的目标结果（比如合作）；（只有）当其他个体未实现其目标，个体的目标才能实现时，个体之间存在消极依赖关系，此时，个体会寻求损害他人但却有利于自己的目标结果（比如竞争）（Deutsch, 1949a, 1949b, 2006）。积极依赖和消极依赖都是依据个体间积极或消极的目标依赖而定的，如果个体间不存在目标的依赖或个体目标的实现与其他人的目标是否实现无关，则个体间就不存在相互依赖关系（no-interdependence），此时个体会寻求有利于自己的目标，而不关心他人目标的实现与否（Johnson and Johnson, 1974, 1989）。

除明确了上述两种依赖类型之外，Deutsch（1949a）还提出了两种行为——增加个体实现目标的机会的有效行为（effective action）和减少个体实现目标的机会的拙劣行为（bungling action），以及三个心理过程——替代性、投入性和可诱导性。根据社会相互依赖理论，两种依赖和两种行为共同作用，对个体间的互动方式及其心理过程（替代性、投入性和可诱导性）产生影响（Deutsch, 1949a; Johnson and Johnson, 2005）。其中，替代性是指个体的行为替代他人行为的程度；投入性是指对自身之外对象（比如朋友、家庭和工作等）的心理能量投入；可诱导性是指受他人影响和影响他人的开放性。积极依赖往往会产生可替代、积极投入和可诱导性高的心理过程，消极依赖往往会产生不可替代、消极投入和阻抗性的心理过程（Deutsch, 1949a, 1949b）。

社会相互依赖理论的基本前提是，个体之间的目标结构决定了个体之间的互动方式（比如交流、沟通、领导、决策等），而互动方式又决定了其结果（比如个人成就、人际关系、心理健康等）（Deutsch, 1949a, 1962; Johnson and Johnson, 1989）。目标结构界定了不同个体目标的相互依赖类型，相互依赖类型又会决定个体如何为实现目标进行所必须的互动（Johnson and Johnson, 2005）。该理论的基本前提中包含三方面的内容（Deutsch, 1985; Johnson and Johnson, 2005）：第一，个体仅认为自己和其他人之间存在积极或消极的相互依赖关系并不够，只有个体为实现目标而采取行动时，合作和竞争才会存在。第二，个体为实现目标而采取的行动取决于个体对特定情境中目标相互依赖的认知,而且这一"认知"随着个体行为对其所处情境的影响而动态变化。第三,因果影响是双向的,社会关系的原始定律(crude law of social relations)认为,过程特征和特定社会相互依赖产生的后果同样会引起这种特定的社会相互依赖,比如,合作会促进相互帮助、支持、资源交换和信任,而支持和信任等也会引发合作。

根据社会相互依赖理论,积极依赖可以促进积极的互动(例如互相帮助和支持、交换所需资源、有效的交流、相互影响和信任等),促进个体目标的实现,带来较高的效率和业绩,也会促进个体间的积极关系,提升个体的心理健康和幸福感。由于存在消极依赖关系的个体之间具有竞争关系,而消极依赖会抑制积极的互动,甚至导致对立的互动(例如妨碍他人实现目标、威胁和压制策略、不信任和误导性交流等),并导致较低的效率和业绩,增加个体间的消极关系,降低个体的心理健康和幸福感。而个体间不存在相互依赖时,则会有较少的互动,与消极依赖类似,无依赖也会带来较低的效率和业绩、消极的个体关系、较低的心理健康和幸福感(Deutsch, 1949a; Johnson and Johnson, 1989, 2005)。

在以往多学科和多领域的研究中,研究者借助社会相互依赖理论对许多结果变量进行了深层次的探究,例如,个人成就、群体与组织的生产力、成就动机、内在动机、培训和学习的转换、工作满意度、人际吸引、社会支持、人际情感与爱、对多样性的态度、偏见、自尊、成功与失败的归因、心理健康和社会胜任力,等等(Johnson and Johnson, 2005)。这些不同的结果变量可以归为生产力(productivity, effort to achieve)、积极人际关系和心理健康三大类(Johnson, 2003; Johnson and Johnson, 2005; Tjosvold et al., 2012)。其中,归为生产力类别的研究表明,与竞争和个人努力相比,合作可以发挥更大的积极作用,比如(1)带来更高的业绩和成就;(2)在努力完成目标的过程中,使个体更愿意挑战困难任务并坚持不懈;(3)促进个体使用高水平的认知分析、道德推理和批判性思考;(4)促进学习迁移(transfer of learning from one situation to another);(5)使个体以更加积极的态度对待正在完成的任务;(6)使个体在任务上投入更多的时间。归为积极人际关系类别的研究表明,与竞争和个人努力相比,合作更有利于产生积极的人际关系,比如相互尊重、好感和相互支持;基于群体成员之间的积极关系,群体成员会愿意为实现目标付出努力,愿意承担较困难的任务,愿意为实现目标忍受痛苦和挫折,愿意听取他人的意见,愿意承诺彼此的成就和成功,而且群体成员也更具有责任感,有更大的动力主动学习

（Johnson，2006）。归为心理健康类别的研究表明，与竞争和个人努力相比，合作可以带来更健康的心理，而且合作态度和多种心理健康指标有较高的正相关关系，比如心理成熟、社会关系适应良好、较强的个体身份、应付逆境的能力、社会胜任、对人信任和乐观、自我力量、自信、独立、自尊和自主等。

尽管关于社会相互依赖理论的研究表明合作可以带来诸多积极作用，但随着研究的不断深入，研究者对建设性竞争和个人努力的有效性进行了研究，关注在什么情况下竞争有效或富有建设性，以及个人努力在什么情况下比合作和竞争更有效（Johnson and Johnson，1989，2005）。这类研究表明，当出现以下情况时，竞争往往会带来积极结果：（1）获胜并不是很重要；（2）所有参与者都有平等的获胜机会；（3）有评判获胜的明确具体的规则、程序和标准（Johnson and Johnson，1989; Tjosvold et al.，2003; Utman，1997）。而在以下情况下，个人努力往往会更有效：（1）因有技能的潜在合作伙伴或合作需要的资源是无法获得的，合作非常困难、麻烦或成本非常高；（2）目标被认为是重要的、相关的和有价值的；（3）个体期望成功地实现自己的目标；（4）需要完成的任务是单一的、不可分割的、简单的，例如获得或使用简单的技能等；（5）完成任务的方向是明确、具体的，个体不需要进一步明确如何处理和评估自己的工作；（6）个体所完成的学习或任务对后续的合作是有用的。

对该理论的评价

20 世纪二三十年代，社会相互依赖理论提出之前，研究者对合作与竞争的研究使用了多种合作及竞争概念，这些概念界定的不清晰导致不同研究之间缺乏一致性，因此，很难有效整合当时的研究（Deutsch，1949a; Johnson，2003; Johnson and Johnson，2005）。Deutsch（1949a，1949b）提出的社会相互依赖理论，清晰地界定了合作与竞争的概念，澄清了社会相互依赖类型及其性质，明确了如何操作社会相互依赖，确定了社会相互依赖的心理过程，解释了相互依赖、互动模式和结果之间的因果关系，为研究者深入探究个体、群体和组织等社会相互依赖的关系，以及社会相互依赖的影响机制提供了基础。

Deutsch（1949a，1949b）提出社会相互依赖理论之后，研究者在该理论的基础上进行了大量研究，这使社会相互依赖理论在商业管理、教育和国际关系等许多领域得到了验证和应用（Johnson，2003; Johnson and Johnson，2005）。研究的数量、质量和概化（generalizability）充分表明，社会相互依赖理论具有较高的内部和外部效度（Johnson, 2003; Johnson and Johnson, 2005）。社会相互依赖理论在多学科和多领域的应用表明了其重要价值和作用，该理论是现存的为数不多的能够为个体、群体和组织及其目标结构和互动过程提供全面分析的理论之一（Thibaut and Kelley, 1959; Tjosvold et al., 2012），是很多其他理论的基础，例如信任（Deutsch, 1962）、冲突（Deutsch, 1973; Tjosvold, 1991）、谈判（Johnson and Johnson, 2003）、分配公平（Deutsch, 1985）、积极权力（Johnson and Johnson, 2006）和社会认同（Tyler and Blader, 2000），等等。

虽然社会相互依赖理论得到了大量研究的支持，且得到了广泛的应用，但社会相互依赖理论也存在一些局限（Johnson and Johnson, 2005），以下几个方面值得将来进一步深入研究。第一，Deutsch（1949a）分析了特定情境中个体间的相互依赖，且假定个体只有一个目标，但在现实情况中，个体都有多个目标，个体间既有共同的目标，也有相互对立的目标以及自己追求的独立目标（Johnson and Johnson, 2005）。因此，在个体有多个目标的情境中，个体间不同目标相互依赖类型的相对强度和个体对不同目标依赖的倾向程度都会影响互动过程、互动性质及其结果。对此，将来研究者需要考虑完善囊括多目标的社会相互依赖理论。第二，个体、群体和组织如何判断自己和他人之间存在哪种相互依赖关系（积极依赖、消极依赖、不依赖）？根据社会关系的原始定律（Deutsch, 1973），目标相互依赖产生的结果也会促进这种目标相互依赖的产生，但是，目标相互依赖、互动和结果之间并不总是相互促进的，合作关系也会变成竞争关系。尽管有证据表明，不合理攻击破坏了合作循环，但仍需进一步研究澄清何时以及如何保持合作、竞争和独立（非相互依赖）循环，这需要对个体做出目标相互依赖类型判断的认知和人际互动机制进行深入的研究（Tjosvold et al., 2012）。第三，虽然社会相互依赖理论在不同文化中得到了验证，但是，该理论更多地关注相对抽象层面的变量，而非具体的行为。比如，中国和北美的研究表明，合作性目标会促进针对不同观点的开放性讨论和互动，但是，这并不能表明中国人和西方人讨论不同观点的具体方式也相同（Tjosvold et al., 2012）。因此，研究具体行为可以为研究者深入理解合作和竞争，以及明确不同文化的差异等提供更详尽的信息。第四，Deutsch（1949a）最初提出社会相互依赖理论时，假定所有的个体都有同等的权力。但是，在企业组织中，个体之间的权力往往会存在差异，个体权力的不同可能会影响他们之间的互动及其结果，比如，权力拥有者可能会通过阻止其他人实现目标而为自己实现目标扫清障碍。所以，将来研究需要深入考虑权力不对称对个体互动及其结果产生的作用、不同依赖类型如何影响权力使用、权力在竞争和合作情境中如何发挥作用等问题。

尽管社会相互依赖理论存在上述不足，但是，社会相互依赖理论的影响和应用可以充分说明该理论的重要价值和作用。

关键测量量表

1. Task Interdependence

(1) Pearce & Gregersen's Task Interdependence Scale：2维度。其中，Independence 3题，Reciprocal Interdependence 5题，共8题

Pearce, J. L., & Gregersen, H. B. (1991). Task interdependence and extra-role behavior: A test of the mediating effects of felt responsibility. *Journal of Applied Psychology*, 76(6), 838–884.

(2) Van der Vegt & Janssen's Task Interdependence Scale：1维度，5题

Van der Vegt, G. S., & Janssen, O. (2003). Joint impact of interdependence and group diversity on innovation. *Journal of Management*, 29(5), 729–751.

(3) Langfred's Task Interdependence Scale：1维度，7题

Langfred, C. W. (2005). Autonomy and performance in teams: The multilevel moderating effect of task interdependence. *Journal of Management*, 31(4), 513–529.

2. Task, Goal and Reward/Feedback Interdependence：3维度。其中，Task Interdependence 3题，Goal Interdependence 3题，Feedback/Rewards Interdependence 3题，共9题

Campion, M. A., Medsker, G. J., & Higgs, A. C.(1993). Relations between work group characteristics and effectiveness: Implications for designing effective work groups. *Personnel Psychology,* 46(4), 823–847.

3. Dependence between Leader and Follower

Wee, E. X. M., Liao, H., Liu, D., & Liu, J.(2017). Moving from abuse to reconciliation: A power-dependence perspective on when and how a follower can break the spiral of abuse. *Academy of Management Journal*, 60(6), 2352–2380. doi: 10.5465/amj.2015.0866

| 经典文献 |

Deutsch, M.(1949a). A theory of co-operation and competition. *Human Relations*, 2(2), 129–152.

Deutsch, M.(1949b). An experimental study of the effects of cooperation and competition upon group process. *Human Relations*, 2(3), 199–231.

Deutsch, M.(2006). Cooperation and competition. In M. Deutsch, P. T. Coleman & E. C. Marcus(Eds.), *The Handbook of Conflict Resolution: Theory and Practice*(pp. 23–42). San Francisco: Jossey-Bass.

Johnson, D. W.(2003). Social interdependence: Interrelationships among theory, research and practice. *American Psychologist*, 58(11), 934–945.

Johnson, D. W., & Johnson, R. T.(1989). *Cooperation and Competition: Theory and Research*. Edina, Minn.: Interaction Book Co.

Johnson, D. W., & Johnson, R. T.(2005). New developments in social interdependence theory. *Genetic, Social, and General Psychology Monographs*, 131(4), 285–358.

Kelley, H. H., & Thibaut, J. W.(1978). *Interpersonal Relations: A Theory of Interdependence*. New York: John Wiley & Sons Inc.

| 对管理者的启示 |

社会相互依赖理论在商业和工业组织等领域的研究和应用不仅表明该理论有重要的价值，而且为企业组织管理实践提供了许多有价值的启示和建议。

第一，建立合作性的工作目标。以积极依赖为特征的合作性目标对组织中成员的互动方式及组织目标的实现非常重要。合作性工作目标对形成高质量的领导－成员关系并促使下属做出积极的组织公民行为非常重要（Hui *et al.*, 2008），它有利于组织成员紧密地联系在一起，提高组织的凝聚力，并为共同的目标而努力（Tjosvold and 粟芳，2002）。现代企业组织中，团队管理是非常普遍的工作方式，团队中员工之间积极的相互依赖关系及其共同的目标（比如目标相互依赖等）会影响团队成员之间的积极互动，比如有效沟通、信任和相互支持等，而这种积极的互动方式又会给团队带来较高的业绩（Courtright *et al.*, 2015; Wong *et al.*, 2009）。有关群体奖励制度的研究证明，适当的团队奖励有利于提高员工的效率，增加团队成员的合作精神（Jensen et al., 2002）。因此，管理者可以根据企业组织的实际情况对团队进行适当的管理和奖励，比如增加团队的目标相互依赖，仔细评估和设计团队的奖励制度，制定公平的团队奖励制度，等等（Courtright et al., 2015; Johnson and Johnson, 2005）。

第二，开展有效的合作学习培训。社会相互依赖理论在学习教育领域被广泛应用。合作学习是一种采用小群体共同协作方式的教学方法，该方法可以最大限度地发挥各自的学习效果（Johnson and Johnson, 1999, 2008）。合作学习不仅有利于提高学员的成绩，而且有助于促进学员之间的积极关系，减少类似孤立、孤独和社会拒绝等不利因素，增加学习动力和效果等（Johnson and Johnson, 2005）。企业组织可以结合合作学习有效设计培训内容和过程，比如，运用团队辅助个性化教学和团队游戏比赛等设计培训内容，明确学员的目标，让学员明确他们的目标存在积极的相互依赖关系，以及学员之间的责任和群体角色，确保每个学员拥有或获得群体有效运作所必需的技能，明确合作学习过程中群体有效协作的过程，等等（Johnson and Johnson, 2006; Johnson and Johnson, 1999, 2002, 2008）。通过合作学习培训不仅可以提高学员的学习效果，而且可以提高管理者的管理水平。

第三，有效管理竞争和冲突，发挥建设性竞争和冲突（constructive competitive and conflict）的积极作用。竞争和冲突普遍存在于企业组织中，然而，并不是所有的冲突和竞争都会带来消极影响，研究表明，建设性竞争和冲突对于提高生产率和业绩也是必要的。比如，Tjosvold（1991）发现，和竞争相比，合作更能激发个体对不同观点的开放性和尊重性讨论。Tjosvold et al.（2003）的研究表明，当获胜的规则和标准明确公平时，企业员工之间的竞争是建设性的，比如提高工作效率、增加个人收获等。这表明，明确个体间的积极相互依赖以及有效合作和竞争的必备条件对企业组织有效管理建设性竞争和冲突是有效的和必要的。管理者应基于社会相互依赖理论的研究成果（Coleman, 2012; Deutsch, 2006; Tjosvold et al., 2003; Tjosvold et al., 2006），进一步明确产生建设性竞争和冲突的条件、过程及原因，以及处理建设性竞争和冲突的原则及过程，并据此做出管理建设性竞争和冲突的有效决策，避免消极竞争和冲突，发挥竞争和冲突的积极作用。

虽然上述三方面内容不能穷尽社会相互依赖理论对企业组织管理实践的启示，但管理者可以根据企业组织的实际运营情况，在深入理解社会相互依赖理论研究成果的基础上，将其灵活应用于企业组织的管理实践。

本章参考文献

50

社会学习理论*

王震[1]　朱曦济[2]

阿尔波特·班杜拉（Albert Bandura）（见图1）是社会学习理论（social learning theory, SLT）的奠基人和集大成者。他在1977年出版的《社会学习理论》（*Social Learning Theory*）一书中系统地论述了社会学习理论的基础和核心观点。

在班杜拉之前，已有一些学者提出了社会学习理论。例如，Miller and Dollard（1941）提出了"驱力—线索—反应—奖赏"的社会学习模式。Rotter（1954）提出了社会学习人格理论。Mischel（1973）提出了关于人格的认知社会学习理论。然而，这些理论要么在本质上是行为主义导向的，要么是针对人格的社会学

图1　阿尔波特·班杜拉

习，与班杜拉基于认知和行为整合视角的总体性社会学习理论有较大不同。在此仅介绍班杜拉的社会学习理论。自2000年以来，社会学习理论的被引次数不断攀升，2009年以后每年的被引次数均超过了5 000次（见图2）。

---

*　基金项目：国家自然科学基金项目（71302129; 71772193）。
1　王震，中央财经大学商学院组织与人力资源管理系副教授。研究领域：道德和服务导向的领导力和人力资源管理。电子邮件：wangzhen@cufe.edu.cn。
2　朱曦济，中央财经大学商学院组织与人力资源管理系助理教授。研究领域：残障人力资源开发、社会污名和身份认同管理、工作场所的情绪、管理研究方法。电子邮件：xijizhu@cufe.edu.cn。

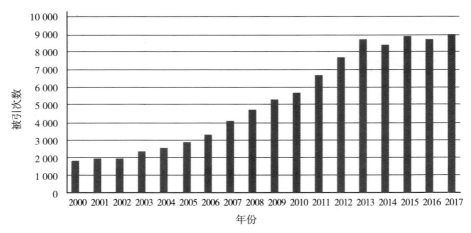

图 2　社会学习理论的被引次数

资料来源：根据 Google Scholar 数据整理而成，搜索时采用精确匹配。

社会学习理论的核心内容

一、社会学习理论的起源

班杜拉的社会学习理论是众多学习理论中最具影响力的一个。该理论着重解释了社会情境下的学习是如何发生的。这一理论的核心内容是个体会通过观察他人的行动而习得新事物，即替代性学习（vicarious learning）。

班杜拉的社会学习理论与早期的学习理论有着显著的不同。早期的学习理论是基于行为主义视角的，认为学习的发生源于强化（reinforcement）和惩罚（punishment）。这些学习原理是从动物实验研究中获得的，因此并不能类比人的复杂行为。班杜拉突破了行为主义框架，从认知与行为联合发挥作用的观点去看待社会学习。在他看来，社会学习是一种信息加工理论和强化理论的综合过程，二者有机结合、缺一不可。

二、社会学习理论的核心观点

社会学习理论的观点非常广泛，我们认为，对组织管理研究有较大启发的观点包括：

第一，人的学习行为可以分为由行为后果引起的学习和由示范过程引起的学习。社会学习理论强调的是后一种学习，或者说观察学习（observational learning）。

观察学习指出个体会观察、模仿和学习他人的行为。在经典的不倒翁实验中，班杜拉首先让儿童观察成人对不倒翁玩偶做出的攻击行为，之后让这些儿童在房间里与不倒翁玩耍。结果发现，观察了成人攻击行为的儿童会模仿成人的攻击行为。班杜拉提出了观察学习的三个基本模型：(1) 现实模型（live model），一个真实的人表现出某种行为；(2) 言语指导模型（verbal instruction model），对某种行为细节的描述和阐释；(3) 符号模型（symbolic model），一个真实或者虚构的人物，通过电影、书籍、电视、广播、网络或其他媒介表现出来的行为。班杜拉进一步将观察学习分为四个过程：注意（attention）、保持（retention）、再现（reproduction）和动机（motivation）。班杜拉认为，并不是所有可观察到的行为都能被有效地学习。在特定的情境中，个体会因为某一过程而无法模仿和学习某种行为。例如，(1) 榜样的吸引力很小，或者示范行为本身没有意义，或者观察者信息加工能力比较弱，导致观察者没有注意示范行为；(2) 观察者对行为意图的理解有偏差，因而对行为的编码不恰当，不能提取和保持所观察到的内容；(3) 观察者缺乏能力去模仿学习；(4) 观察者没有意愿去模仿学习。

第二，学习并不意味着个体行为一定发生变化。行为主义学家认为，学习会导致行为的持久变化，而观察学习则认为，个体可以学习新的信息，但并不一定表现出新的行为。

第三，学习的心理变化是以认知过程为中介的。示范者示范行为对观察者的影响是通过改变观察者的两种认知来实现的，即效能期待（efficacy expectancy）和结果期待（outcome expectancy）。效能期待是个体对自己能否表现出某种行为的认知估计，即自我效能感。结果期待是个体对某一行为会带来某种结果的认知估计。社会学习理论重点阐述了效能期待，并指出了它的几个来源，包括自身的成就经验、替代性学习、言语说服及心理和情绪唤醒。

第四，社会学习并不是在真空中发生的，示范者对观察者的影响取决于示范者、观察者和学习情境等因素。在示范者方面，那些权力大、地位高、能力强的示范者更有可能让观察者学习。在观察者方面，其能力、动机、信心会在很大程度上决定社会学习过程。在学习情境方面，行为的后果、示范者和观察者的相似性等都会影响社会学习的效果。

第五，强化在社会学习过程中具有重要作用。社会学习理论提出了三类强化，即外部强化、替代强化和自我强化。外部的、情境的强化并不是决定个体学习和行为的唯一因素。自我强化（如骄傲、满意、成就感等内在心理状态）也很重要。

替代强化可以通过信息功能、动机功能、情绪学习功能、评价功能和影响功能来发挥作用,自我强化主要通过动机功能发挥作用。

第六,人的心理机能是由人、行为和环境共同决定的,即"三元交互决定论",其中,认知具有控制功能,可以调节人的行为。这两部分内容在社会认知理论中得以进一步拓展。

三、社会学习理论的后续发展

在1977年提出社会学习理论后,班杜拉进一步阐述了其中的认知部分,并在1986年提出了社会认知理论。社会认知理论是社会学习理论的拓展,其核心思想是个体行为的习得、保持和变化是个体、行为和环境共同作用的结果。相较于社会学习理论,社会认知理论在自我调节、自我效能、道德推脱、情绪反应方面有所深化。总体来看,社会认知理论跳出了"学习"的研究边界,同时更进一步地凸显了认知的重要性。在组织管理研究中,很多研究不区分这两种理论。例如,使用社会认知理论来阐述个体的模仿和学习过程。我们认为,研究者应根据研究问题而有侧重地使用这两种理论。

在职业发展后期,班杜拉试图进一步与行为主义划清界限,因此主要对社会认知理论进行完善。有关社会认知理论的新进展主要体现在对自我效能和自我调节理论的深化,以及该理论在道德和跨文化情境下的应用方面。而有关社会认知理论的最新反思可见 Bandura(2012,2015)。对社会学习理论来说,研究者更多的是应用而非拓展。较新的理论拓展可见 Kalkstein *et al.*(2016)对社会学习过程中心理距离和学习层次的讨论。

四、对社会学习理论的评价

正如 Bandura(2015)所言,理论的价值不仅取决于其解释和预测能力,更取决于其促进人类功能变化的操作能力。班杜拉的社会学习理论从认知与行为联合发挥作用的观点上去看待社会学习,引入了示范过程和观察学习的概念,突破了行为主义强化和惩罚的学习框架,极大地改变了人们对个体、组织和社会学习过程的理解,具有重大的理论和社会价值。

| 对该理论的评价 |

社会学习理论也面临一些挑战。MacBlain(2018)指出,社会学习理论因未能充分解释人们内心想法与感受的习得和发展而受到批评。Foulk *et al.*（2016）则认为，社会学习理论的应用是有边界的，比起单次发生的场景和无意识的行为传染过程，它更适合解释能重复多次观察的场景和能经过信息的注意、组织和解释的有意识的行为传染过程。Fulmer and Ostroff（2017）进一步指出，诸如员工对直接主管的信任到对公司领导的信任等不能被直接观察的心理状态的传递过程不能很好地被社会学习理论所解释，社会学习理论也许更适合解释对可以被直接观察的行为的学习。

社会学习理论在组织管理领域的应用

Weiss（1977, 1978）较早地将社会学习理论引入组织管理研究领域。在1977年的研究中，Weiss基于社会学习理论，考察了下属感知的领导者的权力、成功和能力与下属模仿领导者行为的关系。结果表明，下属越认为领导者有地位和成功，其模仿和学习领导者的程度就越强。在这一过程中，下属的自尊会起到调节作用，而下属的行为奖励期待则会起到中介作用。随后，Weiss考察了领导成功、能力和关怀行为（consideration）及下属自尊在下属模仿和学习领导者价值观过程中的作用。总体来看，这两项研究都表明，下属向领导者的学习效果取决于领导者特征和下属特征，这与社会学习理论的观点是相符的。早期的应用研究主要聚焦于对领导者的培训（Latham and Saari, 1979）和员工自我管理（Manz and Sims, 1980）。Davis and Luthans（1980）以及Manz and Sims（1981）较为系统地阐述了社会学习理论对组织管理研究和实践的启示。

一、我们的观察

根据我们的观察，组织管理研究者主要基于社会学习理论考察个体通过模仿示范者行为而习得新行为的现象、内在过程和边界条件。根据上述归纳的社会学习理论的核心观点，我们将其在组织管理研究领域的应用分为以下三类：

1. 基于社会学习理论的基本观点1和2，考察组织情境下的社会学习现象

这是社会学习理论在组织管理研究领域最具代表性的应用。总体来看，研究者考察某一主体的特征和行为如何通过榜样示范（role modeling）使他人表现出同样或类似的特征和行为（从示范者的角度），或者说某一主体如何通过模仿去学习他人特征和行为（从观察者的角度）。学习的主体包括领导者与下属/团队成员、团队成员/同事与员工。学习的方向是双向的：下属/团队成员学习领导(leadership approach)，领导者学习下属/团队成员（followership approach）。前者可认为是下

行传递（trickle-down），后者可认为是上行传递（trickle-up）。同样，也存在同级传递（trickle-round），即员工学习同事／团队成员，团队成员／同事学习某一员工。以非道德行为的学习为例，它们可以被形象地看作"近墨者黑"和"害群之马"现象（文鹏和史硕，2012）。

针对领导者对下属／团队成员的影响，王震等（2015）系统地梳理了2014年年底之前的研究。基于社会学习理论，研究者已考察了领导者的类状态特征（心理资本、目标导向、底线思维）、认知（公平感）、关系（领导－下属交换）、行为（公民行为、创造力行为、非道德行为、言行一致行为、道德领导行为、服务领导行为、辱虐管理行为、威权领导行为）对下属／团队成员这些特征和行为的影响。我们补充了2015年之后使用社会学习理论考察传递效应的新研究。在检索得到的25项研究中，除之前考察的变量，研究者还考察了类状态（道德关注和道德认同、顾客导向、调节焦点、宽恕、工作投入）、认知（心理安全、个性化契约、企业社会责任归因）、行为（反馈寻求行为、工作重塑行为、谦卑行为、亲环境行为、志愿服务行为、私利行为、真实领导行为、变革领导行为）在领导者与下属／团队成员之间的传递和示范学习。相比之下，对领导如何模仿和学习下属／团队成员的研究较少。

发生在团队成员／同事与员工之间的社会学习现象也有相关考察，例如反社会／非道德行为（Gino *et al.*, 2009; Robinson and O'Leary-Kelly, 1998）、组织公民行为（Bommer *et al.*, 2003; Chen *et al.*, 2013）等。新近研究（ten Brummelhuis *et al.*, 2016）考察了员工对同事缺勤行为的模仿。

上述研究均考察的是同一种特征和行为的模仿和学习现象。除此之外，还有大量研究使用社会学习理论考察类似特征和行为的模仿学习现象。例如，有研究者认为，变革型领导对"变化和革新"的追求会让员工去学习和模仿，从而表现出创造力；服务型领导被视作一种有助于他人的亲社会行为，它会通过示范作用让下属学习进而表现出组织公民行为。

2. 基于社会学习理论的基本观点3，考察社会学习的内在过程

总体来看，尽管社会学习理论阐述了模仿和学习的内在过程，但实证研究仍较少。在上述提及的第一类研究应用中，多数研究直接建立示范者特征／行为与观察者特征／行为的关系，并没有检验其内在过程。在已有的内在过程考察中，相当一部分是将社会学习理论和其他理论结合而提出内在过程（如领导－下属交换），其已超过了社会学习理论的范畴。根据社会学习理论，示范者示范行为对观察者的影响可以

通过改变观察者的两种认知来实现,即效能期待和结果期待。基于这一观点,在现有的考察内在过程的研究中,绝大多数考察的是效能期待,即自我效能感。这些研究根据具体情境,考察了个体针对特定活动的效能感,如创造力效能感、建言效能感、求职效能感、道德效能感等。仅有少数研究考察了结果期待的中介作用(Lian et al., 2011),更少有研究同时考察这两种认知期待(Wang et al., 2016)。需要指出的是,在这两种认知期待的关系上,当前未有定论:有研究认为效能期待决定结果期待,也有研究指出结果期待影响效能期待,有研究认为二者是并列关系。关于这一问题,可见 Williams (2010)。

3. 基于社会学习理论的基本观点 4 和 5,考察社会学习的边界条件

在这一应用方向上,组织管理研究者试图考察示范者的示范效应和观察者的学习效应对什么样的示范者、什么样的观察者,在什么样的情境下较强或较弱。总体来看,对边界条件的考察仍需加强,未来研究尤其是要考察不同边界条件的组合和协同情况。

二、一个简要梳理

为了比较系统地呈现社会学习理论如何应用于组织管理研究领域,我们做了一个简要梳理。具体地,我们以"social learning"为检索词对 10 本组织管理期刊 2013—2018 年(包括截至 2018 年 6 月 1 日在线)刊发的文章进行了全文检索,共得到 132 篇文章。[1] 我们对论文摘要部分出现"社会学习"的 17 篇文章进行了梳理。总体来看,这 17 项研究的应用范畴与我们此前的观察相一致,即使用社会学习理论考察组织情境下的社会学习现象、内在过程和边界条件。

1. 基于社会学习的基本观点,考察组织情境下的社会学习现象

17 项研究均涉及社会学习现象,又进一步可以分为两大类。

第一类是使用社会学习理论考察不同主体之间同类特征和行为的传递效应,共 7 项。6 项研究考察了领导-下属/团队成员之间的学习现象,涉及公平感、企业社会责任归因、安全氛围、私利行为、服务型领导、辱虐管理(Greenbaum et al., 2018; Liden et al., 2015; Tu et al., 2018; ten Brummelhuis et al., 2016; Tucker

---

[1] 这 10 本期刊分别是:*Administrative Science Quarterly*, *Academy of Management Journal*, *Organization Science*, *Journal of Management*, *Journal of Applied Psychology*, *Personal Psychology*, *Journal of Managerial Studies*, *Journal of Organizational Behavior*, *Organizational Behavior and Human Decision Processes* 和 *Leadership Quarterly*。对所得的 132 篇文章进行阅读后,初步判断有 51 项研究具体使用了社会学习理论。

et al., 2016; Wo *et al.*, 2015)。例如，Tucker *et al.*（2016）使用社会学习理论构建了一个关于安全的下行传递效应。他们发现，企业首席执行官对安全问题的重视会在高管团队中形成安全的氛围，进而有助于整个组织营造安全的氛围和形成一种主管支持和看重安全的文化，最终影响员工与安全相关的态度和行为。有1项研究考察了团队成员/同事–员工之间关于缺勤行为的学习现象。在这7项研究中，2项直接考察了传递效应，3项考察了传递效应的内在机制，4项考察了边界条件，仅有2项同时考察了内在机制和边界条件。

第二类是使用社会学习理论解释相似特征和行为的学习现象，共10项研究。其中，7项考察了组织内部的学习，3项关注了跨越组织边界的学习。

在组织边界范围内，研究者考察了道德型领导对员工知识分享（Bavik *et al.*, 2018）和冲突处理（Babalola *et al.*, 2018）的影响、导师指导与员工组织公民行为的关系（Eby *et al.*, 2015）、员工何时将领导者视为道德型领导（Jordan *et al.*, 2013）、个体对模仿不当行为的态度（Bauman *et al.*, 2016）、雇佣关系对管理者的影响（Zhang *et al.*, 2014），以及外派人员以往经历对绩效变化的影响（Takeuchi *et al.*, 2018）等问题。

在组织层面或组织边界范围外，研究者考察了个体成长环境（父母收入、家庭侵犯经历）对其领导行为和有效性的影响（Garcia *et al.*, 2014; Martin *et al.*, 2016）以及上市公司对其他公司的模仿和学习现象（Yiu *et al.*, 2014）。

2. 基于社会学习理论的基本观点，考察社会学习的内在过程

在17项研究中，虽然有9项在模型中包含中介变量，但并非都是从社会学习理论入手考察社会学习的内在过程的。在几项真正的考察中，研究者主要考察了认知和情感的中介作用。在认知方面，Greenbaum *et al.*（2018）将员工的非道德容忍性（unethical tolerance）作为领导者私利行为诱发下属私利行为的中介变量；Babalola *et al.*（2018）和 Bavik *et al.*（2018）分别将员工冲突解决效能感和道德认定作为道德型领导影响下属冲突解决和知识分享的中介变量，这与社会学习理论中效能期待的作用相一致。ten Brummelhuis *et al.*（2016）在考察员工对同事缺勤行为的模仿时，考察了员工对组织规范的感知的中介作用，这与社会学习理论中的结果期待是吻合的。还有研究考察了情感的中介作用，如谴责（Bauman *et al.*, 2016）。Garcia *et al.*（2014）同时考察了认知和情感的作用。他们指出，频繁接触家庭侵犯（family aggression）的个体将会触发长期的敌意认知和情感（hostile cognitions and affect），这会使他们在工作

中表现出辱虐管理行为。尽管社会学习理论没有特别强调情感在社会学习中的作用，但在社会认知理论中阐述了其重要性。此外，Bandura（1991）基于社会认知理论专门提出了道德思想和行动的社会认知理论（social cognitive theory of moral thought and action）。

3. 基于社会学习理论的基本观点，考察社会学习的边界条件

在17项研究中，有10项研究涉及边界条件。同样，并非所有的研究都是基于社会学习视角提出和阐述调节作用的。有几项研究较好地应用了社会学习理论。例如，Tu et al.（2018）考察了领导者向上级学习的边界条件，指出只有在特定条件下，领导者才会模仿其上级的辱虐管理行为。根据社会学习理论，示范者的可信性来自其地位、权力和能力，这些是"角色模范的行为在这种情境下是合适的，并且曾受到过奖励"的信号。因此，领导者可能会模仿那些高绩效的辱虐型领导者，因为他们会将辱虐视为通向成功的一条路径。同时，示范者与观察者自身在自我概念上的一致性也是学习的前提条件。据此，他们还同时考察了这两个边界条件的协同调节作用。Yiu et al.（2014）考察了当企业目睹同行业其他企业因欺诈行为而受惩罚时，这家企业在欺诈方面的反应（如公开声明本企业不会财务造假，或不声明）。他们的研究表明，当同行业其他企业的欺诈行为被发现而受惩罚时，其他企业会避免欺诈行为，尤其是在被发现和惩罚的是著名企业、被惩罚的企业和本企业有很高的相似性，以及相关法规发展不健全的情况下。

总体来看，社会学习理论在组织管理研究领域有了充分应用。应用的领域非常多元化，涉及领导力、组织行为、人力资源管理、战略管理等。应用的范围除了组织内部，还包括组织外部。同时，约六成的研究将社会学习理论与其他理论（主要是社会交换、社会认定、社会信息加工）结合使用。尽管这能够有效地支撑研究问题，但将一个研究模型中不同的变量关系用不同理论解释的做法也会导致研究问题的碎片化。

关键测量量表

1. Role Modeling

Podsakoff, P., MacKenzie, S., Moorman, R., & Fetter, R. (1990). Transformational leader behaviors and their effects on followers' trust in leader, satisfaction, and organizational citizenship behaviors. *Leadership Quarterly*, 1(2), 107–142.（1维度，

3题）

Rich, G. (1997). The sales manager as a role model: Effects on trust, job satisfaction, and performance of salespeople. *Journal of the Academy of Marketing Science*, 25(4), 319–328.（1维度，5题）

2. General Self-efficacy

Chen, G., Gully, S. M., & Eden, D. (2001). Validation of a new general self-efficacy scale. *Organizational Research Methods*, 4(1), 62–83.（1维度，8题）

3. Collective Efficacy

Riggs, M. L., & Knight, P. A. (1994). The impact of perceived group success-failure on motivational beliefs and attitudes: A causal model. *Journal of Applied Psychology*, 79(5), 755–766.（1维度，7题）

| 经典文献 |

Bandura, A. (1977). *Social Learning Theory*. Englewood Cliffs, NJ: Prentice-Hall.

Bandura, A. (1986). *Social Foundations of Thought and Action*. Englewood Cliffs, NJ: Prentice-Hall.

Bandura, A. (1997). *Self-efficacy: The Exercise of Control*. New York, NY: Freeman.

| 对管理者的启示 |

第一，员工可以通过观察组织中其他人（领导、下属、同事）的行为来学习新事物。因此管理者必须以身作则——表现出合适行为，同时还要在组织中引导合适行为并纠正不当行为，进而通过自上而下、自下而上和横向影响强化组织成员对合适行为的模仿和学习。

第二，为了促进员工对积极行为的模仿和学习，管理者要特别保证四个必要条件的存在，即注意、保持、再现和动机。

第三，员工的模仿和学习并不是无条件的。为了强化员工的学习，管理者可以提供各种有助于促进模仿和学习的条件。如管理者提高自身的权力、地位和能力，强化自身的可信性和魅力性，增进与员工的一致性；组织营造向榜样看齐和学习的文化氛围。

第四，自我效能感在学习过程中具有重要作用。组织和管理者应提高员工的一般自我效能感和特定领域的自我效能感（如创造力自我效能、建言自我效能、冲突解决自我效能）。管理者可以通过强化员工自身的成就经验、替代性学习、言语说服以及心理和情绪唤醒来提高员工的自我效能感。

第五，对行为后果的奖励能够增加合适行为和减少不当行为。例如，如果管理者想构建一种道德的组织文化，就可以对员工的道德行为进行奖励，并对非道德行为进行惩罚。

本章参考文献

51

社会表征理论

王宏蕾[1]

图1　塞尔日·莫斯科维奇

社会表征理论（social representation theory）最早由法国社会心理学家塞尔日·莫斯科维奇（Serge Moscovici）（见图1）正式提出，他试图超越北美社会心理学过于强调个体主义的研究范式，增加社会与历史的研究框架，从而整合社会心理学研究中社会文化与个人心理的研究层面。1961年，莫斯科维奇在他的著作《精神分析：意象与公众》（*La psychanalyse: son image et son public*）中首次提出了社会表征的概念。继此之后，关于社会表征理论的研究不断问世，尤其是自20世纪80年代以来，以社会表征理论为研究主题的英文版著作和文章的大量出版（Breakwell and Canter, 1979; Deaux and Philogène, 2001; Duveen, 2001; Farr and Moscovici, 1984; Moscovici, 1981, 1982, 1984, 1988, 2001; Mugny and Carugati, 1989），掀起了整个社会心理学界对这一理论的广泛探讨与运用（Duveen, 2000; Joffe, 2003; Howarth, 2006; Rateau *et al.*, 2012）。笔者以"社会表征"为关键词在Google Scholar中进行搜索，发现从2004年起，该理论每年的被引次数均超过了1 000次，并呈现出逐年递增的趋势（见图2），现已成为诸多学科中研究群体过程的重要理论之一。

---

[1] 王宏蕾，东北农业大学经济管理学院讲师。主要研究领域：战略人力资源管理与组织创新、领导行为与领导力提升等。电子邮件：hrbcuwhl@163.com。

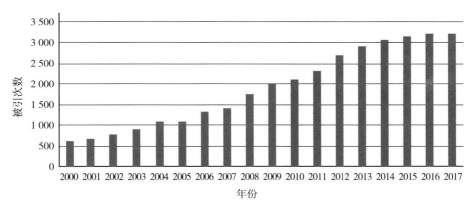

图 2　社会表征理论的被引次数

资料来源：根据 Google Scholar 数据整理而成，搜索时采用精确匹配。

社会表征理论的核心内容

每个人都会通过特定的方式理解其所生存的社会环境，为了能够赋予外界环境以特定的意义，我们会以自己独特的方式再现（represent）外部世界，所有存在于个体头脑中的人、事、物都是我们对外部世界的再现，即表征（representation）（Moscovici, 1988）。个体的表征会受到其所生存的社会环境的影响，个体在与外部环境的不断互动中，形成了基于特定社会群体的表征，这种某一社会群体所共享的观念、意识以及知识和实践系统被莫斯科维奇定义为社会表征（social representation）（Moscovici, 1988）。但与个体主义心理学观点不同的是，莫斯科维奇强调，这种群体共享的思想形态由社会产生，并由社会的沟通而形成"共同意识"（common consciousness）的一部分。它兼有两种功能：其一是为个体在特定社会群体中的生活提供社会准则和社会秩序；其二是提供可以用来对外部世界与个体、群体进行明确分类的符号，从而促进人际沟通的实现。莫斯科维奇对社会表征的观点来源于涂尔干的集体表征思想（collective representation）（Durkheim, 1912），但相对于集体表征的复合性与静态性，莫斯科维奇更为强调社会表征在现代社会中所表现出的动态性与多样性。在莫斯科维奇看来，社会表征的出现并不以整个社会为单位，而是不同社会群体互动过程的产物。因此，同一个社会中可能存在多种不同群体类型的社会表征。同时，他更加关注社会表征产生过程中的互动和规范化过程，即不同群体的社会表征是如何产生的。

在后期的理论发展进程中，社会表征理论主要关注三个方面的研究问题：第一，社会发生的问题（socialgenetic）。事实上，从莫斯科维奇建立社会表征理论起，他就力图探索社会表征的起源和发展过程。当然，由于社会表征理论是建立在社会文化框架下的社会心理学理论，因此社会表征理论倡导个体心理发生于社会性因素，这与传统的个体发生观点存在明显的区别。社会表征理论进一步提出了产生社会表征的两种机制：锚定（anchoring）和具体化（objectification）。锚定是指将我们感兴趣的、异质性的和不熟悉的事物纳入我们已有的表征分类系统，转化为自身所熟悉的模式并使之规范化。不同的社会群体对同一事物可能产生不同的解释，因而同一事物可能在不同群体中形成不同的表征，这也为不同群体之间的沟通与互动创造了可能。具体化则是指在互动和规范化的过程中，将抽象的事物通过具体化的事物进行重构，使抽象和模糊的事物变得具体。例如，我们将上帝和父亲联系起来，使原本不可见的上帝在我们的头脑中变成了具体的人。社会表征作为动态的过程，将原本新奇和不熟悉的事物通过锚定归类于熟悉的分类系统之中，再通过具体化将相应的产物转化为客观的社会共识实体。

在莫斯科维奇看来，社会表征并不仅仅是指一种特定的结构，它也能够为社会群体提供可以相互沟通与理解的常识理论（common-sense theories）。人们通过沟通与互动，逐渐调整自己的个体内在表征，从事符合社会规范所要求的行为，在这个过程中，社会群体逐渐形成群体共识，进而构建群体的社会表征。社会表征的发生和形成过程引发了后期广泛的理论研究，例如，社会表征的信息传播和话语建构等。这些研究主要探索社会表征的信息是如何形成、如何沟通和传播及如何施加影响的，例如，运用焦点小组或对话性文本分析，通过观察和分析对话的过程，检视沟通和互动对社会表征形成的作用。此外，也有研究者通过讨论对话中的历史和文化表征，分析历史与文化表征对社会现实的建构作用（Liu and Hilton, 2005）。总体而言，社会发生的思想是社会表征理论的核心观点，为解决多种社会问题提供了研究思路和框架。

第二，结构研究的模型（the structural model）。结构研究的视角主要关注社会表征的内在结构，是由琼·克劳德·阿布瑞克（Jean Claude Abric）等学者在莫斯科维奇思想的基础上开展的（Abric, 1993, 2001）。阿布瑞克认为，社会表征的研究不应仅停留在对表征发生和形成过程的探讨上，而应进一步关注社会表征的内容结构和逻辑意义。他提出社会表征由多种元素构成，不同元素在社会表征的过程中产生的作用是不同的。处于中心地位的核心元素被称为中心核（central core），这些元素决定了社会表征的基本性质和规范；而处于边缘位置的、由中心核决定的元素被称为边缘带（peripheral elements）。中心核通常是社会表征中的抽象内核，是特定社会、历史和文化环境下每个社会群体共享的价值观和规范。由于中心核的存在，群体成员可以识别特定社会群体的特征并进行群体归类。而边缘带则有助于缓冲外界环境对中心核的影响，体现了在中心核共享的群体共识之外，个体之间可能存在的异质性，这也为社会表征适应社会文化的变迁创造了可能。莫斯科维奇在基耦概念的基础上，进一步提出了社会表征中的基耦概念（Moscovici and Halls, 1993）。基耦处于社会表征中最为核心的层面，是从复杂的现象表征中归纳出的进行科学阐释的逻辑维度，而这些现象表征和逻辑维度究其根源都是由核心的基耦维度所衍生的（管健，2009）。

结构研究的模型极大地促进了社会表征理论的发展：一方面，它有助于研究者探索社会表征稳定的内在结构和意义，使社会表征成为有层次的、结构化的系统；另一方面，它也为理解个体与社会环境的互动关系提供了理论框架，有助于研究者形成在特定环境下个体社会认知适应过程的研究假设（Rateau et al., 2012）。基于结构研究的模型，研究者可以探索社会表征的中心核或基耦层面，区分不同要素在表征中的相对权重，这为探索社会表征的性质与作用提供了重要的路径。访谈法和词汇联想法是结构研究中常用的方法，研究者可以要求参与者对所给出的词汇进行联想，然后根据词汇联想出现相关内容的频次进行重要性排序，从而确定社会表征的中心核和边缘带。

第三，社会动态化模型（the social dynamic model）。该视角认为，社会表征的意义建构是以个体和群体在社会环境中的充分沟通与互动为前提的，成员之间及其与外部环境的社会互动具有符号性的特征（symbolic characteristic）（Doise et al., 1992）。这种符号性的特征有助于个体及群体定义其社会身份，并进一步建构其社会表征。因此，基于社会动态化模型，社会表征具有两方面作用：首先，社会表征有助于群体形成共享的原则和共识，进而为群体成员提供群体规范的参照点（reference point），这有利于个体和群体定义其社会身份；其次，在群体共享的原则之外也存在群体成员相对参照点的异质性和多样性，他们会在社会互动中定义自己的身份和位置。社会动态性视角强调社会表征传播中的沟通要素（Jaspal and Nerlich, 2014; Smith and Joffe, 2013），在当今社会，社会互动和媒介信息的沟通对于个体而言具有强大的感召力和影响力。由于社会文化广泛地渗透于我们的个体生活，其特征不可避免地影响我们对其所传递现象的理解，人们会通过社会环境中群体的表征来理解和定义自己。

随着现代科学技术的发展和社会文化的日趋多元化，社会结构的发展也呈现出多极化的态势。社会媒介在促进知识传播与分享的过程中，也让越来越多的社会群体有机会参与到大规模的社会沟通之中。不同社会群体的广泛互动扩展了其对社会常识的理解，各个社会群体的社会表征建构也越来越与社会结构的变迁紧密相关，并从中或隐或显地折射出种种社会矛盾或冲突。在现代社会，新奇社会事物的突显往往会引致"意义间隙"，一系列旨在使之熟悉化、重建一种稳定感的社会表征往往会因之而起（张曙光，2008）。从这个角度而言，社会表征理论对于缓解社会变迁过程中社会群体之间的冲突与矛盾具有重要的理论意义和现实价值。

自20世纪60年代初诞生以来，社会表征理论以其跨文化适用性以及多学科整合性引发了众多学科研究者的广泛研究，涉及政治（Heath, 2015）、经济（Lemoine *et al.*, 2016）、文化（Moscovici, 2008）、科技（Gal and Berente, 2008）、环境（Jaspal *et al.*, 2014）、管理（Andersén and Andersén, 2014）以及健康（Washer and Joffe, 2006）等诸多领域。概念界定方面，社会表征在内涵上具有较强的灵活性和包容性，因此诸多学科的研究问题都可以用表征的思想予以解释。例如，在语言学中，"语言表征"（linguistic representation）一词就是在社会表征理论的基础上提出的，它是指语言所负载的信息在人头脑中的储存形式。在历史文化研究中，特定的历史和文化也会在我们的头脑中被赋予特定的意义，形成关于历史和文化的表征。正是由于表征概念的宽泛性，使其能够走出心理学领域，为更多领域的研究提供解释框架。此外，社会表征理论也能够解释不同群体之间对同一事物表征的差异，在研究多种社会群体之间的矛盾和冲突方面具有重要的指导意义。例如，Moscovici（1961）的实证研究即是通过社会表征理论来理解不同社会群体的差异，在他的研究《精神分析：意象与公众》中，他对精神分析进入法国社会后，共产党、天主教及城市自由党三种不同社会群体对精神分析的社会表征进行了研究。通过运用问卷调查、访谈和内容分析等方法，他发现，每一社会群体会基于群体原有的价值观和规范，对精神分析进行新的解释和传递。例如，共产党认为精神分析是西方资产阶级的伪科学而加以排斥；天主教则在其宗教思想之下对精神分析进行了选择性的吸纳；而城市自由党则较少审查与过滤精神分析的思想。同时，对不同群体社会表征差异的理解也有助于掌握其社会表征产生的过程，从而促进群体之间良性的互动与沟通。例如，Eyssartier et al.（2007）探索了社会表征如何能够促使人们成为器官捐赠者，他们运用社会表征理论探索了改变人们制定决策的过程；Jaspal et al.（2014）的研究运用社会表征理论，分析了人们关于环境变化的知识是如何形成和传播的。总之，社会表征的内容、结构及其形成过程和影响结果等成为研究者们广泛探索和讨论的问题。

对该理论的评价

社会表征理论作为欧洲社会心理学的代表性理论，实现了对传统社会心理学研究范式的突破。与社会认知理论的信息加工范式不同，社会表征理论力图揭示社会、历史与文化背景下个体和群体的表征过程。因此，该理论为我们理解群体内外部的表征过程提供了新的视角，例如，个体以及群体成员之间如何形成社会表征并如何分享社会表征等有助于我们理解世界图景的观念，使我们更为有效地与群体成员进行交流。同时，社会表征理论从辩证性的视角考察了个体与社会的关系，即个体的存在与认同均植根于群体共识，并受到群体共识的影响和塑造。与此同时，个体作为社会活动的参与者，也在社会变迁的过程中影响群体共识的形成，成为社会变革的推动者。因而，社会表征思想的引入，无疑开阔了社会心理学的研究思路。

但是，不可否认的是，社会表征理论也遭到了研究者们的质疑与批评。Howarth（2004）梳理了相关文献，将学界对社会表征理论的批评概括为四个方面：理论模糊性、社会决定论、认知简化主义和缺乏批判性。例如，有研究者认为，社会表征理论的核心概念界定模糊，缺乏实证研究的可操作性和规范性（Jahoda, 1988），这也直接制约了社会表征理论在实证研究中的指导性作用。另外，社会表征理论由于强调社会和历史文化的作用，可能忽视了个体认知的动态性和多样性，在个体认知与社会表征的整合上尚存在不足。同时，也有研究者指出，社会表征理论在研究对象的选择上过于泛化，因此可能降低了其应有的理论价值和现实意义（Kruglanski, 2001）。

关键测量量表与测量方法

1. Focus Group

Howarth, C.(2006). A social representation is not a quiet thing: Exploring the critical potential of social representations theory. *British Journal of Social Psychology*, 45(1), 65–86.

2. Word Association

Callaghan, P., Moloney, G., & Blair, D.(2012). Contagion in the representational field of water recycling: Informing new environment practice through social representation theory. *Journal of Community & Applied Social Psychology*, 22(1), 20–37.

3. Content Analysis

Gelo, O. C. G., Ziglio, R., Armenio, S., Fattori, F., & Pozzi, M.(2016). Social representation of therapeutic relationship among cognitive-behavioral psychotherapists. *Journal of Counseling Psychology*, 63(1), 42–56.

4. Questionnaire Survey

Lemoine, J., Darriet, E., Kmiec, R., & Roland-Lévy, C.(2016). Financial threat during the economic crisis: Connections with the social representation of the economic crisis and the willingness to act. *International Review of Social Psychology*, 29(1), 113–126.

Suess, C., & Mody, M.(2016). Gaming can be sustainable too! Using social representation theory to examine the moderating effects of tourism diversification on residents' tax paying behavior. *Tourism Management*, 56, 20–39.

5. Experimental Study

Zouhri, B., & Rateau, P.(2015). Social representation and social identity in the black sheep effect. *European Journal of Social Psychology*, 45(6), 669–677.

经典文献

Bauer, M. W., & Gaskell, G. (1999). Towards a paradigm for research on social representations. *Journal for the Theory of Social Behaviour*, 29(2), 163–186.

Howarth, C. (2006). A social representation is not a quiet thing: Exploring the critical potential of social representations theory. *British Journal of Social Psychology*, 45(1), 65–86.

Moscovici, S. (1981). On social representations. In J. Forgas (Ed.), *Social Cognition:*

Perspectives on Everyday Understanding (pp, 181–209). Lodon, England: Academic Press.

Moscovici, S. (1988). Notes towards a description of social representations. *European Journal of Social Psychology*, 18(3), 211–250.

Rateau, P., Moliner, P., Guimelli, C., & Abric, J. C. (2012). Social representation theory. In P. A. M. Van lange, A. W. Kruglanski & E. T. Higgins (Eds.), *Handbook of Theories of Social Psychology* (pp. 477–497). Thousand Oaks : Sage.

| 对管理者的启示 |

首先，主流的社会心理学研究以个体的心理与行为为研究重点，即使是对群体认知活动的研究，也倾向于将其抽象化为个体层面的现象，而忽视了社会文化背景下群体心理的结构及其形成过程。从这个角度而言，社会表征理论有助于管理者理解特定社会文化对群体心理与行为的影响，这与组织管理本土化的趋势更为贴合。其次，社会表征理论为管理者把握群体共识与冲突的形成过程提供了重要的理论框架。以群体心理为研究对象的社会表征理论不仅致力于提供群体表征的描绘，更为重要的是，其对群体规范的探讨能够有效地预测群体行为。因此，社会表征理论能够帮助管理者更有效地组织和管理群体活动。最后，社会流动、大众传媒和互联网促使组织成员不断获取多元文化和知识，文化碰撞和冲突成为组织成员的焦虑来源之一。社会表征理论有助于管理者理解不同群体的不同表征，促进不同群体的沟通与互动，进而增进群体之间的包容和理解，提升组织文化的多元性与和谐性。

本章参考文献

52

现代管家理论[*]

苗仁涛[1] 曹毅[2]

图1 詹姆斯·戴维斯

詹姆斯·戴维斯（James Davis）（见图1）、大卫·斯库曼（David Schoorman）及莱克斯·唐纳森（Lex Donaldson）等学者是现代管家理论（stewardship theory）的主要奠基人。他们曾在1991年和1997年先后发表了两篇有关"现代管家理论"的开创性文章，分别是《现代管家理论或代理理论：CEO治理与股东回报》（Stewardship theory or agency theory: CEO governance and shareholder returns）及《向现代管理理论迈进》（Toward a stewardship theory of management），这两篇文章系统性地介绍了现代管家理论的起源、概念、发展及其与代理理论的区别。而后经由Fox and Hamilton（1994）、Muth and Donaldson（1998）、Lisa（2002）、Arthurs and Busenitz（2003）、Miller and Breton-Miller（2006）、Eddleston and Kellermanns（2007）和Madison et al.（2017）等学者的发展，现代管家理论逐渐受到理论界与实践界的广泛关注。该理论的被引次数从

---

[*] 基金项目：国家社会科学基金项目（16BGL099）；北京市教委社科计划重点项目/北京市社会科学基金项目（SZ20161003820/15JGB211）。

[1] 苗仁涛，首都经济贸易大学劳动经济学院副教授、硕士生导师。主要研究领域：战略人力资源管理、职业心理与行为、核心人才领导力、团队创造力、员工建言及幸福感。电子邮件：mrtmiao@hotmail.com。

[2] 曹毅，首都经济贸易大学劳动经济学院硕士研究生。主要研究领域：战略人力资源管理、职业心理与行为。电子邮件：2691396604@qq.com。

2000年起呈逐年上升趋势,从2013年起每年的被引次数均超过了1 000次(见图2)。

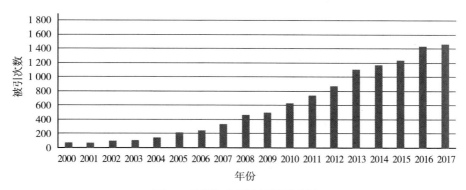

图2 现代管家理论的被引次数

资料来源:根据Google Scholar数据整理而成,搜索时采用精确匹配。

现代管家理论的核心内容

一直以来,学者们对战略管理与商业政策的思考在很大程度上受代理理论(agency theory)的影响。代理理论将大型公司中的高层管理者描述为代理人(agent),并将其与委托人(principal)之间的关系描述为"纯粹的代理关系",这种关系的背后是公司所有权与控制权(经营权)的分离。因此,这些代理人的利益就会时常出现与其委托人或公司股东利益不一致的情况(Davis et al., 1997)。代理理论认为,除非大公司拥有良好的公司治理结构以维护股东利益,否则,这些高层管理者将不会做出符合股东回报最大化的行为(Donaldson and Davis, 1991)。然而,到目前为止,公司治理研究中仍多以代理理论为主流理论及主要范式,不过也有一些研究对此提出了挑战,如Hirsch et al. (1987)与Perrow (1986)等心理学与社会学的研究者认为,代理理论是有其局限性的。尤其是,他们认为,研究中往往会忽视组织生活的复杂性,因为代理理论所强调的个人效用动机的不同而导致的"委托-代理人"利益分歧的假设并非适用于所有的高层管理者,因此仅依靠代理理论对公司治理结构展开研究是不够的,还需要额外的理论来解释其他非经济性的行为。

由于代理理论在解决公司治理问题的实践中并没有达到预期效果,而且还暴露出自身的种种不足。因此,自20世纪90年代以来,现代管家理论开始蓬勃发展。现代管家理论起源于心理学与社会学,所强调的理念与代理理论的主张截然相反，它将股份公司中的高层管理者描述为公司的"管家"，当高层管理者作为公司的管家时，其行为动机往往会符合委托人的最佳利益（Muth and Donaldson, 1998）。现代管家理论认为，委托-代理人之间存在一种额外的非纯粹性的经济关系，这种关系不仅可以为公司解决治理问题提供新的思路，还会在一定程度上弥补代理理论的缺失。现代管家理论认为，在本质上高层管理者其实是想完成好本职工作的，也是想成为公司资产的好管家的，因此他们并非就想成为机会主义的偷懒之人（Donaldson and Davis, 1991）。在现代管家理论中，人的模型建立在基于管家概念的基础之上，并且认为管家的行为是有序的，甚至会表现出一种亲组织的集体主义行为，这种行为比个人主义的自利行为往往具有更高的效用。当考虑到在自利行为与亲组织行为之间进行选择时，管家的行为便不会偏离其所在组织的根本利益。在日常管理中，管家是不会将合作行为替代或交换为自利行为的。因此，有时即便管家和委托人的利益并不一致，管家也会将合作行为置于其价值观的首位而不会叛离，因为管家认为，合作行为将具有更大的效用，并且这种行为也往往会被认为是合理的（Davis et al., 1997）。

整体而言，学术界对现代管家理论的研究主要集中在三个方面：（1）高层管理者的人性假设是什么？是传统经济学所倡导的以个人主义和物质激励为主的"经济人"假设，还是以集体主义至上、倡导团结协作、以组织目标为导向的"成就人"假设？（2）在公司的组织结构设计上，究竟是应该建立独立的董事会以加强对高层管理者的监督，还是应该对管家以充分的信任，将董事会主席与CEO的职位合二为一？（3）代理理论与现代管家理论的区别到底是什么？

首先，现代管家理论的提出不同于代理理论，它是基于人性的社会化（非经济）假设所提出的一个理论视角。Tosi et al.（2003）认为，现代管家理论在很大程度上受到了道格拉斯·麦格雷戈（Douglas McGregor）Y理论（McGregor, 1960）的启发，该理论假设高层管理者的内在动机是希望自己可以获得成就及外界认可，他们更注重取得良好业绩后的自我满足感，更希望获得他人对自己职业的尊重（Muth and Donaldson, 1998）。现代管家理论强调，作为高层管理者，其行为应该是有序的、亲组织的、集体主义至上的，此类行为相较于个人主义、自我服务、自私自利等行为将会获得更高的效用（Davis et al., 1997）。也就是说，当高层管理者被公司视为管家时，他们更有可能自觉地将股东利益最大化这一目标视为自己的首要目标（Eddleston and Kellermanns, 2007）。因为根据现代管家理论，公司的成功与委托人的满意度之间有着强烈的正向关系，所以管家会不断地努力去实现股东目标（例如销售增长或股票价格提升），使股东及委托人实现收益最大化；与此同时，股东及委托人也会对管家更加信任，从而不断地为其创造施展才华的管理环境，最终，管家的效用也会实现最大化。而且，目前的多数研究也已表明，当公司中的董事会与高层管理者之间出现一种显著的相互依赖、相互作用的稳定关系时，现代管家式的管理行为就极有可能出现，并且该行为已被证明有利于公司层面的绩效提高（Bouillon et al., 2006）及公司的创新（Corbetta and Salvato, 2004）。

其次，现代管家理论强调物质激励在一定程度上并非对所有的高层管理者都有效，因为高层管理者并非都受个人目标驱使，而高层管理者作为公司的管家，他们的动机与委托人的目标则是一致的。鉴于高层管理者缺乏内在激励的问题，就会有一个疑问：高层管理者能够在多大程度上实现他们所期望的公司绩效？现代管家理论认为，绩效的变化取决于高层管理者所处公司的组织结构是否有利于其采取有利的行动，因为管家所在公司的组织结构会影响他们日常的管理行为，以至于影响他们的绩效表现。所以，这个问题就演变成公司的组织结构是否可以帮助高层管理者去制订并实施有利于公司高绩效的计划？（Donaldson, 1985）。

根据代理理论，由于CEO的日常行为与实现股东利益最大化所需的行为可能不同，股东是委托人，CEO是代理人，这就极易出现所谓的"委托－代理人"问题。因此，董事长与CEO的职位应该由两个不同的人去担任，以保持董事会的独立性，同时也便于董事会对CEO进行监督与控制，以减少委托－代理人问题导致的损失（Donaldson and Davis, 1991）。这种管理模式是为了防止CEO表现出机会主义行为，包括以牺牲股东的利益为代价来获取眼前的收益（Williamson, 1985）。而独立于行政体制之外的董事会及董事长就是有效的预防机制，他们会代表股东对CEO的管理行为进行监督与审查。但如果由CEO担任董事长的话，那么董事会的利益就有可能受到损害。经济学理论预测，CEO拥有双重角色时就会出现管理上的机会主义与代理损失。

现代管家理论则认为，将CEO与董事长的职位合二为一有利于加强CEO的管理权力，从而可以保证公司的发展战略及目标得到深入贯彻与执行。Muth and Donaldson (1998) 的研究表明，董事会的独立性与公司绩效呈负相关关系，从而从侧面论证了现代管家理论的合理性。更进一步地，Lin (2005) 等的研究也表明，当CEO与董事长合二为一时，CEO会表现出管家行为。此外，董事会及董事长有可能并未掌握最全面的日常管理及市场方面的信息，由他们进行决策也存在一定的风险。

其实，关于 CEO 与董事长是否需要合二为一目前仍没有明确的定论。现代管家理论认为，相较于 CEO 的动机而言，为高层管理者提供适合的组织结构更为重要。Donaldson and Davis（1991）的研究认为，当公司的组织结构可以赋予 CEO 更高的权力及自由裁量权时，他们的管理行为最有利于公司的发展。也就是说，授权式的组织结构更有利于 CEO 进行公司治理。所以从这一层面上来说，CEO 与董事长合二为一更有利于公司效率的提高。

与代理理论不同，现代管家理论源于社会学和心理学，该理论强调人是具有自尊的，是有自我实现需要的，对他们而言，获得成长与取得成就更为重要。这与代理理论中将人描述为机会主义，只会追求物质收益形成了鲜明的对比。Davis et al.（1997）使用了麦格雷戈的 X 理论和 Y 理论（McGregor, 1960）来分别代表支持代理理论和现代管家理论的两种不同的"人的模型"。现代管家理论并非要人背离自己的初衷，而是建议管家以公司的目标为首要选择，通过实现公司绩效来获得自我实现。实质上，现代管家理论认为委托人和代理人（管家）的利益是一致的，当管家的目标与公司及利益相关者的目标保持一致时，管家的效用将会最大化（Arthurs and Busenitz, 2003）。表 1 系统地说明了代理理论与现代管家理论的差异。

表 1 代理理论与现代管家理论的差异

代理理论	现代管家理论
强调董事会对管理委员会的有效管理机制。例如，管理委员会做出的超过一定数额的财务决定必须由董事会签署后方能执行	董事会会给予管理委员会以信任和赞赏
董事会会不断地控制管理委员会的活动	董事会与管理委员会之间的关系是基于信任的
出现委托–代理人问题后，最大限度地发挥管理委员会成员及股东的作用	管理委员会与股东之间不存在任何冲突
代理理论的哲学思想是基于麦格雷戈的 X 理论	现代管家理论的哲学思想是基于麦格雷戈的 Y 理论
董事会代表所有者并对他们做出回应	管理委员会成员的主要动力来源于从一份好的工作中获得满足感
经理人持有股份是一项必须有积极成果的成本	亲组织行为受到了高度重视
对工作的激励完全取决于财务因素	财务因素并非员工的主要动力
管理者完全是经济理性主义的，他们在做决策时是不会考虑情境因素的	董事会没有理由去实行昂贵的激励措施，因为满意度这种回报已经足够了

资料来源：Glinkowska and Kaczmarek（2015）。

对该理论的评价

代理理论强调，在现代股份制公司中，高层管理者的管理行为与实现股东回报最大化所需的行为是不同的。而现代管家理论则认为，公司中的高层管理者可以像管家那样，将个人的目标与公司及股东的目标结合在一起，因而不会出现个人主义或利己主义行为（Davis et al., 1997）。实际上，现代管家理论的背后暗含着这样一条逻辑，即人是会不断地追求更高的自尊和更大的自我实现的，这本质上与强调个人主义的代理理论就截然不同（Arthurs and Busenitz, 2003）。现代管家理论的特殊之处就在于它并不承认经济人假设，即不认为人的工作动机就只是获取经济报酬，也不认为只有依靠监督才能使人为达成目标而努力。相反，它认为，人更有可能符合成就人假设，所以管家会为了自我实现而将个人目标与公司目标进行有效结合。现代管家理论所提倡的即是公司董事会或者股东要给予高层管理者以充分的信任，以打造有利于高层管理者施展才能的组织平台。

虽然现代管家理论的研究前景仍然比较广阔，但也面临些许挑战。首先，Arthurs and Busenitz（2003）就认为，现代管家理论并不足以解释绝大多数股东与管家之间的关系，因为该理论本身就隐含着管家是处于从属地位的，管家经常会为了实现股东利益而忽视自身利益，事实上，大多数学者在研究中也都倾向于忽视管家的需求，而过分强调股东的需求。其次，Lee and O'neill（2003）的研究也表明，现代管家理论是有一定适用范围的，如代理理论更适用于美国企业，而管家理论则更适用于日本企业。最后，通过对比代理理论与管理理论的被引次数发现，代理理论目前仍然占据着支配地位，而管家理论的被引次数却在近些年呈现出逐年减少的趋势。

关键测量量表

1. Steward Behavior Scale：5 题

Davis, J. H., Frankforter, S., Vollrath, D., & Hill, V. (2007). An empirical test of stewardship theory. *Journal of Business and Leadership: Research, Practice, and Teaching*, 3(1), 40–50.

2. Steward Behavior Scale：3 维度，9 题

Hernandez, M. (2007). Stewardship: Theoretical development and empirical test of its determinants. Duke University.

3. Steward Behavior Scale：3 题

Davis, J. H., Allen, M. R., & Hayes, H. D. (2010) Is blood thicker than water? A study of stewardship perceptions in family business. *Entrepreneurship Theory and Practice*, 34(6), 1093–1116.

4. Steward Behavior Scale：2 维度，7 题

Zhu, H., Chen, C. C., Li, X. C., & Zhou, Y. H. (2013). From personal relationship to psychological ownership: The importance of manager-owner relationship closeness in family business. *Management and Organization Review*, 9(2), 295–318.

经典文献

Argyris, C. (1972). Integrating the individual and the organization. *British Journal of Sociology*, 285 (16), 1323–1325.

Arthurs, J. D., & Busenitz, L. W. (2003). The boundaries and limitations of agency theory and stewardship theory in the venture capitalist/entrepreneur relationship. *Entrepreneurship Theory and Practice*, 28(2), 145–162.

Bouillon, M. L., Ferrier, G. D., Stuebs Jr, M. T., & West, T. D. (2006). The economic benefit of goal congruence and implications for management control systems. *Journal of Accounting and Public Policy*, 25(3), 265–298.

Corbetta, G., & Salvato, C. (2004). Self-serving or self-actualizing? Models of man and agency costs in different types of family firms: A commentary on "Comparing the agency costs of family and non-family firms: Conceptual issues and exploratory evidence". *Entrepreneurship Theory and Practice*, 28(4), 355–362.

Davis, J. H., Schoorman, F. D., & Donaldson, L. (1997). Toward a stewardship theory of management. *Academy of Management Review*, 22(1), 20–47.

Dicke, L. A. (2002). Ensuring accountability in human services contracting: Can stewardship theory fill the bill? *The American Review of Public Administration*, 32(4), 455–470.

Donaldson, L., & Davis, J. H. (1991). Stewardship theory or agency theory: CEO governance and shareholder returns. *Australian Journal of management*, 16(1), 49–64.

Eddleston, K. A., & Kellermanns, F. W. (2007). Destructive and productive family relationships: A stewardship theory perspective. *Journal of Business Venturing*, 22(4), 545–565.

Fox, M. A., & Hamilton, R. T. (1994). Ownership and diversification: Agency theory or stewardship theory. *Journal of Management Studies*, 31(1), 69–81.

Glinkowska, B., & Kaczmarek, B. (2015). Classical and modern concepts of corporate governance (stewardship theory and agency theory). *Management*, 19(2), 84–92.

Madison, K., Kellermanns, F. W., & Munyon, T. P. (2017). Coexisting agency and stewardship governance in family firms: An empirical investigation of individual-level and firm-level effects. *Family Business Review*, 30(4), 347–368.

Miller, D., & Breton-Miller, L. (2006). Family governance and firm performance: Agency, stewardship, and capabilities. *Family Business Review*, 19(1), 73–87.

Muth, M., & Donaldson, L. (1998). Stewardship theory and board structure: A contingency approach. *Corporate Governance: An International Review*, 6(1), 5–28.

Tosi, H. L., Brownlee, A. L., Silva, P., & Katz, J. P. (2003). An empirical exploration of decision-making under agency controls and stewardship structure. *Journal of Management Studies*, 40(8), 2053–2071.

对管理者的启示

以往代理理论更多地关注委托人如何去监督或者激励代理人，是一种以经济人为假设的研究范式；现代管家理论则更多地关注代理人，即关注管家的内在动机，强调管家是可以超越个人利益、服从集体主义、关注公司长远利益的。这种范式的转变，呼唤公司的委托人或者股东调整自身的定位，不要一味地去监督代理人而与其产生隔阂，也不要简单地以物质激励为主去激发代理人的内在动机，而应该转变观念，以"相互信任""相互依赖""相互作用"的心态和代理人共事。其实，无论是委托人还是代理人，都需要这种心态上的转变，尤其是在21世纪的今天。随着管理文化观念的转变、代理人自我追求层次的提高，代理人会期待一种更具信任感和工作满足感的组织结构，他们更崇尚集体主义，所以他们希望委托人可以给予他们更多的信任与权力。现代管家理论可以说是应运而生，管家的定位与当下代理人需求的变化方向是完全一致的。此时，如果委托人可以调整心态，转变管理方式，充分对代理人进行授权，则必将提升代理人的工作动机，使其将股东利益置于首位，将个人目标与公司目标相结合，最终提高公司的整体绩效水平。

虽然现代管家理论强调管家应以集体主义至上，以实现股东利益为目标，但是现代管家理论并不是不关注代理人的利益。相反，随着代理人需求的变化，现代管家理论更强调重视代理人的自我实现，而不单单以物质激励、短期激励为主。同时，现代管家理论也认为，只有将管家的个人目标与公司的总体目标相结合，才能使代理人的效用实现最大化。更为重要的是，现代管家理论认为，为管家提供施展才华的舞台更为重要，尤其是在合伙制盛行的当今时代，CEO 和董事长、董事会之间的关系将更加密切，现代管家理论所倡导的这种理念将会发挥更大的作用。

最后，需要注意的一点是，现代管家理论并未取代代理理论，二者之间也并非完全对立的，公司的董事会应该根据具体的情境，比如根据公司的不同发展阶段去构建与之相适应的组织结构。

本章参考文献

53

战略选择理论

李卫宁[1]　张妍妍[2]

约翰·查尔德（John Child）（见图1）最早提出了战略选择理论（strategic choice theory），他于1972年在期刊《社会学》（*Sociology*）上发表了战略选择理论的奠基性文章《组织结构、环境与绩效：战略选择的角度》（Organizational structure, environment and performance: The role of strategic choice），一改学界在组织结构和行为研究中过分关注企业外部环境而忽略企业代理人的研究状况，这一研究对组织理论产生了重大而深远的影响。从1979年起，该理论的被引次数逐渐攀升，具体如图2所示：

图1　约翰·查尔德

---

[1] 李卫宁，华南理工大学工商管理学院教授、博士生导师。主要研究领域：CEO特征与企业战略、中小企业国际化战略、家族企业传承等。电子邮件：adweinli@scut.edu.cn。

[2] 张妍妍，华南理工大学工商管理学院博士研究生。主要研究领域：家族企业传承。电子邮件：nefuzyy@163.com。

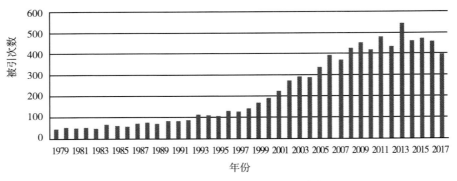

图 2　战略选择理论的被引次数

资料来源：根据 Google Scholar 数据整理而成，搜索时采用精确匹配。

战略选择理论的核心内容

　　查尔德认为，"战略选择"是组织内权力持有者决定战略行动路线的过程，虽然其 1972 年的论文主要关注的是组织结构的设计，但战略行动的出发点却不同，毕竟战略选择理论涉及组织运行环境、经济制约和组织结构设计。战略选择被看作是通过内外部的组织关系网络方案所制定的，其早期阐述主要组织规模和技术等情境参数来关注内部组织的选择；例如，组织正式化（formalization）可能是为应对日益扩大的规模，然而战略选择理论从根本上更加关注代理人与环境之间的关系。决策者（代理人）在政策之间做出选择的能力取决于他们通过实现预期绩效能在多大程度上维护其在环境中的自主权。战略性（strategic）一词被用来形容整个组织的重要事项，特别是在那些面临竞争或需要维持信用的环境中使组织繁荣的能力。战略选择理论认为，外部环境中的力量和变量是动态的，经营战略受到这些因素相互作用的影响。战略选择理论的三大核心问题是：(1) 代理人与选择的性质；(2) 环境的性质；(3) 代理人与环境的关系及战略与环境的关系的性质。

　　虽然人类在创造社会组织体系的过程中取得了成功，但这限制了人类能动性的进一步行使，甚至已经到了决定人类行为的程度，这种有组织的约束既影响个人又影响组织。Whittington（1988）提出了外部和内部约束形式之间的区别，旨在完善战略选择分析。他指出，战略选择观念的最初影响是鼓励分析人员将组织中关注意志论的方法与强调决定论的观点（Astley and Van de Ven, 1983）区分开来。

Whittington 认为这太简单了，因为它意味着所有对代理人的限制都是外部的，它似乎为战略选择问题提供了一个简单的解决方案：所有必要的战略选择都是为了消除环境约束，但这种区分方法倾向于忽视实践机构的先决条件，同时行为人本身可能并没有足够的能力来行使选择权的这种可能性也被忽视了。最初的战略选择分析假定，决策者对情境的认知将由他们"先前的意识形态"来塑造，并认为应该注意阶级、职业和国家社会化这些因素可能会影响行动选择的管理信念。高层管理团队的人口统计学特征，例如其成员的年龄和受教育程度，也被发现会对公司发起战略变革的程度产生影响（Wiersema and Bantel, 1992）。年龄和受教育程度虽然定位于社会范畴，但能够产生共同身份和信仰的人不仅可以通过意识形态，还可以通过能力影响行动决定论。还有学者认为个人能力，特别是处理认知复杂性的能力，会限制组织代理人做出的选择（Streufert and Swezey, 1986）。

组织行动者不可能从当前环境中抽象出企业发展战略，主要是因为环境会带给组织机会和威胁，这些因素决定了战略选择的边界；另一部分原因是组织行动者理解当前环境的方式会影响他们在战略选择中的自主选择权（Child,1997）。

战略选择理论识别出了组织决策制定与环境互动间积极主动和消极被动的两方面。组织行动者被认为享有一种"有界"的自主权，他们可以采取外部举措，包括选择进入和退出环境，并做出适应性的内部安排；与此同时，他们所处的环境被视为限制了他们的行动范围。Weick（1969）认为，组织中的人们"制定"他们的环境，有两种方式可以解释这种说法：首先，就人们如何在脑海中营造某一概念而言，他们只能意识到像"环境"这样的全方位概念，因此，组织行动者必须就自己对环境的主观定义做出回应；其次，组织中的人们可以按照自己的意愿来营造环境。这里环境制定的可能性仅限于选择运营环境，甚至这个决定也不一定能够轻易（或频繁）地被制定，毕竟它可能招致巨大的进入及退出成本，因此战略选择分析中的制定主要是指将某些环境引入相关性的行动及组织阶段。所以战略选择分析包含了组织环境的主观主义和客观主义两种观点，这种二元论的产生不仅仅是因为组织决策者对环境的主观评价是其客观特征与组织行为间的关键联系。变化的外部环境促使决策制定者调整其竞争性经营战略，在进行调整的过程中，考虑的意见范围将受到过滤和限制，以与关键决策制定者思想中根深蒂固的价值观、信仰和哲学保持一致。

战略选择理论认为，战略行动是由行动者和组织先前的认知框架所决定的，这一认知框架以嵌入式的思维定式和文化的形式存在。行动者先前的价值观、经验、训练都会在不同程度上影响其评估。Whittington（1988）对环境决定论中，假设外生结构性约束必然会限制和规范组织决策者的行动这一说法进行了批评，这与战略选择理论相一致。因此战略选择分析允许客观环境的存在，同时它认识到了组织和环境之间的相互渗透，这种普遍性主要发生在两个方面：首先是将环境解释为组织行动的结果；其次是通过跨越组织"边界"的关联性。因此，组织和环境无论是在认知上还是在关系上都相互渗透，也就是说，无论是在行动者的思想中，还是在两者之间互动的过程中，这种相互渗透都存在。战略选择理论基本上认为，组织适应的有效性取决于组织决策团队对环境条件的看法及其就组织如何应对这些条件所做出的决定（Miles and Snow, 1978）。从 Neegaard（1992）开发的"部分应变模型"（partial contingency model）中可以看出，组织所处环境的性质，例如动态性和复杂性的程度，可能会影响组织所采用的内部控制系统，他还通过进一步的案例研究说明了环境管理对组织控制的类型和程度有直接影响，并进一步证实了通过"缓冲"（buffering）和"桥接"（bridging）这两种主要策略进行环境管理的可能性。通过缓冲，管理者的目标是保护他们的核心活动免受外部影响，例如通过储存减少投入和产出波动的影响；桥接则是管理者通过各种形式的谈判、合作、信息交流和其他形式的互惠来尽量管理他们的环境。

战略选择呈现出的一种动态而非静态的视角。战略选择是通过一个过程来认识和实现的，是有权做出组织决策的代理人与其他组织成员及外部各方间的相互作用，这样就组成了一个变化的"主导联盟"。主要参与者的行动受到组织及其网络中现有认知、材料和关系结构的限制，但同时也对这些结构产生影响，通过他们的行为，代理人努力修改和重新定义结构，以便承认未来行动的不同可能性，这是一个持续的过程。战略选择理论承认组织中个人行动者的作用，但也认为组织行动者经常以集体（主导联盟）的形式存在，并认为行动和回应的周期也是一种环境因素，因此战略选择也是社会情景化的产物。按照 Mintzberg *et al.*（1985）的说法，战略制定有"两条腿"，一条是深思熟虑的，而另一条则是自然形成的。在这两个极端之间，存在不同类型的战略：计划型战略，领导者是权力中心，拥有清晰的意图和正式的控制；创业型战略，所有者严格控制企业，在新创企业中较为普遍；意识型战略，集体享有共同的愿景；雨伞型战略，领导者只享有部分控制权；过程型战略，领导者设计行为模式的系统；无关型战略，次单元及个体可以主导其自身的行动；一致型战略，不同行动者和行动之间的相互调整；强加型战略，战略和行动来自企业外部。

对该理论的评价

20世纪70年代初，关注外部环境的观点占主导地位，所谓"外部环境"，主要是指经济和技术变量。这些通常被视为非个人因素，例如市场需求或技术变化率等指标要与他们相关的组织截然不同。现阶段组织自身的网络属性及其复杂的社会背景则更加引人关注。组织网络和组织间合作的增加表明，为组织寻找明确和固定的界限并不一定有意义。也就是说，战略选择视角最初是作为对那些认为"组织的设计和构造是由其运营中的意外事件决定的"观点的修正（Child, 1972），这种观点忽视了组织领导者的方式，无论是私人的还是公共的都可以在实践中影响组织形式，以适应他们自己的偏好选择。战略选择理论认为，应该注意那些有权力通过政治过程影响组织结构的活跃代理人。由于战略选择理论的意图在于纠正组织理论中的不平衡性，因此当时对战略选择的阐述有助于就该主题进行观点和方法上的拓展，如关键组织理论。以前那种在惯例下强调情境决定组织秩序的观点已成为少数人的选择，现在这个领域是极其多元化的，有着众多相互竞争的观点，每一个观点都试图以不同的"新方向"领导它。越来越多的人认为，如果要在这个问题上取得进展，就必须采取一些措施来将组织的不同观点结合起来。Child（1997）认为，虽然不同的理论观点或范式可能在它们自己的哲学术语中不可调和，但在应用于组织现象的研究时，它们不一定是不可比较的，也就是说，它们不是遵循相同的概念或对组织关系性质的不同解释，而是完全不同的现象。

战略选择分析的当代贡献源于其将组织研究中的一些不同观点结合起来的潜力。这种综合潜力来源于这样一种事实，即战略选择理论描述了一个政治过程，它将代理人和结构带入紧张的局势中，并将它们置于重要的背景下，同时把它们的关系看作动态的。在这一过程中，战略选择理论不仅弥合了一些相互竞争的观点，而且采取了非确定性和潜在性进化的立场。当战略选择被视为一个过程时，其指出了一种持续适应性学习周期的可能性，但仍然在一个社会政治系统的组织学习的理论框架中（Child, 1997）。因此，在组织模式中，组织学习和适应在组织政治转变的力量中不完全是可预见的。

战略选择理论为理解满足这些外部绩效期望的过程提供了两个值得关注的贡献。首先，认识到组织人员经常属于或有权接触到组织内外的社交机构。例如，专家可能属于专业学会，经理可能是政府党派或委员会的工作成员，公司可以与相关金融机构共担董事。其次，通过这些关系，组织成员更有可能影响到其他组织同样适用的成功标准,换句话说,通过组织与外部机构之间的社会联系,前者的成员可以主动参与后者制定标准的过程,并在实践中产生一种激活标准的共情氛围(Child, 1997)。

经典文献

Child, J. (1972). Organizational structure, environment and performance: The role of strategic choice. *Sociology*, 6(1), 1–22.

Child, J. (1997), Strategic choice in the analysis of action, structure, organizations and environment: Retrospect and prospect. *Organization Studies*, 18(1), 43–76.

Lawrence, P. & Lorsch, J. W. (1967). Differentiation and integration in complex organizations. *Administrative Science Quarterly*, 12(1), 1–47.

Mintzberg, H., & Waters, J. A. (1985). Of strategies deliberate and emergent. *Strategic Management Journal*, 6(3), 257–272.

Hrebiniak, L.G., & Joyce, W. F. (1985). Organizational adaptation: Strategic choice and environmental determinism. *Administrative Science Quarterly*, 30(3), 336–349.

Ginsberg, A. (1988). Measuring and modeling changes in strategy: Theoretical foundations and empirical directions. *Strategic Management Journal*, 9(6), 559–575.

对管理者的启示

在战略选择理论之前,环境决定论被组织理论学界所接受,该理论认为,组织结构和组织行为是由外部环境、技术及组织规模等因素决定的。然而随着战略选择理论的提出,人们认为环境决定论忽视了组织内部战略制定者(代理人)的作用,毕竟环境因素对企业决策的影响不是直接的,而是要通过企业代理人的主观筛选与解释才能对企业的战略选择产生影响。战略选择理论强调代理人与环境的共同作用,环境给代理人相应的空间约束,而决定企业最终走向何方的则归结于代理人所做出的战略选择。

企业发展不仅要关注外部经济环境、制度政策、文化环境、法律法规等社会环境因素,还要关注行业发展态势、技术革新现状等产业环境因素。与此同时,企业内部的高管团队也发挥着重要作用,企业代理人的学历、年龄、行业经验等会影响其认知水平，其认知水平又会影响其自身对外部信息的过滤和汲取，而对信息进行过滤后汲取的能力正影响着其对企业决策的选择。因此在高管团队的选拔上，要注重团队成员间的内部契合，尽量避免管理者特性的内部单一化，这样有利于高管团队内部的信息交互，避免由于信息不对称造成的决策混乱，从而更有利于企业做出相对正确的战略选择。

在现有市场经济大环境下，外部制度和商业背景的多变性对企业提出了更高的要求，企业要提高自身对环境变化的敏感度，选择环境的同时适应和管理环境，确保自身战略选择和外部环境的动态匹配，从而在保持自身竞争优势同时确保企业绩效的良好发展。企业还不应忽视外部环境的种种束缚，这种无形的枷锁要求企业有在夹缝中生存的能力，即决策制定者要在环境变化初期迅速识别出企业的机会和威胁，从而把握自身优势，利用环境机会，创造出更高的绩效。

本章参考文献

54

结构适应理论 *

许龙[1]　刘宏波[2]　高素英[3]

图1　迈克尔·约翰逊

结构适应理论（structural adaptation theory, SAT）最早由迈克尔·约翰逊（Michael Johnson）（见图1）及其合作者共同提出（Johnson et al., 2006）。之前，亨利·穆恩（Henry Moon）及合作者虽未明确提出结构适应理论，但已论述并检验了该理论的部分观点（Moon et al., 2004）。此后，经由Beersma et al.（2009）、Baer et al.（2010）、Hollenbeck et al.（2011）和Johnson et al.（2013）等学者的发展，结构适应理论逐渐完善并受到了理论界和实践界的共同关注。截至2018年10月4日，迈克尔·约翰逊首创性文章的被引次数已达237次，成为挑战现有权变理论（contingency theory）以探索组织/团队结构变革的新兴理论之一。2007—2017年结构适应理论的被引次数如图2所示。

---

* 基金项目：国家自然科学基金项目（71172153）；河北省自然科学基金项目（G2018202345）；河北省人力资源和社会保障课题（JRSHZ-2018-03002）。
1　许龙，河北经贸大学工商管理学院讲师、博士。主要研究领域：企业师徒关系、员工建言行为、员工幸福感、人力资源管理等。电子邮件：xulong@heuet.edu.cn。
2　刘宏波，河北工业大学经济管理学院博士研究生。主要研究领域：人力资本与战略人力资源管理。电子邮件：15022211986@163.com。
3　高素英，河北工业大学经济管理学院教授、博士生导师。主要研究领域：人力资本与战略人力资源管理。电子邮件：sue2007@hebut.edu.cn。

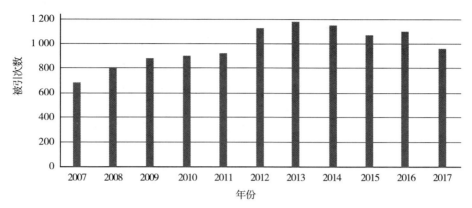

图 2　2007—2017 年结构适应理论的被引次数

资料来源：根据 Google Scholar 数据整理而成，搜索时采用精确匹配。

结构适应理论的核心内容

为适应动荡环境、及时回应任务环境和工作情景变化，越来越多的组织将自身架构调整为以工作团队为基础（Sundstrom et al., 1990）。内嵌于组织内的工作团队因其执行组织任务的灵活性而具备较高的复杂性、适应性、动态性（McGrath et al., 2000），对组织绩效至关重要（Burke et al., 2006）。鉴于此，工作群体如何适应环境、特定因素对工作群体适应性的影响等问题引起了大量学者的关注，结构适应理论为解答这些问题提供了理论参考（Ilgen et al., 2005）。

Johnson et al. （2006）认为，社会系统符合热力学基本定律：首先，社会系统的复杂程度并不一致。在中心化和层级化的复杂系统中，个体需依据自身角色以实现群体协作；在去中心化的简单系统中，个体间独自工作且彼此竞争激烈。其次，相对于简单系统，维持复杂系统的结构与功能需要投入更多的能量。在工作团队中，领导风格、薪酬计划和工作场所价值观（workplace value）等都是提升工作团队能量的手段与工具。最后，随着时间的推移，当能量供给不足时，复杂、有组织系统倾向于自发演变为简单、混乱系统。在社会系统中，若无外力干预，复杂系统总是会向简单系统演变。

以上原则挑战了当前学术界主流的权变理论。权变理论认为：并不存在能够为所有企业带来最优绩效的最佳实践，对特定群体绩效具有提升效应的实践举措可能对另一群体绩效无影响，甚至负影响。鉴于此，组织群体为实现管理实践与环境/目标的匹配，需遵循外部环境变化对管理实践进行调整。

权变理论在静态视角下或可接受，但从动态视角下结构适应理论认为权变理论存在如下问题：当特定群体或组织因外界环境改变而试图调整自身实践后，其以往历史或会影响变革后实践的执行效率。换言之，即便特定群体依据外界变化调整实践并实现匹配，匹配后的管理实践仍有无法实现预期绩效提升效应的可能，甚至会产生负向影响（Johnson et al., 2006）。

以机械式/有机式组织结构理论（Burns and Stalker, 1961）和社会依赖理论（social interdependence theory）（Deutsch, 1949）为基础，工作团队结构具有三个维度：中心化/去中心化程度（centralization/decentralization）、职能化/事业部化程度（functional/divisional departmentation）和奖励分配模式（cooperative/competitive rewards）（Johnson et al., 2006）。权变理论下，中心化、职能化（functional）和合作型奖励结构匹配静态且可预测环境，能提升绩效的准确性但会降低响应速度[1]；去中心化、事业部化（divisional）和竞争型奖励结构在动态且难预测环境下更适宜，能提升绩效的响应速度但会降低准确性。以奖励分配模式为例，在外部环境易于预测，将团队奖励结构建构为合作型时，个体感知彼此目标契合，成员为实现共同目标从事信息交换、观点提供等协作行为，从而提高团队绩效的准确性，但会因互动而降低响应速度（Beersma et al., 2003）；当外部环境难以预测且较为动荡，将团队奖励结构建构为竞争型时，个体感知目标相互排斥，导致群体成员隐瞒有效信息、实施回撤行为及阻碍行为等，从而使团队绩效的准确性降低，但因无信息共享、交换等互动行为而使响应速度提升（Beersma et al., 2003）。

权变理论虽在截面数据下得到验证，但学者解释数据时往往采用动态观点并暗含"结构变化作为对称过程，任一方向变革的难易程度是一致的"（Johnson et al., 2006）。然而，结构适应理论指出，因工作群体的历史依赖性，特定方向上的结构变革更难实现。具体而言，Johnson et al.（2006）认为，由事业部化、去中心化和竞争型奖励结构向职能化、中心化和合作型奖励结构的变革更难实现，此方向的变革为上升式变化（即反熵增），反方向的变革则为下降式变化（即熵增）。在自然状态下，与热流总是趋于熵增一致，社会系统也总是由有序状态向无序状态转变。

---

[1] Johnson et al.（2006）通过电子对战游戏模拟群体的决策制定过程。对战游戏中，绩效被划分为两个维度：准确性和响应速度。绩效的准确性是指在对战中对友军的误伤与对敌军的误放；绩效的响应速度是指对战中对敌军的识别速度和攻击速度。

虽有由无序状态向有序状态转变的可能，但需消耗大量时间、精力和能力。

基于以上观点和假设，学者以实验室研究为手段，以分布式动态决策制定模拟软件（distributed dynamic decision-making simulation）或密西根州立大学改进版本（Michigan State University distributed dynamic decision making simulation）为工具，展开了大量研究。

中心化/去中心化变革。Ellis et al.（2003）发现，团队由中心化结构向去中心化结构的变革比反方向的变革更易实现。中心化结构下，团队领导完全掌握决策制定权，团队成员遵从领导指派而忽略自身兴趣与倾向；去中心化结构下，群体成员或享有自主决策权而无须领导批准或有自上而下的授权。该研究显示，团队结构由中心化向去中心化的变革是自适应的，可实现授予群体成员更多自主决策权的目的；但反方向的变革则是不适应的，无法达到降低成员自主决策权的目的。同样，Hollenbeck et al.（2011）也发现，当去中心化决策结构的团队调整为中心化决策结构时，更难实现所预期的绩效提升目的，原因是变革后团队一方面丧失去中心化所具备的适应性，另一方面未实现中心化的高效性。

职能化/事业部化变革。Moon et al.（2004）发现，工作团队依任务环境可预测程度调整职能化程度时，并不一定能引起群体绩效的提升。原因在于，工作群体早期形成的惯例会影响变革的实施效果。Moon et al.（2004）认为，团队成立初期采用职能化结构时，团队成员会形成分工协作的氛围与风气，即便在后期将其结构调整为事业部结构，此历史惯例仍会延续。但是，当团队建设初期采用事业部结构的团队，群体成员因前期未能养成协作惯例而难以实现事业部结构对团队绩效的预期影响。

合作型/竞争型奖励结构。Johnson et al.（2006）发现，团队奖励结构由合作型向竞争型转变对组织绩效的破坏力远小于反方向调整的影响。Johnson et al.（2006）认为，当团队奖励结构由合作型向竞争型转变时，团队在合作型奖励结构下构建的和谐工作氛围确保了团队成员在参与竞争的同时仍延续以往的良性关系，从而实现竞争型奖励结构对团队绩效的作用（增加绩效响应速度但降低绩效准确性），即实现友善型竞争（friendly competition）局面。但当团队奖励结构由竞争型向合作型转变时，则对团队绩效具有较大破坏，Johnson et al.（2006）称之为割喉型合作（cut throat cooperation）。此时，竞争型奖励结构使团队成员形成"非赢即输"的思维定式，成员间信任较低、低估他人工作价值且惯于独自作业。因此，在将团队奖励结构由竞争型向合作型调整时，必须给予团队成员充足的时间以构建起团队成员间的信任关系，该信任氛围能够有效促进团队成员从事信息分享、观点提供等互助行为。

学者在反复证实结构适应理论所预测的团队结构变革因历史因素而产生结构不适现象后，初步探索了减缓此消极效应的策略。如 Beersma et al.（2009）发现，团队在实施奖励结构变革前讨论和确认成员角色可有助于缓解割喉型合作现象的出现，并促进团队从竞争型奖励结构向合作型奖励结构转变。Johnson et al.（2013）发现，实施团队结构变革前，给予团队成员关于变革的及时反馈可帮助团队适应当前结构。但目前此类研究尚处于起步阶段，未来研究仍需进一步探索。

对该理论的评价

结构适应理论与权变理论均认为组织管理实践、流程和结构应与外部环境、任务特征等保持匹配状态。两者的差异在于，结构适应理论从动态视角探索了工作群体在实现匹配过程中，存在因历史因素而发生不匹配的可能，如割喉式合作（Johnson et al., 2006）。结构适应理论的独到之处在于其明确地指出了历史因素对群体变革效果的重要影响（Beersma et al., 2009; Johnson et al., 2006, 2013）。因工作群体结构变革前后复杂程度存在差异，复杂系统更易向简单系统转变，由简单系统向复杂系统转变时需投入大量时间、精力和能力才能够避免结构适应不良状况的出现（Beersma et al., 2009; Hollenbeck et al., 2011; Johnson et al., 2013）。

虽然该理论研究前景广阔，但其仍面临一些挑战。最为重要的是，以结构适应理论为基础的相关研究多以实验室研究为手段，其对真实工作场景的适用性和延展性仍有待进一步检验。Johnson et al.（2006）指出，研究参与者多为大学生并无真实工作的体验和感受。虽然实验室研究有利于规避其他因素的影响，但也意味着研究结论的适用性和延展性仍需斟酌。此外，研究时间跨度较短（多为两阶段时间序列数据），难以明晰在长时间跨度下结构适应（如友好型竞争）或不适（如割喉式合作）的演变过程，无法知晓其长期效应（Johnson et al., 2006）。

关键测量量表

1. Distributed Dynamic Decision-making(DDD) Simulation

Miller, D. L., Young, P., Kleinman, D., & Serfaty, D.(1998). *Distributed Dynamic Decision-making Simulation Phase I: Release Notes and User's manual*. Woburn, MA: Aptima.

2.Michigan State University Distributed Dynamic Decision Making(MSU-DDD) Simulation

Beersma, B., Hollenbeck, J. R., Humphrey, S. E., Moon, H., Conlon, D. E., & Ilgen, D. R.(2003). Cooperation, competition, and team performance: Toward a contingency approach. *Academy of Management Journal*, 46(5), 572–590.

经典文献

Beersma, B., Hollenbeck, J. R., Conlon, D. E., Humphrey, S. E., Moon, H., & Ilgen, D. R.(2009). Cutthroat cooperation: The effects of team role decisions on adaptation to alternative reward structures. *Organizational Behavior and Human Decision Processes*, 108(1), 131–142.

Hollenbeck, J. R., Ellis, A. P. J., Humphrey, S. E., Garza, A. S., & Ilgen, D. R.(2011). Asymmetry in structural adaptation: The differential impact of centralizing versus decentralizing team decision-making structures. *Organizational Behavior and Human Decision Processes*, 114(1), 64–74.

Johnson, M. D., Hollenbeck, J. R., Humphrey, S. E., Ilgen, D. R., Jundt, D., & Meyer, C. J.(2006). Cutthroat cooperation: Asymmetrical adaptation to changes in team reward structures. *Academy of Management Journal*, 49(1), 103–119.

Johnson, M. D., Hollenbeck, J. R., Scott DeRue, D., Barnes, C. M., & Jundt, D.(2013). Functional versus dysfunctional team change: Problem diagnosis and structural feedback for self-managed teams. *Organizational Behavior and Human Decision Processes*, 122(1), 1–11.

Moon, H., Hollenbeck, J. R., Humphrey, S. E., Ilgen, D. R., West, B., Ellis, A. P., & Porter, C. O.(2004). Asymmetric adaptability: Dynamic team structures as one-way streets. *Academy of Management Journal*, 47(5), 681–695.

对管理者的启示

结构适应理论从动态视角出发，认为工作群体结构应与外界环境相一致，但在依环境和任务调整结构时应注意可能存在的结构不适问题。举例而言，当某项目团队在上一产品周期内旨在强调产品质量时，可将其团队奖励结构设定为合作型。但当该项目团队在当前产品周期内调整目标为快速市场响应速度时，为实现此目标，应将团队奖励结构由合作型向竞争型调整。此时，仅调整奖励结构即可实现此目标。但是，若该项目团队在下一产品周期内试图重新强调产品质量而调整其奖励结构为合作型时，仅调整团队奖励结构是无法取得预期效果的。团队成员极有可能继续延续在以往竞争型奖励结构下形成的竞争行为和惯例，不仅无法实现产品质量提升，也会减慢对市场的响应速度。

同样的现象亦出现在组织层面。组织实施兼并收购后，管理者应格外注重和谐企业氛围的构建、员工工作行为的管理和调整，从而降低因以往竞争关系带来割喉式合作的可能。以美国中央情报局（CIA）和美国联邦调查局（FBI）并为美国国土安全部（DHS）为例，以往 CIA 和 FBI 的竞争关系使合并后的 DHS 形成了一种割喉式合作局面，虽然 DHS 为促进隶属于不同部门的员工彼此协作提供了额外激励举措，但两部门的沟通和信息共享仍存在较大问题。Treverton（2002）断定，"因历史原因，FBI 和 CIA 间的沟通交流难以实现"。

在团队层面，竞争团队亦难以克服以往的竞争惯性并实现团队间协作。组织在产品开发初期为研发出高质量产品，有可能鼓励研发团队间彼此竞争；但在产品迭代期间为及时革新产品以响应市场，会希望研发团队间彼此合作。在此情况下，以往的竞争历史往往会阻碍研发团队间的信息交流、互助等利组织行为，无法实现迭代期间所期望的团队合作。

因此，对管理者而言，在遵循权变理论调整组织结构和实践活动时，也不应忽略结构适应理论所指出的当前实践、流程等可能形成的个体、团队和组织惯例及当前工作惯例对变革可能产生的影响。只有充分考虑到组织过往历史所具效应，并积极主动地投入更大精力、财力和人力消除负向效应，加固正向影响，变革所预期的绩效提升效应才有实现可能。

本章参考文献

55

竞赛理论

赵李晶[1] 张正堂[2]

爱德华·拉泽尔 (Edward Lazear)（见图1）和谢里温·罗森 (Sherwin Rosen)（见图2）在1981年发表的《排名竞赛是最佳的劳动力合同》(Rank-order tournaments as optimum labor contracts) 一文中最早提出了竞赛理论 (tournament theory)（亦可称为锦标赛理论）的概念，随后，罗森于1986年在《淘汰竞赛中的奖励和激励》(Prizes and incentives in elimination tournaments) 一文中对该理论进行了重要拓展，这两位学者对竞赛理论的形成起到了奠基性作用。后经 Nalebuff and Stiglitz (1983)、McLaughlin (1988)、Becker and Huselid (1992)、Lambert et al. (1993)、Knoeber and Thurman (1994)、Henderson and Fredrickson (2001)、Frick (2003)、Bothner et al. (2007)、O'Neill and O'Reilly (2010) 等学者的发展，竞赛理论一度成为理论界与实践界炙手可热的理论之一，

图1 爱德华·拉泽尔　　图2 谢里温·罗森

---

1 赵李晶，南京大学商学院工商管理专业博士研究生。主要研究领域：组织行为与人力资源管理。电子邮件：15951891185@163.com。

2 张正堂（通讯作者），南京大学商学院人力资源管理系教授。主要研究领域：薪酬管理与战略人力资源管理。电子邮件：njzzt2005@126.com。

与之相应的，该理论的被引次数也不断攀升（见图3）。

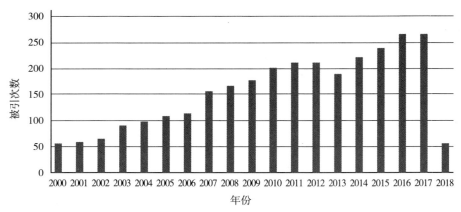

图3　竞赛理论的被引次数

资料来源：根据 Google Scholar 数据整理而成，搜索时采用精确匹配。

竞赛理论的核心内容

竞赛理论的主要机制是一个由两个风险中性的参赛者组成的基本竞赛模型（two-player contest model）（Lazear and Rosen,1981）。在这个模型中，参赛者的产出或绩效（q）是他们的努力（μ）和类似于运气这样的随机部分（ε）的函数。例如参赛者 j，其产出应该是：

$$q_j = \mu_j + \varepsilon_j$$

雇主事先制定固定奖金 W_1 和 W_2（$W_1 > W_2$），并根据参赛者的业绩高低对他们进行排名，成功者即业绩高者获得高奖金 W_1，失败者即业绩低者获得低奖金 W_2。Lazear and Rosen（1981）的研究表明，参赛者的努力程度随着成功者和失败者之间的报酬差距的扩大而增加。如果 P 表示赢得高奖金 W_1 的概率，每一位参赛者使用努力 μ_i 去最大化其产出的边际成本是 V，那么，用下面这个方程解释可能更加清晰。

$$\frac{\partial P}{\partial \mu_i}(W_1 - W_2) = V$$

该式明确地指出，对这两位参赛者来说，重要的不是奖金的绝对规模，而是 W_1 和 W_2 之间的差距（$W_1 - W_2$）影响他们赢得竞赛的努力（μ_i）。对于雇主来说，这种通过相对排名确定报酬的机制是有效的，因为该机制将参赛者置于同一环境下，剔除了不同环境带来的不确定因素，可以更准确地判断参赛者的努力程度，既降低了监控成本，又起到了激励参赛者不断提高自身业绩的目的。随后，McLaughlin（1988）将两位参赛者竞赛模型拓展为多位参赛者竞赛模型，为该理论可以有效地应用于管理实践铺平了道路。这些学者提出的竞赛理论框架为后续研究者们奠定了基础，也得到了不少实证研究的支持（例如，Ehrenberg and Bognanno, 1990; Lambert et al., 1993; Knoeber and Thurman, 1994）。在此之后，学者们陆续将竞赛理论的原理推广至运动员（Frick, 2003）、教授（Gomez-Mejia et al., 2009）、律师（Price, 2003）以及药物经销商（Levitt and Dubner, 2009）等多个研究领域。总的来说，竞赛理论的基本观点就是：处于同一竞赛中的参赛者通过其在竞赛中的相对排名决定所得，而与其绝对绩效无关。公司通过该方法可以有效地诱导员工的努力，从而使每个人都有机会获得晋升的机会。

理论研究表明，竞赛理论与传统理论存在显著的区别，一些学者将其与计件工资理论、具有等级结构的固定工资制度等传统理论进行了对比分析，进一步从理论上证明了竞赛理论的优越性。具体地说，与计件工资理论相比，竞赛理论比较的是相对业绩而不是绝对业绩，这为参赛者消除了一些风险，起到了一定的激励作用。但是，当成本函数为严格凸形时，计件工资更占优势（Matthlas, 2005）。与只能反映各种工作（岗位、职务、工种）的劳动质量或员工的劳动能力，而不能反映员工的实际劳动努力程度的具有等级结构的固定工资制度相比，竞赛理论更能调动劳动者的积极性，促使劳动者更加努力。

竞赛理论更多是用来解释高层管理者薪酬巨额的增加。美国最大的工会组织AFL-CIO（美国劳工联合会－产业工会联合会）出具的CEO薪酬观察显示，美国上市公司CEO的平均薪酬是普通员工的335倍，而这一比例在1982年是40∶1。因为公司高管的工作多为决策性质的，很难客观地衡量其业绩水平，同时，由于监控成本高、监控难度大，加大薪酬差距可以降低监控成本，诱使代理人（参赛者）的努力，最终实现委托人与代理人目标一致，提高企业绩效。后来，竞赛理论被引申到解释企业内部其他职位层级之间的薪酬差距，认为企业内部应该存在较大的薪酬差距，并指出这种大的薪酬差距在激发个人努力以获得高额奖金时是起到关键作用的。

近年来，学者们基于竞赛理论进行了更多层面的探索。首先，学者们将个人的异质性纳入了其中（Nippa, 2010）。学者们发现，原先的模型中只考虑到了参赛者的努力程度，并未涉及对每位参赛者自身能力不同的考量。于是，"子竞赛"（subcontest）和"让步赛"（handicapping）两个新兴概念应运而生。学者们提出，可以通过设置子竞赛，让更多的同质参赛者在该分组中共同参与竞赛（Gomez-Mejia et al.,2009）；考虑到组织中存在一些不占优势的选手（例如性别因素），通过设置让步赛可以调节该群体的动机，增加他们赢得比赛的概率（Pfeifer, 2011）。其实这些设置均是为了通过使得比赛更加公平，以达到提高每位参赛者积极性的目的。不难看出，这些设置或多或少地借鉴了体育比赛中的分组方法（如按性别、量级、比赛种类分组等）。

其次，一些关于竞赛理论的研究挑战了参赛者独立竞赛的简化假设。原先的模型中每位参赛者独立竞赛，互不影响，然而在现实生活中，完全独立的个体少之又少。排名竞争无意间催生了一些破坏行为。有的个体通过破坏他人绩效的方式或是采取信息流阻截、不合作等行为来提升自己的竞赛排名，这些表现最终对提升组织整体绩效起到了反作用。Lazear（1998）就描述了当表现出不合作行为时，奖金差异该如何减少。挑战参赛者独立竞赛的简化假设的另一个分支是将以个人为单位的竞赛机制转向以团队为单位的竞赛机制。如今，越来越多的企业采取团队合作，于是处于团队中的个人贡献难以衡量，故一般将整个团队的绩效产出作为制定薪酬制度的依据。在这种"大锅饭"机制下，大家有福同享、有难同当，"搭便车"行为成了该机制的弊端，对于如何解决该行为的研究在此不做赘述，有兴趣的读者可自行查找。

再次，一些研究注意到了竞赛环境的重要性。原先的模型主要强调个人的努力，对影响产出的随机部分 ε 没有开展深入的研究。这一被归结为类似于运气这样的随机部分，在运气或外生冲击发挥重要作用的环境中（如宏观经济影响），企业应该利用更大的薪酬差距来抵消随机性的影响。

最后，学者们将竞赛理论模型拓展到了"连续淘汰竞赛"（sequential elimination tournament）的应用中（Rosen,1986）。连续淘汰竞赛是指赢得竞赛的人继续投入下一轮竞赛中再与其他竞赛的赢家竞争，可以理解为体育比赛中的从 $1/N$ 决赛到总决赛的车轮过程。在连续淘汰竞赛中，薪酬随着竞赛等级的升高而升高，即管理层级间的薪酬差距会随着职位的升高而增大。但这带来的一个问题就是，在最高水平的竞赛上没有进一步的奖励。基于这个原因，竞赛理论预测在连续淘汰竞赛的最高水平上有一个非常大的薪酬差距，比如在内部晋升竞赛中 CEO 的薪酬，这样也对上市公司 CEO 平均薪酬与普通员工差异巨大做出了合理的理论解释。

随着竞赛理论的广泛应用，越来越多的学者通过实证分析探索其对组织管理的实践价值。关于竞赛理论的实证研究则主要集中在薪酬差距及与该理论相关的管理实验方面。例如，在薪酬差距研究方面，薪酬差距激励了目前正在参加竞赛的员工以及那些还没有参加竞赛的员工（Cappelli and Cascio, 1991）。与此同时，也有不少研究表明，薪酬差距与离职率密切相关（Messersmith et al., 2011），过大的薪酬差距会导致高离职率（Bloom and Michel, 2002）、滋生破坏行为（Henderson and Fredrickson, 2001）、降低员工的工作满意度和合作行为（Pfeffer and Langton, 1993），最终影响员工个人绩效和组织绩效（Bloom, 1999; Pfeffer and Langton, 1993），尤其是在需要团队密切合作的组织中。在相关管理实验研究方面，研究者发现，激励效应随着薪酬差距的增大而减小（Becker and Huselid, 1992），与之相反，也有研究表明，当薪酬差距增大时，即便是占优势地位的参赛者也会付出更多的努力（Chen et al., 2011），领导者或高绩效者会冒更大的风险来保持其相对的排名（Boyle and Shapira, 2012），但是当参赛者的能力相当时，他们就会投入相似的努力程度（Weigelt et al., 1989）。相较于奖励不足的参赛者，薪酬差距效应在奖励过度的参赛者身上更为显著，相应地，奖励不足者会表现出更少的合作行为和更多的自利行为（Harder, 1992）。以上研究都促进了人们对竞赛理论的认知，使得竞赛理论的内涵更为丰富。

对该理论的评价

与传统理论相比，竞赛理论的独特之处在于其比较的是代理人（参赛者）的相对排名而不是绝对绩效，这样的机制剔除了更多不确定的因素，既降低了监控成本，又强化了激励作用（Barut and Dan, 1998）。尤为重要的是，提高报酬水平和增大薪酬差距有利于提升代理人（参赛者）的努力程度，并且竞赛规模（即参赛者的数量和竞赛的层级数量）和获胜比例（Che and Gale, 2003; Boudreau et al., 2011; Chen et al., 2011）都对激励效果有一定的影响。

但是从理论研究本身来看，竞赛理论依旧存在一些不足。首先，竞赛理论在高管团队薪酬差距问题上的适用范围是有限的，尤其是在不同的国家文化背景下，这一局限尤为明显。例如，中国的文化特征是"以和为贵"，强调团队合作，体现出明显的集体主义倾向，在这种文化影响下，中国企业的高管团队可能更强调压缩薪酬差距，薪酬差距增加反而影响团队合作，进而影响组织绩效。其次，竞赛机制滋生出的反生产行为（如破坏对方绩效、不合作、自利等）反而降低了个人绩效和团队绩效，造成负面效应（Harbing and Irlenbusch, 2004）。关于如何解决负面效应，不少学者做了相应的探讨，但更有效的解决方式仍待未来进一步探讨。再次，使用竞赛机制可能会影响长期绩效。Oliver and Anderson（1994）就指出，在销售人员中开展销售竞赛会导致参赛者忽略长期客户关系的维系而增加对客户的操纵行为。使用等级竞赛的方式会带来更好的短期绩效（Garrett and Gopalakrishna, 2010），但这是以牺牲长期目标为代价而实现的（Poujol and Tanner, 2009）。最后，Dickinson（2001）指出，惩罚和激励一样可以激发代理人（参赛者）的努力程度，绝对惩罚似乎可以比积极的激励措施诱导更高的努力水平。那么，只有正面的、积极的奖励才能成为竞赛机制的激励措施便受到了严峻的挑战。

关键测量量表

关于竞赛理论的实证研究多采用历史档案数据，故此处对测量量表不做介绍。

经典文献

Becker, B. E., & Huselid, M. A. (1992). The incentive effects of tournament compensation systems. *Administrative Science Quarterly*, 37(2), 336–350.

Carpenter, M. A., & Sanders, W. M. (2002). Top management team compensation: The missing link between CEO pay and firm performance? *Strategic Management Journal*, 23(4), 367–375.

Conyon, M. J., Peck, S. I., & Sadler, G. V. (2001). Corporate tournaments and executive compensation: Evidence from the UK. *Strategic Management Journal*, 22(8), 805–815.

Ehrenberg, R. G., & Bognanno, M. L. (1990). The incentive effects of tournaments revisited: Evidence from the European PGA tour. *Industrial and Labor Relations Review*, 43(3), 74–S.

Eriksson, T. (1999). Executive compensation and tournament theory: Empirical tests on Danish data. *Journal of Labor Economics*, 17(2), 262–280.

Henderson, A. D., & Fredrickson, J. W. (2001). Top management team coordination needs and the CEO pay gap: A competitive test of economic and behavioral views. *Academy of Management Journal*, 44(1), 96–117.

Lazear, E. P., & Rosen, S. (1981). Rank-order tournaments as optimum labor contracts. *Journal of Political Economy*, 89(5), 841–864.

Main, B. G., O'Reilly III, C. A., & Wade, J. (1993). Top executive pay: Tournament or teamwork? *Journal of Labor Economics*, 11(4), 606–628.

Rosen, S. (1986). Prizes and incentives in elimination tournaments. *American Economic Review*, 76(4), 701–715.

对管理者的启示

与传统理论相比，虽然在某些情况下竞赛理论不具有优势，但是从总体上来说，竞赛制度因为具有更好的激励作用，可以促使代理人（参赛者）付出更多的努力，这在企业设计薪酬制度时不失为一种选择。在 21 世纪的今天，外部环境瞬息万变，用竞赛理论主张的相对排名确定报酬，可以更好地适应环境的变化。管理者如果可以针对特定的环境和情景，合理有效地设计企业内尤其是高管团队的薪酬结构，制定合理的薪酬差距，那么竞赛理论必将发挥更好的积极效果。但是管理者必须认识到，薪酬差距是一把双刃剑，必须根据具体情况把握其尺度。同时，每个管理者的时间视野不同，有人喜欢短期绩效，有人喜欢长期绩效。竞赛机制可以快速地提升短期绩效，但是需要考量如何设计竞赛机制以维持长期绩效；注重长期绩效有利于企业的长远发展，但是需要注意较小的薪酬差距是否在短期内会让员工产生气馁反而不利于企业长期绩效的增长。这些都有待管理者在实践中根据具体的情境、下属的状态、工作的性质等采取与之相应的竞赛机制。当管理者将竞赛理论的核心要旨掌握到位，再与其他传统理论结合起来，制定出最适合自己企业的薪酬激励制度时才真正达到了竞赛理论最终想要达到的目的。

本章参考文献

56

特质激发理论

刘玉新[1]　朱楠[2]

图1　罗伯特·泰德

罗伯特·泰德（Robert Tett）（见图1）和哈尔·古特曼（Hal Guterman）最早定义了特质激发（trait activation）的概念。他们以及唐·伯内特（Dawn Burnett）分别于2000年和2003年发表了两篇关于特质激发理论（trait activation theory）的奠基性文章，分别是《情境特质相关性、特质表达和交叉情境一致性：测试特质激活的原则》（Situation trait relevance, trait expression, and cross-situational consistency: Testing a principle of trait activation）和《一种基于人格特质的工作绩效互动模型》（A personality trait-based interactionist model of job performance）。后经Tett and Burnett（2003）、Hoogh et al.（2005）、Haaland and Christiansen（2006）、Hirs et al.（2009）、Barrick et al.（2013）、Judge and Zapata（2015）等学者的发展，该理论的理论模型得到了实证验证，并且该理论也得到了进一步的发展，其被引次数呈逐年递增趋势（见图2）。

---

[1]　刘玉新，对外经济贸易大学国际商学院教授、博士生导师。主要研究领域：积极心理学、工作和家庭的冲突与平衡、员工自杀及心理健康、反生产行为、工作压力、人力资源管理。电子邮件：liuyx21@263.net。
[2]　朱楠，对外经济贸易大学国际商学院博士研究生。主要研究领域：积极心理学、人力资源管理、绩效管理、员工心理健康。电子邮件：zhunan86@126.com。

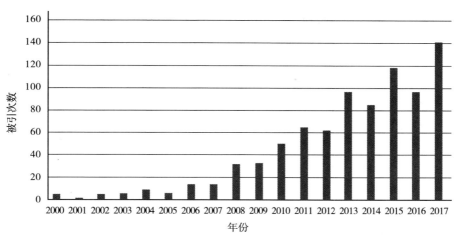

图 2　特质激发理论的被引次数

资料来源：根据 Google Scholar 数据整理而成，搜索时采用精确匹配。

特质激发理论的核心内容

情境是否影响个体，主要源于情境如何被个体感知 (Mischel, 1968, 1973)，而人格特质需要借助与特质相关的情境才能体现出来 (Kenrick and Funder, 1988)。Tett and Guterman（2000）在此基础上提出了特质激发的概念，认为个体特质激发解释了人格特质–情境之间的关系，即人格特质需要在与特质相关的情境线索中唤醒出来，这体现了特质激发的过程，特质激发的一个关键特征在于它引起了人们对情境特质关联的关注。Tett and Guterman（2000）认为，情境特质相关性与情境强度存在明显的差异，他们也举出例子以体现二者的不同。例如，让每个人的反应都更加强烈的情境 (Mischel, 1973, 1977) 掩盖了个体潜在的特征：在激烈的战斗中，具有好斗特质的士兵之间的差异可能是无法察觉的，因此，观察特质变化需要基于弱到中度的与特质相关的情境信息的激发 (Tett and Guterman, 2000)。另外，他们将情境特质相关性与情境强度的差异总结为两点：第一，二者是质和量的差异，无论情境特质相关性向个体传送多少独特类型的信息，个体都会表达出人格特质以体现对情境的反馈，然而，情境强度会相应抹去个体差异，从而使个体表现出处理后的行为；第二，二者是可分离的，如同广播电台和演奏音量可以分开一样，改变电台和调整音量在影响节目声音时可以分开进行。

Tett and Burnett（2003）对该理论进行了拓展，主要研究个体人格特质如何受组织情境的影响，从而表现出有价值的工作行为，并提出了一个有关工作绩效的人–情境互动模型，为具体的人格特质在特定工作中预测绩效奠定了基础。他们指出，不同的人格特质在不同的组织情境中被激活，进而使工作绩效中体现出人格特质的优势，这是特质激发理论的核心概念。人格特质只有在与之相适应的情境中才会表达出来，这个过程体现了特质激活，特质激活的过程就是个体在呈现与特征相关的情境线索时表达自己特征的过程（Tett and Burnett, 2003）。因此，可以认为，人格特质在相应的情境中被激活，个体会通过一定的工作行为展现工作绩效。同时，他们明确指出，个体人格特质表达与五种情境特征有关，并把它们总结为工作要求（job demands）、干扰器（distracters）、约束器（constraints）、释放器（releasers）和促进器（facilitators），它们均能在任务、社会和组织三个层面得以体现。这些是情境的功能性特征，原因在于它们影响了特质激发的进程。为详细解释该理论模型，Tett and Burnett（2003）在情境和大五人格（尽责性、外倾性、宜人性、开放性和情绪稳定性）之间建立了联系，并对关键问题进行了详细的描述，包括情境的特殊性、面向个人的工作分析、团队建设和工作动机。

通过建立这样一种基于人格特质的工作绩效模型，Tett and Burnett（2003）详细地解释了为什么人格特质在预测绩效时会体现情境的特殊性，或者说基于人格特质的绩效模型，可以看到具体的人格特质与工作绩效相联系的过程，该模型详细地描述了人格特质可以表达为有价值的工作行为。人格特质具有情境的特殊性（即人格特质在与其相适应的情境中会得到表达），它与工作绩效之间存在密切的联系。例如，Barrick et al.（1993）的研究发现，尽责性在能够自我设置目标的情境中与工作绩效相关。他们认为，该模型的关键命题主要体现在：第一，特质在个体工作行为中表达出来，并通过特质激活作为对与特质相关的情境线索的反应（例如详细的工作要求）；第二，与特质相关的情境线索的来源可以被分为三大层面，即任务层、社交层和组织层；第三，能够表达特质的工作行为和工作绩效是不同的，后者被定义为简单的有价值的工作行为。Tett and Burnett（2003）对该理论模型的解释主要分为四个方面：

第一，主效应。首先，第一条路径体现了基于人格特质的员工选拔基本假设：在标准化问卷中，个体人格特质作为核心概念，将在工作环境中被表达为与特质相关的工作行为。虽然在测量范围内，行为与其所表达的一个或多个特征有着不可分割的联系，但区别是很重要的，原因有二：一是情境在特质的表达过程中发挥着调节作用，具体表现在任务、社会和组织层面；二是行为受到多重因素的影响，例如，管理者可以为他人提供指导，帮助他人表达自己的成就动机 (Tett, 1995)。其次，第二条路径体现了情境对工作行为的主要影响。例如，工作场所的聚会能够提升参与者的社交行为，同时，也可以促进人格特质的交互作用。

第二，调节作用。任务层、社会层和组织层作为调节变量影响人格特质与组织行为之间的关系。任务层是指情境中特质激活的线索来源于工作本身，包括传统工作分析定义的日常工作职责、程序等；社会层是指情境中特质激活的线索来源于与他人的工作；而组织层是指情境中特质激活的线索来源于组织氛围和文化 (Cherrington, 1989)。例如，在一个以友好和报酬公平为特征的组织氛围中，高工作倾向的会计师表现得尤为出色 (Day and Bedeian, 1991)。

第三，工作绩效评价。一方面，工作行为和工作绩效之间存在区别，且工作绩效依赖于个体工作行为；另一方面，绩效评估来源于任务层、社交层和组织层，从而影响了工作行为和工作绩效之间的关系。

第四，工作动机。一方面，个体特质激活的过程将有利于满足个体内部动机。另一方面，根据任务、社会和组织要求，个体通过特质表达所展现的工作行为可能受到表扬、认可和有形的外部奖励（例如奖金、晋升）。

Tett and Burnett (2003) 认为，该模型适用于任何人格特质，提供了一个跨特质内容的研究框架，并详细地描述了在组织情境的三个层面（任务层、社交层和组织层），大五人格特质是如何在五种情境（工作要求、干扰器、约束器、释放器和促进器）中被激发的。例如，在组织情境中的任务层面，工作要求注重细节和精确度，需要员工严格遵守规则，一般会给出工作完成的最后期限，并要求员工保证高水平的工作质量，此时，尽责性的员工在这种情境中更容易被激活，体现出具体的工作行为，提高绩效；在组织情境中的组织层面，慈善筹款活动发挥着释放器的作用，此时，宜人性人格特质的个体被激活，更易于体现出高水平的工作绩效 (Tett and Burnett, 2003)。

近年来，特质激发理论的研究正处于实证检验阶段，并且表明个体特质激发对个体或者组织正发挥着越来越重要的作用 (Barrick *et al.*, 2013; Byrne *et al.*, 2005; Foo *et al.*, 2009; Greenbaum *et al.*, 2017; Hirst *et al.*, 2009; Hochwarter *et al.*, 2006; Hoogh *et al.*, 2005; Judge and Zapata, 2015; Kamdar and Van Dyne, 2007; Li *et al.*, 2010)。例如，辱虐型领导作为特质激发，加强了个体马基雅维利主义

和不道德行为之间的关系 (Greenbaum et al., 2017)。当工作完成的强度水平较弱时（工作松散、员工有很大的权限自行决策），大五人格特质更能预测个体的工作绩效；当工作情境能够激活特殊的人格特质时，这些特质能够预测个体的工作绩效 (Judge and Zapata, 2015)。有学者将大五人格模型中的目标导向与工作特征模型整合在一起，用于解释人格特质和工作特征如何共同影响个体工作结果 (Barrick et al., 2013)。根据专家判断，关于运动员在锻炼项目上的得分，在训练中获得高水平激活潜力的人的得分比获得低水平激活潜力的人更高 (Haaland and Christiansen, 2002)。当工作努力水平、积极心理氛围水平都很高时，尽责性能够预测工作绩效；相反，当工作努力和心理氛围并不都是正向时，尽责性和工作绩效则没有显著的关联 (Byrne et al., 2005)。动态的工作环境能够调节魅力型和变革型领导与员工工作效率之间的关系 (Hoogh et al., 2005)。只有当团队学习行为水平较高时，个体学习导向和创造才正相关 (Hirst et al., 2009)。团队程序的公正氛围水平越高，个体主动性人格水平就越高，组织公民行为水平也越高 (Li et al., 2010)。组织情境本身会加强员工动机性文化智力和跨文化绩效之间的关系 (Chen et al., 2012)。个体需求动机和组织政治氛围感知对员工的职场关系网络构建行为有显著的正向影响（吴湘繁等，2015）。内部人身份感知负向调节自我监控与心理安全感的关系，进而影响员工建言行为，当内部人感知较低时，自我监控对心理安全感有正向预测所用；当内部人感知较高时，自我监控对心理安全感没有显著的影响（段锦云和曹莹，2015）。因此，特质激发理论正处于实证检验阶段，在理论模型上还需要更多学者进行实证检验和理论模型的整合，进而丰富特质激发理论。

对该理论的评价

特质激发理论可以通过不同的方式对人格和行为进行研究（Tett and Guterman, 2000）。Tett and Guterman (2000) 认为，特质激发能够作为普遍原理是具有潜力的，第一，在特质激发的过程中，情境相关性既客观体现现实，又因个体而存在差异，可以考虑个体差异和对相关情境线索的敏感性来提高行为预测；第二，特质激发可以提供一个视角，解释为什么具有某种特质的个体比他人更能预测绩效，为什么具有某种特质的个体在某些工作中可以正向预测绩效，而在另外一些工作中则负向预测绩效；第三，特质激发可以指导有关朋友、伴侣和同事选择的研究，如果特质表达对个体自身是有益的，则人们更倾向于与那些能够互相表达特质的人保持关系。段锦云（2011）认为，以往研究更多地关注个体人格差异对个体结构变量的影响。例如，大五人格中外向性和责任性对建言行为的影响 (LePine and Van Dyne, 2001)，但这并没有解释"如何影响"，他认为，特质激发是一种调节方式，这种基于联接主义的观点强调情境对特质表达的重要性。Barrick *et al.* (2013) 认为，特质激发理论强调个体更愿意在与其特质相关的情境中表达自己的特质，它并没有解释能够驱动个体工作行为动机的心理机制。不过，Tett *et al.* (2013) 对绩效模型进行了修订，新模型已经提出了个体内部动机和外部动机驱动个体工作行为的心理机制，部分克服了这一不足。

关键测量量表

1. Hypothetical Personality-Oriented Job Analysis for the Trait of Ethodicalness：3维度，18题

Tett, R. P., & Burnett, D. D. (2003). A personality trait-based interactionist model of job performance. *Journal of Applied Psychology*, 88(3), 500–517.

2. The Marker Traits of Five Factors Personality：5维度，70题

Goldberg, L. R. (1992). The development of markers for Big-five factor structure. *Psychological Assessment*, 4(1), 26–42.

3. Ten-Item Personality Inventory(TIPI)：5维度，10题

Gosling, S. D., Rentfrow, P. J., & Jr, W. B. S. (2003). A very brief measure of the Big-five personality domains. *Journal of Research in Personality*, 37(6), 504–528.

4.The Proactive Personality Scale：1维度，10题

Seibert, S. E., Crant, J. M., & Kraimer, M. L. (1999). Proactive personality and career success. *Journal of Applied Psychology*, 84(3), 416–427.

5. The Revised Eysenck Personality Questionnaire：4维度，24题

Francis, L. J., Brown, L. B., & Philipchalk, R. (1992). The development of an abbreviated form of the Revised Eysenck Personality Questionnaire (EPQR-A)：Its use among students in England, Canada, the U.S.A. and Australia. *Personality & Individual Differences*, 13(4), 443–449.

经典文献

Barrick, M. R., Mount, M. K., & Li, N. (2013). The theory of purposeful work behavior: The role of personality, higher-order goals, and job characteristics. *Academy of Management Review,* 38(1), 132–153.

Barrick, M. R., Mount, M. K., & Strauss, J. P. (1993). Conscientiousness and performance of sales representatives: Test of the mediating effects of goal setting. *Journal of Applied Psychology,* 78 (5), 715–722.

Day, D. V., & Bedeian, A. G. (1991). Predicting job performance across organizations: The interaction of work orientation and psychological climate. *Journal of Management,* 17 (3), 589–600.

Greenbaum, R. L., Hill, A., Mawritz, M. B., & Quade, M. J. (2017). Employee machiavellianism to unethical behavior: The role of abusive supervision as a trait activator. *Journal of Management,* 43 (2), 585–609.

Haaland, S., & Christiansen, N. D. (2002). Implications of trait-activation theory for evaluating the construct validity of assessment center ratings. *Personnel Psychology,* 55 (1), 137–163.

Hirst, G., Knippenberg, D. V., & Zhou, J. (2009). A cross-level perspective on employee creativity: Goal orientation, team learning behavior, and individual creativity. *Academy of Management Journal,* 52 (2), 280–293.

Judge, T. A., & Zapata, C. P. (2015). The person-situation debate revisited: Effect of situation strength and trait activation on the validity of the big five personality traits in predicting job performance. *Academy of Management Journal,* 58 (4), 1149–1170.

Tett, R. P. (1995). Traits, situations, and managerial behaviour: Test of a trait activation hypothesis. London, Ontario. University of Western Ontario.

Tett, R. P., & Burnett, D. D. (2003). A personality trait-based interactionist model of job performance. *Journal of Applied Psychology,* 88 (3), 500–517.

Tett, R. P., & Guterman, H. A. (2000). Situation trait relevance, trait expression, and cross-situational consistency: Testing a principle of trait activation. *Journal of*

Research in Personality, 34 (4), 397–423.

对管理者的启示

以往研究个体人格更多地关注个体人格差异对个体结果变量的影响，不同的人格特质会对个体行为产生具有差异性的影响，强调了个体人格特质的重要性。同时，对个体而言，组织情境是客观存在的，不能忽视，这也能够解释现实工作中，具有稳定人格特质的个体在不同的情境中会表现出差异性的行为，进而影响工作绩效。因此，情境本身对个体人格特质的表达也很重要。Tett and Guterman（2000）提出的特质激发概念，进一步解释了人格特质－情境之间的关系，人格特质需要在与特质相关的情境线索中唤醒出来，这体现了特质激发的过程。特质激发理论强调了任务、社交和组织三个层面情境在个体人格和个体行为之间发挥的作用，管理者可以通过这三个层面情境激发组织中具有不同人格特质的个体，发挥个体人格特质的优势，使个体产生对组织生产和经营有利的行为。

特质激发不仅指向人格，Tett and Burnett（2003）提出，知识、技能和能力也可以在与之相关的情境中受到激发。所以，管理者可以人尽其才，分析任务、社交和组织三个层面情境，并分析人格、知识、技能和能力是否与之相宜，进而促进有效的工作行为，并提高绩效。根据特质激发理论，个体在其特质激发过程中收获自我内部奖励（如成就感），同时，在绩效结果（如工资）中收获外部奖励。管理者需要同时重视这两种奖励，从而促进个体下一阶段的工作行为，形成有序和有效的路径循环，进而促进组织发展。

本章参考文献

57

变革型领导理论

付永刚[1] 刘启[2]

图1 詹姆斯·伯恩斯

变革型领导(transformational leadership)一词源于 Downton and Hart（1973）的观点，但是它作为领导力的一个重要概念出现则是来源于《领袖论》(*Leadership*)这部经典著作，这部著作是由政治社会学家詹姆斯·伯恩斯（James Burns）（见图1）在1978年撰写的。在这一著作中，伯恩斯试图将领导者与员工的角色相互联系起来，他把领导者描述成那种尽力激励员工，以更好地实现共同目标的人。后经由 Longshore and Bass（1985）、Bennis and Nanus（1985）、Yukl（1989）、Portugal and Yukl（1994）、Sergiovanni（1990）、Podsakoff et al.（1990）、Leithwood（1992）、Pillai et al.（1999）、Dvir et al.（2002）、Judge and Piccolo（2004）等学者的发展，变革型领导理论(transformational leadership theory)逐渐受到了理论界与实践界的广泛关注，该理论的被引次数不断攀升，从2013年起每年的被引次数均超过了10 000次，2017年已经超过20 000次（见图2），现已成为主流的领导理论之一。

---

[1] 付永刚，大连理工大学经济管理学院副教授、博士。主要研究领域：组织变革、领导行为、激励机制。电子邮件：fuyg@dlut.edu.cn。

[2] 刘启，大连理工大学经济管理学院硕士研究生。主要研究领域：组织变革、企业家精神。电子邮件：2200600000@qq.com。

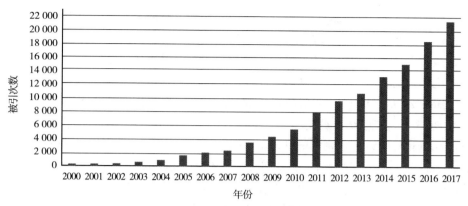

图 2　变革型领导理论的被引次数

资料来源：根据 Google Scholar 数据整理而成，搜索时采用精确匹配。

变革型领导理论的核心内容

变革型领导这一概念最早是由 Downton（1973）在《反叛领导》（*Rebel Leadership*）一书中提出的。Downton（1973）认为，领导者对下属的影响力建立在交易或承诺等不同层次上，并提出了影响下属心理层面的领导行为，其研究可以视为变革型领导研究的源头。受 Downton 的启发，Burns（1978）在《领袖论》（*Leadership*）一书中以政治领导者为研究对象对变革型领导提出了较为明确的概念界定，Burns（1978）认为，变革型领导是一个为了追求更高的组织目标，领导者及其下属转换原有的价值观念、人际关系、组织文化与行为模式，凭借更高的动机和士气团结在一起，超越个人利益的过程。对此，Burns（1978）强调了变革型领导的四项要点，即授权（empowerment）、决策参与（decision making）、凝聚共识（consensual）与塑造文化（strong culture）。

基于 Burns（1978），Longshore and Bass（1985）又在《领导与超越期望的绩效》（*Leadership and Performance Beyond Expectation*）一书中初步建构形成了变革型领导理论。Longshore and Bass（1985）认为，变革型领导是通过让下属意识到所承担任务的重要意义，激发其高层次需要，建立互相信任的氛围，促使下属为了组织的利益而牺牲自己的利益，并达到超过原来期望的结果。几乎是在提出变革型领导理论的同时，Bennis and Nanus（1985）也对变革型领导的内涵进行了阐释，他们将具有带领人们行动并注重培养和发展下属能力，使之成为推动组织改革的动力的领导称为变革型领导，认为变革型领导善于利用权力与情境等有利因素，激发下属求新求变的意愿与能力，使得组织面对快速变化的环境能够调整自己的运作方式。

Bass *et al.* (1993) 在先前研究的基础上，进一步提出了变革型领导模型的四个主要因素：魅力影响 (charisma or idealized influence)、动机激励 (inspiration)、智力激发 (intellectual stimulation) 与个别关怀 (individualized consideration)，两位学者开发的多因素领导问卷 (Multifactor Leadership Questionnaire) 经过了大量的科学验证，被研究者们一致认为具有较高的信度和效度。此外，Leithwood (1992) 将变革型领导定义为：由领导者提供愿景作为内在诱因，通过分享、投入、热情与刺激等手段，在实际运作过程中改进并提升成员的想法，进而使成员对未来充满希望。Leithwood and Jantzi (1996) 基于 Longshore and Bass (1985) 的变革型领导理论构建了自己的变革型领导模型，该模型由构建愿景 (vision or inspiration)、榜样行为 (models behavior)、培养对集体目标的承诺 (commitment to group goals)、个性化关怀 (individual support)、智力激发 (intellectual stimulation)、寄予厚望 (high performance expectations) 六个维度构成。Leithwood and Jantzi (1996) 据此编制的六因素变革型领导量表在西方广受欢迎。

自 20 世纪 90 年代以来，在承续 Bass 提出的变革型领导理论的基础之上，研究者们对变革型领导的概念框架进行了充分的挖掘，这为后续广泛的实证研究奠定了基础 (Sergiovanni, 1990; Portugal and Yukl, 1994; Fields and Herold, 1997; Pillai *et al.*, 1999; Wilmore and Thomas, 2001; Leftwich, 2001; Ackoff, 2007)。虽然研究者们对变革型领导的定义和构建的维度各有侧重，但是在很多方面都体现了共同点，如领导者对下属的激发、提高员工的解决能力、加强组织文化与组织情感等。

作为领导理论中的两个重要概念，变革型领导与交易型领导有着显著的区别。Burns (1978) 在《领袖论》一书中表明，领导是一个连续体，一端是变革型领导，另一端则是交易型领导。Burns (1978) 认为，交易型领导通过奖励与下属工作进行交换，这是一种短期的交换结果，强调下属与领导者之间的关系是一种互惠的，基于经济的、政治的及心理的价值互换。经由学者们对领导理论的进一步阐述，发现变革型领导与交易型领导在目的性、方法手段、组织行为特点以及领导者与成员之间的互动关系等方面都存在差异（Hater and Bass, 1988; Bass and Avolio, 1994; Podsakoff et al., 1996）。总的来说，（1）交易型领导强调工作标准和工作导向目标，强调任务完成的效率和速度，以工作为中心；而变革型领导则主张进行个性化管理，侧重于个性化关怀。（2）交易型领导注重标准、规范，强调过程监控、纠正员工不符合要求和标准的行为；而变革型领导则注重授权、愿景培养、组织文化培养，强调利用组织美好的发展前景来对员工的内在动机进行激励，通过个人魅力对群体成员进行积极的影响。（3）交易型领导注重能力、忠诚、信任的培养，喜欢稳定可持续的发展、在固定的环境中工作；而变革型领导则能够向下属灌输尊重和荣誉的价值观，喜欢挑战和风险，鼓励员工以理性的方式对情景进行重新思考，用创新的方法进行工作。

  领导的有效性并非仅取决于领导者单方面因素，对领导理论的研究也应关注领导与下属之间的互动关系，因此，学者们围绕变革型领导的作用机制进行了深入的探讨。例如，变革型领导的个性化关怀与组织公民行为之间有显著的正相关关系（Van Dyne et al., 1994）；变革型领导能够显著地增加员工对组织的满意度，增强其组织承诺，促进组织公民行为的产生，且有助于增进员工的创造力，促进创新行为的出现（Podsakoff et al., 1990）；变革型领导与员工组织承诺之间有显著的正相关关系（Dubinsky et al., 1995; Avolio et al., 2004）；变革型领导与组织单位水平绩效之间的关系，受到创新支持水平的调节，变革型领导风格是组织创新绩效的关键预测变量（Howell and Hallmerenda, 1999）；此外，还有一系列的实证研究表明，变革型领导对员工的组织学习行为（organizational learning）、创新行为（innovative behavior）、角色外行为（extra-role behaviors）等均有显著的正向影响作用（Lowe et al., 1996; García- Morales, 2006）。

  为了进一步解释变革型领导的作用机制，近年来，学者们还检验了一些重要的中介变量和调节变量。大量的实证研究表明，内在动机、领导－成员关系、创造性角色识别和自我效能等因素在变革型领导与员工的创造性之间起到了中介作用，传统性和工作复杂性在其中起到了调节作用（Shin and Zhou, 2003; Wang et al., 2013）；变革型领导可以通过企业生命周期、组织承诺、组织学习和创新等要素影响企业绩效（García-Morales et al., 2012）；变革型领导还可以通过团队学习影响员工工作态度，工作技能要素可以调节这一影响（Wang et al., 2013）；此外，在 Podsakoff et al. (1996) 研究的基础上，领导－成员关系、员工满意度、组织承诺与组织公平等因素在变革型领导与组织公民行为之间的中介作用也得到了进一步的检验（Wang *et al.*, 2005; Liu *et al.*, 2008; Meng *et al.*, 2007）。随着变革型领导理论的不断丰富，越来越多的学者开始将研究聚焦于变革型领导在不同情境下的作用机制。

变革型领导实证研究的拓展得益于其不断发展的理论模型，在 Bass and Avoliol（1990）的四维度变革型领导模型的基础上，Day and Leithwood（2007）在《领导力的本质》（*The Essence of Leadership*）一书中归纳出了一种竞争性魅力 – 变革型模型，该模型主要包括魅力的特质理论、自我概念和魅力、愿景型领导，以及 Podsakoff *et al.*（1996）的变革 – 交易型领导模型。Posner and Kouzes（2013）在《卓越领导的五种习惯行为》（*The Five Practices of Exemplary Leadership*）一书中构建了包括以身作则、共启愿景、挑战现状、使众人行、激励人心五因素在内的领导模型，这也是经由变革型领导理论衍生而来的（Posner and Kouzes, 1993）。

亦有许多变革型领导模型是基于组织视角的过程模型。Lewin（1990）将心理学概念扩展到了群体层面，并以此为基础提出了经典的"解冻—变革—再冻结"的组织变革模型。Lewin（1990）认为，变革型领导需要采取措施抵抗阻力、增强驱动力，以此来破除组织惯性、推动组织变革。随后，Kotter（1996）在《领导变革》（*Leading Change*）一书中将 Lewin（1990）的三阶段模型扩展为了八个有明确定义的步骤。成功的变革得益于有序的变革步骤，变革型领导应关注成功实施重大变革所需的每一个因素，使人们从情感上接受变革，消除那些可能成为阻力的因素，从而强化与变革目标相一致的行为。此外，Herold *et al.*（2008）还将领导理论与组织变革理论相结合，拓展了专注于行为导向的变革领导力（change leadership）理论研究。

对该理论的评价

变革型领导理论对领导者在组织中的作用做了广泛、深入和具体的探究，细致到个体层面，并涉及整个组织的文化理念。在集体中，领导者起着中流砥柱的作用，但是其与员工之间的关系又是互动的。在领导有效性方面，领导者针对团队发展提出的愿景能够激发下属的热情，引领组织走向成功。自 20 世纪 70 年代以来，变革型领导理论已经成为领导学研究一个不可或缺的组成部分，并且已经证实可以带来更高的员工满意度和工作绩效。

当然，目前有关变革型领导的理论和实证研究也存在一些问题与不足。首先，变革型领导在创造变化和提出新方向等方面扮演着直接的角色，从而能够对下属施加强有力的影响，下属也会表现出对他们的信任和尊敬。然而一些变革型领导可能具有过度的"自我陶醉"（narcissistic）倾向，醉心于权力和控制，甚至可能会滥用权力（Stone et al., 2003）。其次，变革型领导涉及改变下属的价值观以及为他们树立新的愿景，然而变革型领导理论本身缺乏道德层面的考量，因此，如果这种新的价值观和愿景与社会伦理道德背道而驰，那么变革型领导的领导魅力特性就有可能被用于反社会或破坏性目的。领导学大师 Portugal and Yukl（1994）将这一点称为"魅力的黑暗面"（dark side of charisma）。可见，正面的变革型领导必须具有坚实的道德基础，只有"真诚的"（authentic）变革型领导才能忠于正义与平等的价值观，产生积极的变革和影响。

关键测量量表

1. Team Leadership Practices Inventory (TLPI)：5 维度，30 题

Kouzes, J. M., & Posner, B. Z. (1987). The leadership challenge: How to get extraordinary things done in organizations. *Leadership Quarterly*, 7(11), 154.

2. Multifactor Leadership Questionnaire (MLQ)：4 维度，27 题

Bass, B. M., & Avolio, B. J. (1990). *Transformational Leadership Development: Manual for the Multifactor Leadership Questionnaire.* Palo Alto, CA: Consulting Psychologists Press.

3. Multifactor Leadership Questionnaire (MLQ-6s)：7 维度，21 题

Avolio, B. J., & Bass, B. M. (1995). Individual consideration viewed at multiple levels of analysis: A multi-level framework for examining the diffusion of transformational leadership. *Leadership Quarterly*, 6(2), 199–218.

4. Transformational Leadership Questionnaire：6 维度，22 题

Podsakoff, P. M., Mackenzie, S. B., & Bommer, W. H. (1996). Transformational leader behaviors and substitutes for leadership as determinants of employee satisfaction, commitment, trust, and organizational citizenship behaviors. *Journal of Management*, 22(2), 259–298.

5. Transformational Leadership Questionnaire：6 维度，24 题

Leithwood, K., & Jantzi, D. (1996). Toward an explanation of variation in teachers' perceptions of transformational school leadership. *Educational Administration Quarterly*, 32(4), 512–538.

6. Transformational Leadership Questionnaire (TLQ-LGV)：4 维度，46 题

Alimo-Metcalfe, D. B., & Alban-Metcalfe, R. J. (2001). The development of a new transformational leadership questionnaire. *Journal of Occupational & Organizational Psychology*, 74(1), 1–27.

7. Multifactor Leadership Questionnaire (MLQ-5X)：4 维度，45 题

Avolio, B. J., & Bass, B. M. (2004). *Multifactor Leadership Questionnaire*. Palo Alto, CA: Mind Garden.

8. Transformational Leadership Questionnaire：4 维度，26 题

Li, C., & Kan, S. (2005). The structure and measurement of transformational leadership in china. *Frontiers of Business Research in China*, 2(4), 571–590.

经典文献

Bass, B. M. (1999). Two decades of research and development in transformational leadership. *European Journal of Work & Organizational Psychology*, 8(1), 9–32.

Bass, B. M., Avolio, B. J., Jung, D. I., & Berson, Y. (2003). Predicting unit performance by assessing transformational and transactional leadership. *Journal of Applied Psychology*, 88(2), 207–218.

Bennis, W., & Nanus, B. (1985). Leaders: The strategies for taking charge. *Bloomsbury Business Library - Management Library*, 29(6), 329–330.

Burns, J. M. (1978). *Leadership*. New York: Harper & Row, 11–121.

Dvir, T., Eden, D., Avolio, B. J., & Shamir, B. (2002). Impact of transformational leadership on follower development and performance: A field experiment. *Academy of Management Journal*, 45(4), 735–744.

Judge, T. A., & Piccolo, R. F. (2004). Transformational and transactional leadership: A meta-analytic test of their relative validity. *Journal of Applied Psychology*, 89(5),

755–768.

Longshore, J. M., & Bass, B. M. (1985). Leadership and performance beyond expectations. *Academy of Management Review*, 12(4), 5244–5247.

Pillai, R., Schriesheim, C. A., & Williams, E. S. (1999). Fairness perceptions and trust as mediators for transformational and transactional leadership: A two-sample study. *Journal of Management*, 25(6), 897–933.

Portugal, E., & Yukl, G. (1994). Perspectives on environmental leadership. *Leadership Quarterly*, 5(s3–4), 271–276.

Sergiovanni, T. J. (1990). Adding value to leadership gets extraordinary results. *Educational Leadership*, 47(8), 23–27.

Yukl, G. (1989). Mangerial leadership: A review of theory and research. *Journal of Management*, 15(2), 251–289.

对管理者的启示

与以往的领导理论不同，变革型领导理论使领导者对领导力的理解更为深刻。变革型领导理论对领导者的作用过程进行了广泛的描述，细微到希望对某个员工产生影响，扩大到试图影响整个团队乃至整个组织的文化理念。虽然在组织改善的整个过程中，起核心作用的是变革型领导，但在包括改善个体的整个过程中，领导者与员工又是紧密相连的。

变革型领导理论主张领导者应该为员工提出一个清晰而明确的愿景，并倡导员工为实现愿景而实施变革。创造愿景的一个重要部分就是发展一个描述愿景及其内涵价值的任务平台，这个愿景不应该是领导者强加于团队身上的，而是源于团队的需要，是由团队中所有相关成员充分参与和讨论的，并且考虑到了团队中所有相关成员的利益以及对团队环境的适应。因此，管理者需要创造一个美好的愿景，这样才能引领团队走向成功。另外，变革型领导理论将领导视为领导者与员工互动的过程，强调领导者对下属的模范作用。那么，管理者首先必须注意自身的行为，勇于承担责任和风险，给下属做好模范带头作用，在不确定的环境中有效地指引下属团结一心、共渡难关。同时，管理者又必须时刻以下属的需求为中心，充分了解下属的个性化需求，向下属提供富有挑战性的工作和智力激励。

通过这些过程，管理者和下属的需求会统一到团队的目标里，团队上下群策群力，为实现共同的目标而奋斗。

总而言之，变革型领导理论具有强大的包容性，它包含了领导过程中多层次、多角度的观点。变革型领导理论除概括了那些正处于变革中或准备变革的领导者的一些典型特征，更从广泛的意义上为领导者应该怎样做提供了指导。因此，变革型领导理论不仅适用于招聘、甄选、晋升及培训与发展，也适用于改善团队发展、制定决策、质量创新和机构重组等。

本章参考文献

58

不确定管理理论

段锦云[1]

凯斯·瓦·德·博斯（Kees van den Bos）（见图1）最早提出了不确定管理理论（uncertainty management theory）的初期模型。他在2000年与他的同事们探索了不确定感和公平之间的关系，并且进行了一系列的实验室实验，这些实验为后续的实证和理论研究奠定了基础。此后，经由 Tangirala and Alge（2006）、Thau *et al.*（2007, 2009）、Takeuchi *et al.*（2012）、Rains and Tukachinsky（2015）等学者的继承和发展，以及 Bos（2001, 2004）本人的深入研究，不确定管理理论逐渐受到了理论界与实践界的广泛关注，该理论的内部逻辑和基本框架也渐渐完善，从2005年起被引次数逐渐进入高峰期（见图2），现已成为较为重要的管理理论之一。

图1　凯斯·瓦·德·博斯

---

[1] 段锦云，苏州大学心理学系教授、博士生导师。主要研究领域：建言行为、建议采纳和提出、权力、创新和创业等。电子邮件：mgjyduan@hotmail.com。

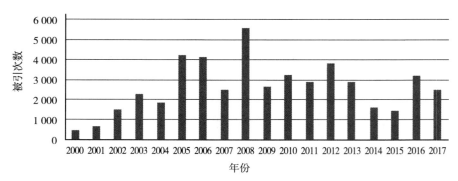

图 2　不确定管理理论的被引次数

资料来源：根据 Google Scholar 数据整理而成，搜索时采用精确匹配。

不确定管理理论的核心内容

不确定管理理论的构建是建立在不确定感及其相关概念的基础之上的。**个人不确定感**是指个体对自我、世界观、所处环境等产生的一种怀疑和不稳定的感觉，它源于个体对自身的不确定，从而会影响个体认知、情感、行为和自我意识等（田晓明等，2012）。不确定性本质上是一种令人厌恶的状态，因此人们渴望减少这种状态（Brashers, 2001）。在不确定性概念中有两个不可缺少的部分，第一是预测，即个体在不同的环境中是否能够对自己或他人的行为进行合理的预测；第二是解释，即在不同情况下对自己或他人特定行为的归因和解释（Berger and Calabrese, 1975）。之前针对不确定感的研究大多数都集中在它的消极影响方面。例如，不确定感会降低个体的自我意识，减少个体对环境的可控感和可预测性，使个体丧失安全感，出现典型的厌恶和不舒适感，以及带来强烈的负面情绪等（Hogg, 2007）。但是，近年来的研究逐渐将视线转向不确定感的积极影响方面。例如，不确定感可以在绝望的情境中给个体带来一线希望（Afifi and Schrodt, 2003）。

不确定管理理论的核心观点是，当人们面对不确定性时，他们最依赖于公平信息。此外，当个体体验到不确定感时，会亲近其所信奉的文化世界观，而疏远其他不同的世界观；并且对支持其文化世界观的人和行为给予积极反应，而对威胁其文化世界观的人和行为则给予消极反应（Bos and Lind, 2010）。

凯斯·瓦·德·博斯建立了不确定管理理论的早期模型（见图 3）。

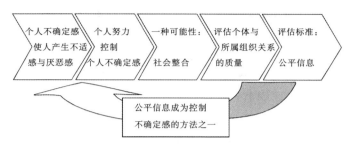

图3　不确定管理理论的早期模型

基于凯斯·瓦·德·博斯的早期模型，研究者们不断对不确定管理理论进行扩展和补充，同时也涌现出了大批的实证研究。例如，在个体层面，不确定管理理论可以预测个体在野外环境中的工作行为（Thau et al., 2007）。此外，当个体在与他人的关系中经历了长期的不确定性时，这会成为其本身的一种性格倾向（Gibbons and Buunk, 1999）。而在组织情境下，组织内成员往往可以提供一致的信息，缓解个体的不确定感；并且，当组织中的个体体验到不确定感时，公平信息可以作为应对的主要方法之一（Bos, 2004）。后期，凯斯·瓦·德·博斯又建立了不确定管理理论的拓展模型（见图4），此模型中包含了文化世界观的影响。例如，个体对符合他们文化世界观的行为会有更少的不确定感，而对违反自身文化世界观的行为则会产生更多的消极反应以及不确定感（Bos et al., 2006）。

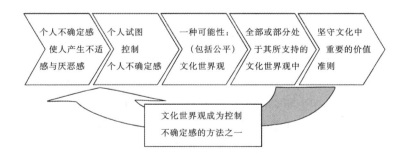

图4　不确定管理理论的拓展模型

为了阐释不确定管理理论的作用机制，学者们基于相关理论检验了一些可能的重要中介变量和调节变量。在中介变量方面，公平是最为重要的一个变量（包括公平信息、公平程序、公平判断）。由于人们对减少不可预测性和不确定性的需求是天生的，这就导致了这样一种观点，即规避不确定性在任何社会领域都是最为根本的（Hogan, 1983）。公平的一个重要功能就是减少人们生活中的不确定性，而根据不确定管理理论，不确定性的减少和公平感知的增加会降低人们从事损害组织及其成员利益的行为（Lind and Bos, 2002）。研究发现，当人们经历不确定性时，公平对员工行为的影响更大，原因是公平减少了焦虑、担忧和被剥削的怀疑，使员工能够对组织关系保持更为积极的态度，并且更有动力去避免那些伤害组织及其成员利益的行为。相反，当人们感知到不公平的待遇和不确定性时，他们更有可能从事反社会行为。在公平信息方面，由于信息是一种环境线索，可以帮助减少不确定性，因此公平信息的增加会减少员工在社会交换中被剥削的恐惧（Lind and Bos, 2002）。在公平程序方面，程序的公平既可以使成员感到稳定，从而缓解个体不确定感，也可以帮助个体减轻长期经受不确定感后的压力、烦躁、情感爆发等情绪后果（田晓明等，2012）。在公平判断方面，在不确定情况下，公平判断对各种结果会有更大的影响（Bos, 2001），同时也会对诉讼的索赔和个体文化世界观的防御等产生影响（Lind et al., 2000）。

在调节变量方面，领导 – 成员交换关系质量、组织公平感和组织支持感是几个比较重要的变量。在领导 – 成员交换关系质量方面，依据不确定管理理论的观点，领导和成员之间的交换关系质量在员工行为过程中具有非常重大的影响（Rosen et al., 2016）。拥有高质量领导 – 成员交换关系的员工往往与他们上级的关系亲密，这有助于上下级间的信息交流，而自由广泛的信息交流可以降低下属体验到的不确定感（Brower et al., 2000）。具体而言，一方面，拥有高质量领导 – 成员交换关系的员工可以从上级接收到更多的支持、信息及奖励，因此往往在与组织的关系中有更多的安全感与确定感；另一方面，拥有低质量领导 – 成员交换关系的员工接收到较少的信息，对上级的信任感也较少，不清楚自己与绩效标准的吻合度，因此不确定感更为强烈（Koper et al., 2010）。在组织公平感方面，不确定管理理论提出，很多重要的组织氛围都会引起个体不确定的体验，如组织变革、组织兼并和重组，以及创造性和风险性的组织氛围等，而组织公平感作为控制不确定感的一种重要手段，在这些组织氛围中会发挥作用。研究发现，个体体验到的组织公平感可以增强个体的舒适感，而组织不公平感的体验则会引发个体的不适感（Lind and Bos, 2002）。在组织支持感方面，员工首先知觉到组织如何对待自己，进而对组织的态度做出评价和判断，这种知觉会影响到员工的工作投入、工作绩效以及对组织的整体感知和评价等（田晓明等，2012）。

对该理论的评价

不确定管理理论有其独特之处，它可以很好地应用于实际的组织和生活中。

首先，不确定管理理论揭示了不确定感与公平之间的关系，例如，当不确定感较高时，公平的程序会产生更多的积极影响，而不公平的程序则会产生更多的消极影响（田晓明等，2012）。

此外，不确定管理理论在与类似理论的对比中更加显示了其对现代组织管理的意义。其中，不确定认同理论（uncertainty identity theory, UIT）就是较为类似的一个理论。不确定认同理论的核心观点是，对自身、自我感知、态度、价值及行为的不确定体验，会引起个人认同感。当个体相信自身有足够的资源去降低不确定感时，自我不确定的体验就成为激励行为的一种挑战；而当个体认为自身没有足够的资源去降低这种不确定感时，则自我不确定感更像一种危险体验，可引起更多的保护或者回避行为。并且，该理论将组织认同作为降低和防止自我不确定感的有效措施，认为不确定感的降低是社会认同过程的核心动机（田晓明等，2012）。而与不确定认同理论相比，不确定管理理论更加专注于探讨个人不确定感这个核心变量，从而更通达问题的本质。

另一个较为类似的理论是社会交换理论（social exchange theory, SET），而与社会交换理论相比，二者对领导-成员交换关系和公平两个变量的研究和结论均有很大差异。例如，社会交换理论认为，拥有高质量领导交换关系的员工，公平感与工作绩效间的联系更加紧密。公平信息对拥有高质量领导-成员交换关系的员工最为显著，因为高质量的领导-成员交换关系引起的期望使得员工对公平感更为敏感。相反，不确定管理理论则指出，公平信息对拥有低质量领导-成员交换关系的员工更为显著，因为拥有低质量领导-成员交换关系的员工会经历更多的不确定体验（Carey and Kacmar, 2003）。

不确定管理理论的研究前景虽然比较广阔，但是也面临一些挑战。

围绕不确定管理理论的实证研究较为缺乏，且研究影响力有限。虽然不确定管理理论在组织研究中意义重大，且可以很好地应用于现代组织管理与社会生活中。但作为一个相对较新的理论，采用该理论作为研究框架的实证研究并不算太多，并且针对不确定管理理论拓展模型（见图4）的实证研究则更为缺乏。迄今为止，尽管凯斯·瓦·德·博斯及其团队就不确定管理理论开展了多方位的理论探索和实证研究，自引率高，但并未引起其他学者对该理论的广泛关注，研究成果相对较少。

个体差异对不确定管理的影响探讨不充分，没有考虑到群体成员之间的差异。例如，文化和个人因素也会造成不确定水平的差异；不确定管理理论中的领导 – 成员交换关系及公平感的体验等，也可能会因为个体的价值观、人格特质等不同而有所差异。此外，不确定管理理论模型中的文化世界观所包含的范围和概念界定不清，在拓展模型中，文化世界观作为应对不确定感的重要手段，其具体概念和范围并未得到详细界定。除公平信息以外，是否存在其他对组织和社会发展产生重要作用并对组织不确定管理有影响的概念，还值得商榷，且概念之间是否又会存在相互影响，也需进一步研究。

该模型的适用性尚缺乏跨文化的群体情境验证。迄今为止，国内关于不确定管理理论的研究较少，而国外关于它的研究也不多。如若分析文化世界观中所包含的宗教因素对国外与国内员工不确定管理的影响，则有可能会发现很多差异。且在个体、工作群体与整个组织三个情境中，员工不确定感的体验也可能有所不同，因此未来需要更多的研究去证实各种情境下不确定管理理论的有效性和适应性（田晓明等，2012）。

关键测量量表

1.Uncertainty Orientation Scale：7题

Smith, J. B., & Bristor, J. M. (1994). Uncertainty orientation: Expalaining diffeerences in purchase involvement and external search. *Psychology & Marketing*, 11(6), 587–607.

2.Measurement Scale for Uncertainty：10维度，58题

Kellermann, K., & Reynolds, R. (1990). When ignorance is bliss the role of motivation to reduce uncertainty in uncertainty reduction theory. *Human Communication Research*, 17(1), 5–75.

经典文献

Bos, K. V. D.(2001). Uncertainty management: The influence of uncertainty salience on reactions to perceived procedural fairness. *Journal of Personality and Social Psychology*, 80, 931–941.

Bos, K. V. D.(2004). An existentialist approach to the social psychology of fairness: The influence of mortality and uncertainty salience on reactions to fair and unfair event. In J. Greenberg, S. L. Koole, & T. Pyszczynski(Eds.), *Handbook of Experimental Existential Psychology* (pp.167–181*)*, New York: Guilford Press.

Bradac, J. J.(2001).Theory comparison: Uncertainty reduction, problematic integration, uncertainty management, and other curious constructs. *Journal of Communication*, 51(3), 456–476.

Hogg, M. A.(2007).Uncertainty-identity theory. *Advances in Experimental Social Psychology*, 39, 70–126.

Lind, E. A, & Bos, K. V. D.(2002).When fairness works: Toward a general theory of uncertainty management. *Research in Organizational Behavior*, 24(02), 181–223.

Rains, S. A., & Tukachinsky, R.(2015).Information seeking in uncertainty management theory: Exposure to information about medical uncertainty and information-processing orientation as predictors of uncertainty management success. *Journal of Health Communication*, 20(11), 1275–1286.

Stephan, W. G., Stephan, C. W., & Gudykunst, W. B.(1999).Anxiety in inter group relations: A comparison of anxiety/uncertainty management theory and integrated threat theory. *International Journal of Intercultural Relations*, 23(4), 613–628.

Takeuchi, R., Chen, Z., & Cheung, S. Y.(2012).Applying uncertainty management theory to employee voice behavior: An integrative investigation. *Personnel Psychology*, 65(2), 283–323.

Tangirala, S., & Alge, B. J.(2006).Reactions to unfair events in computer-mediated groups: A test of uncertainty management theory. *Organizational Behavior & Human Decision Processes*, 100(1), 1–20.

Thau, S., Aquino, K., & Wittek, R.(2007).An extension of uncertainty management theory to the self: The relationship between justice, social comparison orientation, and antisocial work behaviors. *Journal of Applied Psychology*, 92(1), 250–8.

对管理者的启示

围绕不确定管理理论进行的许多实证研究，得出了很多非常有意义的研究结果，这些研究成果不仅丰富了该理论的框架，拓展了理论意义，同时也给现今的管理者指明了方向。例如，研究表明，通过分析（或衡量）员工所经历的不确定性水平，管理者可以确定所需要的公平程度（Alge *et al.*, 2006）。因此，当不确定性很高时，管理者需要迅速行动，以提供他们所能提供的任何形式的援助。如果人们在减少社会不确定性的动机上有所不同，那么公平的变化将对某些人产生更大的影响。在组织中，了解这些员工可能是谁，以及如何减少他们的不确定性，会有利于管理者将不公平的消极后果最小化，并提供有价值的见解。当然，减少这种后果的一种更恰当的方式是制定公平的程序，并以公正的方式对待员工。

同时，越来越多的证据表明，鼓励员工提出具有挑战性的、有建设性的意见，可以促进组织学习和保持优势（Ashford *et al.*, 1998; Piderit and Ashford, 2003）。这项研究的结果揭示了一个公平公正的工作场所对促进建言行为的重要性，特别是对那些在工作中感到不确定性的员工。另有研究表明，如果管理者积极提供关于人际交往技能的培训，或者是经常提升下属的士气，那么就可以减少员工的不自信所带来的负面后果（Seibert, 2001）。这启示管理者和组织应该营造一种环境，让当权者给下属应有的尊重和尊严，公司也应该建立一个正式的系统，采用一致的、无偏见的程序，并公平分配结果。

还有研究表明，随着时间的推移，与当局者互动的公平性可能对从事计算机相关行业的群体内成员非常重要。因此对于管理者来说，要特别注意管理员工的公平观念。随着全球化的推进，管理者越来越多地远距离协调和控制他们的团队（Alge *et al.*, 2010），远程管理者关注虚拟团队的公平问题变得更加重要。此外，最近的就业趋势表明，在诸如研究和开发、软件开发与创新等领域，分布式群体的员工大多是知识工作者，他们的生产力和留存率在组织中尤其受到关注。因此，管理者必须意识到，自己的行为公平性对这些分布式群体的成员影响特别重大，如果不能很好地处理，就可能产生严重的后果。此外，研究还指出，管理者可以通过创造机会让团队成员相互熟悉，来减少从事计算机相关行业群体的不确定性，例如，通过不定期地面对面接触，甚至是交换个人照片，可以帮助团队成员克服环境的局限（Alge *et al.*, 2010）。

最后，关于领导－成员交换关系质量以及公平感对员工不确定感作用的研究，启示管理者应通过提高领导－成员交换关系以及增强组织公平感来降低不确定感体验，减少员工的焦虑，改善员工对组织的行为反应。随着研究的进一步深入，我们相信，不确定管理理论在未来的管理学、社会学、心理学等领域都可以发挥出重要的理论支撑作用。

本章参考文献

59 不确定性-认同理论[*]

杨杰[1]

不确定性-认同理论（uncertainty-identity theory）是由英国心理学家迈克尔·A. 霍格（Michael A. Hogg）（见图1）在社会身份认同理论（Tajfel and Turner, 1979）和自我归类理论（Turner and Oakes, 1989）的基础上提出的一个社会心理学理论。该理论阐述的是自我不确定感是如何在群体过程和群体间关系中起到驱动作用的（Hogg, 2000, 2007, 2012）。具体而言，不确定性-认同理论是描述与身份相关的不确定感如何激发人们去认同社会群体，以及群体认同和自我与他人的社会分类如何满足降低不确定感需求的一个理论。该理论思想最早于1999年提出（Hogg and Mullin, 1999），但正式成型于2000年（Hogg, 2000），其后迈克尔·A. 霍格在2007年和2012年又两度进行相应阐述。在Microsoft 和 Google Scholar 搜索中，以"uncertainty identity theory"为关键词，以2000—2017年为时间范围进行检索，以2018年3月27日为检索日，分别获得53篇英文文献和888篇（不限定语言）文献检索结果。从 Google Scholar 提供的引用次数来看，与该理论相关文章的单篇最高引用次数为1 214次（Hogg, 2016，但此书重点介绍的是社会身份认同理

图1 迈克尔·A. 霍格

---

[*] 基金项目：国家自然科学基金项目（71762013）。
[1] 杨杰，江西财经大学创新与战略人力资源管理研究中心教授、博士生导师。主要研究领域：知识管理与创新、人力资源管理措施与人才政策设计、榜样、领导理论与评价。电子邮件：jieyang66@jxufe.edu.cn。

论);从历年的文献发表情况来分析,该理论最热的年度出现在 2014 年(196 篇),自 2007 年起,其被引次数呈现出逐年稳步提升的趋势(见图 2)。

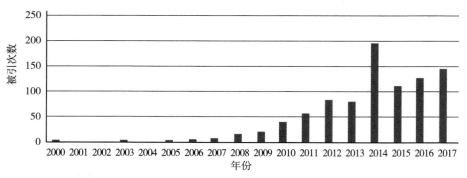

图 2 不确定性 – 认同理论的被引次数

资料来源:根据 Google Scholar 数据整理而成,搜索时采用精确匹配。

不确定性 – 认同理论的核心内容

迈克尔·A. 霍格认为,不确定感有多种来源,它会让人们产生对自己、对自己身份及所处环境的不确定感,并且这种不确定感是让人厌恶和不舒适的(Hogg, 2007),会引起个体情绪和认知上的双重反应(Ven den Bos, 2007),导致人们难以去预测和规划行为,因而人们总是力图去降低、控制或避免它的发生(Ven den Bos, 2001, 2009; Hogg, 2012)。事实上,人类总是置身于多多少少的不确定性当中,并且将确定性作为孜孜以求的目标。正如实用主义哲学家 Dewey(1929)所言,置身危机四伏的世界,在缺乏真实确定性的条件下,人们会培育各种能让其感到确定的东西以求安全。

总体而言,不确定性 – 认同理论将自我不确定感、群体认同和群体结构与行为间的关系予以概念化,它关注与情境相依的不确定性以及由直接情境或更持续的实际情境所造成的自我不确定感。其核心思想是:(1)不确定感,尤其是与"我是谁"和"我该如何做"有关的不确定感会驱使人们采取旨在降低不确定感的行为。(2)将自我与作为群体成员的其他人归类的过程可以有效地降低自我不确定感,因为它为双方提供了一个有效的社会身份,从而可以描述和规定"我是谁"以及"我该如何做"(Hogg, 2000, 2007, 2012)。

更进一步，不确定性－认同理论的关键特征可以用四大假设来概括：

假设 1：人们会力求降低或避免自己的不确定感以及与自己有关、与自己和他人的互动有关及与自己在社会环境中的地位有关的知觉、判断、态度和行为的不确定感。

当个体感到不确定时，个体会通过自我归类以及去个性化等，从而明白自己认同并归属于哪个群体，预测他人的态度和行为，最终降低不确定感（Hogg, 2007, 2009）。

假设 2：社会分类可以降低不确定感或阻止不确定感的侵扰，因为它可以使人们的知觉去"个性化"以符合其内群体和外群体的"原型"（prototype），诸如他或她知道他人如何行事。原型定义和规定了人们的身份，从而确定了人们的知觉、态度、情感与行为，以及人们如何与他人互动和对待他人，包括其自己。自我的社会分类和自我归类让人们具备了与内群体原型特征一样的身份。通常，内群体原型与相关的外群体原型有着相当的组内一致性，这样就可以通过对个人行为与自我感觉的一致性确认来降低不确定感。

通过不同范式和不同方法操纵不确定性，研究发现，假设 2 得到了较好的直接和间接证据的支撑。研究显示，经过自我归类后，高不确定感的个体表现出更强的群体认同和内群体偏爱，并且群体认同降低了后续的不确定感（Mullin and Hogg, 1998）。其他研究也证明自我不确定感能够调节内群体认同（Grant and Hogg, 2012; Hohman and Hogg, 2011, 2015）。研究还发现，不确定感的动机作用是独立于自我提高动机和自尊关注的。

假设 3：原型降低不确定感的程度取决于其是否是简单的、明确的、清楚的、规定的（prescriptive）、聚焦的（focused）、一致的（consensual）、连贯协调的（coherently integrated）、自我包含的（self-contained）和解释性的（explanatory）。这些原型清楚地确定了身份，与那些具有明确的群体界限、一致的成员标准、严格共享的战略目标和更为独特的群体特征的高实体性群体相关。在不确定性环境中，人们会更加认同那些高实体性群体或组织。他们会致力于加入其中，重新创造它们或将现存的群体转变得更具实体性。

已有的研究为假设 3 提供了良好的证据。研究发现，自我不确定感驱使个体对激进或极端群体更加认同，对群体的激进行为更加支持（Hogg, 2014; Hogg and Adelman, 2013; Hogg et al., 2013）。高不确定感学生对极端学生组织的认同度显著高于低不确定感学生，且认同度在不确定感和极端行为意向间起中介作用（Hogg et al., 2010）。研究还表明，在高不确定感下，个体对群体的认同度随着群体实体性的增加而提高；而在低不确定感下，认同度不受实体性的影响（Hogg et al., 2007）。并且，强烈的自我不确定感（如破产、战争）导致人们很容易去认同极端组织（Hogg et al., 2010），支持独裁领袖（Rast et al., 2013），并成为其狂热的追随者（Hogg, 2004, 2014; Goldman and Hogg, 2016）。这是因为极端群体（独特并有明确定义的群体）的实体性相对较高（Hogg, 2007），群体认同会让人们内化规范参照群体的特征以便定义他们自己与规定自己的行为，从而使极端群体变得特别具有吸引力。

假设4：当不确定性特别高和比较持久时，降低不确定感的动机和对高实体性组织以及清晰原型的需求都会增强。在这些情形下，人们会像真正的信仰者或狂热分子那样去认同，去努力寻求严格的、层级分明的整体性群体。这些群体往往具有封闭的边界、同质的意识形态信仰体系和僵化的习俗。通常，这都是一些种族中心性的，与世隔绝的，甚至有点自恋的群体。它们压制异己，不容忍外人，但往往提供了能够有效缓解自我不确定感的全部强大身份特征。

值得注意的是，此假设在Hogg（2012）的阐述中被去除了。Hogg（2007）认为，对假设4的直接证据支持源自一系列描述性研究。尽管如此，但大量的文献间接地支持了不确定性与极端主义或保守思想和实践的关系。与不确定管理理论、恐怖管理理论、自我证实理论（self-verification theory）等其他文献不同的是，不确定性–认同理论详细地说明了社会认知过程，并将自我概念和社会身份认同作为其核心。然而，在这一领域还有大量的研究工作要做，如对极端组织和极端不确定的实验与问卷研究，对意识形态与价值观在抵御或降低极端不确定中作用的更仔细调查，对极权组织中领导问题的深入探讨，以及对不确定性与积极少数群体的关注等。

Hogg（2017）认为，迄今为止研究表明：（1）不确定性会强化认同；（2）认同会降低不确定感；（3）自我与身份不确定感是最强有力的；（4）自我不确定感会超越自我提高。基于此四点，人们可以记取的是：（1）人类会受驱使去降低与身份有关的不确定感；（2）群体认同会降低不确定感；（3）实体性群体或组织是最有效的；（4）人类偏好极端组织与极端行为；（5）人类需要领导，他们偏好那些原型的（prototypical）、言之凿凿的（affirmational）、专制的（autocratic）、具有黑暗三人格（马基雅维利主义、自恋和精神病态）的领导（dark triad）以及强硬的信息（hardline message）；（6）外围成员更容易走极端；（7）需要尽可能地降低与身份有关的不确定感，为此可以采取复杂的身份、积极的身份、提供让人尊敬的领导和包容来实现。

简而言之，不确定性–认同理论较为明确地阐述了个体通过何种心理过程来应对自我不确定感，论述更加具体化，聚焦于群体认同的作用，探索了何种类型的群体能更有效地应对不确定感（Hogg, 2007, 2014）。

对该理论的评价

虽然不确定性–认同理论较详细地阐述了应对自我不确定感的心理过程和机制，即个体通过自我归类来明确身份的属性，从而增强归属感以便间接缓解不确定感。但该理论忽视了这个过程的实际效果，很少直接测量随后的不确定感程度，因而人们并不清楚群体认同是否真正降低了原本的不确定感，还是它只是暂时掩盖了问题本身。而且，该理论有些过于强调群体认同的作用，夸大了个体归属感的需要，把个体对确定感的需要等同于被群体接纳的需要，忽视了更加高阶和本质的自我实现需要的作用（杨庆等，2017）。

有批评者认为，不确定性–认同理论的大部分研究工作都可看到迈克尔·A. 霍格教授的身影，因而其科学性值得审慎对待。从理论本身来看，它是社会身份认同理论和自我归类理论的通俗化版本，是为了迎合美国学术市场对理论简洁性与可营销性的需要而度身定制的，因而丧失了内容的丰富性。

还有批评者认为，除了许多概念缺陷，该理论的关键前提——不确定性导致个体加入群体甚至从事极端行为，并未得到实证研究的支持。实证研究更多支持的是群体认同可以提供意义性，因而可以降低不确定感。

值得指出的是，近年来一些社会心理学家已经开始探索个体关于自己及其所处环境的不确定感与极端主义者信仰体系与行为的关系（Hogg and Blaylock, 2012; Hogg et al., 2013）。唐纳德·特朗普（Donald Trump）在美国出人意料的胜选以及欧洲右翼势力在欧洲主流政坛，如英国、法国、意大利、荷兰等的频频胜选为该理论的检验提供了鲜活的研究情境。有兴趣者可以进一步关注该理论的未来研究走向。

关键测量量表

1. Labile Self-esteem Scale : 1 维度，5 题

Dykman, B. J.(1998). Integrating cognitive and motivational factors in depression: Initial tests of a goal-orientation approach. *Journal of Personality and Social Psychology*, 74, 139–158.

2. Subjective Overachievement Scale: 2 维度，17 题

Oleson, K. C., Poehlmann, K. M., Yost, J. H., Lynch, M. E., & Arkin, R. M.(2000). Subjective overachievement: Individual differences in self-doubt and concern with performance. *Journal of Personality*, 68, 491–524.

3. Self-concept Clarity Scale: 1 维度，12 题

Campbell, J. D., Trapnell, P. D., Heine, S. J., Katz, I. M., Lavallee, L. F., & Lehman, D. R.(1996). Self-concept clarity: Measurement, personality correlates, and cultural boundaries. *Journal of Personality and Social Psychology*, 70, 141–156.

4. Social Comparison Orientation Scale: 2 维度，11 题

Gibbons, F. X., & Buunk, B. P.(1999). Individual differences in social comparison: Development of a scale of social comparison orientation. *Journal of Personality and Social Psychology*, 76, 129–142.

5. Social Identity Uncertainty Scale: 2 维度，11 题

Wagoner, J. A., Belavadi, S., & Jung, J.(2017). Social identity uncertainty: Conceptualization, measurement, and construct validity. *Self and Identity*, 16(5), 505–530.

经典文献

Hogg, M. A.(2000). Subjective uncertainty reduction through self-categorization: A motivational theory of social identity processes. *European Review of Social Psychology*, 11, 223–255. doi: 10.1080/14792772043000040

Hogg, M. A.(2007). Uncertainty-identity theory. In M. Zanna(Ed.), *Advances in Experimental Social Psychology*(Vol. 39, pp. 69–126). San Diego: Elsevier.

Hogg, M. A.(2012). Uncertainty-identity theory. In P. A. M. Van Lange, A. W. Kruglanski, & E. T. Higgins(Eds.), *Handbook of Theories of Social Psychology*(Vol. 2, pp. 62–80). Thousand Oaks: Sage.

Hogg, M. A.(2014). From uncertainty to extremism social categorization and identity processes. *Current Directions in Psychological Science*, 23(5), 338–342.

Hogg, M. A., & Adelman, J.(2013). Uncertainty-identity theory: Extreme groups, radical behavior, and authoritarian leadership. *Journal of Social Issues*, 69(3), 436–454.

Hogg, M. A., Adelman, J. R., & Blagg, R. D.(2010). Religion in the Face of Uncertainty: An uncertainty-identity theory account of religiousness. *Personality and Social Psychology Review*, 14(1), 72–83.

Hogg, M. A., Meehan, C., & Farquharson, J.(2010). The solace of radicalism: Self-uncertainty and group identification in the face of threat. *Journal of Experimental Social Psychology*, 46(6), 1061–1066.

Hogg, M. A., Sherman, D. K., Dierselhuis, J., Maitner, A. T., & Moffitt, G.(2007). Uncertainty, entitativity, and group identification. *Journal of Experimental Social Psychology*, 43(1), 135–142.

Jetten, J., Hogg, M. A., & Mullin, B.-A.(2000). In-group variability and motivation to reduce subjective uncertainty. *Group Dynamics: Theory, Research, and Practice*, 4(2), 184–198.

Mullin, B., & Hogg, M. A.(1998). Dimensions of subjective uncertainty in social identification and minimal intergroup discrimination. *British Journal of Social Psychology*, 37(3), 345–365.

Mullin, B., & Hogg, M. A.(1999). Motivations for group membership: The role of subjective importance and uncertainty reduction. *Basic and Applied Social Psychology*, 21(2), 91–102.

Reid, S. A., & Hogg, M. A.(2005). Uncertainty reduction, self-enhancement, and ingroup identification. *Personality and Social Psychology Bulletin*, 31(6), 804–817.

对管理者的启示

不确定性是现实世界普遍存在的一种客观必然现象，而寻求确定性实际上是一种风险意识的表现。但不能将不确定感简单地等同于自我不确定感或身份不确定感，需要综合考虑不确定感的来源、具体情境与个体特质的复杂交互作用（De Cremer and Sedikides, 2009; Greco and Roger, 2001; Sedikides *et al.*, 2010）。

从组织管理的角度而言，需要对不确定性有一个准确的理解和定位，才能以正确的方式寻求确定性（杜仕菊和黄盼，2016）。当组织进行各种变革时，需要考虑到由此带来的各种不确定性及其可能对员工心理和行为产生的影响。尤其是当人们处于一种"对未来的行动既不能获得确定性，又缺乏控制性的情形下"，激进与极端主义就很有可能被激发。当前，激进和极端主义成为一种全球现象，并经常带来灾难性后果。如果真如不确定性–认同理论所预言，自我不确定感和身份不确定感在激进和极端主义中起到关键的心理作用，那么保护人类社会免于对极端组织产生狂热认同的一种有效方式就是，当人们产生自我不确定感时，让他们有不那么极端的组织或群体可以去选择认同。在这一方面，McGregor et al.（2008）的研究提供了一些初步证据。另外，Grant and Hogg（2012）发现，那些用单一整体身份来定义自我概念的人要比那些用多种不同身份来定义自我概念的人更易于受不确定感驱使而投身极端主义。因此，从组织管理的角度出发，通过丰富多彩的活动，让人们拥有符合人类社会福祉方向的多种群体身份，将有利于人们不偏不倚。但由此也会引发新的问题，如多重身份的相容性以及身份的延续性等。这些都是值得理论工作者和实践者关注的议题。当然，更多关于极端现象如恐怖主义和暴力团伙的研究也会有助于人们真正理解极端主义，但是这样的研究往往很难真正开展，因而，其对日常管理实践的指导意义也将受到局限。

此外，尽管不确定性–认同理论的核心思想获得了一些实证研究的支持，但若想检验一些基本的预测与理清机制还需要更多的以组织雇员和学生为对象的研究。学者们目前探讨了自我不确定感与自我肯定的关系（De Cremer and Sedikides, 2005; Sedikides et al., 2010）、自我不确定感在不同人群中的表现（De Cremer et al., 2010）以及自我不确定感的中介/调节作用（Hogg et al., 2010; Hey et al., 2010; Janssen et al., 2011; Bos and Lind, 2002）。梁娟等（2013）对组织情境中自我不确定感与程序公正的研究进行了小结，他们认为，从研究结果上看，自我不确定感是否对程序公正效应产生调节作用的结论并不完全一致；从研究内容上看，研究者对自我不确定感调节程序公正效应的探讨不仅涉及程序公正效应作用机制的行为与态度层面，而且开始关注程序公正效应的认知机制层面。在VUCA（易变、不确定、复杂和模糊）时代和人口代际转换的大背景下，管理者在实践中更应当从一个统整和权变的视角去认识和分析影响自我不确定感改变的前置因素与后续效应，而不宜孤立、静止地看待问题。

总体而言，不确定感的概念界定、产生、作用机制、文化差异、组织干预与个体响应效果等都有待更多研究予以阐明。管理者可以持开放的心态来拥抱未来这一领域的一系列研究成果的诞生，并积极地在本组织加以应用检验。

本章参考文献

60

高层梯队理论*

张燕[1] 章莹[2]

唐纳德·汉姆布瑞克（Donald Hambrick）（见图1）和菲莉斯·梅森（Phyllis Mason）最早提出了高层梯队理论（upper echelons theory）。1984年，他们在《管理评论》(*Academy of Management Review*) 上发表了高层梯队理论的奠基性文章《高层梯队：组织作为高层管理者的反映》(Upper echelons: The organization as a reflection of its top managers)。经由 Haleblian and Finkelstein（1993，1990）、Cannella and Hambrick（1993）、Geletkanycz and Hambrick（1997）、Carpenter and Fredrickson（2001）、Carpenter et al.（2004）、Li and Hambrick（2005）、Li and Tang（2010）、Sanders and Hambrick（2007）、Chatterjee and Hambrick（2007，2011）、Quigley and Hambrick（2011，2015）等学者的发展，高层梯队理论受到了理论界和实践界的广泛关注，其被引次数不断攀升，从2007年起每年的被引次数均超过了2 000次（见图2）。

图1 唐纳德·汉姆布瑞克

---

* 基金项目：国家自然科学基金项目（71522005）。
1 张燕，北京大学心理与认知科学学院副教授。主要研究领域：领导力、团队动力、矛盾管理、跨文化管理。电子邮件：annyan.zhang@pku.edu.cn。
2 章莹，北京大学心理与认知科学学院硕士研究生。研究领域：领导力。电子邮件：zoezhang19951020@pku.edu.cn。

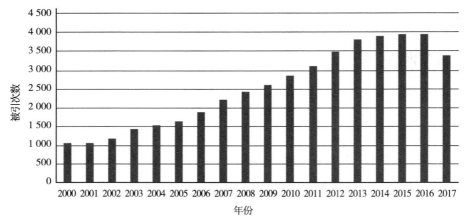

图 2　高层梯队理论的被引次数

资料来源：根据 Google Scholar 数据整理而成，搜索时采用精确匹配。

高层梯队理论的核心内容

高层梯队观点产生于 1975 年。当时《财富》杂志上的一篇文章启发了 Hambrick，这篇文章列出了财富 500 强企业首席执行官的列表和统计资料，并提供了他们的年龄、工作年限、职能背景、教育背景、宗教和家乡信息，据此，Hambrick 意识到了高层管理人员特征的重要性（Hambrick, 2005）。Hambrick and Mason（1984）基于信息加工的角度提出了高层梯队理论。该理论包含三个主要观点：首先，高层管理人员会根据其经验和价值观做出决策和战略选择，进而对组织结果产生重要影响；其次，高层管理团队（top management team, TMT）的特征对组织结果的预测要比个人高层管理人员强；最后，人口学变量是有意义的（Hambrick, 2005）。高层梯队理论主要侧重于可观察到的管理特征，例如年龄、组织任期、职能背景、教育水平、社会经济背景和财务状况，一些重要而复杂的心理学变量可能被忽略，但验证观察变量的影响可以作为第一步，高层梯队理论认为，未来可继续探究更多的心理学变量（Hambrick and Mason, 1984）。在 1987 年和 1997 年，Hambrick 等学者对高层梯队理论进行了两个主要改进，即提出两个适用条件：管理自主权（Hambrick and Finkelstein, 1987）和行为整合度（Hambrick, 1997）。高层管理人员的管理自主权会影响其对公司决策和结果的作用，高层管理人员的管理自主权越大,其对组织的影响就越强(Hambrick and Finkelstein,1987)。行为整合度是高层管理团队工作的核心要素,高行为整合度的高层管理团队会共享信息、资源和决策,进而共同制定战略(Hambrick, 1997),从而影响组织绩效。

理论研究表明,高层梯队理论是专门适用于战略领导力的理论,战略领导力理论关注高层管理人员(如首席执行官、高层管理团队)及其特征(如心理特点、经验)如何影响组织结果(Finkelstein et al., 2009)。这和一些其他类型的领导力理论有着明显的区别,多数领导力理论属于领导的监督理论(supervisory theories of leadership),如路径-目标理论、权变理论和领导-成员交换理论,它们强调任务导向或人员导向的行为,关注的是领导者如何给予下属指导、支持和反馈(Boal and Hooijberg, 2001; House and Aditya, 1997)。这些领导力理论一般不考虑领导者所处的管理层级,侧重于其行为特征对员工、团队的影响。另有一些领导力理论,例如愿景领导,强调组织层次(Westley and Mintzberg, 1989),但其没有细致地考查其是否、如何影响各种组织绩效表现。战略领导力关注领导者如何创造组织的价值和使命,高层梯队理论更为侧重高级管理人员及其特征对组织的影响(Boal and Hooijberg, 2001; Finkelstein et al., 2009)。

高层梯队理论框架提出后,许多研究开始验证高层管理人员以及高层管理团队的特征对组织的影响(Agnihotri and Bhattacharya, 2015; Brockmann and Simmonds, 1997; Cannella and Hambrick, 1993; Chuang et al., 2009; Geletkanycz and Hambrick, 1997; Sambharya, 1996; Sobol and Klein, 2009; Ting et al., 2015)。近年来,越来越多的实证研究表明了高层管理人员特征和高层管理团队特征对组织结果的影响。一些研究关注了高层管理人员的特征,例如年龄、组织任期、教育水平和一些复杂的心理学变量。这些高层管理人员的特征会对组织战略、组织绩效、组织创新等方面产生影响。组织战略方面,首席执行官的经验越丰富,其战略决策时就越有可能使用隐性知识(Brockmann and Simmonds, 1997);高层管理人员的年龄越小,经验越丰富,组织采用国际化战略的可能性就越大(Herrmann, 2002);高层管理人员的任期和公司采取国际化战略则呈倒 U 形关系,公司采取国际化战略的可能性会随着高层管理人员的任期而增加,超过特定任期后则会递减(Jaw and Lin, 2009)。组织绩效方面,高层管理人员的年龄越小(Cline and Yore, 2016)、任期越长(Simsek, 2007; Wu et al., 2005)、教育水平越高(Bhagat et al., 2010; Gottesman and Morey, 2006; Manner, 2010)、职能经验越丰富(Manner,

2010; Patzelt et al., 2008），其所在的组织绩效就越高。高层管理人员的大五人格（开放性、尽责性、外倾性、宜人性、情绪稳定性）也会促进组织绩效（Nadkarni and Herrmann, 2010）。首席执行官的领导魅力也能预测组织绩效（Waldman et al., 2004）。组织创新方面，高层管理人员的教育水平越高（Damanpour and Schneider, 2008）、任期越长（Damanpour and Schneider, 2006），组织创新的程度就越高。高层管理人员对变革的开放态度也会促进组织创新（Musteen et al., 2010）。

更多的实证研究则关注高层管理团队特征的影响作用，例如团队平均年龄、团队平均任期、团队平均教育水平、团队规模、团队多样性（在职能背景、教育背景、公司任期等方面的多样性）和一些心理学变量。这些高层管理团队特征会对组织战略、组织绩效、组织创新等方面产生重要影响。组织战略方面，高层管理团队平均年龄越小，平均任期越短，年龄多样性、团队任期多样性、平均教育水平以及教育背景多样性越高，公司战略变革的可能性就越大（Wiersema and Bantel, 1992）。高层管理团队中具有国外经验的成员比例越高，公司采用国际多元化战略的可能性就越大（Sambharya, 1996）。组织绩效方面，高层管理团队平均年龄越小（Goll et al., 2001）、团队规模越小（Smith et al., 1994）、团队平均教育水平越高（Goll et al., 2001），组织绩效就越高。高层管理团队平均任期对组织绩效的影响结果不一：有研究显示，团队平均任期长短不影响组织绩效（Finkelstein and Hambrick, 1990）；也有研究显示，其会提高组织绩效（Smith et al., 1994）；还有研究显示，其会降低组织绩效（Goll et al., 2001）。高层管理团队的凝聚力（Ensley et al., 2002）和社会整合度（Carmeli, 2008; Lin and Shih, 2008）都会促进组织绩效。组织创新方面，高层管理团队规模越大（Smith et al., 1994）、团队多样性（如职能背景多样性）越高（Camelo-Ordaz et al., 2005; Smith et al., 1994）、团队平均教育水平越高（Bantel and Jackson, 1989; Camelo-Ordaz et al., 2005; Chuang et al., 2009）、团队平均年龄越低（Chuang et al., 2009），组织创新程度就越高。

为了解释高层管理人员和高层管理团队的作用，学者们基于相关理论检验了一些可能的重要中介机制。对于高层管理人员特征的作用机制，在人口学特征方面，高层管理人员任期越长，高层管理团队的冒险倾向就越高，公司随之会有更多的创业举措，这会进一步提高组织绩效（Simsek, 2007）。Davis et al. (2010) 发现，女性作为首席执行官的企业的市场导向更强，进而财务绩效更好。复杂的心理学特征方面，战略灵活性会中介高层管理人员大五人格和组织绩效之间的关系：高层管理人员的情绪稳定性、宜人性、外倾性和开放性会通过提高组织战略的灵活性来提高组织绩效，而高层管理人员的尽责性则会通过降低组织战略的灵活性而降低组织绩效（Nadkarni and Herrmann, 2010）。Musteen et al.（2010）发现，高层管理人员对变革的开放态度会通过使得公司采用先驱者战略来促进组织创新。对于高层管理团队特征的作用机制，在人口学特征方面，高层管理团队的团队过程会中介高层管理团队的人口学特征和组织绩效的关联，即发现高层管理团队的团队规模和团队多样性会通过降低团队的非正式沟通和团队整合度而降低组织绩效（Smith et al., 1994）。高层管理团队的年龄多样性和职能背景多样性会通过促进团队的渐进性决策（逐渐修补的渐进过程来实现决策）来提高组织绩效（Goll et al., 2001）。复杂的心理学特征方面，高层管理团队的凝聚力会通过降低团队的情感冲突和增加团队的认知冲突来提高组织绩效（Ensley et al., 2002）。高层管理团队的社会整合度会通过提高公司的行动积极性来提高组织绩效（Lin and Shih, 2008）。高层管理团队的创新投入度会增加公司的电子商务创新，进而提高组织绩效（Rapp et al., 2008）。

在调节变量方面。许多研究关注环境动态与稳定性的调节作用。例如，相较于环境稳定时，环境动态时高层管理人员的核心自我评价和组织创业导向的正向关系更强（Simsek et al., 2010）。环境动态程度越高，高层管理团队国际经历和组织国际联盟的正向关系就越强（Lee and Park, 2008），高层管理团队职能多样性和组织战略导向的正向关系也越强（Auh and Menguc, 2005）。在技术环境动态程度较高的环境下，任期更短的首席执行官会引发更多的组织创新行动，但在技术环境稳定的环境下，任期更长的首席执行官会引发更多的组织创新行动（Wu et al., 2005）。还有一些研究关注管理自主权的调节作用。有学者发现，任期更长的高层管理团队遵循更持久的策略，战略符合行业的核心趋势，能够展现业界平均水平的绩效，最好的结果发生在允许管理人员高度自主性的背景下（Finkelstein and Hambrick, 1990）。此外，组织行业类型也会调节高层管理人员特征和其他变量的关系。组织行业类型为计算机行业时，高层管理团队规模会显著地提高组织绩效，但在天然气行业中则没有显著的关联（Haleblian and Finkelstein, 1993）。同一行业中的不同组织业务类型也存在调节作用。在治疗式生物技术公司中，高层管理团队成员过去在生物技术行业的经验会提高组织绩效，但在平台式生物技术公司中则不存在这种关联（Patzelt et al., 2008）。

对该理论的评价

高层梯队理论阐述的模型是：高层管理人员在塑造重要组织结果方面发挥着关键作用，这已被广泛的实证研究所验证。高层梯队理论对多门学科的实证研究都产生了重要影响，包括管理学学科（Waldman et al., 2004）、心理学学科（Resick et al., 2009）和经济学学科（Malmendier and Tate, 2005）。高层梯队理论作为一个理论框架和一种方法论，已激发了大量的研究主题，例如高层管理团队组成、领导力等（Stewart and Amason, 2017），并将继续激发新的研究主题，有助于我们在未来理解高层管理人员和高层管理团队承担的复杂角色及其所发挥的作用（Carpenter et al., 2004）。

尽管高层梯队理论已在组织科学上发挥了重要作用，但其仍然遇到了一些挑战。首先，高层梯队理论的研究出现了不一致的结论（Stewart and Amason, 2017）。例如，关于高层管理团队平均任期对组织绩效的影响，研究结果出现了不一致（如 Finkelstein and Hambrick, 1990; Goll et al., 2001; Smith et al., 1994）。其次，较少高层梯队研究检验高层管理人员的特征与组织结果之间的心理和社会过程，这仍然是一个"黑箱"（Hambrick, 2005; Hambrick, 2007; Priem et al., 1999）。例如，理解高层管理团队的规模为何会影响组织绩效。再次，高层梯队研究较少验证因果关系（Barker III and Mueller, 2002; Hambrick, 2005）。是高层管理人员会根据自己的经验、人格和偏见做出战略选择，还是存在反向因果关系？例如，组织根据其组织战略来决定任用哪些高层管理人员。最后，一些学者认为，高层梯队理论过于关注高层管理人员和高层管理团队对组织的影响，组织的其他层级人员，如中层管理人员对组织的影响也值得关注（Hambrick, 2007）。

关键测量量表

1. Top Managers Power Measure：4 维度，13 题

Finkelstein, S. (1992). Power in top management teams: Dimensions, measurement, and validation. *Academy of Management Journal*, 35(3), 505–538.

2. TMT Behavioral Integration Measure：3 维度，9 题

Simsek, Z., Veiga, J. F., Lubatkin, M. H., & Dino, R. N. (2005). Modeling the multilevel determinants of top management team behavioral integration. *Academy of Management Journal*, 48(1), 69–84.

3. CEO Narcissism Scale (Rijsenbilt & Commandeur, 2013)：4 维度，15 题

Rijsenbilt, A., & Commandeur, H. (2013). Narcissus enters the courtroom: CEO narcissism and fraud. *Journal of Business Ethics*, 117(2), 413–429.

4. TMT Diversity Measure：5 题

Li, C. R. (2013). How top management team diversity fosters organizational ambidexterity: The role of social capital among top executives. *Journal of Organizational Change Management*, 26(5), 874–896.

5. CEO Empowering Leadership Scale：3 题

Carmeli, A., Schaubroeck, J., & Tishler, A. (2011). How CEO empowering leadership shapes top management team processes: Implications for firm performance. *The Leadership Quarterly*, 22(2), 399–411.

6. TMT Collaborative Behavior Measure：3 题

Boone, C., & Hendriks, W. (2009). Top management team diversity and firm performance: Moderators of functional-background and locus-of-control diversity. *Management Science*, 55(2), 165–180.

经典文献

Bantel, K. A., & Jackson, S. E. (1989). Top management and innovations in banking: Does the composition of the top team make a difference? *Strategic Management Journal*, 10(S1), 107–124.

Carpenter, M. A., Geletkanycz, M. A., & Sanders, W. G. (2004). Upper echelons research revisited: Antecedents, elements, and consequences of top management team composition. *Journal of Management*, 30(6), 749–778.

Chaganti, R., & Sambharya, R. (1987). Strategic orientation and characteristics of upper management. *Strategic Management Journal*, 8(4), 393–401.

Finkelstein, S., & Hambrick, D. C. (1990). Top-management-team tenure and organizational outcomes: The moderating role of managerial discretion.

Administrative Science Quarterly, 35(3), 484–503.

Hambrick, D. C. (2007). Upper echelons theory: An update. *Academy of Management Review*, 32(2), 334–343.

Hambrick, D. C., Cho, T. S., & Chen, M. J. (1996). The influence of top management team heterogeneity on firms' competitive moves. *Administrative Science Quarterly*, 41(4), 659–684.

Hambrick, D. C., & Mason, P. A. (1984). Upper echelons: The organization as a reflection of its top managers. *Academy of Management Review*, 9(2), 193–206.

Knight, D., Pearce, C. L., Smith, K. G., Olian, J. D., Sims, H. P., Smith, K. A., & Flood, P. (1999). Top management team diversity, group process, and strategic consensus. *Strategic Management Journal*, 20(5), 445–465.

Tihanyi, L., Ellstrand, A. E., Daily, C. M., & Dalton, D. R. (2000). Composition of the top management team and firm international diversification. *Journal of Management*, 26(6), 1157–1177.

Wiersema, M. F., & Bantel, K. A. (1992). Top management team demography and corporate strategic change. *Academy of Management Journal*, 35(1), 91–121.

对管理者的启示

高层梯队理论强调高层管理人员的特征对组织的影响,因此该理论在实践中对管理者意义重大。首先,高层梯队理论有利于组织选择和培养高层管理人员(Chuang et al., 2009; Hambrick and Mason, 1984; Higgins and Gulati, 2003)。例如,考虑到高层管理人员的教育水平对组织绩效的预测(Goll et al., 2001),组织可以选择学位较高(如获得MBA学位)的高层管理人员或者培养其高层管理人员获得相关学位及知识。再如,考虑到高层管理团队成员的行为整合度对组织绩效的影响(Hambrick, 1997; Lin and Shih, 2008),高层管理团队成员之间的互动可以被视为一个战略问题,而不仅仅是一个私人问题。因此,可以通过人力资源管理措施来促进团队的行为整合,例如,高层管理团队成员的选择可以强调表现出友好和开放的个性、团队合作能力及具有广泛商业视角的人员(Lin and Shih, 2008)。

其次,高层梯队理论能够帮助预测竞争对手行为的战略制定情况(Geletkanycz

and Hambrick, 1997; Hambrick and Mason, 1984; Jaw and Lin, 2009; Sambharya, 1996; Musteen *et al.*, 2010）。通过收集并分析整个行业的竞争对手的高层管理人员的特征，能够帮助组织预测竞争对手的行为，并制定相应的战略来应对挑战或寻求合作（Awa *et al.*, 2011）。例如，竞争对手的高层管理人员的国际经验越高，则其组织国际多元化的程度可能越高（Herrmann, 2002），而竞争对手的国际化行为则是组织战略决策需要考虑的重要信息之一。

再次，高层梯队理论十分适用于当今发展迅速的新科技和新技术行业（Awa *et al.*, 2011; Chuang *et al.*, 2009; Shrader and Siegel, 2007）。例如，在 IT 公司，高层管理团队的多样性（如具有不同的学业背景）能够通过实现全面的头脑风暴来促进新技术、新想法的产生，很好地发挥其积极作用（Awa *et al.*, 2011）。

最后，需要注意的是，高层梯队理论是从高层管理人员的角度来解释组织战略和组织结果的，并不否认组织其他人员的影响（Hambrick, 2005）。在管理实践中，组织不仅要重视高层管理人员的作用，还要关注组织各个层级的人员的影响，例如中层管理人员、基层员工等，他们对组织也会产生重要影响。此外，中层管理人员的一些特征的影响结果可能和高层管理人员是一致的。因此，在选拔中层管理人员时同样可以考虑其人口学特征和复杂的心理特征。

本章参考文献